GAUTIER JOURNALISTE

Articles et chroniques

Dans la même collection

BAUDELAIRE JOURNALISTE. ARTICLES ET CHRONIQUES, choix de textes et présentation par Alain Vaillant.
ZOLA JOURNALISTE. ARTICLES ET CHRONIQUES, choix de textes et présentation par Adeline Wrona.

ISBN : 978-2-0807-1279-0

GAUTIER JOURNALISTE

Articles et chroniques

Choix de textes, présentation, notes,
chronologie, bibliographie et index
par
Patrick BERTHIER

GF Flammarion

Patrick Berthier, professeur à l'université de Nantes, enseigne la littérature française du XIXe siècle. Il a édité, chez Gallimard, de nombreuses œuvres de Balzac, a participé à l'anthologie *Le Théâtre français du XIXe siècle* (Avant-scène théâtre, 2008), et dirige l'édition complète de la *Critique théâtrale* de Théophile Gautier, en cours de publication aux Éditions Honoré Champion.

PRÉSENTATION

Du premier recueil de *Poésies*, malencontreusement mis en vente le 28 juillet 1830, alors que les barricades se dressaient dans Paris et que nul ne pouvait s'intéresser à un inconnu de dix-neuf ans à peine, jusqu'à l'ultime article de 1872, interrompu par sa mort, l'itinéraire créateur de Théophile Gautier couvre une large part d'un siècle littérairement et politiquement agité. Venu à l'écriture dans l'élan ascendant du romantisme, le jeune homme au gilet cramoisi de la première d'*Hernani* est devenu en assez peu d'années un critique ventru, idéologiquement fort peu révolutionnaire (et même très gouvernemental sous le Second Empire, dont il fréquente les souverains), et un poète dont les clichés des manuels ont associé le nom au slogan figé de « l'art pour l'art », dont il n'est même pas littéralement l'inventeur. L'art, la beauté, il en fut certes l'adorateur infatigable, et Baudelaire, dont la sensibilité, sur ce plan-là, était proche de la sienne, sut le reconnaître en lui dédiant solennellement *Les Fleurs du Mal* ; mais chez l'auteur de *Mademoiselle de Maupin*, ce culte indéfectible n'est pas béat : il s'exprime à la fois dans la nuance, dans la passion, dans l'humour. Sur tous ces points, aujourd'hui, le vrai Gautier reste largement à redécouvrir.

Cette anthologie tirée de son œuvre de journaliste a été conçue dans la perspective et la volonté d'une telle redécouverte. De 1835, date du premier article retenu, à 1872, les conditions de diffusion du discours par les publications périodiques ont considérablement évolué ; Gautier accompagne cette évolution, à la fois comme feuilletoniste de la presse quotidienne et comme directeur ou codirecteur de plusieurs revues, et plus généralement comme écrivain, puisque presque toute son œuvre, critique bien sûr (c'est l'objet de ce volume), mais aussi poétique et romanesque, a été publiée dans les journaux et revues. Une portion non négligeable n'en a même, de son vivant, été publiée que là, par exemple l'intégralité des 592 feuilletons de théâtre insérés dans *Le Moniteur universel* entre 1855 et 1869 [1]. Gautier incarne donc, par excellence, le type de l'écrivain journaliste, au plein et grand sens de chacun de ces deux termes, et comme a pu l'être après lui, malgré bien des différences, un Joseph Kessel par exemple [2].

Naissance de l'ère Girardin (1828-1836)

À l'époque où Gautier vient au monde (1811), l'Occident amorce à peine une révolution décisive dans le domaine qui nous occupe, celui de la communication des idées et des faits par l'écrit, et notamment par l'écrit périodique : la fabrication du papier passe, en quelques décennies, de l'artisanat de luxe aux premières formes de l'industrie. Balzac, que Gautier a rencontré à la fin de 1835 et auquel le lie dès lors une grande amitié admirative, a résumé cette évolution en un personnage symbo-

1. Ils seront publiés pour la première fois dans le cadre de l'édition complète de la *Critique théâtrale* récemment commencée sous ma direction chez Champion (t. I, *1835-1838*, 2007 ; t. II, *1839-1840*, 2008 ; t. III, *1841-1842*, 2010). Mais comme nous sommes loin d'en être parvenus là dans notre entreprise, les articles p. 234, 287, 296, 315, 323, 331, 361 et 376 du présent volume peuvent être considérés comme inédits en librairie.

2. Voir P. Berthier, « Gautier, Simenon, Kessel, écrivains journalistes : quel statut ? », in Isabelle Laborde-Milaa et Marie-Anne Paveau (éd.), *Le Français aujourd'hui*, n° 134, juillet 2001, p. 32-42.

lique, celui de l'imprimeur David Séchard, dans son roman *Illusions perdues*, dont l'action se déroule au tout début des années 1820. L'ouverture de la première partie, écrite en 1836-1837, évoque d'entrée la modernisation de l'imprimerie elle-même, et le rôle qu'y a joué l'Anglais Charles Stanhope (1753-1816), inventeur, à la fin du XVIIIe siècle, de la presse en fonte ; les premiers modèles de cette presse, qui reléguait au musée des accessoires la presse en bois des petites imprimeries de province, apparaissent en France en 1814. Dans la suite du roman, et notamment au fil de sa dernière partie, rédigée en 1843, Balzac raconte plus précisément « les souffrances de l'inventeur » (titre définitif de cette section d'*Illusions perdues*), un inventeur conscient de la nécessité de découvrir des procédés de fabrication du papier à la hauteur technique et économique du nouveau matériel d'imprimerie, qui en sera un grand consommateur. Le romancier, en situant son intrigue vingt ans avant la date à laquelle il finit de rédiger, peut rendre manifestes à la fois l'échec matériel de David, longtemps incapable d'obtenir des matériaux dont il tire sa pâte un papier de grain et de texture stables, et la justesse de son intuition historique, celle d'un temps tout proche où le journal en pleine expansion pourra être imprimé sur du papier à bon marché : en 1822, c'était folie d'inventeur ; en 1843, c'est chose faite. Le nombre moyen des abonnés d'un journal politique s'est multiplié par dix entre ces deux dates, et lorsque Gautier disparaît en 1872, on touche presque au moment où la presse quotidienne dépassera le million d'exemplaires sortis chaque nuit des rotatives : la IIIe République, dont il a vu avec désolation l'avènement, est le temps du journal roi.

Un entrepreneur dont Gautier fut pendant vingt ans le salarié a joué un rôle de premier plan, non plus industriel mais commercial, dans cette transformation de la presse en outil de diffusion massive de la chose écrite : il s'agit d'Émile de Girardin (1806-1881). Parler un peu de lui permet de montrer que le journal quotidien n'est ici pas seul en cause, mais aussi les revues, dans lesquelles Gautier a publié une part importante de son œuvre. Girardin, très jeune encore, en compagnie d'un aîné et ami de collège, Charles Lautour-Mézeray (1801-1861) – un dandy que connurent et Balzac et Gautier –, fonde d'abord deux périodiques où se dessine déjà toute son audace.

Le premier, en avril 1828, c'est *Le Voleur*, qui trouve en quelques semaines son rythme original de publication, tous les cinq jours, et qui, comme son titre l'indique non sans cynisme, puise l'essentiel de sa matière dans les autres journaux, dont il reproduit les articles ; c'est possible, en ce temps où la propriété intellectuelle de la chose écrite ne bénéficie encore d'aucune législation protectrice. Mais Girardin entend convaincre très vite que cette apparente facilité de pillage s'accompagne d'un vrai projet critique, celui d'un organe d'information et d'idées surpassant les autres par son don d'analyse et de synthèse. C'est dans cette perspective qu'il accueille aussi des articles originaux, et non des moindres : durant l'automne et l'hiver 1830-1831, c'est dans son journal que Balzac, déjà remarqué pour *Les Chouans* et les *Scènes de la vie privée*, donne la série de ses dix-neuf *Lettres sur Paris*, géniale chronique politico-littéraire de l'après-révolution de Juillet[1]. *Le Voleur*, après cette grande mais brève période, se survécut jusqu'en 1842 ; Girardin l'avait abandonné depuis longtemps (dès 1831) en d'autres mains ; mais l'idée initiale, celle d'un journal qui pût tenir lieu de tous les journaux, il ne l'oublia pas, et il la relança plus tard sous une autre forme – nous y reviendrons, après avoir évoqué la seconde « invention » primitive de cet homme imaginatif.

1. En voir l'irréprochable édition critique par Roland Chollet dans Balzac, *Œuvres diverses*, Gallimard, « Bibliothèque de la Pléiade », t. II, 1996, p. 867-981.

Dessin d'Edgar Morin, d'après les photographies de Maze, Nadar, Carjat, etc. (*Le Musée des familles*, 1863)

1er rang (en haut) : Émile de Girardin. – *2e rang* : Méry, Théophile Gautier, Jules Janin. – *3e rang* : E. Pasquier, Ch. Desnoyers, Léon Gozian, Jules Sandeau, Philarète Chasles. – *4e rang* : Ivan Tourgueniev, Amédée Pichot, H. de Callias, Pitre-Chevalier.

Il s'agit cette fois d'une revue, *La Mode*, fondée en octobre 1829, toujours avec Lautour-Mézeray ; c'est alors un hebdomadaire qui paraît le samedi, sur trente-deux pages, sous une apparence bien différente de celle du journal quotidien de quatre pages qu'imite *Le Voleur*. Le format de cette « revue des modes, galerie des mœurs, album des salons » (son sous-titre initial, modifié plus tard) est celui du roman élégant, l'in-octavo ; l'un des attraits proposés aux abonnés, qui sont plutôt des abonnées, ce sont les gravures représentant les toilettes nouvelles dont le texte imprimé fait par ailleurs l'éloge ; s'y ajoute un second attrait, celui, chaque semaine, d'une contribution littéraire, vers, conte, nouvelle, texte bref puisque le nombre de pages disponible est restreint, mais signature, si possible, prestigieuse : celle de Balzac, ici aussi, s'impose comme la plus remarquable (plus de vingt articles et nouvelles entre janvier et novembre 1830[1]), cependant Girardin sait aussi prendre son bien chez des débutants encore confidentiels, comme Eugène Sue, alors spécialisé dans la littérature maritime. Recruter de bonnes plumes est pour Girardin une nécessité, car il doit concurrencer l'une au moins de deux autres revues fondées presque en même temps que *La Mode :* la *Revue de Paris*, lancée par le docteur Véron en avril 1829, et qui paraît le dimanche ; et la *Revue des Deux Mondes*, mensuel créé en août de la même année par Prosper Mauroy. Certes cette dernière, qui vivote d'abord, ne trouve son véritable élan qu'en 1831, lorsque François Buloz en devient le rédacteur en chef et le maître pour plusieurs décennies ; mais la *Revue de Paris*, elle, a tout de suite été prospère, et elle propose des sommaires dangereusement alléchants : on y voit les noms de Balzac, encore et partout (c'est alors sa plus grande période d'activité journa-

1. Roland Chollet en donne la liste détaillée dans son ouvrage de référence, *Balzac journaliste. Le tournant de 1830*, Klincksieck, 1983, p. 276-277 et p. 347-348.

listique, à la fois comme critique et comme conteur), mais aussi de rien de moins que Mérimée, qui publie là tous ses premiers chefs-d'œuvre, à commencer, dès le 3 mai 1829, par le coup d'éclat de *Mateo Falcone*.

De même qu'il a abandonné *Le Voleur*, Girardin laisse dès 1831 les rênes de *La Mode* à une équipe nouvelle, fortement politisée, et sous la direction de laquelle la revue devient vite un des organes les plus violents de l'opposition légitimiste à Louis-Philippe. Faire de la politique n'intéresse pas Girardin, du moins pas au premier chef. Avoir donné l'impulsion éditoriale lui suffit, d'autres prospections l'attendent. Girardin, c'est le lanceur, jamais timoré, de nouvelles tentatives. Il lance avec Balzac, début 1830, un *Feuilleton des journaux politiques* qui ne dure que quelques mois, mais remarquable : c'est dans ses colonnes que Balzac éreinte longuement *Hernani*, si bien défendu, dans la salle, par un Gautier qu'il ne connaît pas encore [1]. À peine le *Feuilleton* enterré par la révolution de Juillet, à peine *Le Voleur* et *La Mode* laissés à d'autres, Girardin fonde en octobre 1831 un mensuel, le *Journal des connaissances utiles*, destiné, dit entre autres son long sous-titre, « à tous les hommes qui savent lire » – et là encore, il frappe juste. Non seulement ce journal centré sur l'économie pratique a duré toute la monarchie de Juillet, mais sa notoriété en province fut aussitôt assez grande pour que Lamartine en personne, à la fois poète célèbre et maire de Mâcon, y publie dès les premiers mois un article retentissant sur les « devoirs civils du curé » (mars 1832).

Arrive enfin la grande année de Girardin, 1836, celle qu'Alain Vaillant et Marie-Ève Thérenty ont proposé d'appeler « l'an I de l'ère médiatique [2] ». Agacer la

1. Ces deux articles (24 mars et 7 avril 1830) figurent également dans les *Œuvres diverses*, *op. cit.*, p. 677-690.

2. Mots essentiels du titre de l'ouvrage qu'ils ont dirigé et dont la plus grande partie est consacrée à une étude minutieuse de la première année d'existence de *La Presse* (*1836, l'an I de l'ère médiatique. Analyse*

grande presse en lançant *Le Voleur* à ses basques, ou inventer, avec *La Mode* et le *Journal des connaissances utiles*, des clientèles que nous dirions aujourd'hui « ciblées », ce n'était qu'essais, amorces. Girardin veut bouleverser le marché de la presse quotidienne elle-même, et s'y imposer. Tout ce qu'il a tenté jusqu'alors a visé à élargir le public lisant ; il faut aller beaucoup plus loin. Mais le marché du quotidien, au moment où il prétend s'y immiscer, c'est un bastion, un tout petit bastion élitaire. La presse quotidienne est alors une presse d'opinion, marquée en politique par des préférences partisanes (affichées ou sournoises), et c'est une presse chère : quatre-vingts francs d'abonnement par an pour une feuille unique pliée en deux [1]. Cette double entrave, par l'appartenance politique et par l'argent, limite la clientèle à des effectifs restreints. Les nostalgiques des Bourbons se partagent pour l'essentiel entre deux quotidiens légitimistes, *La Quotidienne* et la *Gazette de France* (environ 10 000 abonnés à elles deux en 1836) ; les républicains, décimés après les lois consécutives à l'attentat de Fieschi contre le roi (juillet 1835), n'ont plus comme quotidien que *Le National*, astreint à la prudence (4 000 abonnés) ; reste, si l'on néglige les feuilles vraiment confidentielles, une demi-douzaine de quotidiens modérés, c'est-à-dire ceux qui souhaitent éviter les ennuis avec le pouvoir même s'ils n'en sont pas les serviteurs, les deux plus connus étant les deux plus anciens, le *Journal des débats* (10 000 abonnés) et *Le Constitutionnel*, en déclin (9 000 abonnés). Tout cela ne fait pas 100 000 abonnés dans toute la France. Certes, et c'est important, grâce aux cabinets de lecture, ancêtres de nos bibliothèques de

littéraire et historique de « La Presse » de Girardin, Nouveau Monde Éditions, 2001).

1. Cela équivaut à peu près à 300 € actuels par an, mais c'est surtout plus d'un an du salaire d'un ouvrier de province de l'époque, ce qui donne un ordre de grandeur plus parlant.

quartier, chaque numéro a plusieurs lecteurs ; mais c'était surtout vrai sous la Restauration [1], et la diffusion globale de la presse quotidienne suit plutôt, depuis 1830, une courbe de déclin. Comment changer cela ?

En baissant les prix. Spectaculairement : en les baissant de moitié. *La Presse*, le quotidien lancé par Girardin le 1er juillet 1836, ne coûte plus que quarante francs par an, grâce à l'introduction de la publicité payante, qu'on appelle à l'époque l'« annonce » ou la « réclame ». La quatrième page du journal vante dès lors aussi bien des éditions que des moutardes, des médicaments que des albums de gravures, en un étrange fourre-tout qui couvre, parfois, l'intégralité de la page in-folio. Une ère nouvelle est née, ce que confirme le lancement, à la même date du 1er juillet 1836, par Armand Dutacq (1810-1856), d'un autre quotidien à moitié prix, *Le Siècle*, situé un petit peu plus à gauche que *La Presse* – Girardin, lui, privilégie une analyse « objective » de l'actualité, considérée comme un produit attirant parmi d'autres plutôt que comme un dangereux objet de polémique : la politique aussi, à ses yeux, est objet de « révolution industrielle [2] ».

C'est à cette presse nouvelle, très moderne dans sa conception même si son aspect matériel austère peut nous paraître, à nous abreuvés de couleurs et d'images mouvantes, singulièrement peu attirant, c'est à cette presse d'avenir que Gautier se trouve associé en 1836, sûrement sans se douter que c'est pour le restant de ses jours. D'où vient-il alors, lui qui n'a encore que vingt-cinq ans ?

---

1. Sur la pratique de la lecture sur place et de l'emprunt à domicile, on consultera l'ouvrage classique de Françoise Parent-Lardeur, *Lire à Paris au temps de Balzac. Les cabinets de lecture à Paris, 1815-1830*, Éditions de l'École des hautes études en sciences sociales, 1981 ; éd. revue, 1999.

2. « La politique : une révolution industrielle » est le titre du chapitre rédigé par Corinne Pelta dans *1836, l'an I de l'ère médiatique*, *op. cit.*, p. 127-141.

Débuts littéraires et critiques

Né à Tarbes par le pur hasard de la carrière de fonctionnaire fiscal de son père, mais Parisien dès sa toute petite enfance, Théophile Gautier a mené jusqu'à ses quinze ans une existence sans histoires d'élève doué mais sans plus ; bon latiniste, toutefois : il en a gardé une vraie culture, lui qui, dans ses feuilletons, cite volontiers Horace et Virgile dans le texte, et souvent sans erreur de mémoire contrairement à ce que l'on entend dire parfois (il est plus approximatif dans ses citations d'auteurs français !). Au collège royal Charlemagne, il a aussi noué des amitiés, la plus capitale pour lui et la plus durable étant celle de Gérard Labrunie, son aîné de trois ans, bientôt poète sous le pseudonyme de Nerval, et avec qui, entre 1837 et 1840 notamment, il partagea étroitement une partie de sa vie de journaliste.

Devenu jeune homme, il hésite un moment entre plume et pinceau ; un temps élève d'un peintre de genre et portraitiste, Louis-Édouard Rioult (1790-1855), il s'oriente vers la littérature après avoir été, le 27 juin 1829, présenté par Nerval à Victor Hugo, le patron encore jeune, mais prestigieux, du Cénacle romantique. Hugo a publié avec bruit, en décembre 1827, la préface de son drame *Cromwell*, dans laquelle il reprend et synthétise tous les désirs des novateurs en matière théâtrale ; puis, en février 1829, les poèmes pittoresques, au sens propre du mot, des *Orientales*. La seconde moitié de l'année 1829 voit Gautier, simultanément, suivre la courbe de l'ambition du jeune maître et s'essayer lui-même à une écriture poétique qui doit beaucoup aux modes du jour. Comme disciple enthousiaste, il voit Hugo, censuré par le ministère et par le roi en personne pour l'image critique qu'il a donnée de Louis XIII dans sa pièce *Un duel sous Richelieu* [1], se rebiffer en faisant presque aussitôt recevoir par

1. Créée en août 1831 sous le titre de *Marion de Lorme*.

acclamation *Hernani* à la Comédie-Française ; et comme poète, il se rêve s'imposant au public par un recueil décisif. Les deux expériences sont pour lui fondatrices : Hugo dramaturge, il l'admirera toujours comme la lumière de sa jeunesse, et ne le reniera jamais, alors même que leurs itinéraires auront complètement divergé sur le plan politique ; quant à la poésie, si en 1830 elle signifie pour lui un échec décevant (seule la malchance a voulu que son recueil paraisse en pleine révolution), elle demeurera jusqu'à son dernier souffle l'activité reine... même si le journal, souvent, l'empêcha de la pratiquer à sa guise, comme il le dit avec un humour un peu triste dans des vers tardifs qui commencent par un constat soulagé :

Mes colonnes sont alignées
Au portique du feuilleton ;
Elles supportent résignées
Du journal le pesant fronton.

C'est seulement cette corvée une fois accomplie que le poète peut dire : « Jusqu'à lundi je suis mon maître », et affirmer à propos de ce qu'il écrira, enfin, de personnel – c'est-à-dire des vers :

Je boirai le vin de mon cru :
Le vin de ma propre pensée [1].

Nous en sommes pour le moment au Théophile Gautier de 1830, qui ne gagne pas encore sa vie : défendre Victor Hugo contre les siffleurs d'*Hernani* n'enrichit pas son homme, pas plus qu'une plaquette de vers que, de plus, personne ne réclame. Nul « métier », au sens bourgeois et lucratif du terme, ne le tente, et d'ailleurs il n'a même pas fait les études de droit qui ont permis à la moitié des gens connus de son temps de devenir avocats...

1. Vers 1 à 4, 5 et 16-17 du poème « Après le feuilleton », publié par la *Revue nationale et étrangère* le 10 décembre 1861, puis inséré dans la quatrième édition d'*Émaux et camées* (Charpentier, 1863).

C'est sans doute une des raisons matérielles de son entrée, d'abord discrète, dans le monde journalistique.

Il le fait en premier lieu comme conteur : on lui attribue, par tradition de famille, mais avec vraisemblance, une nouvelle non signée intitulée « Un repas au désert de l'Égypte » ; cette modeste préfiguration de sa passion invétérée pour les anciens mystères des pharaons, d'*Une nuit de Cléopâtre* (1838) au *Roman de la momie* (1858), a été publiée le 24 mars 1831 par *Le Gastronome*, bihebdomadaire dirigé pendant un peu plus d'un an par le chansonnier politique Charles Lemesle, et bien typique de la floraison, autour de 1830, de périodiques le plus souvent éphémères, mais qui recèlent de multiples richesses et de vrais documents d'histoire culturelle. À cette même catégorie, mais en plus solide et en plus durable, appartient *Le Cabinet de lecture*, fondé en octobre 1829 par Valentin Darthenay, et qui donne à lire tous les cinq jours des contes et anecdotes pittoresques, conformément au titre par lequel il ambitionne d'attirer autant d'abonnés que les cabinets de lecture, déjà évoqués un peu plus haut, ont de fidèles. C'est dans les pages de cette revue que, le 4 mai 1831, Gautier publie *La Cafetière*, son premier conte fantastique signé, très marqué par l'influence ambiante d'Hoffmann. Entre ces deux dates, c'est une troisième revue, *Le Mercure de France au XIX*e *siècle*, qui, le 16 avril, insère le premier poème de Gautier publié dans la presse, « L'orage [1] ». Avec ce tir groupé s'amorce ce qui fut pendant quarante ans la principale façon, pour lui, de publier son œuvre littéraire, en vers comme en prose.

Reste pour nous à dater les débuts de sa carrière de journaliste à proprement parler, ou, si l'on préfère, de critique, celle qui nous intéresse ici. C'est chose faite très peu de temps après, durant la même année 1831 : le

1. Complété et inclus, sous le titre « Pluie », dans le recueil de 1832 *Albertus ou l'Âme et le péché*.

8 octobre, le *Mercure de France*, qui depuis avril accueille régulièrement des vers de Gautier, publie son premier article de critique d'art, l'éloge d'un « Buste de Victor Hugo » sculpté par son ami romantique Jehan Duseigneur (1808-1866). Gautier a vingt ans, sa route de journaliste est tracée. Il s'en faut en revanche de quelques années pour que s'ouvrent les deux autres pans de sa carrière dans ce domaine : la critique littéraire, avec la première étude du futur volume *Les Grotesques*, celle sur « François Villon », dans *La France littéraire*, en janvier 1834 ; la critique de théâtre, dernière venue mais qui le dévora jusqu'aux derniers jours, avec une brève chronique sur « La comédie à l'hôtel Castellane », dans le premier numéro du *Monde dramatique* de son ami Nerval, le 23 mai 1835. Ce sont aussi ces trois axes principaux : art, littérature, théâtre, que nous avons suivis pour composer le présent volume.

Gautier triple critique face à son siècle

À quelles nécessités fallait-il se plier pour produire une anthologie représentative de l'œuvre journalistique de Gautier ? Faisons provisoirement abstraction de la plus pénible de ces nécessités : celle du tri ! De tout ce qu'il a fallu abandonner, nous allons dire un mot plus loin. Considérons pour le moment la table des matières, telle qu'elle s'est stabilisée après plus d'un tâtonnement.

Le premier impératif consistait à couvrir tout le temps d'une longue carrière. Le pari n'est pas absolument relevé, car le premier article retenu n'est « que » de 1835. Mais le dernier, trente-sept ans plus tard, s'ouvre loin sur l'avenir, puisqu'il montre Gautier, à la veille de sa mort, s'interrogeant sur l'évolution de l'art et de la littérature. D'autre part, à considérer les trente-cinq textes conservés, on peut constater que l'écart chronologique de l'un à l'autre n'atteint jamais trois ans ; le fil se distend, mais ne rompt pas.

Le deuxième impératif, c'était de refléter aussi équitablement que possible la tripartition thématique que je viens d'évoquer : critique littéraire, critique d'art, critique théâtrale.

La tâche était incommode. Une répartition purement quantitative aurait dû donner plus nettement la préférence aux feuilletons de théâtre, qui représentent à eux seuls bien plus de la moitié de l'œuvre critique, et presque la moitié de l'œuvre entière de Gautier [1]. Il a paru préférable de procéder autrement. En effet, le feuilleton dramatique est, d'une part, au fil des années, de plus en plus répétitif (parfois textuellement : le critique, pour s'économiser la peine d'écrire, cite longuement un feuilleton antérieur), et, d'autre part, de moins en moins souvent consacré à la seule production théâtrale, jugée par Gautier, sauf exceptions notables, décourageante et sans valeur novatrice ; il arrive même qu'un feuilleton annoncé sous la rubrique « Revue des théâtres » soit complètement voué à parler d'autre chose, par exemple d'un roman même s'il n'est pas nouveau (c'est le cas de l'article sur Dickens, p. 323). Nous avons puisé dans ce très vaste ensemble des échantillons que nous pensons représentatifs à la fois de ses constantes et de son hétérogénéité.

En revanche, la critique d'art, même si elle perd assez vite la verve et la drôlerie qui étaient les siennes dans les

---

1. Je me réfère ici à la précieuse synthèse présentée et commentée par Martine Lavaud lors du colloque de Montpellier en juin 2008, « Chiffres et colonnes : réflexions sur le morcellement de l'œuvre de Gautier dans la presse de son temps », dans *Le Cothurne étroit du journalisme : Théophile Gautier et la contrainte médiatique*, *Bulletin de la Société Théophile Gautier*, n° 30, novembre 2008, p. 19-40. Son inventaire dénombre 1 464 feuilletons et articles de théâtre, 660 de critique d'art et 127 de critique littéraire.

toutes premières années [1], se maintient pendant quarante ans à un niveau souvent passionnant, ce qui a paru justifier un choix plutôt riche, et le plus diversifié possible, mais où apparaissent clairement le goût de Gautier pour le beau trait, et sa défiance, finalement, à l'égard de la nouveauté, trop souvent à ses yeux synonyme de laideur : il n'a jamais aimé Courbet (articles p. 182 et 349), et nous pouvons être sûrs, à lire ce qu'il dit de Monet (article p. 349), qu'il eût haï, s'il eût vécu, l'impressionnisme triomphant.

Quant à la critique littéraire, elle compte moins de numéros que les autres séries dans la liste générale des articles de Gautier, mais c'est parce qu'elle comporte plusieurs textes en forme de longues synthèses, qui ne pouvaient malheureusement être repris ici intégralement, et qui d'ailleurs font figure d'œuvres à part entière par leur publication en librairie : c'est le cas de l'étude sur Balzac, mise en vente en volume en 1859 après avoir été donnée l'année précédente en six articles dans *L'Artiste* et, presque en même temps, en huit livraisons dans *Le Moniteur universel.* Mais Balzac, maître si important pour Gautier, est tout de même présent dans ce volume, et comme romancier, par le biais d'une adaptation théâtrale ratée de *La Recherche de l'Absolu*, roman dont, du coup, le critique s'offre le plaisir de faire l'analyse (article p. 55), et comme dramaturge, lors de l'interdiction, à ses yeux abusive, du drame *Vautrin* (article p. 91).

Finalement, nous offrons, de 1837 à 1869, dix-sept feuilletons de théâtre (mais pas tous exclusivement consacrés à la scène...) ; de 1836 à 1872, treize articles de critique d'art ; de 1835 à 1854, quatre de critique littéraire (mais de nombreux feuilletons de théâtre tardifs parlent d'écrivains, notamment par le biais des nécrolo-

1. Je me permets de renvoyer à mon étude « L'humour de Gautier critique d'art, 1833-1837 », *Bulletin de la Société Théophile Gautier*, n° 23, novembre 2001, p. 153-163.

gies) ; enfin, un feuilleton de 1852 relevant du récit de voyage (article p. 194), seul rescapé ici d'une part de l'œuvre journalistique certes riche [1] mais dont presque tous les articles sont devenus des livres (*Voyage en Espagne*, *Italia*, *Contantinople*, *Voyage en Russie*).

Un troisième et dernier impératif recoupait et venait contrarier en partie les deux premiers : la nécessité de respecter une répartition juste entre les articles de revue et les feuilletons parus dans les quotidiens.

Rappelons, avant d'aller plus loin, que le terme « feuilleton » désigne, depuis le début du XIXe siècle, la rubrique placée en « rez-de-chaussée » (c'est-à-dire en bas) de la première page des quotidiens, et qui pouvait traiter des sujets les plus divers : comptes rendus des séances des académies, critique littéraire, théâtrale ou musicale, critique d'art, pièces de vers inédites, nouvelles. Ce sont Girardin et Dutacq qui eurent à peu près en même temps l'idée d'utiliser l'espace du journal pour publier des « feuilletons-romans », sans toutefois aller d'un seul coup au terme logique de cette trouvaille, puisque si le premier roman publié ainsi par tranches quotidiennes, dans *La Presse*, fut *La Vieille Fille* de Balzac, du 23 octobre au 4 novembre 1836, ce ne fut pas en bas de première page mais dans le corps du journal, au sein des « Variétés » généralement situées en troisième page, après la politique. En revanche, dès que cette innovation eut trouvé ses lecteurs, et même en eut rapidement produit d'autres sous la forme de nouveaux abonnements, le feuilleton-roman de rez-de-chaussée devint la règle, et la presse, le champ de bataille concurrentiel des Balzac, Sue, Dumas, Soulié, plus tard Féval, Ponson du Terrail : c'est pourquoi la chronologie proposée à la fin de ce volume indique quelques-unes des dates essentielles du développement exponentiel du feuilleton dans les

1. En tout 197 articles, selon l'inventaire de Martine Lavaud déjà cité.

quotidiens à partir de la publication ininterrompue, durant quinze mois, des *Mystères de Paris* d'Eugène Sue dans le *Journal des débats* (juin 1842-octobre 1843). Enfin, même si ce n'est pas l'objet du présent volume, il convient de rappeler que tous les romans de Gautier, sauf *Mademoiselle de Maupin* dont la date est antérieure à la naissance du roman-feuilleton, ont été d'abord publiés sous cette forme. Nous n'avions pas à nous en occuper, mais nous devions rendre compte, dans notre anthologie, de l'alternance entre les articles publiés en feuilleton dans les quotidiens et ceux qui avaient trouvé accueil dans des revues.

Là non plus, le choix n'était pas facile, surtout pour les Salons de peinture, car Gautier a utilisé en ce qui les concerne toutes les formes possibles de publication. Les deux premiers qu'il ait laissés, ceux de 1833 et de 1834, forment une seule livraison assez longue dans une revue mensuelle, pour 1833 *La France littéraire* de Charles-Malo (1790-1871), et pour 1834 *La France industrielle* du même – essai intéressant, mais qui ne dura pas, de mensuel économique. On ne connaît pas, sous la plume de Gautier, de « Salon de 1835 ». En 1836, il donne à nouveau son Salon à une revue, l'*Ariel* de son ami Lassailly, mais en plusieurs articles courts (dont celui p. 40) adaptés à la pagination limitée de ce périodique d'ailleurs éphémère. À partir de 1837, c'est *La Presse* qui donne les Salons de Gautier, mais d'abord, pendant plusieurs années, dans le corps du journal (articles p. 68 et 76), puis à la place noble, en feuilletons de bas de première page (articles p. 136, 157 et 182). *Le Moniteur universel*, où Gautier travaille à partir d'avril 1855, les imprime en revanche en rez-de-chaussée (articles p. 222 et 349), à l'exception notable de l'année 1857, car à ce moment-là Gautier est rédacteur en chef de *L'Artiste*, et réserve naturellement les livraisons de son Salon à cette revue dont la longue histoire est prestigieuse – elle a été fondée en 1831 –, et qu'il s'enorgueillit de diriger (articles p. 243

à 268). Le choix était plus aisé pour la section dramatique, puisque à partir de 1837 tout ce que Gautier écrit sur le théâtre est publié en feuilleton ; nous avons simplement tenté de refléter la variété des contenus, qui ne sont pas toujours « théâtraux » au sens restrictif où nous l'entendons aujourd'hui – pour un spectateur du XIXe siècle l'opéra (article p. 85) ou la danse (articles p. 45 et 234) font alors partie intégrante du « théâtre » –, et qui même, nous l'avons dit, sont loin d'être toujours exclusivement consacrés à la scène (voir articles p. 304, 323 et 340). Enfin, pour la critique littéraire, le lecteur se voit proposer l'étude sur Eugène Sue parue dans la *Chronique de Paris* de Balzac, reprise et complétée dans le *Musée des familles* (article p. 117), mais aussi deux feuilletons successifs du *Moniteur*, l'un sur une traduction de Dante, l'autre sur un récit de voyage de Maxime Du Camp (articles p. 204 et 212).

De la sorte, Théophile Gautier apparaît le plus fidèlement possible sous ses diverses « casquettes » : celle du feuilletoniste assujetti à un format de publication, mais largement maître de ses choix et de la longueur de ses colonnes, à *La Presse* du moins, puisque dès le début de 1839 il assure la direction de toute la partie littéraire du journal ; celle de l'associé actif : *Ariel* n'aurait pas vu le jour sans son aide, Lassailly manquant par trop de sens pratique et de solidité mentale ; celle, enfin, de l'animateur central : de la fin 1856 au début de 1859, *L'Artiste* est sa « chose », ce qui justifiait bien trois textes, quitte à laisser pour cela de côté la *Revue de Paris*, où son rôle fut également important d'octobre 1851 au début de 1853.

Ces trois impératifs étaient une chose ; la frustration de l'éditeur en est une autre, dont on donnera l'idée la plus simple en rappelant qu'on peut lire ici trente-cinq articles sur près de trois mille [1]. J'entends bien que de ces

1. Exactement 2 843, selon le décompte de Martine Lavaud (art. cité, p. 38).

trois mille contributions à la presse périodique, presque un tiers est constitué par les prépublications de l'œuvre littéraire proprement dite : vers, contes, romans ; mais tout de même : dans ce volume, qui n'est pas mince, nous n'avons pu « loger » que 2 %, à peu près, de l'œuvre journalistique de Gautier. Soyons donc conscients, d'une part, de l'immensité de cette tâche qui fut la sienne. Et restituons, dans la mesure du possible, l'épaisseur de ce qui ne peut être présent ici. Lorsque Gautier se plaint de la superficialité du vaudeville, ce n'est pas une ou deux, mais trois cents fois qu'il le répète en trente ans. Lorsqu'il se réjouit de la drôlerie des clowns, de la souplesse anormale des contorsionnistes, des joies du cirque en général, ce n'est pas une fois, c'est cinquante, et toujours il donne le pas au saltimbanque, parfait dans son art, sur la vedette lyrique ou théâtrale qui se contente de son nom et de son renom. L'art de se répéter, au sens obsessionnel de ce mot – et même s'il est vrai que souvent, Gautier se répète *aussi* par paresse –, se vérifie également quand on fait l'inventaire, au fil des décennies de feuilleton, de ses manières préférées d'énoncer la louange : une belle femme, pour lui, est toujours une sculpture, fût-elle cantatrice ou danseuse, parce que c'est ainsi qu'il perçoit la beauté et pas autrement. Cette continuité et cette résurgence des images, satiriques ou laudatives, on en découvrira quelques traces, même dans les limites de cette anthologie (entre les articles p. 68 et 136, par exemple) : c'est dire si elles sont prégnantes, constantes, sur l'ensemble du travail ininterrompu qui fut celui de Gautier « articlier ».

Notre chance, c'est que cet homme qui se répète est un des grands manieurs de la langue française, un écrivain tout simplement. Même fatigué, il n'a jamais la mollesse précieuse de Sainte-Beuve, encore moins le relâchement bavard, intolérable à la longue, de son camarade et rival du *Journal des débats*, Jules Janin (1804-1874), le seul à avoir tenu plus longtemps que lui un feuilleton de théâtre. Gautier journaliste est un maître de prose, et seulement quelques centaines de pages sur dix mille suffisent à le faire sentir.

Patrick BERTHIER

NOTE SUR L'ÉDITION

Le texte de cette édition est toujours celui de la publication originale en périodique, notamment pour les feuilletons de théâtre de *La Presse* (ici les articles p. 45, 55, 85, 91, 104 et 169), complètement défigurés dans l'édition inqualifiable publiée en 1858-1859 chez Hetzel sous le titre abusif d'*Histoire de l'art dramatique en France depuis vingt-cinq ans*, et qui n'est faite que de suppressions, interversions, manipulations et réécritures innombrables, dont Gautier, par lassitude peut-être, semble avoir laissé la responsabilité à son fils Théophile, préparateur de ces six volumes.

Le respect du texte étant une chose devenue aujourd'hui une évidence minimale, restait à y corriger beaucoup de coquilles matérielles (elles fourmillent dans les journaux du XIXe siècle, quiconque les pratique le sait), et à moderniser les graphies de manière à ne pas dérouter inutilement le lecteur : ainsi Gautier, comme tous ses contemporains, met jusqu'à la fin de sa vie un trait d'union entre l'adverbe « très » et le mot qui le suit (« très-bien », « très-beau »), nous l'avons fait disparaître ; même remarque pour des graphies comme « poëte », « rhythme », et bien d'autres, et pour quelques cas où la ponctuation de Gautier gêne aujourd'hui la clarté de la phrase – en revanche, nous avons scrupuleusement respecté son amour constant pour le point-virgule. Pour ce qui est des noms de personnes et de lieux, nous en avons généralement unifié la graphie si elle ne l'était pas d'une occurrence à l'autre, toujours par souci de cohérence ; mais lorsque Gautier utilise une orthographe attestée en son temps et qui, tout en s'étant raréfiée, l'est encore aujourd'hui, nous la respectons, et la note clarifie les choses s'il le faut (par exemple il appelle « Venius » le peintre flamand que le *Petit Robert des noms propres* classe alphabétiquement à « Van Veen » mais en signalant le flottement, encore aujourd'hui, de ce nom propre).

Enfin, les rubriques théâtrales des périodiques de l'époque se composent parfois d'une suite ininterrompue de développements portant sur les différents spectacles du moment, annoncés d'un seul tenant au début de l'article : pour le confort de la lecture et par souci d'unification, nous avons réintroduit au sein des articles, lorsqu'ils n'y figuraient pas, les titres des spectacles évoqués par Gautier.

Les illustrations reproduites dans ce volume, à l'exception des vignettes p. 33-39, ne figuraient pas dans les articles originaux ; elles proviennent pour la plupart des *Physiologies parisiennes illustrées* (Aubert et Cie, 1850).

GAUTIER JOURNALISTE

Articles et chroniques

***Le Monde dramatique*, 30 mai 1835**

BIBLIOGRAPHIE DRAMATIQUE

Scènes populaires
par Henry Monnier

*Henry Monnier (1799-1877) s'était fait connaître dès 1828 comme caricaturiste, auteur satirique, illustrateur de ses propres textes ou de ceux des autres (*Chansons *de Béranger,* Fables *de La Fontaine) et acteur comique (six rôles à lui seul, dans* La Famille improvisée *de Brazier, Dupeuty et Duvert, en 1831). Il crée le bourgeois M. Prudhomme dès les* Scènes populaires dessinées à la plume *(1830) ; on y trouve, illustrés par ses soins, des textes qui furent aussitôt célèbres : « Le roman chez la portière », « Le voyage en diligence » ; cette série s'étoffa au fil des rééditions, tandis que l'auteur immortalisait Prudhomme en publiant ses supposés* Mémoires *(1857) et en portant à la scène plusieurs de ses aventures.*

L'article de Gautier, publié dans la revue fondée et dirigée par Nerval, son proche ami et bientôt son collaborateur au feuilleton de La Presse *(**voir l'article p. 45**), fait suite au compte rendu, par Alphonse Karr, des récentes* Nouvelles Scènes populaires *publiées chez Dumont ; il porte sur la réédition simultanée des* Scènes *de 1830, chez le même éditeur. Cet éloge contient la reproduction de celles des vignettes de Monnier qui sont directement visées par le commentaire.*

La première chose qui s'offre aux yeux, en ouvrant le volume d'Henry Monnier, c'est la signature et le paraphe de M. J. Prudhomme.

Ce paraphe est un caractère tout entier, et pourrait, dans l'écriture hiéroglyphique, devenir le signe représentatif d'imbécile et de maître d'écriture : comme ces traits laborieusement enchevêtrés les uns dans les autres représentent bien la phraséologie embarrassée et diffuse du digne expert assermenté près les tribunaux ; toute l'éloquence de M. Prudhomme est contenue dans cette volute, qui fait de si longs et si complaisants retours sur elle-même ; – ces cinq points, pesamment appuyés entre deux barres, symbolisent très finement la solennité et l'importance que l'élève de Brard [1] et Saint-Omer attache à ses moindres actes ; – le zigzag, si capricieusement erratique, décrit par le bâton du caporal Trim, me paraît seul pouvoir lutter avec ce merveilleux paraphe. Il n'y avait que Sterne [2] qui pût dessiner l'un, et il n'y avait que

1. Cyprien Brard (1786-1838), célèbre minéralogiste. L'allusion à Saint-Omer reste obscure.

2. Laurence Sterne (1713-1768), romancier et humoriste anglais, auteur de *Tristram Shandy* (1759-1767) dont l'invalide Trim, ancien caporal, est un des personnages.

Henry Monnier qui pût jeter l'autre à main levée sur papier ministre, et avec un bout d'aile du côté droit.

Nous avons vu la signature, voici l'homme : c'est déjà une vieille connaissance. Derrière ce majestueux collet d'habit, si soigneusement brossé, s'élève un mur de toile blanche empesée, un triomphal et gigantesque col de chemise d'une construction cyclopéenne, plus démesuré à lui seul qu'un col d'épicier, de garde national et de marchand de bougies *sebaclares* [1] ensemble ; un col titanique !... et puis, en cherchant bien, on découvre un nez chargé de lunettes à doubles branches, et une manière de figure, qui est l'accessoire de ce col ; quelques cheveux, capricants et biscornus, se hérissent fantasquement au sommet de l'édifice dont ils sont comme les broussailles et les plantes parasites ; tout cela réuni compose M. Joseph Prudhomme.

Cette chaufferette, ce tas de jupons, tous ces fichus superposés les uns sur les autres, ce bonnet dont la garniture pend comme une feuille de chou flétrie, ou comme l'oreille d'un éléphant ; cette griffe qui tient un livre gras, déchiré, décousu, rompu à tous ses plis ; ces bésicles de corne, posées à cheval, vous représentent au naturel la brave madame Desjardins, portière, lisant à haute voix, comme ayant l'haleine la plus forte de la société, un très célèbre et très récréatif roman, intitulé : *Co-elina, ou l'Enfant du ministère* [2] ; elle a l'air

1. Sorte de bougies grasses alors vendues dans le commerce (du latin *sebum*, suif).

2. Déformation, par l'ignorante concierge, du titre du célèbre roman populaire de François Ducray-Duminil, *Cœlina ou l'Enfant du mystère* (1798). Sa lecture occupe une partie du « Roman chez la portière ».

convenable et digne, elle est décorée du cordon de son ordre. En ce moment, elle épelle un mot difficile, un mot d'auteur, comme elle les appelle, et c'est ce qui lui donne un air un peu soucieux.

Ne crains rien, fidèle carlin, on ne te séparera pas de ta maîtresse[1] : tu es un type aussi, honnête chien, ni plus ni moins que M. Prudhomme ; que ton museau est noir, et que tes babines sont foncées et peaussues ! quelle mine insolente et plate tu as en même temps ! tu as presque l'air d'un homme ; ton cou est chargé d'un triple pli, ta poitrine est si large et ton ventre si hippopotamique, que tes petites jambes grêles et courtes s'affaissent et s'écartent sous ton poids, tu ressembles à un tonneau posé sur quatre allumettes ; tu sues la graisse par tous les pores, et il faudra bientôt faire des crevés à ta peau, comme à un pourpoint espagnol, si l'on ne veut pas que tu y pètes. – Maintenant que l'on t'a vu, et que tu as fait le beau devant le monde, tu peux t'aller coucher.

Voici le jeune M. Adolphe Desjardins, héritier présomptif de la couronne, – il est plus connu sous le nom de Dodoffe. Il n'est pas besoin de vous dire que ce charmant

1. Gautier s'adresse au chien de la concierge ; leurs portraits par Monnier sont reproduits côte à côte sur la page du *Monde dramatique.*

enfant est le plus grand vaurien du monde : sa casquette est posée de travers, son gilet lui remonte jusque sous le menton, sa culotte est la parfaite antithèse de son gilet ; elle est à moitié boutonnée, et semble près de choir, une chemise fort sale profite de l'interstice pour mettre le nez à la fenêtre. Le parement de sa veste, gras et luisant comme s'il était verni, fait conjecturer que son mouchoir doit être très propre.

Ne vous étonnez pas de voir mademoiselle Reine dans la loge : *monsieur* dîne en ville. Mademoiselle Reine est gouvernante d'un homme *seul*. C'est une personne qui a trente ans peut-être, mais qui, à coup sûr, n'en a pas plus de trente-cinq ; elle est grassouillette, proprette, discrète, parlant peu, souriant souvent, bien chaussée, bien corsetée, bien frisée, mais tout cela d'une manière modeste et convenable, ainsi que doit être la gouvernante d'un homme qui reçoit M. le curé.

Cette redingote à la propriétaire, d'où sort une voix de basse-taille, est celle de M. Joseph Prudhomme, qui ne peut parvenir à traverser la cour avec son rat [1] allumé, mais qui s'en console en songeant que tout finit par s'éteindre dans la nature, et que le rat est l'image de la vie. Idée philosophique, neuve et profonde ! – Maintenant si nous sortons de la loge, et que nous allions dans

1. Rat ou rat-de-cave, mèche de coton enduite de cire dont on se servait pour s'éclairer.

la rue, nous y rencontrerons d'abord M. Lolo, gamin de Paris de son état, et employé aux trognons [1].

Un an plus tard, le jeune Lolo a dû immanquablement être un héros de juillet, et faire partie de la *sainte canaille*, célébrée par M. Barbier [2]. Le premier pavé arraché doit l'avoir été par lui ; c'est lui qui a coupé la ficelle de la première lanterne brisée ; le premier gendarme tué, c'est lui qui l'a tué, car il a une vieille dent contre le gendarme, quoiqu'il l'appelle mon officier, et se dise son protégé ; il a un bonnet de police très renversé en arrière, des anneaux aux oreilles, des souliers éculés ; un tablier profondément dentelé ; il se balance sur ses reins avec un léger mouvement de cancan ; il a les coudes en dehors, et figure avec ses mains une des passes de la savate, où il est maître juré ; sa face est ramassée, pétulante et cynique, et la protubérance batailleuse est très développée chez lui ; il est légèrement artiste, et

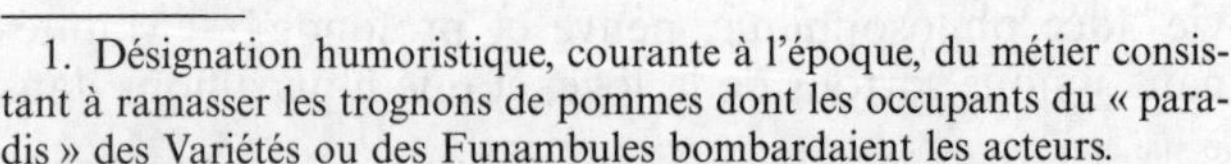

1. Désignation humoristique, courante à l'époque, du métier consistant à ramasser les trognons de pommes dont les occupants du « paradis » des Variétés ou des Funambules bombardaient les acteurs.

2. Auguste Barbier (1805-1882), auteur d'un violent pamphlet en vers sur les lendemains de la révolution de juillet 1830 (*La Curée*, où on trouve les mots cités en italique).

charge les murs d'une foule de croquis anacréontiques [1]. Fouillez dans sa poche, vous y trouverez un morceau de crayon rouge, avec quoi il écrit derrière tous les corps de garde : *Crédeville, voleur.* Vous devinez sans doute ce qu'il dit, à l'expression de sa figure : il appelle son camarade. – Ohé Titi, – et l'invite à aller voir guillotiner [2].

Rentrons à la maison et montons chez M. Joly.

Il a l'air pensif et soucieux, ce bon M. Joly : il tient d'une main sa tabatière, et de l'autre une prise de tabac, qu'il a fortement comprimée entre le pouce et l'index. Il est cinq heures, et la tourte commandée chez le pâtissier du coin n'est pas encore arrivée. Les manches de sa chemise sont retroussées jusqu'au coude, car il a fallu déménager la chambre à coucher de madame Joly pour en faire un salon ; c'est lui qui a démonté le lit et emporté la commode, aussi est-il fort las, et envoie-t-il tout bas sa femme et ses convives à tous les diables.

Vous voyez là une petite fille, Fanny, et une grande dame, madame Saint-Hippolyte, rien moins que cela. Cependant, si aristocrates que nous soyons, cette fois, nous commencerons par la petite. Nous ne sommes pas du goût de M. Charles, et nous préférons de beaucoup celle-ci à l'autre, bien qu'elle écrive des lettres carrées sur du papier à écolier, fermées de trois pains à cacheter, et remplies de fautes d'orthographe. Elle est fort charmante avec son petit bibi, son schall tartan [3], son tablier de taffetas noir, son bas de coton bien tiré et ses petites mains sans gants croisées sur sa modestie [4]. Elle doit être ou

1. Comprendre ici : obscènes (du nom d'Anacréon, poète grec qui a célébré les plaisirs).

2. C'est le sujet d'une des *Scènes* de Monnier, « L'exécution ». Crédeville était un avocat, victime des caricaturistes.

3. Châle écossais (« schall » est la graphie habituelle à l'époque).

4. Nom autrefois donné à un mouchoir de cou qui cachait le décolleté.

mercière, ou brodeuse, ou lingère, ou quelque chose comme cela. Elle grasseye en parlant, dit *facé* pour *fâché*, et *ze* pour *je*, petites façons d'enfant qui lui vont fort bien, parce que ce n'est en effet qu'une enfant. Il y a longtemps que madame Saint-Hippolyte ne l'est plus ; elle a l'air ignoble et effronté ; sa toilette est d'une richesse lourde et mal entendue. L'on voit à son cou la grosse chaîne d'or qui a fait une si profonde impression sur le cœur de Charles. Elle est en toilette de bal, prête à recevoir son monde. C'est une singulière maison que la sienne. On y trouve à toute heure une population de je ne sais qui, venant je ne sais d'où, qui y font je ne sais quoi, et que reçoit également bien le débonnaire M. Duflos, maître de céans.

Cet homme qui laisse choir si désespérément sa tête sur sa poitrine, et dont la lèvre inférieure fait une si piteuse saillie, c'est M. Laserre, employé, supprimé pour opinion, la victime du corridor. Il est en butte à l'inimitié de la célèbre madame Potain, qui a été élevée chez les MM. de Montigny[1]. Il vient de recevoir l'injonction de ne plus mettre son fourneau devant sa porte, et d'ôter son petit jardin de dessus sa fenêtre ; où mettra-t-il son jardin et son fourneau ? Sur son lit, sur sa chaise ; où se mettra-t-il lui-même ? Voilà ce que c'est que d'avoir voulu continuer à prendre votre lait chez la même laitière. Au reste, lecteur et lectrice sensibles, ne vous affectez pas trop du chagrin de ce pauvre homme ; une reconnaissance finale arrangera tout, et il ne sera pas forcé d'arracher ses capucines et ses gobelets[2].

---

1. Montigny-le-Gannelon, près de Châteaudun, siège d'un pensionnat pour jeunes filles.
2. Autre nom de l'*umbilicus* ou ombilic (plante herbacée poussant au naturel sur les murs).

Le volume se termine par un proverbe intitulé : *Il ne faut pas sauter plus haut que les jambes.* Il n'y a malheureusement pas de vignettes. Il est vrai qu'il peut s'en passer, car tout y est si finement observé et rendu qu'il vous semble voir et entendre les personnes mêmes. Je ne crois pas que l'on ait jamais rien fait de plus *nature*, dans la stricte acception du mot, que les scènes d'Henry Monnier. Au premier aspect, cela ne vous paraît pas plus drôle ni plus amusant que ce que l'on entend tous les jours, et l'on se demande pourquoi un homme de tant d'esprit écrit de pareilles choses. En poursuivant sa lecture, on se trouve saisi par cet accent inimitable de vérité, au point que l'on n'ose plus parler, de peur de voir sa conversation s'imprimer toute seule à la suite du volume. J'avoue qu'il m'est impossible de comprendre la façon dont Henry Monnier procède, et le point de vue où il se met. Ce qu'il fait n'est ni lyrique, ni dramatique, ni comique même. – C'est la chose ; rien de plus, rien de moins. – Un écho ne serait pas plus juste. – Je ne pense pas que M. Monnier ait jamais été épicier, et maître d'écriture, portière ou fille entretenue, que je sache, du moins. Alors, je pense qu'il a le diable au corps. – C'est la solution la plus satisfaisante que je puisse trouver à ce problème.

Ariel, journal du monde élégant, **9 mars 1836**

SALON DE 1836
(2e article)

Paysages

Ariel, journal du monde élégant *est une petite revue hebdomadaire fondée par le littérateur Charles Lassailly (1806-1843). Gautier, qui était son ami, l'aida en rédigeant pour lui ce « Salon de 1836 » dont la publication s'interrompit avec le septième des huit articles prévus, le journal, sans argent, ayant cessé de paraître. Nous donnons ici le deuxième, typique du rejet par Gautier de certaines formes académiques de la peinture.*

Il fut un temps, et ce temps-là n'est pas encore éloigné, où MM. Watelet et Victor Bertin passaient pour les deux plus grands paysagistes du monde [1]. – C'était opinion reçue qui avait force de loi. – Le malheureux qui aurait murmuré timidement, et avec des formules poliment dubitatives, que les arbres de ces deux messieurs n'avaient pas la plus légère parenté avec les arbres du bon Dieu ; que leurs nuages de soleil couchant ressemblaient à ces houppes de ouate, chargée de carmin, dont les vieilles femmes se servent pour se mettre leur rouge ; et que les rochers historiques dont ils hérissaient académiquement leurs compositions, avaient l'air d'échantillons de minéralogie dérobés à un naturaliste des quais ; – de quelques élogieuses préparations qu'il eût enveloppé ces simples et

---

1. Claude-Henri Watelet (1718-1786) est l'auteur d'un poème didactique sur *L'Art de peindre* (1760). Jean-Victor Bertin (1767-1842), spécialiste du paysage historique classique, fut un des professeurs de Corot.

effrayantes vérités, eût passé à coup sûr pour un Velche, un Vandale, un Topinambou, un Osage [1], quelque chose enfin d'énormément insolite et stupide, un homme dangereux et d'un commerce malsain : – c'eût été un motif suffisant d'interdiction. À cette époque, la France ébahie se mirait avec complaisance au fond des casseroles de M. Drolling [2]. – Touchant amour, magnifique passion du peuple le plus spirituel de l'univers !

Le succès de MM. Victor Bertin et Watelet est donc croyable, quoiqu'il nous paraisse fabuleux aujourd'hui. Mais heureusement pendant que ces illustres peintres, claquemurés dans leur atelier, touchaient du feuillé avec un pinceau à trois pointes, et faisaient du paysage d'après la bosse [3], le ciel souriait gaiement au-dehors, comme s'il n'eût jamais été barbouillé et passé au blaireau par ces messieurs ; les nuages traînaient leur robe festonnée d'or sur leur chemin d'azur ; les arbres bourgeonnaient, verdissaient, blondissaient ; la fumée montait en spirale du toit des chaumines ; les grands bœufs, nageant dans les hautes herbes à plein poitrail, traçaient leur sillon dans l'ondoyante mer des pâturages ; le rouge-gorge se balançait au bout de la branche ; la rivière berçait le firmament entre ses bras de cristal ; des lueurs mystérieuses glissaient sur les clairières ; les lointains pareils à la Galathée de l'églogue fuyaient coquettement derrière l'horizon, curieux d'être vus avant de disparaître [4], et la

1. Quatre équivalents de « sauvage », donc d'ignorant. Velche (Welsch) : désignation injurieuse des Français par les Allemands ; Vandale : peuple germanique qui envahit la Gaule au Ve siècle, et dont le nom est devenu abusivement synonyme de « démolisseur » ; Topinambou (Tupinamba) : Indien du Brésil ; Osage : Sioux d'Amérique du Nord.

2. Martin Drolling (1752-1817), peintre alsacien qui imitait la manière des Hollandais (*Intérieur d'une cuisine*, musée du Louvre).

3. La bosse : les moulages dont on se sert pour dessiner en atelier. Gautier emploie ici le terme par dérision.

4. Galathée ou Galatée est une bergère dans la IIIe des *Bucoliques* de Virgile, dont Gautier traduit un vers.

nature se laissait voir dans toute sa beauté et sa magnificence, sans aucun souci de M. Watelet, ni de M. Victor Bertin.

Or, des jeunes gens qui avaient des yeux et ne ressemblaient en aucune manière à ces entêtés de l'Évangile, dont il est dit : *oculos habent et non vident* [1], se mirent à regarder devant eux à droite et à gauche, en l'air et en bas, les forêts, les prairies, les villages, les eaux, les ciels ; puis quand ils se furent rendu tous ces aspects bien familiers, qu'ils eurent la tête remplie de silhouettes d'arbres, de gisements de terrains, ils commencèrent à peindre en plein champ, au milieu des pâtres et des bouviers, penchés craintivement sur leur dos ; – puis s'il pleuvait, ils s'en allaient au Louvre contempler les Ruysdaël, les Breughel, les Winants [2], et tous ces maîtres flamands qui ne sont, à vrai dire, que la nature encadrée, et dont l'étude est aussi profitable que celle de la réalité même.

Jolivard, peintre d'un sentiment assez naïf, quoique mesquin d'effet, et d'une touche éraillée ; Regnier qui faisait avec des houx et des pins une espèce de romantisme funèbre dans le goût de M. d'Arlincourt [3], mais dont quelques morceaux sont d'une facture large et vigoureuse ; Enfantin et d'autres presque oubliés maintenant, eurent aussi la velléité de ramener le paysage au vrai : mais ils échouèrent tous plus ou moins, faute de puissance, ou par suite de mauvaises habitudes contractées dans les ateliers. Cependant ils ne sont pas dénués de mérite et peuvent servir à marquer la transition.

1. « Ils ont des yeux et ne voient pas » (Matthieu, 13, 13).

2. Jan Wijnants (v. 1620-1684), paysagiste hollandais spécialisé dans les dunes et les effets de lumière.

3. Charles d'Arlincourt (1789-1856), auteur de romans historiques, est pour Gautier le type de l'écrivain médiocre et répétitif. Les paysagistes André Jolivard (1787-1851), Jacques-Augustin Régnier (1787-1860) et Augustin Enfantin (1793-1827, frère du saint-simonien), sont des élèves de Victor Bertin.

On est singulièrement étonné du développement excessif et presque subit de l'école de paysage en France. Depuis trois ou quatre ans, que de talents se sont révélés tout à coup, que de noms nouveaux, déjà lumineux, se sont levés sur l'horizon de l'art comme autant de soleils inattendus ! – Chose prodigieuse, dès leur premier tableau, des écoliers imberbes, des enfants de vingt ans montrent plus de science et d'exécution que de vieux maîtres vantés. – Ils atteignent tout d'abord, et d'un seul bond, à une telle perfection qu'elle donne de l'inquiétude sur leurs progrès futurs, et que la plus ambitieuse expérience qu'ils puissent nourrir est de rester ce qu'ils sont ou de se soulever à la hauteur de leur premier essor.

Quelle liste nombreuse et brillante ! Camille Flers, dont les douces verdures ont le charme d'une idylle de Gessner [1], et toute la fraîcheur d'un rêve de printemps ! Louis Cabat, son plus bel ouvrage [2], ce Flamand plein d'esprit et d'élégance, ce bien-aimé de la nature, qui sait rester harmonieux comme Claude Lorrain, et en même temps fin et aussi précieux qu'Hobbema lui-même ! Rousseau, talent énergique et primitif ! Jules Dupré, dont les toiles font baisser les yeux et semblent peintes avec du soleil ! Paul Huet, Isabey, Godefroy-Jadin plus exclusivement coloristes ; Aligny, Édouard Bertin, Corot, trinité à qui on ne rend pas une assez éclatante justice, qui cherchent le style par-dessus toutes choses, et dessinent les arbres et les rochers avec cette austérité et cet amour des lignes dont M. Ingres est le seul représentant dans

---

1. Salomon Gessner (1730-1788), poète et dessinateur suisse, annonciateur du romantisme. Camille Flers (1802-1868), un des précurseurs de l'école de Barbizon en forêt de Fontainebleau.

2. Le « plus bel ouvrage » de Flers, dont Louis Cabat (1812-1893) fut l'élève ; mais il n'était nullement flamand. Gautier le compare flatteusement à deux grands paysagistes du XVIIe siècle, le Français Claude Gellée, dit le Lorrain (1600-1682) et le Hollandais Meindert Hobbema (1638-1709).

l'art moderne[1] ! Marilhat, génie à part, peintre excentrique, chaud coloriste, dessinateur sévère, et qui avec ses deux ou trois poèmes sur toile nous en a plus dit sur l'Orient que MM. Michaud et Poujoulat ensemble[2] ; Marilhat, dont le jury, par une inconcevable aberration, vient de refuser à l'heure qu'il est un magnifique tableau, une topaze, un diamant à enchâsser dans l'or, une vue de la forêt de pins de Ravenne, aussi achevée que ses plus beaux paysages turcs ! – Tant de richesses en si peu de temps ; une floraison aussi splendide et aussi parfumée sur un terrain que l'on croyait stérile à tout jamais ! – Des Français qui étudient consciencieusement, exécutent avec un soin parfait des paysages où l'on ne voit ni Ulysse se présentant à Nausicaa, ni Vénus pleurant la mort d'Adonis, ni autres tels ingrédients historiques ; des Français qui veulent bien renoncer à leur esprit de vaudeville, se faire simples et calmes comme de bons Hollandais pour comprendre la poésie de la campagne ; des Français qui font un arbre pour un arbre, une pierre pour une pierre, un nuage pour un nuage, sans intention dramatique, sans autre idée que l'idée de la chose elle-même !

---

1. Jean-Dominique Ingres (1780-1867), discuté en son temps mais que Gautier appréciait, sert de point de repère élogieux pour la génération des paysagistes alors débutants, et plus tard presque tous membres du groupe de Barbizon : Théodore Rousseau (1812-1867), Jules Dupré (1811-1889), Paul Huet (1803-1869), Eugène Isabey (1804-1886), Louis Godefroy-Jadin (1805-1882), Claude d'Aligny (1798-1871), François-Édouard Bertin (1797-1871), enfin Camille Corot (1796-1875), aujourd'hui de loin le plus célèbre de tous, mais alors pas plus connu, bien qu'il fût l'aîné ; les troisième et quatrième articles du « Salon de 1836 » sont entièrement consacrés à tous ces peintres.

2. Les archivistes Joseph Michaud (1767-1839) et Jean Poujoulat (1808-1880) venaient d'achever la publication des documents d'un voyage fait en commun (*Correspondance d'Orient*, 7 vol., 1827-1835). Prosper Marilhat (1811-1847) est avec Decamps (voir p. 76) le peintre orientaliste préféré de Gautier.

Ce n'est pas l'habitude de donner le premier rang au paysage dans la hiérarchie des genres, mais nous en parlerons cette fois avant l'histoire et les compositions anecdotiques, parce que, réellement, c'est là le côté saillant de l'exposition de cette année. Beaucoup d'entre les paysagistes doivent, dès à présent, être regardés comme des maîtres. Depuis Poussin, Joseph Vernet, Lantara et Patel [1], jamais il n'y eut en France des talents plus variés et plus remarquables : en art, c'est le goût, et non la dimension de la toile et l'importance du sujet, qui doit décider des questions de préséance.

La Presse, 24 juillet 1837

FEUILLETON

Voici le premier échantillon, dans cette anthologie, du feuilleton théâtral. Engagé en compagnie de son ami Nerval par Émile de Girardin, directeur du quotidien La Presse*, pour assurer chaque lundi le compte rendu des théâtres (sauf, pour le moment, la Comédie-Française), Gautier exprime aussitôt sa différence, c'est-à-dire sa préférence pour ce qu'il appela plus tard les « spectacles oculaires » : cirque, mime, danse. Après un premier*

1. Gautier place dans le désordre chronologique quatre peintres français dont l'importance comme paysagistes est historiquement reconnue : deux du XVIIe siècle, Pierre Patel (1605-1676), qui s'apparente au Lorrain, et le grand Nicolas Poussin (1594-1665) ; et deux du XVIIIe : Joseph Vernet (1714-1789) et Simon Lantara (1729-1778), moins connu aujourd'hui mais considéré comme un ancêtre de l'école de Barbizon.

feuilleton consacré au ballet, celui-ci, son deuxième, place en tête de rubrique un éloge de l'écuyer et du cheval, puis s'enthousiasme pour la danse espagnole importée depuis peu en France, enfin parle de théâtre au sens strict du terme. Cette hiérarchie inversée offre le même genre d'insolence que le fait de parler des paysagistes en premier dans le compte rendu d'un Salon (voir l'article précédent).

Cirque-Olympique

Nous sommes en proie à une grande perplexité : le spirituel vicomte de Launay[1] ne se montre guère bien disposé à l'endroit du Cirque-Olympique ; nous voudrions être de son avis et, comme lui, trouver le spectacle des Champs-Élysées la chose la plus ennuyeuse du monde ; nous y avons été plusieurs fois avec l'intention formelle de nous y déplaire, mais nous avouons en toute humilité que nous y avons pris un singulier plaisir ; cela nous donne à nous-même une pauvre idée de notre goût, de ne pas sentir de la même façon qu'une personne qui l'a si délicat et si sûr ; pourtant le fait est que nous aimons à la passion le Cirque-Olympique, et nous sommes consciencieusement forcés d'en dire du bien.

D'abord, le grand avantage du Cirque-Olympique est que le dialogue y est composé de deux monosyllabes, du *hop!* de Mlle Lucie, et du *là* d'Auriol[2]. Cela ne vaut-il

1. Pseudonyme dont Delphine de Girardin, épouse du directeur de *La Presse*, signe son « Courrier de Paris », feuilleton mondain à périodicité irrégulière. Le théâtre du Cirque-Olympique, fondé par une famille d'écuyers, les Franconi, était spécialisé dans les démonstrations équestres.

2. On ne sait rien de Lucie ; en revanche Jean-Baptiste Auriol (1806 ou 1808-1881), écuyer comique au Cirque-Olympique de juillet 1834 jusqu'en 1852, est un des plus fameux clowns acrobates du XIXe siècle.

pas mieux que les furibondes *tartines* des héros de mélodrame, les gravelures du Vaudeville, les phrases entortillées des Français, toutes les platitudes sans style et sans esprit qui se débitent souvent sur les autres théâtres ?

Hop ! Voilà qui est significatif et péremptoire ; *hop !* est, du reste, un monosyllabe très honnête et qui peut être admis dans la poésie. Bürger l'a employé avec un rare bonheur dans sa ballade de *Lenore*, admirable poème éclairé des plus fantastiques rayons du clair de lune allemand, et nous aurions mauvaise grâce à être plus difficiles que Bürger [1]. L'élégant vicomte se plaint d'entendre sortir des lèvres d'une femme, après un gracieux sourire, ce *hop !* qui sent un peu son palefrenier et son écurie ; aimerait-il mieux un couplet du Vaudeville sur l'air : *À soixante ans il n'en faut pas remettre* ? Et d'ailleurs, les chevaux, pour leur bonheur, ne comprennent rien aux couplets ; *hop !* leur suffit.

Quant au petit glapissement de satisfaction qu'Auriol pousse après avoir exécuté un tour difficile, nous ne trouvons rien à y objecter. Ce *là* enfantin et grêle comme un bêlement de chèvre, a le don de nous faire rire aux éclats ; Auriol le jette d'une façon si étrange qu'il ne semble pas jaillir d'un gosier humain.

Voici donc un théâtre où l'on est à l'abri de toute faute de français, de tout calembour, où l'on n'est pas forcé d'écouter, où l'on peut causer avec son voisin, où l'on n'est pas asphyxié comme dans les autres étouffoirs dramatiques : l'air court et circule, les écharpes volantes des écuyères vous éventent doucement ; et si vous levez les yeux, vous apercevez par les interstices du *velarium* [2] le manteau de velours bleu tout piqué d'étoiles de la belle

1. Gottfried Bürger (1747-1794) avait publié en 1770 cette ballade qui devint célèbre dans toute l'Europe.

2. Tente à pans concentriques tendue au-dessus des théâtres antiques pour préserver les spectateurs du soleil. L'été, le Cirque-Olympique donne ses représentations sous chapiteau aux Champs-Élysées.

nuit d'été ; la lune vient quelquefois mêler familièrement son reflet bleuâtre aux feux rouges des quinquets. Qu'y a-t-il de plus agréable ? Le seul inconvénient que nous y trouvions, c'est qu'il n'y ait pas de dossiers aux banquettes. Mais après tout il n'en est pas besoin, car personne n'a envie de dormir.

C'est toujours, nous dira-t-on, le même cheval blanc qui tourne en rond avec un homme debout sur un pied. – Oui ; mais l'on regarde toujours le cheval avec son écuyer posé en zéphir [1], et il tournerait ainsi jusqu'à la consommation des siècles, qu'on le suivrait toujours de l'œil. L'intérêt de ce drame monté sur quatre jambes consiste dans l'attente où l'on est de savoir si l'homme tombera et se cassera le cou. Rien de plus simple et moins compliqué, et cependant il n'est aucun théâtre où les spectateurs soient aussi attentifs qu'au Cirque-Olympique.

Comme le gamin d'Henry Monnier, qui disait : « Mon Dieu, ai-je du malheur, je n'ai jamais pu voir quelqu'un tomber du *cintième* [2] », l'on espère toujours qu'il va tomber quelqu'un ou quelque chose.

L'autre jour nous avons assisté au début d'un cheval nommé *Transylvain* ; c'était un sauteur monté par un petit enfant pesant tout au plus une quinzaine d'onces : ce cheval avait l'air beaucoup plus vivant que ne le sont les chevaux de Franconi qui, à force d'être bien dressés, semblent se mouvoir par des ressorts et devoir se monter avec une clef comme les pendules ou les tournebroches ; il piaffait et se regimbait tout de bon, et paraissait avoir une volonté à lui ; on lui fit sauter une barrière, deux barrières, trois barrières, on augmentait, on élevait de plus en plus les morceaux de bois bariolés de diverses

---

1. Zéphir ou mieux zéphyr, pas de danse exécuté en se tenant sur un pied et en balançant l'autre.

2. Prononciation populaire présente, en effet, dans « Le roman chez la portière » (voir article p. 31).

couleurs dont Auriol fait de si fréquents abus sur les épaules des pauvres valets de théâtre. Le Cirque ainsi disposé avait l'apparence d'une grande roue couchée à plat, dont *Transylvain* le débutant enjambait les rayons avec une merveilleuse facilité. Jusque-là tout allait le mieux du monde. Le tour achevé, les barrières enlevées, on amena un autre cheval, le même cheval blanc que vous savez, ce cheval si impassible, si patient, si fait à tout, que ne font pas seulement tressaillir les coups de fusil et les coups de canon, qui passe héroïquement à travers les feux d'artifice et les apothéoses en flamme de Bengale ; on le met à la place du bâton qu'on avait retiré ; *Transylvain* le sauteur prit du champ et se disposa à le franchir comme les barrières précédentes ; mais tous les outrages dont on l'avait abreuvé se présentèrent avec une nouvelle amertume à la mémoire de ce pauvre et honnête cheval blanc. Il se dit en lui-même : Voici bien longtemps que l'on se moque de moi et que l'on me bafoue ; l'on m'a comparé à la fameuse jument de Roland qui n'avait d'autre défaut que d'être morte ; l'on a prétendu que j'étais un cheval de carton avec des ressorts de cuivre, d'autres ont affirmé que j'avais été effectivement un cheval dans les temps primitifs et que ma peau empaillée continuait à tourner autour du manège ; je vais faire voir que je suis réellement un cheval capable de se remuer par lui-même. Ayant dit cela, il fit un soubresaut, et comme *Transylvain* se trouvait précisément au-dessus de son dos en ce moment-là, deux jambes d'un côté, deux jambes de l'autre, il l'envoya rouler à une quinzaine de pas avec l'imperceptible jockey perché sur ses épaules, comme un singe habillé sur le cou d'un chameau.

Cette péripétie inattendue fit le plus grand effet. Pour la première fois cette file d'écuyers en pantalons blancs et en habits bleus boutonnés, que le peuple prend pour des colonels, et qui pivote éternellement sur elle-même, Franconi en tête, suspendit son mouvement de rotation ; toute la salle criait, quelques hommes sensibles, que leurs épouses effrayées s'efforçaient de retenir par la basque de leurs habits, firent mine de descendre dans le cirque pour venir au secours de l'enfant. *Transylvain*, qui s'était relevé, voyant que ces messieurs faisaient irruption dans son territoire, se mit à galoper à travers l'arène et montra une envie très prononcée de sauter sur les gradins ; le drame se compliquait et devenait palpitant d'intérêt, comme on dit aujourd'hui ; les femmes se retiraient vers les régions supérieures en glapissant en façon de poules effarées. Quant à l'enfant, qui devait être infailliblement écrasé comme une mouche sur laquelle se serait assis un éléphant, il n'était pas écrasé du tout, et il voulut remonter sur son cheval, que l'on était enfin parvenu à saisir. Alors ce fut un tapage assourdissant ; les mêmes hommes sensibles, dont les femmes avaient lâché la basque, criaient : *non!* NON ! NON ! d'autres hommes, moins tendres de cœur, criaient de leur côté : *si!* SI ! SI ! L'enfant se remit en selle dans tout ce bruit, et fit faire à *Transylvain* cinq à six tours au grand galop ; l'expression de colère de ce petit bonhomme, fouettant cette grande bête, était vraiment très belle. Après *la course rapide* [1], il sortit du cirque au milieu d'un tonnerre d'applaudissements et de coups de grosse caisse. Le début de *Transylvain* n'est-il pas aussi intéressant après tout que celui de M. Joseph ou de M. Brévanne [2] ?

De *Transylvain*, cheval sauteur, à M. Plège, prix Montyon et funambule, la transition est facile. Ce sont deux êtres également aériens.

M. Plège a, dit-on, sauvé dix-huit personnes [3]. C'est fort bien fait. Pourquoi M. Plège n'a-t-il pas la croix

1. En italique, car il s'agit d'un des exercices traditionnels du programme du Cirque-Olympique.

2. Deux obscurs acteurs qui venaient de débuter, Joseph au Gymnase, et Louis-Eugène Brévanne comme pensionnaire à la Comédie-Française.

3. C'est pourquoi il a reçu le prix Montyon, prix décerné par l'Académie française aux auteurs d'actes de vertu remarquables.

comme M. Simon, premier diable vert à l'Opéra[1] ? M. Simon n'a sauvé personne que nous sachions et, comme garde national, il ne doit pas être supérieur à M. Plège, qui a eu le prix Montyon l'année dernière.

Outre le charme que toute âme honnête doit éprouver à contempler un mortel si vertueux, il est juste de dire que M. Plège est un danseur de corde plein de grâce et d'agilité ; son prix Montyon ne lui pèse pas, et il rebondit sur la corde comme un volant dans une raquette ; il fait le saut périlleux, passe par-dessus sa propre jambe, dont il tient le pied avec la main, et exécute des tours déjà horriblement difficiles à réussir sur un parquet solide. M. Plège nous semble continuer dignement Mazurier, Diavolo et Ravel[2].

Danseuses espagnoles

– Mmes Fabiani, danseuses espagnoles, ont dansé hier au Palais-Royal, dans une représentation à bénéfice, le boléro et la cachucha ; elles sont sœurs comme Thérèse et Fanny Elssler[3], et d'une tournure assortie.

Elles ont dansé avec l'ardeur et la vivacité de leur pays, et de façon à se faire applaudir ; mais elles sont bien loin de Dolorès, dont la place naturelle serait à l'Opéra, et

---

1. La « croix », c'est la Légion d'honneur. François Simon (1800-1877), danseur à l'Opéra de 1822 à 1842, figurait comme « premier diable vert » dans le ballet *Le Diable boiteux*, grand succès de l'été précédent.

2. Trois acrobates ; Diavolo travaillait au Cirque-Olympique. Le plus célèbre est Mazurier (1798-1828), vedette du drame de Rochefort et Lurieu *Jocko ou le Singe du Brésil* (Porte Saint-Martin, 1825), un des plus grands succès de théâtre de la Restauration.

3. Les sœurs Elssler, Thèrèse (1808-1878) et surtout Fanny (1810-1884), venues d'Autriche, dansèrent à Paris entre 1834 et 1840. Fanny y rendit populaire la *cachucha*, danse andalouse dont la mode avait été lancée en France par Dolorès Serral, évoquée ensuite. Les sœurs Fabiani sont les filles d'un professeur de danse réputé.

qui danse maintenant à un certain théâtre du Panthéon, qu'on dit être situé de l'autre côté de l'eau. Une singulière remarque que nous avons faite, c'est que ces deux Espagnoles, au lieu d'avoir la peau jaune comme une orange, ainsi qu'il convient à des Andalouses pur sang [1], l'avaient d'un blanc bleu de ciel difficile à expliquer ; une touffe de cheveux s'étant dérangée à la coiffure de l'une d'elles, nous avons été fort surpris de voir que la peau qu'elle recouvrait, et qui n'avait pu conséquemment être atteinte par le fard, était véritablement d'un bleu de ciel très décidé.

À propos de danseuses espagnoles, nous dirons que leur manière de se costumer est de beaucoup préférable à celle des danseuses françaises, qui paraissent vouées à la mousseline blanche depuis Mlle Taglioni [2] ; les costumes sévères, Moyen Âge et autres, vont fort mal à des danseuses.

Les paillettes sont d'un effet charmant ; elles accrochent la lumière par points brusques et inattendus, et fourmillent vivement à l'œil ; cependant elles sont reléguées depuis longtemps sur les jupes des saltimbanques de carrefour, les habits d'arlequins et de marquis ridicules.

Ce qu'il faut à une danseuse, ce sont des plumes, des paillettes, du clinquant, des fleurs fausses, des épis d'argent, des clochettes dorées, toute la folle et fantasque toilette de comédienne errante.

Dolorès, par exemple, est charmante dans le costume avec lequel elle danse sa cachucha ; c'est une basquine semée d'une pluie de paillettes argentées, qui scintille et papillote perpétuellement comme une eau tremblante

---

1. Allusion à la « princesse andalouse » du poème de Musset « Madrid », en effet « jaune, comme une orange » (« Chansons à mettre en musique et fragments », *Contes d'Espagne et d'Italie*).

2. Marie Taglioni (1804-1884) avait immortalisé le tutu romantique dans *La Sylphide* (1832).

sous un rayon de lune ; elle a un peigne à galerie [1] découpé à jour, d'une hauteur extravagante, et pour compléter la coiffure, une rose énorme épanouie à travers les touffes de ses cheveux ; le reste est fait de rubans tortillés, de petits morceaux de satin déchiqueté en barbe d'écrevisse, de fausses pierres et de clinquant ; on ne saurait rien voir de plus gai, de plus fou et de plus romanesque.

Il faut dans un costume de danseuse, bien compris, quelque chose de la courtisane et de la danseuse de corde. Outre leur grâce et leur gaieté, ces costumes invraisemblables ont l'avantage de ne gêner en rien les mouvements et de donner de la probabilité aux ballets ; car on ne peut attendre autre chose de personnages ainsi vêtus que des cabrioles et des pirouettes, et l'on est toujours plus ou moins choqué de voir des gens en costume exact battre des entrechats et lever la jambe à la hauteur de l'œil. Nous reviendrons sur cette importante question de la nécessité de la convention dans le costume.

Représentation à l'Odéon

– Qu'on nous permette, après avoir tant parlé de voltige et de danse, de consacrer quelques lignes à l'art dramatique sérieux ; nous voulons parler d'une représentation à bénéfice, qui s'est donnée à l'Odéon la semaine dernière. Quelques acteurs, sortis récemment de la Porte Saint-Martin, et qui ne reparaîtront ailleurs que l'hiver prochain, y jouaient la pièce d'*Angèle*, de M. Alexandre Dumas [2].

Pourquoi sommes-nous réduits à voir là un événement dramatique, et à regretter la dispersion de tout ce répertoire et de cette troupe intelligente, qui fit un instant

1. Très haut peigne ornemental formant diadème au-dessus du front.

2. *Angèle*, drame de Dumas et Anicet-Bourgeois, a été créé à la Porte Saint-Martin le 28 décembre 1833.

de la Porte Saint-Martin un véritable second Théâtre-Français, chose que ne peuvent nous rendre aujourd'hui, à ce qu'il paraît, ni les privilèges ministériels, ni les efforts de tant d'auteurs, d'acteurs et de directeurs intéressés à cette solution ?

Angèle a été jouée avec un bonheur et un ensemble qui auraient fait envie à la Comédie-Française, si elle n'eût pris d'avance la précaution de donner asile à ses principaux acteurs. M. Lockroy, si noble et si touchant dans le rôle d'Henri Muller, a montré que sa longue absence du théâtre ne lui avait rien fait perdre de ses qualités dramatiques[1]. Mlle Ida, dont le public a, tout récemment encore, admiré les progrès dans ses derniers rôles à la Porte Saint-Martin, est revenue, avec plus d'étude et de sûreté, à l'une de ses créations les plus charmantes. Sans rien perdre de sa grâce et de sa naïveté de jeune fille, dans les premiers actes, elle a su donner à son jeu, dans le quatrième et le cinquième, un caractère plus saisissant encore. La scène où Angèle avoue sa faute à Henri Muller, et surtout la scène des aveux réciproques de la mère et de la fille, lui ont valu de grands applaudissements. Cette énergique faculté d'émouvoir, qui se joint à un talent de comédie si plein de naturel et de distinction, assigneront à Mlle Ida une place importante au Théâtre-Français, où ces qualités se trouvent rarement réunies dans un même talent[2].

---

1. Joseph Simon, dit Lockroy (1803-1891), acteur à la Porte Saint-Martin sous la Restauration, était entré l'année précédente à la Comédie-Française.

2. Ida Ferrier (1811-1859), compagne de Dumas qu'elle épousa en 1840, avait créé le rôle d'Angèle en 1833. Au moment de ce feuilleton, elle vient elle aussi d'entrer à la Comédie-Française.

La Presse,
20 novembre 1837

FEUILLETON

Ici, Gautier ne donne plus la priorité aux spectacles qu'il préfère, et nous le voyons remplir sa tâche ordinaire : rendre compte des nombreuses nouveautés des théâtres dits « secondaires ». Mais la première partie de ce feuilleton offre un remarquable exemple de l'art qu'il déploie lorsqu'il ne veut pas parler d'un spectacle qui l'a ennuyé : au lieu de commenter l'adaptation de La Recherche de l'Absolu *de Balzac par deux vaudevillistes, Gautier donne du roman lui-même une reconstitution parfois infidèle à la lettre de l'intrigue, mais esthétiquement et intellectuellement éblouissante.*

THÉÂTRE DU GYMNASE

Le Rêve d'un savant [1]

Le Gymnase, au bout de ses ressources et ne sachant plus de quel bois faire pièce, a eu cette idée ingénieuse d'employer l'algèbre comme moyen dramatique ; sans doute il s'ennuyait d'entendre tous les mathématiciens de feuilletons lui demander à propos de ses vaudevilles : – Qu'est-ce que cela prouve ? Alors, au lieu de titre, il lui a paru triomphant et sans réplique d'imprimer sur son affiche la formule suivante :

a X M Z = O X x.

---

1. Plus exactement *De l'or ou le Rêve d'un savant*, comédie-vaudeville en un acte tirée du roman de Balzac *La Recherche de l'Absolu* (1834), et créée le 11 novembre 1837. Les deux auteurs, Jean-François Bayard

Ce qui veut dire : étant donné un délicieux roman de M. de Balzac, diviseur M. Bayard, multiplicateur M. Biéville, on a pour résultat un vaudeville très misérable.

L'inquiétude principale de notre spirituel collaborateur [1] était de savoir comment les marchands de contremarques s'y prendraient pour proposer ce théorème aux rares passants que leur mauvaise fortune conduit le soir devant la façade éteinte du Gymnase.

En cela, il avait tort d'être inquiet, car l'idée malsaine d'acheter des billets pour entrer au Gymnase ne peut venir aujourd'hui à personne. Les provinciaux les plus arriérés ne s'y prendraient pas [2].

Balthazar Claës est un de ces personnages courbés sous une idée dominante, que M. de Balzac excelle à peindre. Claës cherche l'*absolu* : il veut faire de l'or et décomposer l'azote ; il espère arriver au diamant : voilà tout le livre, rien n'est plus admirablement conduit. Vous voyez d'abord une maison flamande ; cent pages de descriptions plus intéressantes que le drame le plus vif : M. de Balzac donne aux pierres, au bois, à toute la nature morte une vie et une expression singulières ; Gérard Dow, Metzu ou Miéris [3] n'atteignent pas à cette patiente perfection. Les tapis de Perse, travaillés point par point ; les vaisselles d'étain, piquées de paillettes lumineuses ; la vitre blonde et rousse, où flotte l'ombre des feuilles de houblon ; les boiseries de chêne brun ; les dressoirs glacés çà et là de *luisants*

(1796-1853) et Edmond Desnoyers, dit Biéville (1814-1880), sont très actifs dans les genres faciles.

1. Nerval.

2. Ne s'y laisseraient pas prendre. Les contremarques (billets de sortie délivrés lors des entractes) étaient cédées par les spectateurs non désireux de voir la fin du programme à des « marchands » qui les revendaient, de façon illicite bien sûr, aux arrivants tardifs.

3. Trois peintres du sud de la Hollande – Gérard Dou ou Dow (1613-1675), élève de Rembrandt, Gabriel Metsu (1629-1667), et Franz van Mieris (1635-1681), élève de Dou – qui pour Balzac résument l'esprit de la peinture flamande entendue au sens large.

subits ; le pot du Japon à grands dessins bleus, où s'épanouissent, dans leur robe de chambre zébrée de pourpre et d'or, les belles tulipes de Leyde et d'Haarlem ; le rayon furtif qui glisse sous les rideaux de Damas, et trace une bande d'or sur le champ de sable [1] de l'obscurité : tous ces mille petits détails recueillis et mystérieux de la vie intime sont rendus avec une finesse de touche et une préciosité de pinceau toute hollandaise.

Quand cette maison, si propre, si bien rangée, si nette, si vernissée, si récurée, si pleine d'argenterie, de verres de Venise, de tableaux de bons maîtres, est racontée d'un bout à l'autre, vous éprouvez un frémissement étrange. Vous sentez qu'il y a là-dessous quelque chose de suspect et d'anormal ; en y regardant de bien près, les figurines de bois sculpté qui vous semblaient rire d'un cœur si joyeux et si franc aux chambranles des portes, aux piliers des buffets et sous le manteau de la cheminée, n'ont plus qu'une grimace ironique et menaçante. Cette dame, dont vous admiriez le maintien tranquille et doux, le linge d'une blancheur flamande, la jupe étoffée, la carnation reposée et les belles mains à fossettes, vient de pleurer tout à l'heure ; cette goutte d'eau avec son point brillant, son reflet, sa transparence et son ombre portée pareille aux perles qui roulent sur les fleurs veloutées des tableaux de Van Huysum [2], ce n'est pas une goutte de pluie ou de rosée secouée par le vent, d'une branche d'arbre du jardin ou de la vigne vierge de la fenêtre ; c'est une larme, vous dis-je, une larme amère et corrosive, qui brûlera comme l'eau-forte la joue qu'elle sillonne.

Hélas ! toute la vie d'une femme est dans cette larme : Mme Claës vient de s'apercevoir qu'elle n'est plus la première pensée de son mari. Elle vient de tomber à la seconde place, chute plus profonde que celle des anges

1. Au sens héraldique (noir).

2. Justus Van Huysum (1659-1716), un des maîtres de la nature morte et des tableaux de fleurs.

en enfer. Sur cette seule larme peinte avec un soin curieux et travaillée comme un bijou d'orfèvrerie, on sent que cette femme est perdue ; le lecteur le moins clairvoyant devine qu'elle n'a plus qu'à mourir ; dans ce point de lumière métallique posée sur cette perle tremblante avec le plus fin poil d'un pinceau de martre, il y a plus d'agonie que dans les sept glaives flamboyants qui traversent le flanc de la mère de douleurs [1]. On y lit en toutes lettres : *Irréparable !*

Bientôt Claës arrive, il fait trois pas : vous le savez tout entier ; ses pieds traînent pesamment sur les dalles marquetées du corridor ; au son de ce pas vous comprenez que toute la vie de cet homme s'est retirée au cerveau, et qu'il est un ivrogne de science, qui boit à pleines coupes le vin dangereux des recherches occultes. Sous ces paupières alourdies et relâchées, scintille un regard à la fois terne et vivace, aveugle pour le réel, clairvoyant pour l'idéal. À cette démarche chancelante, à ce regard vertigineux, l'on voit que la pensée lutte dans cet homme avec la monomanie et qu'il marche sur la crête étroite qui sépare le génie de la folie. De quel côté tombera-t-il ?

Peu à peu les dressoirs se dégarnissent de leur belle vaisselle armoriée, les buffets sculptés de Verbruggen [2] suivent bientôt la vaisselle, les tulipes disparaissent avec leurs pots de céladon craquelé, les Jordaens, les Otto Venius, les Quentin Metsys vont retrouver les tulipes [3].

Cependant un filet de fumée continue toujours à s'élever en spirale de la cheminée presque calcinée ; une lueur rouge tremble nuit et jour à la lucarne du grenier.

---

1. Le vieillard Siméon ayant prédit à Marie qu'un glaive lui transpercerait l'âme (Luc, 2, 35), le catholicisme en a tiré la fête des Sept Douleurs de la Vierge, célébrée le 15 septembre.

2. Henri-François Verbruggen (1655-1724), auteur de la chaire en bois sculpté de la cathédrale d'Anvers.

3. Encore trois peintres flamands, nommés en commençant par le plus récent : Jacob Jordaens (1593-1678), Otto Vaenius ou Van Veen (1556-1629) et Quentin Metsys (1466-1530).

Claës travaille avec son valet Lemulquinier, à qui il a inspiré son fanatisme ; car toute passion violente est contagieuse.

La misère entre à pas de souris dans cet intérieur si moelleusement assoupi et d'un ton si harmonieux. Claës vend ses terres, ses maisons de campagne, pour acheter du charbon ; son fourneau dévore tout : les forêts s'envolent en fumée, les fermes tombent en cendre, l'insatiable fourneau demande toujours. Claës lui jette cinq ou six fortunes ; que lui importe ! Demain il fera de l'or, demain il fera du diamant ; il a presque trouvé la poudre de projection [1] ; par pitié, un boisseau de charbon à ce grand homme, il ne lui faut plus que cela pour cuire à point sa mixture ; regardez la belle couleur qu'elle a dans l'alambic, comme ce précipité est d'un beau rouge ; ni Paracelse, ni Raymond Lulle ne sont arrivés à ce degré [2] ! Mais le feu refroidit, la liqueur se fige en brouillard contre le verre de la cornue ; ô mon Dieu ! plus de charbon, plus de bois, pas un seul meuble à jeter dans ce feu qui s'éteint ; ô mon travail de dix ans perdu ! ô mon espérance à jamais évanouie !

C'est ici que le livre de M. de Balzac s'élève à une hauteur de passion admirable ; pour avoir de l'argent, le vieux Claës devient rusé comme un loup-cervier [3], comme un enfant, comme une vieille chatte, comme un comédien de province ; il est souple, dissimulé, bon homme, pathétique, niais, tendre, cruel, dénaturé : il parcourt toute la gamme des passions humaines. Sa femme meurt, il y prend à peine garde ! il l'aurait jetée dans son fourneau, cette femme autrefois adorée, et à coup sûr il regrette le bois perdu à lui faire un cercueil. Maintenant c'est sa fille qu'il tâche de

---

1. L'ingrédient mystérieux grâce auquel les alchimistes espéraient changer les métaux en or.

2. Le médecin suisse Paracelse (1493-1541) et, bien avant lui, le théologien et poète catalan Raymond Lulle (1235-1315) se sont rendus célèbres par leurs recherches alchimiques.

3. Vieux mot désignant le lynx.

dépouiller ; il l'entoure de ses replis écailleux, il la circonvient, il flaire son argent comme un corbeau sa proie, il se traîne à ses genoux, il baigne ses pieds de larmes, il lui parle de ses cheveux blancs comme Robert Macaire [1], le vieux scélérat de savant qu'il est ; il dit qu'il va se tuer et il se tuera peut-être. « Donne-moi ces cinquante mille francs, ma fille, je te rendrai des tonneaux de diamants. » On ne peut s'imaginer toutes les coquetteries, toutes les chatteries de ce vieux drôle pour soutirer à cette pauvre fille le reste de sa fortune ; jamais courtisane n'a obsédé [2] plus étroitement un vieillard à qui elle veut faire dicter un testament en sa faveur ; il pleure comme une hyène, il rit comme un crocodile, il a toujours vingt griffes tendues en avant comme un sphinx, prêtes à saisir et à empocher le moindre écu qui se montre à l'horizon. La fortune de sa fille bue, il mange les épargnes de son valet Lemulquinier ; il volerait sur la grand-route, il assassinerait, il prostituerait son enfant vierge pour entretenir le feu sous son alambic : il est arrivé à l'égoïsme féroce du savant, qui ne voit que son idée au monde.

Après plusieurs alternatives de richesse et de misère, Claës, épuisé de cette débauche de science, tombe malade et meurt. Dans l'agonie, la taie qui couvrait les yeux de son esprit se détache, un rayon suprême traverse cette intelligence près de s'éteindre, il trouve la formule si vainement et si laborieusement cherchée ! « Eurêka ! Eurêka ! » s'écrie-t-il comme Archimède, avec un cri de joie surhumain, mélangé d'une amertume inexprimable ; puis un dernier spasme d'agonie l'agite sous les couvertures froissées de son lit, et son secret est à jamais perdu.

a X M Z = O X x.

1. Allusion à une réplique de l'acteur Frédérick Lemaître (1800-1876) dans *Robert Macaire* (1834), suite du mélodrame *L'Auberge des Adrets* (1823) dans lequel il avait incarné pour la première fois ce personnage de brigand sans scrupules.

2. Au sens étymologique : fait le siège de.

Nous doutons que le Gymnase fasse de l'or avec cette formule ; MM. Bayard et Biéville n'ont pas recueilli le dernier mot du vieux Claës.

Ne pas faire d'argent avec Bouffé [1] est un problème aussi difficile que de faire de l'or avec du plomb ; le Gymnase l'a victorieusement résolu.

Le théâtre du Gymnase est maintenant l'endroit le plus désert de Paris, l'herbe pousse dans les couloirs, les cryptogames ouvrent leur parasol vénéneux dans l'humide solitude des loges, le lierre grimpe aux colonnes d'avant-scène, les hiboux et les griffons [2] y habiteront bientôt comme dans les ruines de Babylone.

On parle de composer une *Flore* particulière des plantes qui poussent au Gymnase, pour faire pendant à la *Flore* de la place Vendôme, qui compte trois cent soixante-dix espèces [3].

L'on a joué aussi, dans ce théâtre abandonné, un vaudeville ayant pour titre *L'Obstiné* [4]. C'est un monsieur qui est obstiné. Nous n'avons rien à dire de cette pièce qui est un vaudeville de dimanche, variété du genre, qui se rapproche beaucoup du vaudeville d'été.

THÉÂTRE DU PALAIS-ROYAL

Ma maison du Pecq [5]

Le chemin de fer est déjà en proie au vaudeville : c'est le sort de toute invention et de toute gloire humaine. Que

1. Marie-Hugues Bouffé (1800-1888), acteur comique très populaire, joua au Gymnase de 1831 à 1843.

2. Le griffon ou vautour fauve, grand rapace montagnard.

3. Allusion énigmatique qui n'a pu être éclaircie.

4. *L'Obstiné ou les Bretons*, comédie-vaudeville en un acte de Léon Pillet créée le 12 novembre 1837.

5. À propos-vaudeville en un acte d'Anne-Honoré Duveyrier, dit Mélesville (1787-1865) et François-Antoine Varner (1789-1854), créé le

de plaisanteries nous allons essuyer sur les rails, sur les chaudières à vapeur, les conducteurs avec leurs trompettes, le tunnel où les femmes, enhardies par l'obscurité, se permettent d'embrasser les hommes, et mille autres facéties plus ou moins émoussées qui traînent depuis six mois dans les petits journaux !

Ici il s'agit d'un certain M. Dégommé qui s'est retiré dans un petit ermitage au Pecq ; là il vit dans la compagnie de sa nièce et d'un vieil employé. Ce Dioclétien industriel plante des laitues dans son jardin de Salerne [1] ; il a la mélancolie austère de Charles Quint à Saint-Just [2], et refuse majestueusement l'offre d'un gargotier qui lui propose dix mille francs de sa maison.

Il passe son temps à surveiller sa nièce, à tourmenter sa servante, et à découvrir des correspondances amoureuses dans les papiers qui entortillent les manches de gigot. Ce M. Dégommé ne croit pas au chemin de fer et ne peut admettre que des chevaux soient remplacés par des marmites [3].

Mais le chemin de fer lui prouve bientôt sa possibilité d'une manière irrécusable, en vomissant chez lui des tribus d'originaux affamés qui viennent lui demander à dîner sans façon ; dans un de ces mangeurs à triple rang de dents, le père Dégommé s'imagine *reconnaître* l'amant de sa nièce qu'il n'a jamais vu. Ce monsieur ne parle que de millions, et le père Dégommé, croyant signer un contrat de mariage, signe un acte où il s'engage à prendre

---

14 novembre. Le chemin de fer inauguré le 25 août 1837 s'arrêtait au Pecq, en face de Saint-Germain-en-Laye, sur la rive droite de la Seine.

1. Gautier confond Salerne, dans la baie de Naples, avec Salone (aujourd'hui Split), ville natale de l'empereur romain Dioclétien (245-313) qui s'y retira après avoir abdiqué.

2. En espagnol Yuste, nom du monastère d'Estramadure où l'empereur Charles Quint (1500-1558) passa les trois dernières années de sa vie après avoir laissé le trône à son fils Philippe II.

3. Comparaison rendue naturelle par la forme des chaudières de certaines des premières locomotives à vapeur.

cinq cents actions pour un casino mirifique et fantastique dans la forêt de Saint-Germain. Le gargotier, chez qui la foule afflue, revient à la charge pour acheter la maison qui est poussée à quatre-vingt-dix mille francs. M. Dégommé accepte, sa nièce sera dotée sur cette somme et elle épousera son amoureux. Le monsieur aux millions est tout simplement le mari de la lingère d'Agathe.

La moralité de cette pièce paraît être qu'il est bon d'avoir des maisons auprès des chemins de fer. Heureusement, il y a au théâtre du Palais-Royal un répertoire de vaudevilles égrillards et bouffons très spirituellement joués, qui empêcheront le public de s'apercevoir que cette pièce est ennuyeuse au suprême.

THÉÂTRE DE LA PORTE SAINT-MARTIN

Le Baron de Montrevel, ou *Thomas Maurevert* [1]

Le théâtre de la Porte Saint-Martin se livre immodérément à la vertu et à la simplicité depuis les drames à trois queues de M. Balisson de Rougemont [2]. La critique s'est tant plaint des tueries de *La Tour de Nesle* et du poison

1. *Le Baron de Montrevel*, drame en cinq actes de Victor Ducange (1783-1833), J.-J. Duperche et François Harel (1790-1846), créé à la Porte Saint-Martin le 15 novembre 1837, et *Thomas Maurevert*, autre drame en cinq actes, de Julien de Mallian (1805-1851) et Alfred Legoyt (1815-1885), créé à l'Ambigu le 6 du même mois, sont bien deux pièces différentes, mais que Gautier va se divertir à confondre pour en montrer la commune médiocrité.

2. Michel Balisson de Rougemont (1781-1840) avait remporté l'année précédente un grand succès avec son mélodrame moralisant *La Duchesse de la Vaubalière*. Les « trois queues » sont une allusion, répétitive sous la plume de Gautier, aux files d'attente devant le théâtre.

de *Lucrèce Borgia*[1], on a tant crié contre l'horreur et l'effroi tragique, que l'on en est revenu aux innocences les plus pastorales. Il n'y a plus une seule goutte de sang versé dans les mélodrames ; les morts ne sont qu'endormis, les empoisonnés se trouvent n'avoir bu que de la limonade ou du sirop pectoral ; au lieu de se tuer à la fin, l'on s'épouse, l'on s'embrasse, et l'on a beaucoup d'enfants.

Ce système dramatique se rapproche beaucoup de celui des romans d'Ann Radcliffe[2], où l'on finit par découvrir, après les plus suffocantes terreurs, que le spectre n'était qu'un torchon sur un balai, et où tout s'explique au moyen de trappes et de ficelles plus ou moins compliquées. *Le Baron de Montrevel* est construit de cette manière ; il commence par la Saint-Barthélemy, avec force coups d'escopette, clameurs et hurlements, pour aboutir à un mariage ou à une réconciliation.

L'analyse que nous allons faire du *Baron de Montrevel*, de la Porte Saint-Martin, doit s'appliquer également au *Thomas Maurevert*, de l'Ambigu-Comique, et les deux pièces sont restées tellement confondues dans notre esprit, à cause de leur extrême ressemblance, que nous n'avons pu les séparer et les traiter distinctement.

Le baron de Maurevert, c'est-à-dire le baron de Montrevel, a obtenu de Catherine de Médicis le corps du seigneur de Croissy pour récompense de ses féaux et loyaux services ; mais le baron de Montrevel, se laissant aller à un mouvement généreux, ne tue pas le seigneur de Croissy ; il se contente de lui faire prendre un narcotique, ainsi qu'à une autre Juliette. Sur ces entrefaites, arrive un messager de la part de la reine qui demande Croissy mort

1. Deux des drames romantiques les plus violents, tous deux des triomphes pour la Porte Saint-Martin, *La Tour de Nesle* de Dumas en 1832, *Lucrèce Borgia* de Hugo en 1833.

2. Célèbre femme de lettres anglaise (1764-1823), spécialiste du roman terrifiant (*gothic novel*).

ou vif. Cela ne fait pas le compte de Maurevert. Le messager veut couper la tête du seigneur de Croissy pour la porter à Catherine, mais Montrevel s'y oppose formellement ; alors s'engage entre lui et le messager une dialectique des plus curieuses : Maurevert prétend que la reine lui a promis le corps, le corps entier, le corps complet, et que la tête fait nécessairement partie du corps ; le messager trouve l'argument faible ; alors Montrevel lui dit : « Comme il faut que *mon corps* ait une tête quelconque, sans quoi ma jouissance serait considérablement diminuée, si tu coupes celle-là, moi je ferai couper la tienne et je la mettrai à la place. » Le messager ne sait que répondre à un syllogisme de cette force et se retire tout confus. Le seigneur de Croissy, toujours sous l'influence du narcotique, se réveille dans le caveau des ancêtres de Montrevel, absolument comme la Juliette des Capulet et des Montaigu, au moment où son fils arrive l'épée haute pour tuer le baron qu'il croit meurtrier de son père. La situation du fils se complique d'un amour pour la fille de Maurevert, ce qui fait que le mélodrame de feu M. Victor Ducange ressemble à la fois au *Cid* et à *Roméo et Juliette*. Ressemble est ici un mot que nous mettons faute d'autre, et nous en demandons bien pardon à Corneille et à Shakespeare. Tout s'éclaircit, et l'on s'épouse vertueusement. La seule différence qu'il y ait entre cette pièce et celle de l'Ambigu, c'est que l'une est d'un mort et l'autre d'un vivant. Dieu fasse que feu Victor Ducange ne soit pas aussi productif en mélodrames que feu Signol, qui n'a jamais fait de romans qu'après sa mort [1] !

Il ne faut pas nous dissimuler que si nous en sommes déjà à l'hiver relativement à la température, la qualité des pièces que donnent les théâtres nous maintient toujours en plein été. Aucun succès ne s'est encore bien dessiné

1. Le romancier Alphonse Signol était mort, très jeune, au printemps 1830 à l'issue d'un duel, et les trois seuls romans de lui qui aient été publiés l'ont en effet été en 1830 et 1831.

dans les théâtres de vaudeville. *Le Père de la débutante* même (nous voulons parler de Vernet[1]) n'obtient pas toute la faveur qu'il mérite. À quoi faut-il attribuer ce symptôme ? La concurrence des concerts nuit-elle décidément aux théâtres ? Nous pensons que cela peut bien y être pour quelque chose ; la masse flottante du public se compose de désœuvrés, de provinciaux, d'hommes aimables qui ont des dames à distraire, et beaucoup de ces personnes trouvent commode de passer une soirée entière, éclairées, chauffées et REGARDÉES, pour la bagatelle d'un franc[2]. Mais il faut aussi tenir compte de l'épuisement des sujets dramatiques. Voici dix ans que le vaudeville vit sur le théâtre étranger ancien et moderne. On ne saurait croire jusqu'à quelles sources remontent ces investigations savantes. Une grande partie du théâtre grec y a passé ; les théâtres espagnol, anglais et allemand ont fourni la moitié, pour le moins, de nos *comédies mêlées de couplets.* Les romans et contes de tous les temps ont donné lieu à presque tout le reste ; de sorte qu'il devait naturellement arriver, après tant de fécondité, une époque non moins stérile que les sept années maigres de l'Égypte[3]. Nous entrons dans cette période fâcheuse où nos vaudevillistes seront obligés d'avoir recours enfin à leur imagination.

M. Ancelot, en homme prévoyant, s'est retiré à la Comédie-Française, à la suite de M. Scribe[4] ; là, il va

1. L'acteur comique Charles Vernet (1789-1848) jouait le rôle principal de ce vaudeville de Théaulon et Bayard créé aux Variétés le 28 octobre, et dont Gautier a rendu compte dans son feuilleton du 30.

2. C'est le prix de l'entrée aux concerts de Musard ou du Jardin turc ; les meilleures places des salles de vaudeville sont à 6 francs au Gymnase, à 5 francs au Vaudeville, aux Variétés ou au Palais-Royal.

3. Allusion au songe de Pharaon sur les vaches grasses et les vaches maigres (Genèse, 41).

4. Eugène Scribe (1791-1861), le plus fécond vaudevilliste et librettiste de son temps, avait fait jouer sa première comédie, *Valérie*, à la Comédie-Française dès 1822. Jacques Ancelot (1794-1854), auteur de pièces historiques et de vaudevilles, y était entré avec une tragédie (*Olga ou l'Orpheline moscovite*, 1828).

sans doute refaire ses vaudevilles sur une grande échelle. Nous ignorons d'ailleurs ce que c'est que sa *tragédie* de *Maria Padilla*, dont on a annoncé la réception. Il paraît que M. Rosier, auteur du Théâtre-Français, a *imaginé*, pour le Vaudeville, une pièce sur le même sujet que l'on répète activement [1].

Le grand événement dramatique de la semaine est le procès de M. Victor Hugo contre la Comédie-Française, qui doit se dérouler aujourd'hui. L'issue n'en paraît pas douteuse, et nous nous réjouissons à l'idée de voir enfin au Théâtre-Français autre chose que des comédies sans couplets fabriquées par des vaudevillistes à la retraite. Il est très curieux que Victor Hugo, le plus grand poète de France, soit obligé de se faire jouer par autorité de justice comme M. Laverpillière, auteur des *Deux Mahométans* [2]. Heureusement, M. Victor Hugo aura pour lui, en premier et en dernier ressort, tous les juges, le tribunal et le public.

1. La *Maria Padilla* de François Rosier (1804-1880) fut en effet créée la première, le 9 décembre 1837 ; la tragédie d'Ancelot sur le même sujet espagnol ne fut créée que le 29 octobre 1838.

2. Cette comédie en un acte de A. Laverpillière (1790-1852), reçue en 1822, avait été créée le 18 mai 1835 à la suite d'un procès intenté par son auteur, et aussitôt interdite pour raisons politiques. Hugo venait lui aussi d'attaquer la Comédie-Française pour la forcer à reprendre *Hernani*, délaissé depuis 1830. Le 20 novembre, le jour même de ce feuilleton de Gautier, Hugo gagna son procès ; *Hernani* fut repris en janvier 1838.

La Presse,
22 mars 1838

Exposition du Louvre

(3e article)

M. Eugène Delacroix

Même devenu feuilletoniste théâtral régulier, Gautier poursuit son activité de critique d'art; tous les ans il rend compte du Salon, exposition annuelle d'œuvres nouvelles sélectionnées par l'Académie des beaux-arts (voir déjà l'article p. 40 sur les paysagistes). Les artistes novateurs ont souvent maille à partir avec les préjugés traditionalistes du jury. On voit ici le journaliste, plusieurs années avant Baudelaire, prendre la défense d'Eugène Delacroix (1798-1863) et tenter de le situer dans l'évolution moderne de l'art.

M. Eugène Delacroix est un des talents les plus aventureux de l'époque : il a une certaine inquiétude, une certaine fièvre de génie, qui le pousse à toutes sortes d'essais et de tentatives ; personne ne s'est plus cherché lui-même, dans ce siècle où les plus piètres écoliers se croient grands maîtres dès leur premier barbouillage ; au lieu de s'arrêter, comme beaucoup de peintres, estimables d'ailleurs, à une formule convenue d'avance, et de se renfermer dans un style uniforme une fois acquis ; au lieu de se composer une touche aussi facilement reconnaissable qu'un paraphe de maître d'écriture, ou que les *fers à gaufrer* des anciens enlumineurs byzantins, M. Eugène Delacroix, dans son ardeur de bien faire et d'arriver à la perfection, a tenté toutes les formes, tous les styles et toutes les couleurs : il n'y a point de genre où il n'ait touché et laissé quelque noble et lumineuse trace ; peu de peintres ont parcouru un cercle aussi vaste que M. Delacroix, et son œuvre est déjà presque aussi considérable que celle d'un Vénitien du beau temps ; il a fait des fresques, de grandes machines, des tableaux d'histoire, des tableaux de genre, des batailles, des intérieurs, des chevaux aussi bien que Géricault, des lions et des tigres qui valent ceux de Barye ou de Desportes [1].

Quelle superbe et byronienne satiété dans la tête du *Sardanapale* [2] couché sur son lit, supporté par des éléphants d'or, près de sa belle favorite Myrrha, la Grecque de Milet, pêle-mêle avec ses esclaves éthiopiennes, ses cavales échevelées, à la croupe de satin, aux narines roses et fumantes, ses manteaux de pourpre teinte trois fois, ses robes brochées d'or, ses coffres de parfums, ses vases bosselés de ciselures et rugueux de pierreries, tout ce monde étincelant et magnifique, que la flamme saisit déjà entre ses rouges mâchoires, et qui va disparaître avec lui, le sublime efféminé !

Quelle pâleur pestiférée ! quel ciel étrange et malade, vert et jaune comme un cadavre de ciel ! quelle lueur terne et plombée dans cette toile du *Massacre de Scio* [3] ! Les lèvres violettes de mille blessures ricanent affreusement aux flancs des corps morts ; des mares de sang figé et pris en caillots souillent un terrain lépreux, écorché, piétiné, rude à l'œil comme s'il était peint sur des limes ; des fragments d'armes rompues, des haillons hideusement tachés gisent çà et là ; c'est l'affaissement et l'abrutissement du désespoir rendu avec la plus sombre poésie :

---

1. Théodore Géricault (1791-1824), auteur du fameux *Radeau de la Méduse* (Salon de 1819), a laissé de multiples toiles et esquisses représentant des chevaux. Antoine-Louis Barye (1796-1875), spécialiste des tableaux de fauves, avait vu ses œuvres refusées au Salon de 1837 comme trop romantiques. François Desportes (1661-1743) avait été le peintre officiel de Louis XIV et de Louis XV pour les scènes de chasse.

2. *La Mort de Sardanapale* a été exposée au Salon de 1828.

3. Les *Scènes des massacres de Scio* (Salon de 1824) relatent un épisode de la guerre d'indépendance grecque dans l'île de Chio.

personne ne pleure plus ; il y a longtemps que les larmes sont taries. Les nourrissons abandonnés cherchent en rampant la mamelle desséchée de leur mère et tètent du sang à défaut de lait.

Un Turc, seul être vivant dans ce troupeau de fantômes, fait caracoler son cheval et entraîne une jeune vierge, dont le torse d'albâtre amaigri se renverse douloureusement, et qui tend vers le ciel ses beaux bras meurtris, où deux ou trois nœuds de corde se tortillent comme des serpents irrités. Il est difficile de pousser plus loin la beauté de l'horreur, et d'être plus splendidement misérable. Tout cela est d'une couleur et d'un ragoût à faire envie aux plus excellents.

La *Mort de l'évêque de Liège* [1], pour le mouvement et la fureur de la composition, est un chef-d'œuvre inimitable, c'est un tourbillon peint, tout remue et tout se démène frénétiquement dans ce petit cadre, d'où il semble entendre sortir des mugissements et des tonnerres ; jamais on n'a jeté sur une toile une foule plus drue, plus fourmillante, plus hurlante et plus enragée ; les flambeaux avinés et les lumières orgiaques qui font trembler à travers cette confusion leur auréole chevelue et leur pénombre aux rayons éraillés, sont sinistres à voir comme les étoiles et les comètes qui pleuvent du ciel dans les sombres hallucinations de l'Apocalypse ; M. Delacroix excelle dans l'impossible ; il rend particulièrement bien ce qui paraît échapper au pinceau et à la science humaine ; cette peinture est réellement tumultueuse et sonore ; on l'entend aussi bien qu'on la voit.

Les *Femmes d'Alger*, pour l'ampleur étoffée des brocarts, la blonde limpidité des perles, l'éclat argentin et la chaude pâleur des chairs, la grâce et le caprice de l'arrangement, ne sont pas inférieures aux plus lumineuses toiles

1. Salon de 1831.

de Paul Véronèse[1] ; c'est l'œuvre la plus tranquille de M. Delacroix, qui sait se plier admirablement à toutes les manières, et qui comprend toujours avec cette flexibilité d'intelligence qui le distingue toutes les ressources du genre qu'il traite.

Quant à la *Bataille de Taillebourg*, le souvenir en est encore trop présent pour que nous ayons besoin de le raviver : nous ne connaissons de comparable, à cette furie de composition et à cette férocité de touche, que le *Passage du Thermodon* de Rubens[2] : voilà une bataille, voilà des gens qui y vont de tout leur cœur, et des pieds et des poings, et du couteau et de la hache, qui se martèlent et s'assomment consciencieusement ; ils ne posent pas, ils ne font pas la belle jambe devant les spectateurs ; ils sont à leur affaire, œil pour œil, dent pour dent ; et quels chevaux ! ruisselants de sueur, baignés de l'écume du fleuve, l'œil flamboyant sous les longues mèches trempées de leur crinière, la croupe étalée, le jarret tendu, l'ongle pinçant la terre argileuse de la berge, hennissant aigrement, et furieux de la rage de leurs cavaliers. Quel dommage que M. Delacroix n'ait pas pu se charger à lui seul de toutes les batailles du Musée de Versailles !

Le *Saint Sébastien* percé de flèches est, avec le *Saint Symphorien* de M. Ingres[3], le plus beau tableau de sainteté des temps modernes ; aucun peintre d'aujourd'hui n'arriverait à la belle tournure magistrale, à l'élégante sévérité d'aspect de cette composition : la femme qui

1. Paolo Caliari (1528-1588), dit « Il Veronese » du nom de sa ville natale, est apprécié des romantiques. *Femmes d'Alger dans leur appartement* a été exposé au Salon de 1834.

2. *Combat des Amazones sur le Thermodon*, tableau de Rubens conservé à la Pinacothèque de Munich (les Amazones étaient censées vivre sur les rives du Thermodon, fleuve au sud de la mer Noire). La *Bataille de Taillebourg*, exposée au Salon de 1837, entra aussitôt au musée du château de Versailles.

3. Tableau contesté, exposé au Salon de 1834. Le *Saint Sébastien* de Delacroix date, lui, du Salon de 1836.

regarde par-dessus son épaule ferait honneur à quelque maître que ce soit.

La Chambre des députés, qui n'est pas encore connue du public, et dont nous avons donné autrefois une description détaillée, vaut les meilleures *stanze* de Rome et les *scuole* les plus vantées de Venise [1]. Ces peintures allégoriques, mythologiques, même tout à fait en dehors des habitudes de M. Delacroix, sont une preuve de plus de la merveilleuse souplesse de son talent ; ces peintures influeront, sans aucun doute, sur l'avenir du peintre pendant le cours de ce grand travail. Il a pris une manière plus large, plus grande ; il a mis de la sobriété dans sa couleur, de la tenue dans son style ; il a soumis sa fougue à toutes les exigences architecturales, et s'est restreint dans des compartiments bizarres et de formes ingrates ; c'est une excellente étude, et dont les tableaux qu'il fera par la suite ne pourront manquer de se ressentir.

Nous n'avons pas la prétention de faire ici une appréciation complète de l'œuvre de M. Delacroix ; nous avons voulu seulement indiquer la marche de son talent. Les tableaux que nous venons de décrire peuvent être considérés comme prototypes d'autant de nuances différentes de la manière du peintre ; dans chacun de ces genres il a produit un grand nombre de morceaux du plus haut mérite et dont il est inutile de donner la description parce qu'ils sont connus de tous ceux qui s'occupent de peinture en France.

La *Médée furieuse* [2] se rapporte à l'ordre d'idées qui a produit les fresques de la salle du Trône ; c'est un sujet antique traité avec l'intelligence moderne et sous des

1. *Stanza*, chambre ; *scuola*, école. C'est en 1836 que Delacroix avait reçu, grâce à l'entremise du ministre Thiers, un de ses plus anciens admirateurs, la commande des peintures destinées à orner le plafond et les murs du salon carré de l'Assemblée nationale (dit alors « salon du roi » ou, comme ici, « salle du trône »).

2. Salon de 1837.

formes plus humaines qu'idéales ; ce contraste produit un effet piquant, et les sujets les plus usés du monde reprendraient de la jeunesse et de la nouveauté compris de cette manière ; il y a dans cette pensée une révolution complète. Un sujet grec et classique, traité par le roi de l'école *romantique* (pardon du mot), est une bizarre anomalie, mais qui ne pouvait manquer d'arriver avec un génie aussi éclectique et une fantaisie aussi voyageuse que celle de M. Delacroix.

Médée poursuivie est sur le point d'égorger ses enfants : tel est le motif choisi par M. Delacroix.

Le fond du tableau représente un site sauvage et désolé ; c'est une espèce de gorge pleine d'anfractuosités ; on n'aperçoit qu'un losange de ciel dans un coin de la toile comme par le soupirail d'un caveau ; de grandes roches s'élèvent perpendiculairement ; sur le devant se tordent comme des scorpions ou rampent comme des serpents, de longues plantes filandreuses aux feuilles acérées, aux épines menaçantes et d'un aspect féroce et vénéneux ; Médée, haletante, le poignard à la main, les vêtements en désordre, semble vouloir s'élancer hors du cadre ; deux beaux enfants sont suspendus à ses bras ; rien n'est plus hardi que la pose de ces deux petites figures, dont l'une n'est suspendue que par la tête ; le contraste du vermillon insouciant qui s'épanouit sur les joues rebondies et satinées des pauvres victimes, avec la verdâtre et criminelle pâleur de leur mère forcenée, est de la plus grande poésie ; la tête de la Médée se présente de profil, car elle regarde en arrière pour voir les gens qui la poursuivent ; le caractère n'est pas antique, si l'on prétend par ce mot un nez droit perpendiculaire au front, une lèvre courte et serrée, un menton bombé comme celui des médailles, mais elle est fine, irritée et méchante comme une tête de vipère ; la grande ombre qui la coupe en deux, et que l'on a généralement blâmée, ajoute, selon nous, à l'effet tragique, en lui posant sur le front un diadème de ténèbres ; on ne peut rien voir de plus beau que la poitrine, la gorge, les bras et les mains de cette figure ; cela est blond, argentin, chauffé de reflets fauves, rafraîchi de transparences rosées et bleuâtres, si vivant, si palpitant, si flambant de contour, d'une pâte si régalante, si hardiment tripoté et torché, que Rubens et Jordaens, ces princes de la chair, ne pourraient faire mieux ; les bras semblent remuer et ramasser des monceaux d'enfants, quoique après tout il n'y en ait que deux, qui sont des merveilles de vie, de santé et de couleur : M. Delacroix a fait souvent aussi bien, mais jamais mieux.

Après la *Médée* viennent les *Convulsionnaires de Tanger* ; ce sont des fanatiques de la secte de Ben-Yssa [1] qui courent les rues en se livrant à des contorsions frénétiques et souvent dangereuses.

Cette scène singulière se détache sur un fond d'étincelante blancheur qui distingue les édifices en Afrique ; par-dessus, le ciel sourit placide et bleu ; de belles femmes accoudées sur les terrasses regardent les Issaouïs de ce regard indolent et voilé des Orientaux. Au milieu de la rue s'agite le groupe le plus étrange que l'on puisse rêver dans le cauchemar d'une nuit d'été ; ce sont des figures sauvages, bronzées, noires, couleur de cuivre rouge, avec des barbes violentes, des cheveux exorbitants, des prunelles ardentes comme des charbons, des bouches pleines d'écume et de cris, des corps cambrés en arrière par la tension des muscles, des membres tordus, des ricanements convulsifs, des dents qui s'enfoncent dans les chairs et mâchent les perles sanglantes qu'elles font jaillir, des ongles qui labourent la peau ; la folie et la rage poussées à leurs dernières limites : par-derrière, de beaux Turcs, simples et graves, montés sur de superbes chevaux, suivent l'étrange procession ; des femmes enveloppées de

1. Ou Ben-Aïssa, marabout algérien mort en 1835 ; il avait tenté de soulever le Maghreb contre l'invasion française. Ce tableau, présenté au Salon de 1838, est un souvenir du voyage de Delacroix au Maroc (1832).

leurs burnous, cet élégant linceul des beautés arabes ; des enfants nègres se dispersent et fuient devant les terribles convulsionnaires. Avec *L'Évêque de Liège*, c'est ce que M. Eugène Delacroix a fait de plus remuant ; la couleur est chaude, vive, et d'un éclat tout oriental.

L'intérieur de la cour où des soldats marocains attachent leurs chevaux, sans avoir l'importance de cette composition, est un joli tableau [1], amusant d'aspect et très bien coloré, comme M. Delacroix en fait en se jouant, dans l'intervalle d'une grande composition à une autre ; c'est un souvenir plein d'intérêt des voyages de l'auteur ; quant au Caïd marocain nous n'avons pu le découvrir, et le don Juan a échappé à nos recherches les plus opiniâtres [2] ; mais la *Médée* et les *Convulsionnaires* suffisent de reste pour faire voir que M. Delacroix se maintient toujours à la haute place qu'il a su conquérir par sa courageuse lutte, et ses travaux opiniâtres. M. Delacroix jusqu'ici a toujours été en progrès ; personne n'a plus promis et plus tenu.

1. Cet *Intérieur de cour* est également exposé au Salon de 1838.

2. Le *Caïd marocain* et la *Dernière scène de Don Juan* sont bien présents au Salon de 1838 ; la formule de Gautier exprime son agacement devant le nombre excessif et l'entassement des tableaux au Salon.

La Presse,
27 mars 1839

SALON DE 1839

(4e article)

Peinture

Si le nom de Delacroix (voir l'article précédent) se confond aujourd'hui avec l'idée de romantisme, celui d'Alexandre Decamps (1803-1860) a toute chance d'être moins familier ; pourtant, il fut en son temps le plus connu des orientalistes français, et Gautier, qui apprécie son œuvre, la commente toujours avec faveur. Sans doute Decamps a moins d'envergure que Delacroix, mais il atteint la perfection de son métier et c'est ce qu'exprime ce bilan amical.

Nous commençons tout d'abord[1] notre revue des tableaux par Decamps, non que nous mettions le genre qu'il traite au-dessus des compositions historiques et d'une nature sévère, mais comme il a parfaitement exprimé ce qu'il voulait rendre et qu'il n'est guère possible d'aller au-delà, dans les sujets qu'il a choisis, nous lui donnons cette année la première place ; car un peintre qui fait admirablement bien un petit tableau est préférable à un autre qui ne réussit qu'à moitié dans une grande toile. – Il vaut mieux porter son sujet que d'être écrasé par lui. – Decamps n'a plus rien à apprendre ; il a parcouru entièrement une sphère de l'art : il est maître de son exécution ; il a dompté toute résistance de la main

---

1. Il ne s'agit pas d'un pléonasme mais d'une précision logique ; « tout d'abord » signifie ici : sans attendre (les deux articles précédents étaient consacrés à la sculpture).

ou de la palette, il peut ce qu'il veut ; cette perfection, jointe à son originalité native, fait de Decamps un artiste à part dont il serait difficile, pour ne pas dire impossible, de trouver l'analogue dans aucune école : Salvator Rosa est peut-être le peintre dont il se rapproche le plus pour la fierté et la bizarrerie de l'arrangement ; mais sa couleur a bien plus de force et son exécution est bien plus serrée que celle de l'artiste napolitain [1].

Decamps, qui n'avait rien exposé depuis la *Bataille des Cimbres* et le *Corps de garde turc* [2], s'est présenté cette année avec onze tableaux, tous fortement empreints du cachet de son individualité – onze joyaux de couleur, les plus riches pierres que la peinture ait jamais tirées de son écrin !

Ce que nous aimons surtout dans Decamps et ce qui fait voir sa haute portée d'artiste, c'est l'indifférence absolue, la souveraine impartialité de son talent. – Comme le soleil, il dore sans choix ni préférence un pan de mur, un visage humain, un museau de singe ou une croupe de cheval. – Que lui importe ! il sait bien que tout ce qu'il touche s'illumine ; il est calme comme la nature et ne se prend de tendresse pour rien. Sans le savoir, il est le plus grand panthéiste du monde ; pour lui toute chose a son importance et sa beauté. – C'est un vrai peintre, il ne cherche pas la poésie et le drame, il n'emprunte rien au martyrologe de l'histoire d'Angleterre ; le premier motif venu lui suffit ; ses ressources sont en lui-même, avec un Turc accroupi, et fumant sa pipe, il saura bien vous arrêter une heure entière, résultat que les compositions les plus compliquées et les plus littéraires obtiennent bien rarement.

---

1. Salvator Rosa (1615-1673) attire Gautier par la fougue tumultueuse avec laquelle il peignit paysages, marines et batailles.

2. *La Défaite des Cimbres* et le *Corps de garde sur la route de Smyrne à Magnésie* ont été exposés au Salon de 1834. Déçu de l'accueil mitigé réservé aux *Cimbres*, vaste tableau de bataille sur lequel il comptait pour réorienter sa carrière, Decamps s'était en effet abstenu depuis.

Ses deux tableaux bibliques, le *Joseph vendu par ses frères* et le *Samson combattant les Philistins*, sont deux toiles de la plus surprenante originalité ; l'Orient y est compris comme dans le *Cantique des Cantiques* [1]. L'ardeur du paysage, l'individualité des figures dépassent tout ce qu'on peut imaginer.

Le *Joseph vendu par ses frères* fait paraître ternes et blafards tous les tableaux qui l'environnent ; – on dirait une fenêtre ouverte sur une contrée inconnue et pleine de lumière : on est transporté à mille lieues et à trois mille ans de la réalité ; comment quelques couleurs boueuses, les mêmes pour tous, rangées en ordre sur une palette, peuvent-elles posées sur une toile devenir de l'espace, de l'air, du soleil : c'est là le secret du génie, un secret aussi difficile à surprendre que le secret de Dieu. Nous allons essayer autant que la pâleur de la langue écrite peut le permettre de raconter cette admirable peinture ; mais qu'est-ce qu'une page à côté d'un tableau ?

Le premier plan représente une espèce de ravin composé de grands blocs de rochers dont les interstices laissent échapper des plantes filamenteuses et de vivaces broussailles nourries par l'humidité et par l'ombre. – Une eau claire, diaphane, protégée contre l'altération du sable et l'ardeur du soleil qui la boiraient d'une gorgée, miroite au fond du creux ; une jeune fille vêtue d'une chlamyde bleue y plonge une urne pour la remplir ; elle est posée avec un naturel charmant et sa tournure est du plus grand style ; une mousse veloutée verte comme l'espérance couvre les surfaces planes des rochers et jette un peu de fraîcheur dans cet embrasement lumineux. Au second plan, sur un sable jaune et fauve comme une peau de lion, est accroupi un chameau fatigué allongeant son long col d'autruche et reposant sa tête étrange aux narines fendues, à l'œil garni de grands cils et brillant

1. C'est-à-dire avec l'intensité poétique propre à ce célèbre livre érotique de la Bible.

comme un diamant noir. Tout auprès un autre chameau aux jambes déjetées, aux genoux cagneux, à la poitrine calleuse, découpe sa silhouette gauche et dégingandée sur la limpidité bleuâtre des lointains, tandis qu'une femme en burnous se dresse pour rajuster son licol ; les marchands madianites [1] et les méchants frères qui livrent le pauvre Joseph tiré de la citerne, occupent le reste de l'espace ; toutes ces figures hautes de quelques pouces ont une grandeur magistrale et un style surprenant ; le groupe de gauche où se trouve le frère à cheveux roux qui tient un bâton recourbé, rappelle les pasteurs de l'Arcadie et les plus beaux bas-reliefs grecs. L'impassibilité du marchand d'esclaves qui achète Joseph comme une mesure de blé ou une buire [2] de parfums, est très bien rendue, ainsi que l'empressement du malheureux tout aise de n'être que vendu et de sortir de la citerne pour entrer en esclavage ; au troisième plan se dessinent bizarrement les chameaux de la caravane avec les cavaliers haut juchés, les ballots, le bouclier d'écaille de tortue et la lance pendus en trophée à leurs flancs ; des lignes de montagnes calmes et simples terminent l'horizon. Voilà à peu près la disposition du tableau ; mais ce que rien ne peut exprimer, c'est la chaleur, l'éclat et la solidité du coloris ; – le poudroiement du soleil sur le sable ; la blancheur poussiéreuse et plombée des terrains ; l'aridité de pierre ponce de la plaine où s'élèvent pour toute végétation quelques rares palmiers épanouis au bord du ciel comme des araignées végétales, la brume rousse qui estompe les dernières lignes, tout est admirablement senti et rendu. Par-dessus cette sécheresse, se déploie un ciel azuré et limpide comme le lac le plus tranquille, où flottent quelques petits îlots de nuages blancs poussés par une haleine expirante. Il est impossible d'imaginer

1. Les Madianites étaient un peuple nomade de l'ancienne Arabie. La vente de Joseph par ses frères est racontée au chap. 37 de la Genèse.
2. Cruche à anse où l'on conservait notamment l'huile.

quelque chose de plus orientalement calme, de plus solennellement lumineux que cette toile inondée d'or et de soleil.

Le *Samson sortant de la grotte du rocher d'Etam et tuant mille Philistins avec une mâchoire d'âne* forme le contraste le plus énergique avec la placidité nonchalante du *Joseph vendu par ses frères* ; c'est une mêlée furieuse à la façon du Parrocel et de Bourguignon [1] qui se rapproche de la *Bataille des Cimbres* pour la sauvagerie du faire, la férocité et la turbulence de la touche ; c'est un paysage âpre et rocailleux, – des rochers sillonnés de lézardes, des collines bossues et décharnées, faisant voir le tuf et la craie, des terrains galeux, lépreux, égratignés, couverts de verrues et d'excroissances, une végétation chauve, rousse, grillée de chaleur, dévorée de poussière, des broussailles d'un aspect hostile et vénéneux où se cache la vipère, où le scorpion agite ses pinces, puis tout au fond une ville biblique assise au bord d'un précipice avec ses rampes et ses terrasses beurrées d'un côté par la plus blonde lumière, et de l'autre azurées par l'ombre bleue et veloutée de l'Orient. – Tout cela se détache sur un ciel étrange, hardi, de l'aspect le plus belliqueux, maçonné et truellé avec une verve et un emportement sans pareils, du haut duquel de grands bancs de nuages chauffés à la fournaise du soir laissent filtrer par leurs déchirures et leurs écroulements des reflets fauves et menaçants. Voilà pour le paysage ; – la plus affreuse des *selve selvaggie* [2] de Salvator, la plus noire des solitudes d'Everdingen [3] n'est rien à côté de cela : les figures vont bien avec le fond ; le Samson, noir, velu, hérissé, dans la

1. Le talent particulier du peintre français Joseph Parrocel (1646-1704) le fit nommer « Parrocel des Batailles ». Jacques Courtois, dit le Bourguignon (1621-1676), fut peintre militaire et paysagiste.

2. « Forêts sauvages », en italien : un des sujets favoris de Salvator Rosa, déjà nommé plus haut.

3. Allart Van Everdingen (1621-1675), paysagiste hollandais, peignit notamment les sites de Scandinavie.

pose d'une furie et d'une rage incroyables, fait une boue sanglante de l'armée des Philistins. La massue d'Hercule n'est qu'une cravache en comparaison d'une semblable mâchoire ; tout ce monde, cavaliers et fantassins, hommes et chevaux, crie, hurle, se renverse, se cabre et s'enchevêtre avec une confusion inextricable ; les plus courageux essaient de lancer de loin des flèches et des javelines au Samson et, tout effrayés du sort de leurs frères, résistent faiblement au tourbillon de la déroute : l'homme qui a la tête entourée d'une étoffe de plusieurs couleurs et qui monte un énorme cheval à croupe tigrée et pommelée est d'une fierté de tournure et d'un mouvement superbes, il ferait honneur aux plus fiers Vénitiens ; il y a loin de cette verve forcenée, de cette puissance de pâte, de cette violence de couleur et de touche à la tranquillité méthodique des combats officiels qui ne sont que des bulletins de journaux mis en action sur des plans d'ingénieurs. – Ce tableau, moins fini et moins précieux d'exécution que les autres, plaira surtout aux artistes ; le ton en est plus simple et plus large, il a tout le ragoût et toute la franchise de l'esquisse la plus chaleureuse.

Le *Supplice des crochets* est peut-être le chef-d'œuvre de Decamps ; jamais il n'a été plus complet ; nous souhaitons qu'il n'essaie pas de faire mieux ; l'art finit là ; plus loin c'est la folie et le génie succombe dans sa lutte avec l'impossible : il est de certaines limites que la peinture ne doit pas franchir ; Decamps nous paraît arrivé à ces limites ; la nature commence où il s'arrête : la scène est disposée avec beaucoup d'adresse et de convenance ; le supplice occupe le fond de la toile, et comme l'on n'a guère pitié d'une souffrance au troisième plan, l'horreur est diminuée de beaucoup par l'éloignement ; le vrai sujet du tableau, c'est la foule qui regarde, c'est le ciel et la forteresse qui sont d'une beauté de ton et d'une exécution admirables : quelle étrange cohue de chevaux, de femmes, d'enfants ! quelle profusion de costumes étincelants ; quel éclatant papillotage ! – Mousseline, velours, brocart, cafetan de damas, burnous et cabans en poil de chameau, tout s'y trouve : il y a des Zeibecks[1], des Turcs, des Albanais, des Juifs, des Arabes, toutes les races et tous les teints de l'Orient, depuis le blanc jusqu'au noir, en passant par toutes les nuances imaginables du jaune et du cuivré. – La plus belle figure peut-être de ce tableau, où toutes sont belles, est un jeune Turc monté sur un cheval isabelle à crinière et queue noires, placé tout à fait au premier plan ; il a un air d'insouciance juvénile et de fierté satisfaite, que ne trouble en rien la scène terrible à laquelle il assiste distraitement ; il a un si magnifique cheval arabe, une si élégante veste de velours incarnadin[2], une si belle carabine incrustée de nacre et d'argent, qu'on peut bien jeter par-dessus la muraille autant de misérables qu'on voudra, sans qu'il s'en émeuve le moins du monde ! sa monture, avec cet air intelligent et rêveur des chevaux au repos, regarde bénignement deux molosses renfrognés assis près d'une carcasse de forme suspecte. – Les hommes se poussent, les enfants crient et les soldats bâtonnent, le tout avec un flegme admirable. Du reste, pas un signe d'intérêt pour les patients, à l'exception d'une femme qui se renverse et se couvre les yeux avec un enivrement de douleur admirablement senti ; personne n'a l'air de se douter que ce sont des hommes et non des bottes de foin qu'on lance sur ces crochets aigus : ils ont l'air d'assister à un exercice de gymnastique. – Il fallait être un peintre de la force de Decamps pour exprimer d'une manière aussi profonde la résignation fataliste et l'impassibilité de l'Orient. – Comme explication de cette scène étrange, vous entrevoyez dans l'auréole de son turban, à l'embrasure d'une petite fenêtre, la figure grave et froide du pacha qui du haut de son donjon regarde si l'on exécute ses ordres. – Nous parlions tout à l'heure de l'insouciance tout à fait

1. Brigands d'Asie Mineure.
2. Entre rose et rouge (littéralement : couleur de chair).

turque de Decamps, nous avons dit qu'il était impartial et désintéressé comme la nature. En effet, cette abominable boucherie est éclairée par le soleil le plus vif, le plus rayonnant et le plus gai du monde ; il y a sur cette scène une intensité de lumière, une vivacité de couleur qui réjouiraient la tristesse elle-même. Le ciel est d'un bleu ironique, et pour dernier sarcasme du fort contre le faible, une cigogne blanche, tendant les pattes en arrière, traverse tranquillement l'azur avec un serpent qui se tord dans son bec. – Ce petit détail, dans une composition si terrible, prouve un haut sang-froid et un détachement parfait ; quoique l'opinion contraire soit plus acceptée, les plus grands artistes sont toujours indifférents.

Le *Café turc* est une perle de couleur. – Ce café ne ressemble en rien aux nôtres, vous pouvez bien le croire. C'est une muraille blanche avec des piliers de pierre entre lesquels le regard s'enfonce dans une ombre fraîche et transparente où des Turcs prennent de l'opium et fument dans une attitude de paresse extatique à faire envie au plus actif des hommes. Par-dessus la muraille, l'on voit des coupoles s'arrondir et se gonfler comme des seins de marbre, des minarets se lancer dans la sérénité de l'air et le ciel bleu scintiller à travers le feuillage vert foncé des caroubiers et des cyprès, de blanches bouffées de colombes traversent l'espace et une femme de la plus svelte tournure étend des linges au soleil. Au bas filtre et miroite une eau diamantée que traverse furtivement un petit rat presque imperceptible. Le sujet de ce tableau c'est l'ombre et la fraîcheur au-dedans, la chaleur et la lumière au dehors. – Jamais programme ne fut mieux rempli.

Les *Enfants jouant avec une tortue* sont bien les plus charmants petits monstres qu'on puisse imaginer ; celui dont la tête rasée offre des demi-teintes bleuâtres et qui agace la lente bête, est la plus réjouissante mine du monde. – Ces petits drôles ont l'air eux-mêmes de tortues, tant ils rampent avec des postures et des contorsions étranges. – La femme qui vient puiser à la fontaine avec son amphore sur la tête, égale pour la sveltesse et l'élégance de l'attitude les plus beaux bas-reliefs éginétiques [1]. Les fonds sont du ton le plus fin et le plus précieux.

Le *Souvenir d'une villa* nous transporte tout à fait hors de l'Orient : c'est un parc Moyen Âge avec sa pièce d'eau, ses paons qui se mirent, ses daims familiers, ses terrasses, ses rampes à balustres, ses vases de marbre, ses grands pins en parasol, ses élégants seigneurs et ses belles dames couchés sur le gazon piqué de fleurs, avec leurs pages et leurs levrettes. Rien n'est plus joli que toutes ces imperceptibles figurines.

Le *Moïse sauvé des eaux* est un paysage de petite dimension, qui effacerait bien des compositions prétentieuses pour la beauté et la sévérité des lignes ; des monuments d'une architecture superbe enrichissent les fonds ; le groupe des femmes et des gardes de la fille de Pharaon est d'une tournure et d'un style magnifiques, quoique les figures n'aient que quatre lignes [2] de hauteur.

L'espace nous manque malheureusement pour parler des *Singes connaisseurs* [3], du *Baraïctar agitant son étendard*, du *Village italien* et des *Bourreaux turcs*. Ce sont des tableaux qui n'ont pas besoin de signature ; ils sont victorieusement rayés par l'ongle du lion, et, quoique moins importants, contiennent le maître tout entier.

---

1. Adjectif formé sur le nom d'Égine, île grecque située en face du Pirée et qui, avant son annexion par Athènes au Ve siècle av. J.-C., fut un des plus riches centres de la sculpture archaïque.
2. À peine un centimètre (la ligne était la douzième partie du pouce).
3. Plus exactement *Les Singes experts*, tableau représentant deux singes vêtus comme des académiciens et qui apprécient un tableau d'un air docte. Cette charge moqueuse fut souvent reproduite.

La Presse, 14 octobre 1839

THÉÂTRE-ITALIEN

Débuts de Mademoiselle García

Retour au feuilleton de théâtre, pour aborder un des domaines préférés de Gautier : la musique d'opéra. Certes, il n'est pas bon technicien et se fait aider, dans ce domaine, pour les comptes rendus auxquels il tient ; à l'Opéra ou au Théâtre-Italien, il regarde plus qu'il n'écoute, et une cantatrice est pour lui une femme avant d'être une voix. Toutefois, ici, le cas est particulier, puisque la très jeune Pauline García (1821-1910) – future épouse Viardot –, fille du célèbre ténor Manuel García, est la sœur cadette de Maria Malibran, morte tragiquement à vingt-huit ans en 1836 après avoir bouleversé l'Europe par l'engagement passionné de son jeu scénique et de sa voix. Tout le monde veut savoir si la petite sœur saura affronter une comparaison à tous égards redoutable pour elle.

La quinzaine a été des plus splendides en fait de débuts lyriques ; il y a eu une conjonction d'astres mélodieux qui ne se reproduira pas de longtemps dans le ciel musical. – Une étoile de première grandeur, une étoile à sept rayons, a fait briller sa charmante lueur virginale aux yeux ravis des dilettanti [1] du Théâtre-Italien ; – un nom qui est une auréole luisait autour de cette jeune tête : le nom de Malibran García, si heureusement morte au plus beau jour de sa vie, écrasée sous les fleurs et les cou-

1. Amateurs d'opéra ; le mot est à l'époque élogieux et non péjoratif.

ronnes du public, cet autre Héliogabale [1], et remontée dans sa gloire, avec le transparent linceul de Desdemona [2], toute blanche sur un fond d'or, comme l'apparition divine dont parle Dante.

Cette préoccupation planait sur toute la salle, et l'entrée de Pauline García était attendue avec une anxiété frémissante.

Une salve d'applaudissements lui montra, dès son premier pas sur la scène, que la gloire de sa sœur morte n'était pas oubliée, et que la dynastie des García régnait toujours sur les oreilles.

Mlle García, avant qu'elle eût ouvert la bouche, avait déjà un avantage énorme ; elle était arrangée avec un goût bien rare aux Italiens, qui semblent s'habiller au vestiaire des chiens savants. Des manches justes en brocart avec des crevés, des aiguillettes et des passequilles [3], un corsage à pointe relevé de cordelières de pierreries, un cercle d'or et des perles dans des cheveux nattés en corne d'Ammon [4], à la manière du XVIe siècle, une jupe ample et puissante d'une étoffe à plis cassants, d'où la taille s'élance frêle et mince comme un corselet de guêpe, formaient un costume d'une originalité délicieuse ; on eût dit une de ces fresques naïves comme en faisaient Pinturiccio, Ghirlandajo, et les maîtres gothiques de l'école

---

1. Selon l'historien Ælius Lampridius, l'empereur romain Héliogabale ou Élagabal (204-222) aurait fait exécuter certains de ses convives en les étouffant sous les fleurs. La métaphore de Gautier enjolive une réalité plus triviale : la Malibran était morte des suites d'une chute de cheval.

2. Le rôle de Desdémone dans l'*Otello* de Rossini (1816) était un des préférés de la Malibran à cause de la « Romance du saule » qui se trouve à la fin de l'œuvre. C'est dans ce rôle que Pauline débute.

3. Ornements faits de rubans, de broderies, de perles et de pierreries.

4. Nattes recourbées sur elles-mêmes (la corne d'Ammon est un coquillage fossile, en forme de corne de bélier, ainsi nommé par référence au dieu égyptien Ammon, qui était représenté avec de telles cornes).

florentine [1]. La simplicité d'attitudes, la finesse des mouvements, la sveltesse de galbe, naturelles à Mlle Pauline García, ajoutaient à l'illusion et la complétaient. – Il y a loin de là aux poses théâtrales, aux gestes télégraphiques et aux grands airs des actrices ordinaires. – C'est la nature et la vérité mêmes ; – une certaine gaucherie juvénile et charmante rehausse encore tous ces avantages.

Maintenant, Mlle Pauline García est-elle belle ? nous avons entendu dire qu'elle n'était pas jolie, – mais ce n'est pas notre opinion : elle est bien faite, élancée, avec un col souple, délié, une tête attachée élégamment, de beaux sourcils, des yeux onctueux et brillants dont la petite prunelle noire fait plus vivement encore ressortir la nacre limpide, un teint chaud et passionné, une bouche un peu trop épanouie, peut-être, mais qui ne manque pas de charme ; ce qui constitue une beauté théâtrale très satisfaisante.

Voilà pour le physique ; passons maintenant à l'essentiel – à la voix.

Elle possède un des instruments les plus magnifiques qu'il soit possible d'entendre. Le timbre en est admirable, ni trop clair ni voilé. Ce n'est point une voix métallique comme celle de Grisi [2] ; mais les tons du *medium* ont je ne sais quoi de doux et de pénétrant qui remue le cœur. L'étendue est prodigieuse. Dans le point d'orgue de l'*andante* de la cavatine (tirée de l'*Elisabetta*, de Rossini, et intercalée [3]), elle a accusé deux octaves et une quinte, du *fa* grave du ténor à l'*ut* aigu du soprano. Mais le

---

1. Gautier parle d'école « florentine » parce que aussi bien le Pinturicchio (Benedetto di Betto, 1454-1513) que Domenico Ghirlandaio (1449-1494) et ses deux frères étaient en effet toscans.

2. Giulia Grisi (1811-1869) est la soprano vedette du Théâtre-Italien ; Gautier apprécie surtout sa beauté, digne selon lui d'une statue grecque.

3. *Elisabetta, regina d'Inghilterra*, opéra en deux actes créé à Naples le 4 octobre 1815 ; il était très courant d'intercaler ainsi des airs d'autres œuvres pour faire valoir le ou la soliste.

timbre du *fa* et la facilité avec laquelle elle attaque l'*ut* qu'elle a souvent reproduit dans le cours de l'ouvrage, accusent nettement, au moins, trois octaves pleines, qui de sa chambre se produiront plus tard sur le théâtre. Dans les rôles de contralto, tels que Tancrède, Arsace et Malcolm [1] qu'elle abordera, dit-on, elle nous donnera la mesure exacte de sa voix grave qui devra sans doute acquérir plus tard plus de force, sinon plus d'étendue. Quant aux notes aiguës, elle fera bien de ne jamais les forcer et de n'en point abuser, d'ici à ce qu'elle ait pris son développement physique.

Sa méthode est celle de García, c'est tout dire. Elle a toute cette ampleur qui met l'auditeur à l'aise en ne lui faisant jamais craindre d'accident dans le trait. Sa voix est merveilleusement posée ; l'intonation pure et juste. La note est toujours attaquée avec une grande netteté, sans hésitation ni port de voix. Cette dernière qualité est rare et précieuse, elle est excellente musicienne ; son oreille délicate et exercée se préoccupe avec justesse des détails de l'accompagnement, comme nous l'ont prouvé plusieurs recommandations et remarques aux répétitions.

Elle aurait tort de chercher à produire de l'effet par de la complication et de l'originalité dans les points d'orgue. Grâce à sa belle diction, à sa parfaite entente de la valeur des mots, à sa pantomime expressive et spontanée, un petit nombre de notes lui assureront plus de succès que toutes les roulades les plus enchevêtrées du monde. Ainsi, son *palpitar il cor mi fa* de l'allegro de sa cavatine [2] produit plus d'effet la première fois que la seconde, parce qu'à la seconde il est précédé d'une roulade trop longue

1. Trois rôles masculins écrits par Rossini pour voix de femme : Tancrède, rôle-titre de *Tancredi* (1813) ; le roi Arsace, dans *Semiramide* (1823) ; Malcolm, dans *La Donna del lago* (d'après Walter Scott, 1819).

2. *Otello*, acte II, scène 7. Une cavatine est un air à la fois expressif et virtuose.

qui, toute bien faite qu'elle est, retarde un peu trop la chute définitive.

Elle fera bien aussi de travailler l'intonation des sons aigus sur la voyelle *i* de manière à ne pas être obligée de remplacer *la pena mi-a* par *la pena a-ia*.

Du reste, elle a devant elle un avenir sans bornes ; elle pourra devenir une aussi bonne tragédienne que sa sœur, et sera à coup sûr meilleure cantatrice.

Rubini a été magnifique ; il a enrichi son *Per tanta crudelta*[1] *!* d'un *la* admirable, électrisant ; sa voix semble acquérir tous les ans plus de puissance dans les sons élevés ; – les *si* naturels ne lui coûtent plus rien à présent.

Quant à M. Sinico, il a trouvé moyen de faire regretter Ivanoff, ce qui était difficile partout ailleurs que dans *L'Elisir* et l'*Anna Bolena*[2].

Mario[3] débute la semaine prochaine dans *L'Elisir* ; la répétition d'hier fait présager qu'il y sera fort agréable.

Le Théâtre-Italien devrait bien prêter Rubini à l'Opéra-Comique, puisqu'on est en train de faire des échanges.

L'on attendait Mlle García à la fameuse romance du *Saule* ; elle l'a chantée avec une ravissante expression de mélancolie ; c'était quelque chose de doux, d'étouffé et de nocturne, comme un gémissement de tourterelle oubliée ; chaque note tombait sur l'âme comme les pleurs d'un ange penché sur la terre.

Toute la salle enthousiasmée a crié *bis*, – et la romance a été répétée avec une égale supériorité. – La phrase *se il*

---

1. Duo avec Iago (acte II, scène 2). Giovanni Battista Rubini (1794-1854), ténor italien très réputé, chanta au Théâtre-Italien de Paris tous les hivers de 1831 à 1843.

2. Deux œuvres de Gaetano Donizetti (1797-1848) : *L'Elisir d'amor*, opéra-bouffe (1832), et *Anna Bolena* (1830). L'obscur ténor Sinico est comparé ici à un autre ténor du Théâtre-Italien, le Russe Nicolas Ivanoff (1810-1880), moins apprécié de Gautier que Rubini.

3. Giovanni di Candia, dit Mario (1810-1883), encore un ténor, vient de passer de l'Opéra au Théâtre-Italien où il fera une longue carrière.

padre m'abbandona, – celle *intrepida morro* [1], ont provoqué des bravos unanimes. Il est impossible d'être plus pathétique et plus énergique à la fois.

Le succès de Mlle García a été complet, on l'a fait revenir à chaque acte, et Lablache [2] l'a très paternellement embrassée. – Ô rusé Lablache, qui fait semblant d'être gros et d'avoir des cheveux gris pour embrasser les jolies femmes ! L'assemblée était des plus brillantes, les retardataires avaient pris la poste, et M. Berryer, qui est comme vous savez un dilettante [3] forcené, était descendu de sa chaise de voyage devant la porte même du Théâtre-Italien.

Il y avait beaucoup de toilettes, et en l'absence du vicomte de Launay, occupé en ce moment à mettre la dernière main à une comédie en cinq actes et en vers [4], nous prendrons la liberté de vous dire que nous avons remarqué une charmante coiffure Renaissance en velours noir orné de plumes roses et de perles blanches d'un goût sévère et d'un fort bon style, très bien portée par Mme la marquise de V. G. ; – un *petit bord* en velours cerise, plume cerise recouverte de marabouts d'une délicieuse originalité, et surtout un charmant bonnet de point d'Angleterre à l'aiguille avec des roses mignonnettes, des *vergiss-mein-nicht* d'un bleu à faire envie au Stephen de M. Alphonse Karr [5]. – La fée qui crée ces merveilles n'est autre qu'Alexandrine, l'heureuse rivale de Baudrand [6].

---

1. *Otello*, acte II, scène 7, puis acte III, scène 3.
2. Luigi Lablache (1794-1858), basse bouffe, très aimé du public.
3. Voir p. 85, note 1. Pierre-Antoine Berryer (1790-1868), célèbre avocat légitimiste.
4. Cette comédie de Delphine de Girardin (voir p. 46, note 1), *L'École des journalistes*, reçue à l'unanimité en 1840 à la Comédie-Française, fut interdite par la censure.
5. Le nom allemand du myosotis sert de titre à un chapitre de *Sous les tilleuls* (1832), roman d'Alphonse Karr (1808-1890) dont Stephen est le héros.
6. Alexandre et Baudrand tenaient un magasin de modes très réputé au 41, rue Neuve-Saint-Augustin ; leur rivale Alexandrine exerce ses talents dans le même quartier, 104, rue de Richelieu.

Nous avons aussi entendu l'autre soir Mme Manuel García, qui va paraître bientôt à l'Opéra-Comique ; c'est une grande et belle voix, un chant large et dramatique, comme on l'apprend à l'école des García. – Elle a exécuté le morceau : *Se il padre m'abbandona*[1], un air de l'opéra où elle doit débuter[2], et des chansonnettes espagnoles de la plus capricieuse originalité. Masset, Marié, Mocker, Mme Manuel García, voilà de précieuses acquisitions, qui rempliront et au-delà la nouvelle salle que M. de Crosnier[3] ne se presse pas trop de faire bâtir.

La Presse, **18 mars 1840**

FEUILLETON

La majeure partie de ce feuilleton est consacrée au drame de Balzac, Vautrin, *créé à la Porte Saint-Martin le 14 mars et interdit après la première représentation. Gautier, qui a plusieurs fois exprimé le souhait que Balzac se consacre à la scène, a ici l'occasion d'analyser la première des pièces que le romancier est parvenu à faire jouer. L'estime du journaliste pour son aîné et ami,*

---

1. Air d'*Otello* de Rossini, déjà évoqué plus haut. « Mme Manuel García » est la belle-sœur de Pauline.

2. *Éva* de Coppola, qui sera créé à l'Opéra-Comique le 9 décembre 1839.

3. Gautier ajoute par moquerie la particule au nom de François Crosnier (1792-1867), directeur de l'Opéra-Comique depuis 1834, dont la vanité était légendaire. Les ténors Nicolas Masset (1811-1891) et Claude Marié (1811-1879) et le baryton Eugène Mocker (1811-v. 1885) viennent tous les trois d'être engagés dans ce théâtre.

que nous avions vu s'exprimer par son éloge de La Recherche de l'Absolu *(article p. 55), se manifeste cette fois de façon plus classique, mais non moins chaleureuse. Le feuilleton s'achève par le compte rendu de la tentative (manquée) de retour à la scène de la grande soprano Cornélie Falcon, après des mois d'aphonie.*

THÉÂTRE DE LA PORTE SAINT-MARTIN

Vautrin,

drame en cinq actes, de M. de Balzac

Vautrin vient d'être défendu à la seconde représentation : – alors à quoi bon la censure ? À quoi sert de subir l'encre rouge de ces messieurs [1], si l'on peut vous confisquer votre *pièce* après coup ? Les journaux de l'opposition qui ont crié si fort et avec raison contre la suppression des drames de Fontan et de Félix Pyat, trouvent aujourd'hui la censure fort sage, tant sont vivaces les haines littéraires : pareille contradiction avait déjà eu lieu à propos du *Roi s'amuse* [2].

---

1. Les censeurs affectés à la lecture préalable des manuscrits. Ils avaient repris du service actif à l'automne 1835 dans le cadre des lois répressives justifiées par l'attentat de Fieschi. Ils avaient refusé deux fois le manuscrit de Balzac, le 23 janvier puis le 27 février 1840, avant de le laisser passer après corrections.

2. Ce drame de Hugo avait bénéficié de la suspension de la censure préalable en août 1830, mais avait été interdit le soir de la première (22 novembre 1832) comme donnant de François Ier une image injurieuse. Louis-Marie Fontan (1801-1839), journaliste d'extrême gauche, n'avait pu faire jouer aux Nouveautés, qui l'avaient reçu, un drame sur Ney (*Le Procès d'un maréchal de France*, 1831). Félix Pyat (1810-1889), non moins républicain, avait connu l'interdiction dès son premier drame, *Une révolution d'autrefois ou les Romains chez eux* (Odéon, 1er mars 1832) : la satire du régime de Juillet y était trop visible.

Le motif est l'immoralité de la pièce : c'est le plus commode de tous les prétextes. Avec cela, on peut mettre l'embargo sur tout le théâtre ancien et moderne ; *Vautrin* n'est pas plus immoral que la *Gazette des tribunaux*.

À le prendre au point de vue rigoureux et catholique, le théâtre n'est pas possible. – Nous démontrerons quand on le voudra que le vaudeville du Gymnase le plus anodin, le plus sucré, le plus rose tendre, le plus vert pomme, contient cinq ou six monstruosités damnables.

Qu'y a-t-il d'immoral dans Vautrin ? Il est forçat, mais le forçat, à tort ou à raison, est devenu un personnage typique du drame moderne comme l'Arlequin de la comédie italienne, comme le Scapin de la comédie française ; – Scapin, n'ayant plus de maître grand seigneur à friponner, a bien été obligé de vivre aux dépens du public. Le valet est devenu voleur ; *Robert Macaire*[1], songez-y bien, c'est *Scapin sans place.*

Voici la donnée de *Vautrin* dégagée de toute la complication de l'intrigue. Vautrin est un homme de génie qui a mal tourné ; est-ce paresse, inconduite, ambition trop hâtive, passions volontaires et violentes, c'est quelque chose de tout cela ; il n'importe : le pouvoir qu'il n'a pu conquérir dans le monde il l'a conquis au bagne : il est roi des forçats. Il a le droit d'écrire comme Mascarille, au bas de son buste : – *Vivat Mascarillus fourbum imperator*[2]. Ayant manqué le sommet, il s'est jeté dans l'abîme. La profondeur a remplacé pour lui l'élévation ; il voulait être dieu, mais il a mieux aimé être le diable qu'un homme ordinaire.

Cependant, malgré sa dégradation, Vautrin aime et comprend la vertu. Il y a une perle sans tache au fond de l'océan bourbeux de son âme ; sur le fumier de son

---

1. Le malfaiteur créé par Frédérick Lemaître dans *L'Auberge des Adrets* (voir p. 60, note 1).

2. « Vive Mascarille, empereur des fourbes » (Molière, *L'Étourdi*, acte II, scène 11).

cœur s'épanouit une petite fleur bleue d'innocence. Il est capable de dévouement ; l'amitié est pour lui une passion infinie, immense comme l'amour ; il a le don puissant de vivre par un autre ; il peut s'élancer hors de la prison du moi, hors de *l'ego*, cette prison autrement cadenassée et verrouillée que le bagne de Toulon ou de Rochefort.

Il a rencontré sur un chemin un pauvre enfant tout nu ; il s'est pris de passion pour cet enfant ; il l'a élevé avec une tendresse maternelle ; il l'a maintenu pur de tout vice et séparé de toute idée mauvaise. – Un forçat est difficile en fait de vertu, car il connaît toutes les pentes funestes et sait dans quels replis du cœur vont se cacher tous ces instincts pervers, bêtes fauves de l'âme que la morale a tant de peine à museler ; – il recommence sa vie dans cet enfant. Si l'on pouvait faire remonter les grains de poudre dans le sablier du Temps, si l'on reprenait au néant ses années envolées, soyez sûrs que Vautrin serait honnête homme, bon père, bon époux, excellent citoyen, marguillier, et peut-être commissaire de police [1] : il veut faire de son élève une offrande propitiatoire à la société, et par ce moyen payer au monde sa dette de vertus : il se voit dans ce jeune homme tel qu'il aurait dû être ; il admire en lui la délicatesse qu'il n'a plus, cette susceptibilité d'honneur le charme. Le spectacle de cette beauté morale le ravit. Mais, nous direz-vous, pourquoi, s'il aime tant la vertu, Vautrin n'est-il pas vertueux lui-même ? hélas ! Vautrin est au ban de la société. Il est mort civilement et ne compte plus au nombre des hommes. Comme les victimes dévouées à l'abattoir, il porte sur l'épaule cette marque rouge où la guillotine reconnaît les siens ; le bourreau l'a touché et à tout jamais séparé du possible : il est forcé de ramper souterrainement dans un monde étrange et monstrueux ; dans

1. En 1840, Gautier ne peut deviner qu'il vise juste (voir *La Dernière Incarnation de Vautrin*, dernière partie de *Splendeurs et misères des courtisanes*, 1847).

ce monde, aucun des moyens humains n'est praticable, ni le travail, ni le courage, ni la persévérance. Ces moyens-là sont bons pour les vivants, et les forçats sont des morts que l'on a oublié d'enterrer, des guillotinés à qui l'on n'a pas fait secouer la tête. – Aussi le vol, le guet-apens, le meurtre, l'assassinat par le fer, le poison, la noyade ou la précipitade [1] leur paraissent-ils la chose du monde la plus simple et la plus naturelle : – l'inégalité de la lutte les grandit à leurs propres yeux ; et ils perdent ainsi le peu de conscience qui leur restait.

Dans une époque plus catholique, Vautrin se serait repenti, il aurait confessé ses fautes, en aurait reçu l'absolution et se serait réhabilité, sinon devant les hommes, au moins devant Dieu ; mais Vautrin n'est pas chrétien, bien qu'il semble croire à la *réversibilité* [2] ; il a peu de remords pour lui-même, ce qui est fait est fait, il en aurait pour son élève. – Quant à lui, il se regarde comme une chose sacrifiée, perdue à tout jamais.

Il veut que son élève soit riche à millions, car il sait que la vertu est bien plus forte avec une armure d'or ; il lui forge un grand nom, car lui qui n'en a plus, lui qui n'est plus qu'un chiffre, le numéro 1500 ou 1501 d'une chiourme, connaît mieux que personne l'influence d'un nom : mais comment, lui qui n'a rien, donnera-t-il des millions à son pupille ? Il lui arrangera un riche mariage, il lui fera épouser une jeune fille, une princesse espagnole qui a cinq cent mille livres de rente ; le jeune homme ignore complètement cette idée machiavélique : il est amoureux tout simplement parce que la jeune fille est belle, ingénue et charmante, et il se fait aimer parce qu'il est beau, spirituel et loyal ; sa passion vient en aide à la rouerie de Vautrin. – Vautrin vole pour le nourrir, pour

1. Fait de jeter quelqu'un par la fenêtre.
2. Notion théologique rattachée à ce que le christianisme appelle la communion des saints (les mérites d'un juste peuvent servir au salut d'un pécheur).

lui avoir des habits, des voitures, des chevaux, toutes les apparences de la vie élégante : s'il vous prend votre bourse, ce n'est pas pour lui, il y a longtemps qu'il n'a plus de vices, c'est pour que le jeune marquis Raoul de Frescas ait de l'or pour jouer à l'écarté ou parier aux courses ; il lui a appris le pistolet, l'escrime, l'équitation, il lui a donné le courage physique. Il ne tremblera pas plus l'épée à la main que sur un cheval fringant ; Raoul éduqué par Vautrin est un cavalier accompli ; Vautrin a monté une maison fort étrange composée d'anciens forçats qui ont rompu leur ban comme lui : Buteux, tueur ; Fil-de-Soie, filou ; Philosophe, voleur de grand chemin ; Lafouraille, empoisonneur, chacun de ces messieurs a sa spécialité. – Pour le moment, ils ne sont que domestiques, Vautrin, leur empereur, leur a commandé l'honnêteté, ils lui obéissent comme ils lui obéiraient pour toute espèce d'entreprise ténébreuse et sinistre, moins aisément peut-être, car ils trouvent bien dur de ne pas emporter le couvert qui leur a servi à manger la soupe, et le cuisinier refuse très sensément d'aller au marché sans argent si l'on ne veut pas qu'il en rapporte. – Devant Raoul de Frescas ces bandits font bonne mine et se conduisent comme les plus honnêtes domestiques, c'est-à-dire volent peu, mais souvent, en sorte que le jeune homme sans défiance se croit entouré de vrais laquais, de vrais cuisiniers et de vrais valets de chambre. Son erreur est excusable.

Sans doute tout cela n'est pas de la plus grande délicatesse, et nous conviendrons volontiers que Vautrin ne mérite pas le prix Montyon[1]. C'est pousser un peu loin l'amitié pour les gens que de prendre des empreintes de serrure, de faire des faux, de voler et de tuer à leur intention ; mais Vautrin, quoiqu'il ait un beau côté, n'a pas le choix des moyens ; quand on a passé vingt ans de sa vie au bagne, il n'est pas étonnant que l'on ait sur la société, la propriété et l'importance de la vie humaine quelques idées un peu paradoxales. On ne peut pas non plus exiger des forçats de se conduire comme des quakers ou des sous-maîtresses de pension.

Vautrin pourrait voler pour lui, il vole pour un autre ; c'est déjà une grande différence. Raoul le prend pour l'homme de confiance de ses parents inconnus, et peut ainsi accepter ces bienfaits sans rougir. Au moyen de papiers qu'il s'est procurés par des stratagèmes beaucoup trop ingénieux, et généralement peu reçus dans la bonne société, Vautrin démontre que son élève est, non pas Raoul de Frescas, mais bien Fernand de Montsorel, fils du duc de ce nom, qui l'avait fait perdre en Sardaigne, ayant des inquiétudes sur la filiation de sa race, et n'étant pas doué d'assez de fatuité pour se croire le père d'un enfant né de sept mois. Vautrin, après avoir fait un honnête homme d'un vagabond, rendu un enfant à sa mère dont il prouve l'innocence, et un héritier à une grande famille, s'abandonne aux gendarmes, – fatalité en chapeau à trois cornes et en culotte de peau de daim, – qui le reconduisent au bagne de Toulon où il va reprendre sa triste pourpre. Il jette bien, par une bravade de consolation, au jeune couple cette phrase : « Dans dix mois, à Saint-Thomas-d'Aquin[2]. » Il sait qu'il ne reviendra pas.

---

1. Voir p. 50, note 3.

2. La paroisse chic du faubourg Saint-Germain, où Lucien espère en effet se marier (*Splendeurs et misères des courtisanes*). Dans *Vautrin*, la réplique finale du bagnard est plus conforme aux clichés du mélodrame : « Tu te maries bientôt. Dans dix mois, le jour du baptême, à la porte de l'église, regarde bien parmi les pauvres, il y aura quelqu'un qui veut être certain de ton bonheur » (acte V, scène 17).

À quoi bon ! Il a fait son œuvre ; il a touché son but. Il ne se dissimule pas, car il connaît le cœur humain, que le jeune homme auquel il a servi de père et de mère le méprisera bientôt, et ne verra en lui que le forçat, le rebut de la société ; et en lui-même il se dit qu'il a raison. – Vautrin, ne pouvant être estimé des honnêtes gens, aime encore mieux être estimé des forçats que de ne l'être de personne, tant le désir de l'approbation des autres est une passion vivace dans l'âme humaine. Il continuera à régner dans le bagne, *sous le beau ciel de la Provence* [1], où ses amis et ses admirateurs ne tarderont pas à aller lui tenir compagnie. – Seulement, argousins et gardes-chiourme, faites bien le guet, interrogez souvent les barreaux et les ferrements, car Vautrin a fait sa sortie tout à l'heure d'un air bien calme et bien sûr de lui-même ; prenez garde qu'il ne prenne à ce forçat paradoxal, qui eût été aussi bien le Jaffier de *Venise sauvée* [2], l'envie d'aller faire une visite à son ancien élève.

Telle est l'idée du drame de M. de Balzac ; elle n'est certainement pas plus immorale que celle de toutes les pièces qui se jouent sur les théâtres de Paris : nous avons négligé à dessein la contexture de la pièce et l'agencement des scènes pour faire ressortir plus clairement l'intention philosophique ; cette donnée ne manque assurément ni de poésie, ni de grandeur, et nous sommes étonné qu'elle ait été si peu comprise. – Le vagabondage du dialogue et la complication des scènes ont probablement distrait l'attention du sens général de l'œuvre. Le défaut de *Vautrin* est de manquer de réalité ; certains passages font l'effet du rêve et produisent l'impression vertigineuse que l'on éprouve à la lecture des *Treize*. Vautrin est proche

---

1. Au bagne de Toulon. Ces mots figurent dans une réplique de Vautrin (acte III, scène 2).

2. *Venice Preserved*, tragédie historique de Thomas Otway (1682) dans laquelle deux adversaires, Pierre et Jaffier, se trouvent liés par une amitié passionnelle qui fascinait Balzac.

parent de Ferragus[1]. On est si peu habitué à la fantaisie et au caprice dans le théâtre moderne, qu'il faut pour le moindre incident et la moindre sortie des explications interminables. – Molière n'y regardait pourtant pas de si près. – Il a besoin d'un bâton, le bâton se trouve tout justement à terre ; il lui faut un Turc, voilà un Turc ; un commissaire ? donnez un coup de pied dans le mur, il va en jaillir un commissaire comme un diable d'un joujou à surprise. Tous les gens nécessaires à son action passent précisément sur la place publique, commode décoration de ses comédies. – À cela vous nous répondrez que M. de Balzac n'est pas Molière ; c'est juste, il est M. de Balzac, et c'est encore quelque chose.

L'on a été, selon nous, injuste envers cette pièce ; les mots, les traits y fourmillent. Le troisième et le quatrième actes sont étincelants de plaisanteries drolatiques, de paradoxes ébouriffants ; il se rencontre çà et là des plaques de dialogues dignes de Beaumarchais pour la finesse, la vivacité et le mordant ; – il y a là de l'esprit à saupoudrer vingt vaudevilles et autant de mélodrames.

Frédérick Lemaître[2] a été prodigieux, étourdissant, au-dessus de tout éloge. C'est décidément le plus grand comédien du monde : les moindres mots prennent dans sa bouche une profondeur et un accent singuliers, et de la phrase la plus insignifiante en apparence, il fait jaillir une lueur fauve inattendue qui éclaire tout le drame. Comme Protée, il prend toutes les formes : tantôt vieux baron allemand, pied-bot et bossu ; tantôt ambassadeur mexicain, grand, gros, basané, avec des favoris violents et un toupet pyramidal[3]. Chez lui, à le voir si bon

---

1. Ancien bagnard lui aussi, héros éponyme de la première des nouvelles de l'*Histoire des Treize* (1833).

2. Voir p. 60, note 1.

3. Ces favoris et ce toupet de l'acte IV, trop semblables à ceux du roi Louis-Philippe, passent (à tort) pour avoir été déterminants dans la décision d'interdire la pièce.

homme, en pantalon et en veste de nankin avec un chapeau de planteur, vous le prendriez pour Napoléon à Sainte-Hélène ; et tout à l'heure il va se dresser comme un autre Van Amburg [1], et faire ployer, sous les torrents magnétiques de son regard, tout une ménagerie de forçats en révolte ; ironie, tendresse, fureur, sang-froid : tous [2] les octaves du clavier ont été parcourus par cet acteur sans rival.

Le jeu de Frédérick suffirait pour donner la vogue au drame de *Vautrin*, cet essai étrange et curieux d'un des plus habiles peintres de mœurs de la littérature actuelle. Les romans de Balzac ont assez de lecteurs pour envoyer à ses pièces un public innombrable.

Vautrin sera très probablement rejoué bientôt [3], car il ne renferme rien de dangereux. L'on a pris trop au sérieux quelques détails bouffons, qu'il serait, après tout, fort aisé d'élaguer.

Nous serions bien curieux de savoir pourquoi Frédérick, rappelé à grands cris par toute la salle, n'a pas voulu reparaître. Est-ce coquetterie ou dédain ? – Dans les deux cas, ce serait hasardeux ; il ne faut jouer ni avec le feu ni avec le public.

ACADÉMIE ROYALE DE MUSIQUE

Représentation de Mademoiselle Falcon

Vous savez tous l'histoire de Mlle Falcon, elle avait perdu sa voix d'une manière toute mystérieuse ; cela était plus merveilleux qu'un conte d'Hoffmann. Comme la

---

1. Isaac Van Amburg (1808-1865), dompteur américain qui avait triomphé l'année précédente à la Porte Saint-Martin dans un drame écrit pour le mettre en valeur, *La Fille de l'émir*.
2. *Sic*, alors qu'« octave » est toujours féminin.
3. En fait la première reprise n'eut lieu que le 23 avril 1850, à la Gaîté, pour quinze représentations.

Bettina du *Sanctus*[1], elle s'était trouvée un jour muette devant son papier à musique ; quelque méchant maître de chapelle, au nez violet, à l'œil glauque, l'avait sans doute regardée de travers ; du reste, elle parlait parfaitement. Un docteur au moins aussi fantastique que le docteur Wiesecke, ou le signor Tabraccio, avait trouvé moyen de faire chanter la malade en la mettant sous cloche dans une machine pneumatique, et mille autres inventions hétérodoxes[2]. À ce compte-là, les melons qui sont toujours sous cloche seraient les plus excellents chanteurs, et jusqu'à présent ils n'ont cependant pas fait preuve de grandes dispositions musicales. – Ce problème, qui a occupé pendant deux ans la curiosité parisienne, s'est enfin résolu l'autre soir.

Mlle Falcon avait convié tout Paris à cette expérience périlleuse. Tout Paris est venu. La salle était pour le moins aussi émue que la cantatrice. Quand Mlle Falcon est entrée en scène, des tonnerres d'applaudissements ont éclaté. – Physiquement, elle est aussi belle que jamais. Ce sont toujours les longs yeux passionnément noirs, la chaude pâleur juive, le bel ovale mélancolique, les cheveux abondants et superbes, le même sourire maladivement tendre, la même ardeur inquiète et nerveuse, c'est bien Cornélie Falcon ; sa beauté est sauvée, qu'importe sa voix ? Nous qui préférons un beau contour à un beau son, nous étions déjà plus qu'à moitié rassuré ; – car notre grande peur était qu'elle eût maigri, que ses dents

---

1. Ce conte fait partie des *Fantaisies à la manière de Callot* d'Hoffmann (1817). La soprano Cornélie Falcon (1814-1897), célèbre dès ses débuts en 1832, était devenue aphone cinq ans plus tard.

2. Henri Wiesecke, homéopathe et ophtalmologue alsacien tenu par beaucoup pour un charlatan. Le nom de Tabraccio est forgé par dérision sur celui d'un physicien réel nommé Tabarié ; la « cloche » inventée par lui était un petit cabinet à parois de cuivre dans lequel on pouvait raréfier l'air pour provoquer l'équivalent d'une ivresse des cimes que l'on croyait favorable au dégagement de la voix.

eussent perdu de leur blancheur, et ses yeux de leur éclat ; il n'en est rien.

Ces applaudissements étaient si vifs et si unanimes que la pauvre fille, émue par tant de témoignages bienveillants, a chancelé, et après quelques instants s'est évanouie. Heureusement les craintes que cet accident avait soulevées se sont vite dissipées, la représentation a continué. Mlle Falcon a joué et chanté les deux rôles de Rachel et de Valentine [1] avec une puissante supériorité. Dans toute la scène du second acte de *La Juive* elle a été admirable de menace et d'indignation ; toute la colère et le désespoir qu'éprouve Rachel en se croyant méprisée par Léopold [2] ont été rendus par elle avec une incontestable audace et une grande supériorité. Toute la salle a été électrisée par la fin du duo des *Huguenots.* Valentine a été saluée comme dans ses plus beaux jours. Donc, comme tragédienne, Mlle Falcon n'a rien perdu. Hier, son talent a été comme il y a deux ans, ferme et pur, correct et vigoureux.

La cantatrice aussi a toujours cette méthode d'autrefois, que nous avons tant applaudie ; c'est toujours le chant large et posé, le *phrasé* élégant et facile, mais la voix nous a semblé un peu terne, le timbre et l'éclat n'ont pas encore reparu entièrement. Les *notes graves* sont bien les *notes* pleines et vibrantes d'autrefois, les notes aiguës ont bien encore du brillant et de l'éclat, mais les sons du *médium*, *ut*, *ré*, *mi* et peut-être *fa*, sont restés quelque peu voilés et manquent de sonorité. L'émotion que Mlle Falcon a éprouvée en se retrouvant dans son théâtre, en face de la rampe et du public qu'elle n'avait vus depuis longtemps, est peut-être la seule cause de

1. Rachel dans *La Juive* d'Halévy, et Valentine de Saint-Bris dans *Les Huguenots* de Meyerbeer. Ces deux rôles avaient été créés en 1835 et 1836 par Cornélie Falcon elle-même.

2. Amoureux d'elle sous le faux nom juif de Samuel, en réalité prince catholique d'un caractère faible.

l'altération vocale que nous avons remarquée ; quoi qu'il en soit, nous espérons qu'avec des soins et des ménagements, cette faiblesse disparaîtra.

Mais pour Dieu, qu'elle ne chante pas, qu'elle se repose, qu'elle aille en Italie boire cet air si tiède et si bleu, cet air de velours qui assouplit les gosiers les plus rebelles, qu'elle ait confiance dans sa jeunesse, son gosier et sa beauté.

Nous ne mentionnons que pour mémoire le divertissement, composé de danses insignifiantes. Mlle Lucile Grahn [1] devait danser la Cracovienne, une douleur au genou l'en a empêchée. Les boléros de Cadix ont un peu relevé toute cette médiocrité. Des castagnettes et une jupe à paillettes d'argent, cela fait toujours plaisir.

– À propos de danse, nous sommes en retard pour annoncer les débuts de Mme Desmaziers. L'Opéra, qui tient plus que jamais à recruter son corps de ballet dans les cinq parties du monde, a été cette fois chercher sa danseuse à Naples, cette patrie de la tarentelle. Mme Desmaziers, malgré l'émotion d'un premier début, a dansé avec Fitzjames et Mabille [2]. La débutante a été vivement applaudie dans ses deux *échos* ; et à la fin du pas, le théâtre de la rue Le Peletier a confirmé l'arrêt de Saint-Charles [3].

---

1. Danseuse danoise (1819-1907) ; alors débutante, elle mena une carrière internationale.

2. Nathalie Fitzjames (1819-?) danse à l'Opéra depuis 1837 ; elle est la partenaire habituelle d'Auguste Mabille (1815-?), un des fils du fondateur des célèbres bals Mabille, et futur maître de danse à l'Opéra. Nous ne savons rien sur Mme Desmaziers.

3. Le théâtre San Carlo de Naples, que la débutante a quitté pour la rue Le Peletier (l'Opéra). On appelle *écho* un pas de danse qui s'inspire étroitement du modèle qu'il démarque (il est synonyme de variation).

La Presse,
24 janvier 1842

FEUILLETON

Gautier, en partie parce qu'il n'a pris en charge l'analyse des pièces jouées à la Comédie-Française qu'en 1839, a mis du temps à s'intéresser à Rachel ; le commentaire qu'il fait ici de sa prise du rôle de Chimène intervient plus de trois ans après les débuts de la tragédienne. Rachel Félix (1821-1858) jouait au Gymnase en 1837 ; repérée par l'acteur Samson, qui la forma, elle fut, grâce à lui, engagée comme pensionnaire à la Comédie-Française à dix-sept ans, et y débuta le 12 juin 1838. Acclamée dans les rôles raciniens jeunes et passionnés (Hermione dans Andromaque*) et dans les pièces de Voltaire, elle aborde ici pour la première fois le rôle de Chimène. La presse fut peu indulgente ; Gautier, lui, cherche les raisons d'espérer. L'historien de la littérature qu'il est aussi propose en outre, en préambule, de resituer la pièce de Corneille dans le cadre de la querelle qu'elle suscita lors de sa création en 1637. La fin du feuilleton se répartit entre l'Odéon, l'Opéra-Comique et l'Opéra, trois salles dont Gautier suivait attentivement la programmation.*

THÉÂTRE-FRANÇAIS

Mademoiselle Rachel dans *Le Cid*

Lorsque *Le Cid* parut, il souleva, comme toute belle chose, un flot d'injures et de réclamations. – Le lever d'un astre fait toujours crier les hiboux. – Dire du mal de la tragédie nouvelle était une manière de faire sa cour au cardinal-duc.

Armand de Richelieu, infatué de prétentions littéraires, voyait avec peine le succès éclatant du *Cid* éclipser celui de ses propres pièces et ne pouvait souffrir que Corneille, qui d'abord avait été un des cinq auteurs tragiques sous ses ordres, eût fait mine de s'émanciper aux yeux des raffinés du temps. Corneille ne valait pas mieux que Colletet, Boisrobert, de L'Estoile, Rotrou, Scudéry, collaborateurs ordinaires du cardinal[1]. – Scudéry, entre autres, fit paraître sans nom d'auteur des *Réflexions sur « Le Cid » adressées à l'illustre Académie*, qui lui attirèrent de vertes réponses de la part de Corneille, qui n'était pas si bon homme et si patient qu'on le veut bien représenter.

La critique de Scudéry, s'il pouvait y avoir quelqu'un sachant le français qui n'eût pas lu *Le Cid*, paraîtrait la plus juste et la plus naturelle du monde. – Il commence d'abord, comme tout critique qui entend son affaire, par vous prévenir que la pièce est tout à fait damnable, que c'est une énormité, une monstruosité morale, qu'elle est parricide et incestueuse, qu'elle viole toute convenance et tout respect humain. – Bref... *« Le Cid » est obscène et blesse les canons*[2]. Il explique cela fort amplement, et donne des raisons qui ne sont pas plus mauvaises que tant d'autres que l'on a trouvées judicieuses. Ensuite, quand il a bien établi que la pièce est immorale, infâme

1. Richelieu passa souvent pour l'auteur de pièces dont il n'était que le commanditaire. Guillaume Colletet (1598-1659) et François Le Métel de Boisrobert (1592-1662), deux des premiers académiciens, sont des auteurs du second rayon, inférieurs à Jean de Rotrou (1609-1650). Pierre de L'Estoile (1546-1611) est connu comme mémorialiste et chroniqueur. Les *Observations sur « Le Cid »* de Georges de Scudéry (1601-1667), évoquées ensuite, sont un violent pamphlet contre Corneille.

2. Les règles. Gautier cite un vers de *Marion de Lorme* de Hugo (acte II, scène 1).

et digne d'être brûlée par la main du bourreau, il vous démontre qu'elle est absurde, impossible, et déduite en dépit du sens commun : il vous fait toucher au doigt la puérilité des moyens, l'invraisemblance des entrées et des sorties, le tout avec une dialectique très serrée, à laquelle il est difficile de ne pas se rendre. Puis il fait ressortir la fausseté et l'exagération des caractères. Il vous montre comme quoi le comte de Gormas n'est qu'un capitan de comédie, un avale-montagne, un Châteaufort, un Fracasse[1] tout à fait ridicule ; Rodrigue un fat ; Chimène une coureuse et une aventurière qui n'a pas le ton qu'il faut ; don Arias un amoureux transi ; Isabelle une inutilité ; le roi un franc imbécile, etc. – Cela prouvé, il ne reste plus qu'à porter la dernière botte, un coup fourré, et plus difficile à parer que les autres. Non seulement l'ouvrage est immoral, absurde, invraisemblable ; il est copié d'un bout à l'autre ; – ce *Cid* tant vanté, vous le croyez de Corneille ? Pas du tout ; il est de Guilhen de Castro[2] et, comme dit élégamment Claveret : « Corneille n'a eu qu'à choisir dans ce beau bouquet de jasmin d'Espagne tout fleuri qu'on lui a apporté dedans son cabinet même ; et encore comment a-t-il imité tout cela ? dans quels vers a-t-il enchâssé ces belles étoiles d'argent qui fleurissent au parterre de Guilhen de Castro ? Dans des vers qui manquent fort souvent de repos et qui sont pleins de fautes contre la langue, de barbarismes et d'incongruités[3] ! » Et, pour prouver cette assertion, suivent deux ou trois cents passages traduits, copiés ou imités.

1. *Le Capitaine Fracasse* ne fut publié qu'en 1863, mais Gautier en eut l'idée primitive avant 1840.

2. Rappelons que *Le Cid* de Corneille imite *Las Mocedades del Cid* de Guilhen de Castro (1569-1631).

3. L'auteur dramatique Jean Claveret (v. 1590-1666) participa à la Querelle en publiant une *Lettre contre le sieur Corneille, soi-disant auteur du « Cid »*, que cite ici Gautier.

Les réflexions critiques se terminent par une belle tirade finale où Scudéry reproche gravement à M. de Corneille, gentilhomme depuis peu [1], d'être un vrai et naïf hydropique d'orgueil plus bouffi et plus haut monté sur échasses que les Castillans de ses tragédies, de se croire le premier poète du monde pour quelques applaudissements et de faire le dédaigneux à l'endroit de plus illustre que lui. – M. de Corneille devrait tenir à honneur de faire partie de la république des lettres. – Scudéry trouve aussi fort inconvenant que M. de Corneille, qui n'est après tout qu'un impudent plagiaire, prenne pour devise ce vers du *Cid* :

Et je dois à moi seul toute ma renommée [2].

Cela choque prodigieusement Scudéry qui cependant ne se gênait pas pour se casser lui-même l'encensoir sur le nez. La modestie, au reste, n'était guère le défaut des littérateurs de cette époque ; ils sont tous plus gonflés que la grenouille envieuse du bœuf. Un souffle castillan leur tend la peau jusqu'à la crever. L'hyperbolique Espagne a tout envahi, roman, tragi-comédie, ce qui est le drame d'alors, chansons, couplets, musique, danse et modes ; c'est la même misère orgueilleuse, la même vanité de mendiant, le même luxe d'oripeaux. C'est le vrai temps des poètes crottés et fiers-à-bras de la poésie quintessencée et fanfaronne ; toutes les épigraphes et les devises sont espagnoles : tout est imité ou traduit de l'espagnol ; les fêtes, les cartels, les mascarades, les carrousels sont aussi dans le goût espagnol : l'amour se fait à l'espagnole, la galanterie a ce caractère d'afféterie gigantesque qui distingue les commerces amoureux d'au-

1. Le roi anoblit le père de Corneille, maître des Eaux et Forêts, le 27 janvier 1637.

2. Le vers exact est « Je ne dois qu'à moi seul... » ; il ne se trouve pas dans *Le Cid*, mais dans l'« Excuse à Ariste », orgueilleux poème adressé par Corneille à ses adversaires.

delà des Pyrénées : ce ne sont qu'escalades et duels à outrance ; des amants qui ne savent pas nager, se jettent dans l'eau tout bottés et tout éperonnés dans l'espoir d'attendrir leur belle, et vous ramassent un gant parfumé dans la fosse aux lions. Les madrigaux sont poussés à un point fabuleux d'exagération, et l'on a peine à croire que de pareilles choses aient pu être dites sérieusement. Chaque sonnet est un écrin qui contient plus de perles, de diamants, de saphirs et de topazes qu'il n'y en eut jamais dans la boutique d'un lapidaire ou le trésor d'un roi ; le soleil y est à toute minute, à propos du premier œil venu, traité de borgne ou d'aveugle, et on lui ôte, à propos d'une Iris ou d'une Philis, la place de *grand-duc des chandelles* que Du Bartas lui avait si galamment donnée[1]. – Corneille lui-même, malgré la mâle vigueur de son génie et la fierté de son allure, n'est pas à l'abri de ce mauvais goût, surtout dans ses premières pièces ; mais, comme il s'est bien vite débarrassé de tout ce clinquant à la mode de son époque, et comme d'un grand coup de sa grande aile, il s'enlève profondément dans le calme azur du sublime !

Maintenant Corneille n'a plus de Scudéry qui le trouve orgueilleux – comme il est mort l'on n'est plus jaloux : l'Envie elle-même, cette tigresse qui ne veut manger que de la chair sanglante, reconnaît son mérite et l'exagère pour en faire un moyen de rabaisser les poètes modernes. Ce n'est pas nous qui nous plaindrons de cette glorification posthume. Mais nous ne pouvons oublier que Corneille, vieux et malade, se plaignait de manquer de bouillon : il faudrait se défier de ce penchant à trop admirer les morts qui n'est guère qu'une façon d'éviter d'admirer les vivants.

---

1. Guillaume de Salluste, seigneur Du Bartas (1544-1590), poète huguenot célèbre par le maniérisme de ses images ; c'est dans *Notre-Dame de Paris* (livre VII, début du chap. I) que Hugo lui attribue celle-ci.

La représentation du *Cid* a été des plus brillantes : la salle était comble ! La curiosité était grande de voir Mlle Rachel dans ce délicieux rôle de Chimène, où l'amour et la piété filiale luttent avec une si touchante énergie. Chimène, ce charmant type espagnol plein de fierté et de pudeur, où le *devoir*, aux prises avec la passion, offre un des plus beaux spectacles que puisse présenter l'âme humaine.

Mlle Rachel est surtout belle dans les sentiments concentrés : l'ironie, le sarcasme, la perfidie, la haine, c'est là son triomphe. – La vipère elle-même, lorsqu'on l'irrite, ne se redresse pas avec plus de méchanceté froide dans l'œil, avec un regard plus aigu et plus terrible. – Les sentiments d'expansion, tels que l'amour, la pitié et les affections rayonnantes n'ont pas été abordés jusqu'à présent par la jeune tragédienne, qui semble se défier elle-même de son succès dans les rôles pathétiques.

Cependant, quoiqu'elle ne l'ait pas encore fait, nous croyons Mlle Rachel très capable de rendre les ardeurs de la passion ; – elle est jeune, elle est belle : elle a du feu dans l'œil et la narine, et avec moins de calcul et de volonté dans son jeu, en s'abandonnant davantage à l'inspiration du moment, elle arrivera à compléter son talent de ce côté-là. – La manière charmante, la façon pudique et passionnée dont elle a jeté le fameux vers :

> Sors vainqueur d'un combat dont Chimène est le prix [1],

montre de quoi elle est capable une fois l'accent rencontré, – le diapason trouvé juste ; car Mlle Rachel est un esprit sérieux et réfléchi qui cultive ses qualités et les développe par une étude assidue. – Contrairement à de certains artistes qui jouent supérieurement les trois ou quatre premières représentations et puis se fatiguent, perdent l'inspiration et ne retrouvent plus l'émotion des premiers effets, la jeune tragédienne prend peu à peu pos-

1. Chimène à Rodrigue, *Le Cid*, acte V, scène 1.

session de ses rôles et finit par s'en rendre maîtresse. Le premier jour, quelquefois, moins sûre de ses moyens, elle n'a remporté que les principales positions, une scène, un vers çà et là ; mais, aux représentations suivantes, elle étend ses conquêtes et domine le rôle en souveraine.

Mlle Rachel, qui a tout ce qu'il faut pour bien jouer Chimène, taille flexible et jeune, fine tournure, œil noir, ardente pâleur, a été faible à cette représentation, à part trois ou quatre éclairs sublimes ; elle paraissait fatiguée, presque malade, et n'était pas en voix ; ce qui n'empêche pas que Chimène ne devienne pour elle un sujet de triomphe comme Roxane, Émilie ou Andromaque. Elle a dit supérieurement le *Va, je ne te hais point*[1]. – Nous l'engageons à changer son costume rose du premier acte, qui est de mauvais goût et lui donne l'air de la reine Ultrogothe ou de la princesse Chinda-Suinte[2].

Beauvallet qui représente le Cid était aussi malheureusement costumé. Cette espèce de blouse vert d'eau dont il était affublé ôtait toute gravité à son extérieur. C'est un défaut facile à faire disparaître ; il a eu de la chaleur, de la jeunesse et de l'entraînement. Il est impossible de mieux déclamer les stances imitées ou plutôt traduites de l'espagnol : *Ô Dieu! l'étrange peine*[3]. Le récit de la bataille a été dit par lui avec beaucoup de noblesse et de poésie. Ce vers sublime, coup d'œil rêveur jeté vers le ciel à travers la hâte de l'action :

> Cette obscure clarté qui tombe des étoiles[4],

---

1. Chimène à Rodrigue, acte III, scène 4. Roxane est l'héroïne de *Bajazet* de Racine, Émilie celle de *Cinna* de Corneille.

2. Ultrogothe (v. 497-v. 567) épousa le roi Chilpéric, fils de Clovis. Chinda-Suinte reste à identifier.

3. Ce vers figure deux fois dans les stances qui terminent le premier acte (scène 7) mais n'en est pas l'*incipit*. Pierre-François Beauvallet (1801-1873) jouait à la Comédie-Française depuis 1830. Son art emporté voire désordonné et sa diction criarde suscitaient souvent la critique, y compris chez Gautier (ici plus indulgent).

4. *Le Cid*, acte IV, scène 3.

a pris, dans la bouche de Beauvallet, une suavité nocturne, une ampleur poétique bien rare aujourd'hui dans le débit des acteurs qui, en général, sont embarrassés dans les morceaux purement lyriques par l'habitude qu'ils ont de chercher le *naturel*, et de dire autant qu'ils peuvent les vers comme de la prose, système déplorable, selon nous : – les vers doivent être déclamés avec leur mesure, leur rythme et leur consonance : cela n'empêche pas de leur donner de l'explosion. – Dire un vers comme une ligne de prose, c'est absolument comme si l'on chantait hors du temps et de la mesure. – Les vers du *Cid,* hautains, grandioses, épiques, presque toujours au-dessus des proportions humaines, ont besoin d'être chantés sur une espèce de mélopée déclamatoire ; – il faudrait, pour les bien dire, les bouches de bronze qui s'adaptaient aux masques antiques. – Guyon avait une fort belle tête de don Diègue. Il a dit avec un accent superbe : *Viens baiser cette joue...* [1]. Il représente parfaitement l'héroïque souffleté, à part quelques éclats trop juvéniles pour un vieillard obligé de remettre à son jeune fils le soin de sa vengeance.

Beauvallet et Mlle Rachel ont été rappelés.

THÉÂTRE DE L'ODÉON

La Double Épreuve

par M. Hippolyte Lucas

Nous nous hasardons rarement dans les parages lointains de l'Odéon. Jusqu'à ce que Balzac y ait fait jouer *Les Ressources de Quinola*, ce théâtre n'existera pas sur

1. *Ibid.*, acte III, scène 6. Georges Guyon (1809-1850) est entré à la Comédie-Française en 1840 après avoir joué le drame et le mélodrame sur les boulevards. Doué d'une voix puissante, il jouait, malgré son jeune âge (évoqué par Gautier), les rôles de père noble.

la rive droite de la Seine[1]. Pourtant un écrivain de talent, M. Hippolyte Lucas[2], a osé y exposer une production très viable, et qui ferait bonne figure partout ailleurs. Il s'agit d'un acte plein de vers fort beaux, et dont voici à peu près le sujet :

Certaine fille un peu trop fière...

Cela commence comme une fable de La Fontaine[3]. Mais partout aussi dans la pièce on sent l'empreinte des études classiques de l'auteur. Il y a du Molière dans mainte scène d'esprit charmant et d'excellente satire. Revenons à la donnée principale. Mlle Iseult est riche ; adorée de tous, indécise encore entre deux soupirants. Son tuteur, M. de Noirmont, juge à propos de tenter une épreuve sur le cœur de la jeune fille et sur la sincérité de ses amoureux. Tout d'un coup il apprend à la pauvre Iseult que son père n'est pas celui qu'elle croyait, mais un vieux domestique de la maison qu'elle-même est habituée à rudoyer. Ce dernier n'est instruit de rien, ce qui rend fort comique sa surprise de voir la jeune fille changer de manières à son égard, lui parler avec attendrissement et respect, et même en venir jusqu'à lui baiser la main. La même supposition produit un effet bien opposé sur les deux soupirants. L'un est un sot, un *lion*[4] que M. Lucas dit n'être pas d'Afrique ; l'autre est le jeune homme sentimental qui ne peut manquer d'épouser à la fin de la pièce. La scène dans laquelle ces deux jeunes gens se provoquent a produit de l'effet. Le dénouement rappelle un peu celui des *Femmes savantes* ; mais ce sont

---

1. Cette comédie créée deux mois plus tard, le 19 mars 1842, n'eut qu'un succès mitigé.

2. Journaliste rennais (1807-1878), polygraphe doué, critique de talent, poète estimable. Cette comédie en un acte et en vers a été créée le 22 janvier 1842.

3. Gautier vient de citer le premier vers de « La fille » (*Fables*, VII, 5).

4. Un élégant, un dandy.

là d'heureuses rencontres après tout. Quand le lion est éconduit, M. de Noirmont révèle le secret de sa ruse. La jolie héritière cesse d'épancher son cœur sur un pauvre laquais qui n'eut jamais de fille, et qui croit avec terreur qu'on veut lui faire reconnaître un enfant secret de sa femme. Ce personnage a souvent égayé la pièce. La satire des mœurs du jour est posée fort hardiment dans deux ou trois scènes fort bien agencées malgré le nombre des personnages. M. Lucas a montré de véritables dispositions pour la grande comédie, si rare et si difficile de notre temps. Louis Monrose a fort bien rendu le rôle du valet. Mme Rousset [1] est simple et naturelle dans le rôle d'Iseult. En somme, c'est un beau succès littéraire dans toute l'acception du mot.

THÉÂTRE DE L'OPÉRA-COMIQUE

Le Diable à l'école, musique de M. H. Boulanger [2]

Le Diable à l'école a enfin été joué. – Trois ou quatre fois, pour cause d'indisposition ou autre, l'on a changé le spectacle et renvoyé les spectateurs ; jamais l'accouchement d'un petit acte ne fut plus laborieux ; mais l'activité n'est pas ce qui distingue l'Opéra-Comique.

Babylas, jeune diable, assez naïf (pourquoi ce nom de diable pris dans le calendrier [3] ?), est la risée de tous les diablotins. On ne saurait imaginer un diable moins déluré

1. On ne sait rien de cette actrice. Louis Monrose (1811-1883) est le fils de Claude Monrose (1783-1843), très grand acteur comique, alors en fin de carrière à la Comédie-Française.

2. Henri Boulanger (1815-1900) fut compositeur d'opéras-comiques. Cette « légende » en un acte, sur un livret de Scribe, a été créée le 17 janvier 1842.

3. Babylas est en effet un saint, martyr de l'Église primitive (Antioche, v. 251), fêté le 24 janvier.

et moins spirituel. Le moindre petit clerc d'huissier lui en remontrerait en fait de malice. Jamais il n'a pu *rapporter* la moindre âme en enfer, tant sa maladresse est grande. Babylas a cependant fait des excursions sur la terre ; mais il a toujours été malheureux et dupé. – Il avait débarrassé une coquette de son mari ; mais la veuve l'accuse, le fait poursuivre comme assassin, et par cette action vertueuse, sauve son âme, que Babylas pensait déjà croquer. Elle pousse la vertu jusqu'à le faire pendre, le pauvre imbécile de diable. Jugez de l'humiliation : revenir en enfer pendu ! – Babylas essaie de prendre sa revanche, promet de rapporter une âme dans un an. – Tout justement, en mettant le pied sur notre globe, il rencontre Stenio, un jeune dissipateur, un débauché, qui vient de perdre tout son argent au jeu. – L'occasion est des meilleures et Babylas en profite ; Stenio lui vend son âme pour deux ans de luxe, de plaisirs et de richesses. – Au bout de deux ans, Babylas se présente chez son créancier et le prévient que l'échéance est arrivée et qu'il soit prêt à livrer son âme à l'heure dite. – Mais Stenio a une jeune Fiamma, sa sœur de lait, qui, le voyant triste et soucieux, lui en demande la raison et propose au diable de la prendre à la place de Stenio. « C'est bien, dit le diable, qui pense que l'âme de Stenio, jeune libertin et impie, finira toujours par lui revenir ; j'accepte le marché. Suis-moi. – Laissez-moi une heure pour faire mes adieux à mon maître. – Non, pas une heure, pas une demi-heure ; tout de suite ! dit Babylas qui se défie des femmes. – Accordez-moi le temps que cette bougie brûlera, dit la Fiammette en lui montrant une bougie aux trois quarts consumée. » – La condition est acceptée. – Mais Fiamma souffle la bougie et la dépose sur un autel de la Vierge où Babylas ne peut l'aller chercher ; – elle épouse Stenio, et Babylas retourne en enfer servir de risée aux diablotins.

M. Boulanger, dans ce petit acte-ballade, a fait preuve de goût et de talent ; il a peut-être prodigué les effets d'orchestre, et ne s'est pas assez occupé de la mélodie ; il a montré trop de science et pas assez de légèreté. L'opéra-comique n'est pas l'opéra ; le duo d'Henri et de Mlle Descot est aussi solennel que le duo de Bertram et d'Alice [1] – et *Le Diable à l'école* est plutôt un conte dans le genre de Boccace ou de La Fontaine qu'une légende prise au sérieux. Les couplets d'Henri sont francs et bien rythmés ; mais, en général, M. Boulanger oublie trop souvent que la musique n'est pas faite pour les musiciens, mais bien pour le public.

Académie royale de musique

Les représentations de *La Reine de Chypre* sont suspendues après onze représentations d'efforts magnifiques. La saison n'a pas épargné l'héroïque Catarina [2], qui, heureusement, nous sera bientôt rendue. Mme Nathan-Treilhet a abordé avec succès le rôle d'Agathe dans le *Freischütz* [3]. Son costume était charmant, sa voix d'une fraîcheur ravissante. Après quelques hésitations dans le commencement du rôle, elle s'est montrée, comme toujours, cantatrice parfaite et gracieuse comédienne. Le public l'a vivement applaudie. Le grand air du second acte et le finale du troisième ont enlevé tous les suffrages. On

1. Dans *Robert le Diable*, grand opéra de Meyerbeer (1831), acte III, scène 4. Louis-François Henri (1786-1855), basse, a fait toute sa carrière à l'Opéra-Comique. Geneviève Descot (1821- ?), soprano, y a été engagée en 1841.

2. L'héroïne, chantée par Rosine Stoltz (1813-1903), tombée malade. *La Reine de Chypre*, opéra en cinq actes de Fromental Halévy, livret de Saint-Georges, a été créé le 22 décembre 1841.

3. Version remaniée par Berlioz de l'opéra de Weber, livret français d'Émilien Pacini, créée à l'Opéra le 7 juin 1841. Célestine Nathan-Treilhet (1815-1873), soprano marseillaise, a débuté à l'Opéra en 1839. Elle quitta celui-ci en 1845 à la demande de Rosine Stoltz, qui ne supportait pas de rivale.

s'attendait à revoir Mme Nathan vendredi dernier dans *La Juive*, l'un de ses plus beaux rôles [1], mais l'indisposition l'a prise à son tour, et tient ainsi les trois grâces chantantes de l'opéra, Mmes Stoltz, Nathan et Dorus [2]. On espère toutefois revoir l'opéra nouveau au milieu de cette semaine. M. Halévy travaille en ce moment sur un poème de M. Casimir Delavigne [3]. *La Nonne sanglante* de Berlioz sera bientôt mise à l'étude [4]. Voilà les nouvelles lyriques du moment. – Carlotta Grisi remplace Pauline Leroux dans le rôle de *La Rosière de Gand* [5]. Mlle Maria a joué *La Tarentule* avec beaucoup de grâce, de légèreté et d'esprit [6]. Voilà toutes les nouvelles chorégraphiques.

1. Célestine Nathan a débuté en reprenant le rôle de Rachel (voir p. 102, note 1).

2. Julie Dorus-Gras (1805-1896), la troisième soprano vedette de l'Opéra.

3. Poète et dramaturge (1793-1843), la grande gloire du théâtre entre 1820 et 1835, mais dont le renom est alors en déclin. Fromental Halévy (1799-1862), professeur au Conservatoire, est, lui, en pleine vogue.

4. Berlioz travailla en effet de 1841 à 1847 à un opéra sur le sujet de *La Nonne sanglante* tiré du *Moine* de Lewis, mais cette œuvre ne fut jamais achevée.

5. Titre provisoire du ballet *La Jolie Fille de Gand*, qui sera donné à l'Opéra le 22 juin 1842. Carlotta Grisi (1819-1899) était célèbre depuis qu'elle avait créé *Giselle*, sur un argument de Gautier (28 juin 1841). Pauline Leroux (1809-1891), autre grande danseuse, vit sa carrière entrecoupée par plusieurs accidents.

6. *La Tarentule*, ballet en deux actes de Scribe et Coralli, musique de Casimir Gide, créé à l'Opéra le 24 juin 1839. La danseuse Maria Jacob, dite Maria (v. 1818- ?), a débuté à l'Opéra en 1838.

Musée des familles,
juin et juillet 1842

ÉTUDES LITTÉRAIRES
Eugène Sue

Eugène Sue (1804-1857) atteint en 1842 un sommet de son œuvre : cette année-là commence la longue publication – elle s'étendra sur plus d'un an – des feuilletons des Mystères de Paris. *Mais dans l'article qu'on va lire, c'est surtout à la première carrière de l'écrivain que s'intéresse Gautier. En effet, ce texte de 1842 est la reprise d'une étude publiée en 1836 dans la* Chronique de Paris, *la revue de Balzac. Sue était alors connu et apprécié pour ses romans maritimes à succès, et il avait entrepris une ambitieuse* Histoire de la marine française *(1835-1837, 5 vol.), occasion pour Gautier de régler ses comptes avec le genre maritime en général. En 1842, il ajouta une conclusion sur l'évolution de la carrière de Sue après 1836.*

I

Un pauvre critique terrestre se trouve dans un cruel embarras quand il lui faut s'occuper d'un littérateur océanique comme M. Eugène Sue. Avant de pouvoir lire ses œuvres couramment, il est obligé d'apprendre par cœur le dictionnaire de marine et de se loger dans la tête le vocabulaire le plus formidable qui se puisse imaginer.

D'honnêtes écrivains de l'intérieur des terres sont parfaitement incapables de distinguer la proue de la poupe d'un vaisseau. Il en est même qui font, avec la plus bourgeoise sécurité, naviguer leurs poétiques embarcations, la quille tournée du côté du ciel ; car l'on ne sait guère en France de marine que ce que l'on apprend à l'Opéra-

Comique et au Vaudeville : cela se borne à bâbord et à tribord, plus quelques jurons nautiques réservés depuis un temps immémorial à l'oncle marin, brutal et millionnaire. Il n'y a rien d'étonnant à cela ; la marine n'a jamais été en France un sujet de préoccupation nationale comme en Angleterre et en Amérique ; sans doute notre marine est belle et grande, comme tout ce qui appartient à la France, mais la véritable force et la véritable gloire du pays ne sont pas là. Le roman militaire, si de pareilles catégories étaient acceptables dans l'art, serait assurément plus possible en France que le roman maritime.

Pour moi, j'avoue, dans toute l'humilité de mon âme, que je suis aussi ignorant à l'endroit des choses aquatiques qu'un rédacteur du *Journal de la marine* [1], et je ne suis pas en état le moins du monde de chicaner M. Eugène Sue sur aucun point de la manœuvre. Je conviens, et je ne pense pas que personne me méprise pour cela, que j'avais vécu jusqu'à présent sans soupçonner ce que pouvait être une itague [2] de palan.

Si M. Eugène Sue déploie les bonnettes [3] hors de propos, s'il fait prendre un ris intempestivement, s'il place le tapecu [4] et le foc où ils ne doivent pas être, s'il entortille maladroitement de braves cordages qui sont incapables de réclamer dans les journaux, que puis-je faire à cela ? Je n'ai pas la science qu'il faut pour stigmatiser convenablement de semblables énormités ; mais j'aime à croire que M. Eugène Sue a trop de conscience pour tromper d'innocents lecteurs et de plus innocents

1. On ne sait pourquoi Gautier ironise sur ce fort sérieux « recueil mensuel de sciences et d'histoire » fondé en 1833, et qui selon son titre complet traitait « de la marine, des colonies, des consulats et des voyages ».

2. Mot féminin désignant notamment, en effet, le cordage qui passe sur une poulie pour soulever une charge avec un palan.

3. Petites voiles complémentaires hissées pour accélérer la marche du bateau.

4. Ou tapecul, petit mât arrière de certains voiliers.

critiques. Dans une matière qu'il traite avec un acharnement spécial, il faut s'en remettre à son exactitude et à son honnêteté là-dessus, à peu près comme pour des dissertations d'érudits, hérissées de passages chaldéens, syriaques, hébreux ou chinois, qu'on est forcé de trouver exacts sur parole. Quel est le feuilletoniste qui peut dire s'il y a des contresens ou non dans les traductions de M. Stanislas Julien [1] ?

Ce qui est accessible à toute critique, c'est le style, le drame, l'intention philosophique, la donnée et le genre des ouvrages de M. Sue.

Je ne crois pas qu'il puisse y avoir une littérature proprement dite maritime ; c'est une spécialité beaucoup trop étroite, quoiqu'elle ait, au premier aspect, un faux air de largeur et d'immensité. La mer peut fournir quatre ou cinq beaux chapitres dans un roman, ou quelque belle tirade dans un poème ; mais c'est tout. Le cadre des événements est misérablement restreint : c'est l'arrivée et le départ, le combat, la tempête, le naufrage ; vous ne pouvez sortir de là. Retournez tant que vous voudrez ces trois ou quatre situations, vous n'arriverez à rien qui ne soit prévu. Un roman résulte plutôt du choc des passions que du choc des éléments. Dans le roman maritime l'élément écrase l'homme. Qu'est-ce que le plus charmant héros du monde, Lovelace [2] ou don Juan lui-même, sur un bâtiment doublé et chevillé en cuivre, à mille lieues de la terre, entre la double immensité du ciel et de l'eau ? L'Elvire de M. de Lamartine aurait mauvaise grâce à poisser ses mains diaphanes au goudron des agrès. La gondole du golfe de Baya [3] est suffisamment maritime

1. Fameux orientaliste (1799-1873), professeur de chinois au Collège de France depuis 1832.

2. Séducteur plus cynique que « charmant » du roman de Richardson *Clarisse Harlowe* (1747-1748).

3. C'est-à-dire la baie de Naples, du nom de Baïes, ancienne ville romaine. « Le golfe de Baya » est la pièce XXI des *Méditations* de Lamartine.

pour une héroïne. Le drame n'est, du reste, praticable qu'avec les passagers. Quel drame voulez-vous qu'on fasse avec des marins, avec un peuple sans femmes ! Quand vous les aurez montrés dans l'ivresse et dans le combat, tout sera dit. Un romancier nautique, avec son apparence vagabonde et la liberté d'aller de Brest à Masulipatnam[1], ou plus loin, est en effet forcé à une unité de lieu beaucoup plus rigoureuse que le poète classique le plus strictement cadenassé. Un vaisseau a cent vingt pieds de long par trente ou quarante de large, et l'écume a beau filer à droite et à gauche, les silhouettes bleues et lointaines des côtes se dessiner en courant sur le bord de l'horizon, l'endroit où se passe la scène n'en est pas moins toujours le même, et la décoration aussi inamovible que le salon nankin des vaudevilles de M. Scribe[2] : que l'on soit à fond de cale, à la cambuse, à l'entrepont, aux batteries ou sur le tillac, c'est toujours un vaisseau.

Il est vrai que l'auteur peut mettre ses personnages à terre ; mais que voulez-vous que fassent des gens qui débarquent, si ce n'est d'aller au cabaret ou dans quelque endroit équivalent ? On ne fait pas connaissance avec le monde en cinq ou six jours, et une action n'a pas le temps de se nouer et de se dénouer dans un si court espace. Ou si, pour parer à cet inconvénient, l'auteur laisse ses personnages sur le terrain ordinaire de toute action dramatique, ce n'est plus un roman maritime, c'est un roman aussi terrestre que le premier venu. Le pauvre vaisseau qui est là dans le port ne demande qu'à partir, il bondit d'impatience comme un cheval qu'on tient en bride, et,

---

1. Aujourd'hui Bandar, port de la côte orientale de l'Inde, pays où se déroule une grande partie de l'action d'un des romans maritimes de Sue, *La Vigie de Koat-Ven* (1834).

2. Dans son feuilleton de théâtre, Gautier se moque à répétition du « salon nankin » et du « salon pistache » du Gymnase, à l'en croire les deux seuls décors de ce théâtre (où sont jouées les œuvres de Scribe).

en vérité, c'est péché que de faire perdre une si bonne brise à ces braves matelots, sous prétexte que le héros n'a pas encore eu le temps d'attendrir sa divinité et de pousser son aventure à bout. Cette pointe obligée de mât qui perce toujours au-dessus de l'action produit l'effet le plus désagréable et le plus impatientant.

À part ces impossibilités naturelles au genre, je ne pense pas que les habitudes excentriques et particulières d'une profession puissent suffire à défrayer une branche de romans. Où cela s'arrêterait-il ? M. Eugène Sue fait des romans dont les personnages sont nécessairement des marins. Demain, un autre s'arrogera le monopole des romans en diligence ; l'intérieur, la rotonde, l'impériale, remplaceront la dunette, l'entrepont et le hunier ; à la place du facétieux cambusier racontant l'histoire du voltigeur hollandais ou des trois cochons, vous aurez M. J. Prudhomme [1], ou un commis voyageur parlant de ses aventures. Les ports seront des auberges, et au lieu de sombrer on versera. Ce roman est aussi faisable que l'autre. Ni l'art ni le roman ne sont là, mais bien dans le développement des passions éternelles de l'homme.

Quant au mérite de l'idée première, elle n'appartient pas à M. Eugène Sue. Elle revient de droit à M. Fenimore Cooper, quoique Smollett [2] eût déjà tracé dans ses romans des caractères de marins. *Le Pilote*, *Le Corsaire rouge* sont et, demeureront, je pense, les chefs-d'œuvre du genre. Cooper l'Américain, né sur un sol vierge et à peine défriché, excelle à peindre la lutte de l'homme avec la nature ; il y a une admirable placidité de lignes dans les horizons de ses tableaux dont le charme est inexpri-

---

1. Héros du « Voyage en diligence » de Monnier (voir l'article p. 31).

2. Tobias Smollett (1721-1771), écrivain écossais, utilisa dans ses romans d'aventures les souvenirs de sa première carrière de chirurgien de la marine. L'Américain Fenimore Cooper (1789-1851) est aujourd'hui surtout célèbre comme peintre des Indiens, mais de son vivant ses romans de mer étaient fort appréciés, notamment les deux cités ici, *Le Pilote* (1824) et *Le Corsaire rouge* (1828).

mable, et un austère parfum de plantes sauvages s'exhale de tous les feuillets de ses livres. Les plus beaux romans de Cooper sont composés avec des éléments d'une simplicité extrême. C'est habituellement une poursuite à travers une savane ou une forêt vierge, une intelligence surmontant des obstacles matériels ; la barbarie qui cède avec regret et pied à pied ses larges solitudes à la civilisation. Les personnages n'apparaissent que comme des points blancs ou rouges sur le fond d'outremer des lointains, ou sur le vert sombre et dur des ébéniers centenaires. Cependant, malgré leur petitesse relative, par leur énergie et leur résolution, ils dominent cette gigantesque nature, et c'est là la source de l'intérêt sublime et profond qui s'attache au *Dernier des Mohicans*, à *La Prairie*[1]. L'orgueil humain est intimement flatté de cette victoire, et s'en réjouit par esprit de corps. Cette disposition rendait Fenimore Cooper plus propre que tout autre à réussir dans le roman maritime. Son pinceau, sobre de teintes, rend avec une justesse admirable ces effets de ciel et d'eau où quelques petits filaments noirs se dessinant à l'horizon plus minces et plus frêles que des fils d'araignées, annoncent seuls la présence de l'homme. L'idée qui éclate à chaque page est celle exprimée par le proverbe breton : « Ma barque est si petite et la mer est si grande ! » De là vient tout l'intérêt. Le style tumultueux et brillanté de M. Eugène Sue est bien loin d'atteindre à l'émotion que produit cette tranquillité de couleur et cette sévérité de touche presque puritaine.

M. Eugène Sue, comme il le dit lui-même, a tenté de mettre en relief des prototypes : dans *Kernok* le pirate, dans *Le Gitano* le contrebandier, dans *Atar-Gull* le négrier, dans *La Salamandre* le marin militaire[2].

---

1. Deuxième et troisième des cinq romans du « cycle indien » de Cooper (1826 et 1827).

2. Gautier cite les récits maritimes qui firent la première vogue de Sue : les nouvelles « Kernok le pirate » et « El Gitano » composent le

Avec toute la complaisance imaginable, et malgré l'amour un peu platonique parfois que M. Eugène Sue professe pour la vérité *vraie*, il est difficile d'admettre le Gitano comme le type exact du contrebandier réel ; ce marin équestre, avec son petit cheval Ikar, me semble avoir de bien singulières allures. Il sent diablement son Conrad et son Giaour [1], et j'ai peine à allier son lyrisme effréné à son commerce frauduleux de soieries ; il est vrai que la scène est en Espagne, et, s'il faut en croire nos romanciers, l'Espagne est un pays privilégié du ciel, où l'on se poignarde continuellement ; et où la plus mince fille rendrait des points pour la férocité à la plus sauvage tigresse ; ce brigand très lettré déclame contre la société et fait de superbes raisonnements. Il a bien quelques légères peccadilles à se reprocher ; mais qu'est-ce que cela ? Une douzaine de meurtres tout au plus, à peu près autant de sacrilèges ; il a conspiré je ne sais combien de fois. Vous conviendrez que la société se montre bien *insociable* en repoussant un pareil homme de son sein. Notre poétique contrebandier se laisse maladroitement surprendre et finit par subir le supplice du garrot en place publique. Là-dessus, un certain Fasillo, qui remplit l'office de Kaled auprès de ce Lara [2], indigné du supplice de son vertueux maître, jure une haine mortelle à l'espèce humaine, s'en va à Tanger, charge sa tartane [3] de marchandises pestiférées et l'échoue devant Cadix, où elle est pillée par la populace. Une affreuse épidémie se déclare ; vingt-cinq ou trente mille personnes meurent de la contagion.

---

volume *Plik et Plok* (1831) ; *Atar-Gull* (1831) et *La Salamandre* (1832) sont deux romans violents et hauts en couleur.

1. Deux héros de grands poèmes romantiques de Byron (*Le Corsaire*, 1814 ; *Le Giaour*, 1813).

2. Nouvelle allusion au *Corsaire* : Lara est le nom sous lequel se cache Conrad ; Kaled est son page.

3. Bateau à voile triangulaire utilisé en Méditerranée.

Assurément, ce n'est pas nous qui inquiéterons un estimable romancier pour quelques douzaines de meurtres de plus ou de moins. Nous savons la difficulté de tenir éveillé le public d'aujourd'hui, ce vieux sultan usé et cacochyme ; nous ne voulons pas réduire un auteur au pâturage d'épinards et aux moutons poudrés à blanc de l'idylle Pompadour ; nous permettrons volontiers à M. Eugène Sue des choses que l'on n'eût certainement points passées à M. le chevalier de Florian, d'innocente mémoire[1]. Cependant, il conviendra lui-même qu'il abuse légèrement de la tuerie, et, sans être précisément de l'opinion de Candide, et sans voir tout en beau, il nous permettra de croire que les hommes même les plus scélérats ne sont pas aussi scélérats qu'il nous les représente. – Le capitaine Kernok, pour récréer son équipage, met le feu à un vaisseau qu'il a capturé, et fait griller dedans trois ou quatre douzaines d'Espagnols dûment ficelés et garrottés : ceci me paraît exorbitant. Kernok, il est vrai, est pirate, et les pirates se permettent des choses qui feraient saintement horripiler notre conscience bourgeoise. Néanmoins, sans exiger d'eux une innocence de jeune pensionnaire, j'aime à croire qu'ils ne se livrent pas aussi facétieusement à des atrocités gratuites. Je veux bien encore passer à Kernok, attendu que c'est un homme un peu violent et dont l'éducation a été visiblement négligée, sa plaisanterie hasardée des trois douzaines d'Espagnols rôtis tout vifs. Mais que le capitaine Brulart[2], qui a été comte et homme du monde, fasse jeter un pauvre diable à la mer sur une cage à poulets, avec deux négresses mortes, et commette à tort et à travers une multitude d'assassinats, le tout parce que sa femme l'a trompé, je soutiendrai, dussé-je passer aux yeux de

1. Gautier se moque souvent de cet auteur d'aimables fables et de pastorales (1755-1794), à qui l'on doit la célèbre chanson « Plaisir d'amour ».

2. Féroce corsaire, dans *Atar-Gull*.

M. Eugène Sue et du monde entier pour l'optimiste de Collin d'Harleville[1], que c'est une misanthropie au moins exagérée, et que si tout homme mystifié se livrait à de pareils massacres, le monde serait dépeuplé depuis bien longtemps.

La vengeance est le mobile de tous les héros de M. Eugène Sue ; néanmoins, les héros de M. Sue dépassent dans leurs vengeances toutes les proportions humaines.

Je sais vivre comme un autre, j'ai de l'indulgence, et personne à coup sûr ne m'accusera d'être prude et petite maîtresse. Mais les hommes pâles de M. Sue ne s'arrêtent pas à de pareilles simplicités et ne s'amusent pas aux bagatelles de la porte[2]. Ils sont si prodigieusement excessifs, que je ne puis m'empêcher de me hérisser un peu, et de réclamer en faveur de l'humanité dont je ne suis cependant pas éperdument épris.

Le nègre Atar-Gull, avec ses grosses lèvres bouffies et ses grands yeux blancs, est aussi faux dans son genre que le berger Némorin[3] avec sa culotte vert pomme et sa houlette garnie de roses pompons. C'est l'exagération inverse, voilà tout. Encore la haine d'Atar-Gull est-elle à la rigueur explicable ; mais Szaffie[4] ! mais le capitaine Brulart ! mais la duchesse d'Alméida[5] ! M. Szaffie, non moins féroce sous des airs doucereux que ses anthropophages prédécesseurs, imite trop visiblement les héros de l'école satanique !

Si toutes ces ogreries étaient représentées comme des légendes et avec le frisson de terreur superstitieuse qui

---

1. Jean-François Collin d'Harleville (1755-1806), auteur de la comédie moralisante *L'Optimiste* (1788).
2. Aux préliminaires.
3. Personnage d'*Estelle*, œuvre de Florian (voir p. 124, note 1).
4. Personnage de *La Salamandre*.
5. Plus exactement Alméda, personnage de *La Vigie de Koat-Ven*.

saisit le lecteur dans *Han d'Islande* ou dans *Melmoth*[1], et non pas comme des reproductions exactes d'une vérité absolue, je les admettrais sans sourciller, et j'aurais examiné tout d'abord la valeur de l'exécution poétique. Car, de ce que l'on s'égorge avec un acharnement incroyable dans les romans de M. Sue, je n'inférerai pas, comme beaucoup de critiques bénévoles, que M. Eugène Sue s'est reflété dans ses personnages, et que c'est un homme systématiquement sanguinaire ; je lui accorde de plus toutes les vertus sociales et domestiques.

Dans les romans de M. Sue il y a deux styles bien distincts, le style parlé et le style écrit ; l'un bon et l'autre inégal ; l'un chaud, vif, libre, naturel ; l'autre parfois tendu jusqu'à rompre. Les figures secondaires, les dialogues des matelots, et tous les endroits auxquels M. Sue n'a pas l'air d'attacher d'importance, sont exécutés dans la seconde manière. Dans ces passages, la vérité même du fond commande impérieusement la vérité de forme. Les descriptions, les marines proprement dites, les mers, ressemblent à celles de Gudin[2] ; ce sont des mers de convention, beaucoup trop coquettement échevelées avec des vagues qui ont l'air de feldspath ou de cristaux irisés, une écume d'ouate et des navires d'un ton beaucoup trop bitumineux.

Maintenant passons à l'éloge.

II

Nous avons été bien sévère, comme on doit l'être envers tout artiste d'un talent supérieur. M. Eugène Sue peint parfaitement surtout lorsqu'il ne veut pas peindre ; il a du talent par les côtés où il ne croit pas en avoir. Il possède à un degré assez haut le sentiment comique ; s'il voulait

---

1. *Han d'Islande*, premier roman publié de Hugo (1823), appartient à la même veine noire et frénétique que *Melmoth l'homme errant* (1820), roman terrifiant de l'Irlandais Charles Maturin (1782-1824).

2. Théodore Gudin (1802-1880), peintre de marines réputé en son temps, mais peu apprécié de Gautier.

tourner cette puissance vers le théâtre, il y réussirait, je n'en doute pas. Le marquis de Longetour [1] est une vraie création, c'est un type. Ce brave débitant de tabac, forcé par sa femme acariâtre et ambitieuse d'accepter le commandement d'une frégate, et ne sachant comment s'y prendre, est plaisamment présenté : il est dommage qu'à la fin ce portrait dégénère en caricature. Cette peinture ne manque pas de profondeur et résume assez bien les premières années de la Restauration : beaucoup d'autres physionomies sont fermement indiquées. Maître Buyk, Daniel le philosophe et son chien, le lieutenant Thomas, le docteur Gédéon, le mousse Grain-de-Sel, le maître canonnier Kergouet, ont le piquant et la finesse des pochades de Charlet. Ils vivent bien, ne se ressemblent pas, et font rire. Il n'y a guère que les héros et les personnages importants qui soient ennuyeux chez M. Eugène Sue, défaut qui lui est commun avec bien d'autres romanciers, et que Walter Scott lui-même n'a pas toujours évité.

Outre cette haute qualité, M. Eugène Sue en possède encore une autre non moins importante : il a de la vie ; une vie un peu turbulente et un peu fouettée, mais enfin c'est de la vie, et n'en a pas qui veut. Ces deux choses suffisent pour le séparer du commun des faiseurs de romans. Ses œuvres maritimes ont eu du succès et ont encore des imitateurs.

M. Eugène Sue, ennuyé de demander à l'invention le type des Brulart, des Szaffye, et de tous ces mannequins démoniaques dont il fait tirer les fils par une fatalité aveugle, ennuyé aussi de s'entendre accuser d'un pessimisme systématique, s'est jeté du roman dans l'histoire.

Mais au lieu d'échapper à cette obsession d'idées sombres et sanglantes, il trouva au contraire dans ses nouvelles études de quoi corroborer sa conviction première, c'est-à-dire que le crime n'était pas toujours puni

1. C'est le capitaine incompétent, dans *La Salamandre*. Tous les personnages cités ensuite se trouvent aussi dans ce roman.

et la vertu récompensée aussi régulièrement que dans les mélodrames du beau temps de la Gaîté, aux jours où florissait le patriarcal M. Marty[1], découverte tout à fait neuve et du plus grand intérêt. M. Eugène Sue, et ceci démontre une âme belle et généreuse, s'indigne outre mesure de ce que les faibles soient écrasés par les forts, que la corruption effrontée et cynique l'emporte sur la vertu simple et modeste ; mais ce n'est pas d'hier qu'est écrite la fable du loup et de l'agneau, et il y a fort longtemps déjà que Caïn a tué Abel. Qu'y faire ? il n'est à cela qu'un seul remède : la rémunération, après la mort, du bien ou du mal, dans l'enfer ou dans le paradis. La moralité de la comédie humaine ne se joue pas dans le monde, et le quatrain sentencieux n'est pas toujours gravé au bas de l'apologue.

M. Eugène Sue était plus que tout autre à même de faire une bonne histoire de la marine, et par ses connaissances spéciales, et par ses relations avec de hauts personnages, qui ont mis complaisamment à sa disposition des matériaux de la plus grande importance, entièrement inédits ; matériaux si complets, qu'ils rendent pour ainsi dire le travail de M. Eugène Sue inutile, et qu'il eût suffi de les transcrire et de les coordonner.

« Que puis-je écrire, comme il le dit lui-même, qui vaille les naïfs récits de Jean Bart sur ses combats ? Où trouvera-t-on plus d'éclat et d'éblouissant esprit que dans ces lettres si gaies, si brillantes, confidences moqueuses de M. le marquis de Grancey et de M. le chevalier de Valbelle, à propos de chaque action où leurs vaisseaux venaient d'assister ? Qu'y a-t-il de plus noble que ces Mémoires de M. le vice-amiral comte d'Estrées[2], pages toutes empreintes du grand langage du XVIIe siècle ?

---

1. Jean-Baptiste Marty (1779-1863), acteur très populaire, joua le mélodrame à la Gaîté de 1802 à 1835.

2. De la famille des comtes de Grancey sont issus deux maréchaux, Jacques (1603-1680) et Léonor (1655-1725), mais ils combattirent sur terre ; le marquis évoqué ici doit être le fils du premier. Jean-Baptiste

« Aussi est-ce avec une singulière émotion que je touchais et que je lisais ces feuilles manuscrites jaunies par tant d'années, en songeant que tout cela avait été écrit à bord, après le combat, à l'odeur de la poudre brûlée ; là, sur un canon renversé et fumant encore ; ici, sur un tronçon de mât criblé par la mitraille ; et, je l'avoue, j'éprouvai quelque chose de saisissant lorsque après avoir déplié cette admirable lettre du chevalier Desardent, un des héros et l'une des victimes du combat de Solbay[1], je remarquai au bas de celle feuille épaisse et dorée sur les tranches, une large tache de ce généreux sang qui venait de couler si noblement.

« Et que dire encore de ces précieux bulletins adressés par le duc d'York à Charles II, son frère, et de ces relations du prince Rupert, et de ces mémoires de Colbert de Terron et d'Imfreville, remplis de tant de faits et d'inappréciables détails sur la législation et la construction maritime de cette époque[2] ? »

Walter Scott est mort ; Dieu lui fasse grâce, mais il a introduit dans le monde et mis à la mode le plus détestable genre de composition qu'il soit possible d'inventer. Le nom seul a quelque chose de difforme et de monstrueux qui fait voir de quel accoutrement antipathique il est né ; le roman historique, c'est-à-dire la vérité fausse ou le mensonge vrai.

---

de Valbelle (1627-1681), chef d'escadre réputé pour son acharnement contre les Anglais, et Jean d'Estrées (1624-1707), nommé vice-amiral en 1669, sont plus aisément repérables.

1. Combat naval entre Hollandais, Français et Anglais, près de La Haye (7 juin 1672).

2. Gautier cite un passage de l'introduction de Sue (éd. de 1845, t. I, p. IX-X). Duc d'York : titre porté par le futur Jacques II jusqu'à ce qu'il succède à son frère Charles II en 1685 ; il fut grand amiral d'Angleterre de 1660 à 1673. Robert, dit le prince Rupert (1619-1682) : amiral anglais, neveu du roi Charles Ier, maître de la marine anglaise sous Charles II. Louis d'Imfreville (?-1708), commissaire général de la marine de Louis XIV, eut à travailler avec le grand ministre Colbert, à qui la marine doit son essor à cette époque.

Cette plante vénéneuse, qui ne porte que des fruits creux et des fleurs sans parfum, pousse sur les ruines des littératures ; elle est d'aussi mauvais présage que l'ortie et la ciguë au bas d'un mur ; car on ne la voit jeter à droite et à gauche ses rameaux d'un vert pâle et maladif que dans les temps de décadence et aux endroits malsains. Cela prouve tout simplement qu'un siècle est dénué de jugement et d'invention, incapable d'écrire l'histoire et le roman : deux choses aussi ennemies ne peuvent se rechercher et se lier ensemble qu'à la dernière extrémité.

C'est une imagination aussi heureuse que celle des vers prosaïques et de la prose poétique. Sommes-nous donc en effet tombés à ce point de frivolité et d'insouciance que nous soyons hors d'état de comprendre et d'admirer un ouvrage fait sérieusement et consciencieusement ? Ne sommes-nous donc bons qu'à écouter des contes bleus ou rouges ? et ne regardons-nous que les livres où il y a des images ? Avons-nous en effet le goût si horriblement blasé et faussé que nous ne prenions goût et ne soyons sensibles qu'aux vins mêlés d'alcool et aux épices les plus irritantes ?

Animer et colorer, telle a été l'intention de M. Eugène Sue ; faire ressortir le côté pittoresque de l'histoire, c'est-à-dire donner aux détails caractéristiques une importance si grande que le trait primitif disparaît presque complètement : procédé réprouvé de tous les grands maîtres, et qui n'est en vogue que depuis quelques années.

L'auteur a choisi la vie de Jean Bart pour le début de son ouvrage. Jean Bart, né en 1650, mort en 1702, a pris part à toutes les grandes actions maritimes sur l'Océan, et sa biographie est un cadre naturel où les figures de Tourville, de Grancey, de Forbin, d'Estrées et de Duquesne [1] trouvent place chacune à leur tour et se dessinent à leur plan.

---

1. Anne de Tourville (1642-1701), vice-amiral et maréchal de France, Grancey (voir p. 128, note 2), Claude de Forbin (1656-1733), compa-

Le vocabulaire maritime de cette époque ne diffère pas assez complètement de celui en usage de nos jours pour être tout à fait inintelligible ; cependant il contient assez de mots inaccoutumés pour pouvoir servir de transition au langage nautique du XVIe siècle, qui est entièrement autre, ainsi qu'on peut le voir par l'admirable scène de la tempête de Rabelais dans *Pantagruel*[1]. Cette considération a engagé M. Eugène Sue à commencer par la fin au lieu de commencer par le commencement ; je ne sais pas jusqu'à quel point il est commode d'entreprendre une maison par le toit et de l'achever par la cave. Cela le regarde. Cependant de cette manière on voit les résultats avant de voir les causes, et la suite logique des faits est singulièrement intervertie. Mais ces considérations devaient céder à cet inconvénient majeur de la plus ténébreuse inintelligibilité. En effet, si le vocabulaire actuel est compréhensible pour si peu de personnes, que sera-ce donc quand à la science d'un officier de marine il faudra joindre la science d'un archaïste spécial ?

Est-ce une histoire ou un roman historié que M. Eugène Sue a voulu faire ? Le premier chapitre du livre a plutôt l'air d'un début de roman, comme *La Salamandre* ou *Atar-Gull*, que d'une histoire sérieuse, ou même d'une chronique familière ; on y voit une mise en scène tout à fait mélodramatique et inutile de l'intérêt que les bourgeois de Dunkerque portaient à maître Cornille Bart, le père de Jean ; des descriptions à n'en plus finir de costumes et de meubles, comme dans le roman le plus minutieusement détaillé de l'école de Walter Scott ; le tout entremêlé de récits héroïques sur les prouesses du Renard de la mer, et de quolibets inter-

---

gnon d'armes de Jean Bart, et Abraham Duquesne (1610-1688) illustrèrent tous le règne de Louis XIV par leurs qualités de marins et de guerriers.

1. C'est bien Pantagruel qui subit cette tempête, mais l'épisode se trouve dans *Le Quart Livre* (chap. XVIII).

minables du vieux matelot Haran Sauret, type grimaçant et grotesque, qui serait beaucoup mieux placé dans l'entrepont de la *Sylphide* [1]. Le reste du volume est rempli par l'inventaire des curiosités du cabinet de Lyonne [2] et de Colbert, des facéties de Cavoye [3], des procès-verbaux et des mémoires qui n'ont pas la moindre liaison avec le reste du texte, et c'est à peine si la figure du grand roi, qui devrait dominer tout l'ouvrage, apparaît une seule fois, sous un aspect frivole, caressant les chiennes épagneules, et respirant des parfums comme une petite maîtresse vaporeuse, au risque de donner la migraine à son ministre.

M. Eugène Sue promet, dans sa préface, de dévoiler les véritables causes de la guerre, inconnues jusqu'ici, et de faire toucher au doigt les motifs, mesquins en apparence, qui ont eu de si grands résultats. Il donnera peut-être plus tard les explications qu'il tient en réserve ; mais, quoique j'aie lu les volumes fort attentivement, il m'a été impossible d'y voir autre chose que des tripotages diplomatiques qui prouvent que la clef d'or de M. Viennet ouvrait en ce temps-là autant de consciences qu'aujourd'hui [4], et que les gouvernants qui comptent sur la corruption humaine comptent rarement sans leur hôte.

Ce qui manque surtout à cette composition, c'est l'ordre et la clarté ; les pages ont très souvent un rez-de-chaussée d'annotations si considérables que les étages de lignes supérieures sont réduits à une proportion beaucoup trop restreinte, et que le texte réel n'a l'air que de la glose des notes. Tous ces détails rejetés au bas des

1. Nom du bateau dans *La Vigie de Koat-Ven*.

2. Sans doute le diplomate Hugues de Lionne (1611-1671), un des grands ministres de Louis XIV.

3. Louis Ogier, marquis de Cavoye (1639-1716), aide de camp de Louis XIV et courtisan très en vue.

4. Allusion non éclaircie à Jean-Pons-Guillaume Viennet (1777-1868), satiriste et littérateur proclassique.

feuilles ou à la fin du volume devraient être harmonieusement fondus dans le récit ; car des documents entassés pêle-mêle ne sont pas plus une histoire qu'un tas de moellons n'est un palais : avec des moellons et des documents on peut faire un palais ou une histoire, à cette condition toutefois d'être historien ou architecte : M. Sue est peut-être bon architecte.

Sans approuver complètement les gens qui font de l'histoire à vol d'oiseau et contemplent les siècles du haut des pyramides, je ne suis pas non plus partisan de ces infatigables déterreurs de chartes et de mémoires, de ces hyènes scientifiques qui vont exhumant du tombeau des archives les squelettes poudreux des personnages les plus insignifiants. Je pense que le procès-verbal n'est pas du domaine de l'histoire, et que l'on doit se contenter d'en extraire le sens général des événements.

M. Eugène Sue, avec un laisser-aller qui n'est pas sans quelque fatuité littéraire, dit en finissant son introduction que son travail n'a été qu'un travail de longue patience et d'oisiveté, un de ces labeurs indolents où l'imagination s'engourdit, une de ces occupations presque mécaniques qu'on est si heureux de se créer pour échapper à la lourde monotonie des heures, ou à l'impuissante irritation de la pensée. Il me semble qu'une histoire complète de la marine française ne doit pas être *un de ces labeurs indolents où l'imagination s'engourdit*, et que ce ne serait pas trop de toute la puissance d'esprit d'un homme bien éveillé pour en venir à bout.

Et, continuant ses modestes dépréciations, il ajoute que c'est une œuvre, en un mot, toute ressemblante à celle de ces artistes florentins qui copiaient en mosaïque les admirables pages de l'école italienne ; à force de petits morceaux de pierre de toutes couleurs, de toutes nuances, ils finissaient par fondre et harmoniser des teintes qui, vues de loin, reproduisaient assez naïvement l'aspect du tableau.

Une mosaïque bien exécutée a son prix, quoique nous préférions une toile touchée au pinceau. Malheureusement M. Eugène Sue n'est pas un artiste florentin. Il a bien rassemblé des milliers de petites pierres de différentes couleurs, mais il a oublié de les mettre en place, ou il les a disposées dans un linéament vicieux et incorrect, qui ne reproduit pas l'aspect du tableau original.

Cependant, avec tous ses défauts, l'*Histoire de la marine*, curieuse dans ses détails, a le mérite d'ouvrir la voie. Attacher le grelot [1] est en toute chose une action périlleuse, et l'on ne peut que louer M. Eugène Sue d'avoir essayé de porter la lumière dans ce côté si peu exploré de nos annales. Une révision sévère, une fonte plus homogène des matériaux dans le texte, pourraient rendre l'*Histoire de la marine* un livre vraiment utile et remarquable.

Dans ces dernières années, M. Eugène Sue quitte l'océan, les vaisseaux et les marins pour les salons, le grand monde et le *night-life* de Paris : *Arthur* a été le premier roman de cette nouvelle série, qui promet d'être nombreuse, ou du moins fort volumineuse, car depuis le succès des *Mémoires du diable*, de Frédéric Soulié, les romans ne se permettent guère d'avoir moins de quatre ou six tomes in-8° : *Clarisse Harlowe* et *Le Grand Cyrus* vont bientôt être dépassés [2]. *Arthur* se fait remarquer par une analyse extrêmement vraie et très fine d'un caractère odieux mais malheureusement trop fréquent, celui d'un jeune homme élevé par un père misanthrope, qui lui donne à vingt ans toutes les défiances soupçonneuses

1. Être le premier à se risquer (La Fontaine, « Conseil tenu par les rats », *Fables*, II, 2).

2. *Clarisse Harlowe* (voir p. 119, note 2) parut en sept volumes ; *Artamène ou le Grand Cyrus*, roman précieux de Madeleine et Georges de Scudéry, en dix (1649-1653). Le roman de Soulié *Les Mémoires du diable* est, lui, récent : six volumes en 1837-1838. *Arthur*, de Sue, date aussi de 1838 mais ne compte que deux volumes ; en revanche, *Mathilde, mémoires d'une jeune femme*, paru en 1841, en a six.

d'un vieillard. Ainsi mis sur ses gardes, Arthur ne voit dans l'amitié, l'amour et le dévouement le plus sublime que des attaques indirectes à sa position ou à sa fortune ; il cherche et trouve à tout des motifs honteux et bas dont il s'autorise pour rendre malheureux et briser les cœurs qui se trouvent sur son passage. Ce portrait est tracé de main de maître ; et La Rochefoucauld, cet implacable analyste de l'égoïsme humain, n'a pas un scalpel plus tranchant et plus aigu.

L'Art de plaire[1] a eu le triple succès du journal, du livre et du théâtre.

Quant à *Mathilde*, sa vogue même nous dispense d'en parler : depuis longtemps aucune publication n'avait obtenu une telle faveur. Le pessimisme de M. Eugène Sue a cette fois admis quelques anges pour contraste aux démons en gants blancs et en bottes vernies qu'il fait agir. Mathilde possède assez de vertus pour contrebalancer les vices de Lugarto. Chose inouïe ! *Mathilde*, qui n'a pas moins de six volumes et qui a paru d'abord par feuilletons dans *La Presse*, a tenu pendant six mois la curiosité parisienne en éveil.

Les Mystères de Paris n'ont point valu moins de succès au *Journal des débats*.

M. Eugène Sue, qui pourrait disputer à M. de Balzac le titre du plus fécond de nos romanciers, s'il modérait un peu sa plume toujours au galop, pourrait obtenir, dans la littérature, une place plus haute que celle qu'il occupe. Son succès près du public ne serait pas plus grand, car il n'a rien à désirer de ce côté-là ; mais il gagnerait aussi le suffrage de tous ceux qui ne lisent pas seulement par curiosité, et qui regrettent que les qualités d'imagination et d'observation qui n'ont jamais fait défaut à M. Eugène Sue, ne soient pas enchâssées dans un style plus pur, plus

1. Aucune œuvre de Sue (et aucune pièce de théâtre du temps) ne porte pour titre *L'Art de plaire* ; peut-être s'agit-il d'un sous-titre, mais je ne vois pas à quel texte pense Gautier.

ciselé, plus littéraire enfin. L'approbation des artistes n'est pas moins nécessaire à un écrivain que celle du public.

La Presse,
11 mars 1845

SALON DE 1845
(1er article)

Le jury. – Tableaux refusés

On a déjà signalé à propos de Delacroix (article p. 68) le frein que constitue le jury d'admission des tableaux au Salon, composé de professeurs de l'École des Beaux-Arts, membres de l'Académie du même nom, peu enclins à favoriser la nouveauté et l'audace. L'art leur doit sans doute, par un effet naturel de réaction, certains des plus énergiques surgissements de cette nouveauté qu'ils pourchassent (cf. Courbet, article p. 182).

Le Salon va s'ouvrir le 15 de ce mois. – Nous ne savons encore de l'exposition que ces vagues rumeurs d'atelier que chacun colporte, et nous ne pouvons dire si dans son ensemble elle est inférieure ou supérieure à l'exposition précédente. – Si nous commençons dès aujourd'hui notre revue, c'est qu'on ne saurait trop se hâter de stigmatiser les actions honteuses et niaises qui déshonorent également ceux qui les commettent et le pays qui les souffre. – Le jury a fait cette année ce qu'il fait tous les ans. – Il est ennuyeux de dire toujours la même chose, mais puisque c'est toujours la même chose, il faut bien dire toujours la même chose. Qu'on nous permette d'emprunter cette phrase amphigouriquement naïve au *Dom Juan* de Molière ; nous demandons pardon au public de cette éternelle rabâcherie : – qu'il s'en prenne à ces messieurs [1].

Ils ont refusé à Delacroix l'*Éducation de la Vierge* et une *Madeleine* ; – une *Cléopâtre* à M. Théodore Chassériau ; – à Riesener, une *Nativité de Marie* et des pastels charmants ; – à Paul Huet, deux *paysages* qui peuvent être comptés au nombre de ses meilleurs ; – à M. Lévêque, une statue, etc., etc. [2].

Cela n'est-il pas manquer à la décence publique, insulter au bon sens général, donner un ridicule à la France ? – Comment ! vous refusez d'admettre un tableau de M. Eugène Delacroix ! D'où sortez-vous ? où passez-vous votre vie, pour être si étrangers à tout ce qui s'est fait depuis vingt ans ? – Vous ne respirez donc pas l'air qui remplit nos poumons ? – Quelque sorcier malfaisant vous a donc tenus prisonniers dans une bouteille de verre, au fond de quelque laboratoire poudreux et rempli

1. Gautier cite approximativement une réplique de Pierrot à Charlotte (*Dom Juan*, acte II, scène 1) : façon, pour le journaliste, de condamner l'aveuglement du jury. Voir encore p. 341, note 1.

2. Chassériau (1819-1856) était apprécié de Gautier, de même que le paysagiste Paul Huet (voir l'article p. 40). Léon Riesener (1808-1878), cousin et disciple de Delacroix, soutenu par Gautier dès 1833, fit son portrait en 1850. Le sculpteur Louis Lévêque (1814-1875) fut critiqué pour l'audace de certains de ses sujets et de sa facture.

de toiles d'araignée ? – On ne peut expliquer autrement l'absurdité d'un semblable refus.

– Eh bien ! puisque vous ne paraissez pas le savoir, mes chers messieurs, nous vous apprendrons une chose, c'est que M. Eugène Delacroix est un des plus fiers peintres de l'école française, qu'il est l'honneur et la gloire d'un grand pays, qu'il a eu et qu'il a une puissante influence sur l'art de son temps, et qu'il figurera dans ce Louvre d'où vous le repoussez, à côté de Rubens, du Tintoret, de Titien, de Murillo, et soutiendra sans pâlir le voisinage des plus ardentes peintures. – Cette *Éducation de la Vierge*, cette *Madeleine*, honorées de vos boules noires, seront suspendues au plus beau jour, parmi les chefs-d'œuvre, pour servir de modèle aux jeunes peintres de l'avenir. – Si M. Eugène Delacroix daignait vous donner des leçons, vous devriez vous estimer trop heureux de les recevoir, bien loin de vous arroger le droit de porter un jugement sur une de ses toiles. – Qui de vous peut dire à un homme de cette force qu'il s'est trompé ? Ses erreurs même ne valent-elles pas mieux que vos chefs-d'œuvre ? – S'il tombe, c'est de haut, et votre plus long essor n'est jamais arrivé au niveau de ses chutes. – Il lui plairait de prendre un charbon et d'en crayonner un panneau en quatre coups, qu'il faudrait recevoir ce griffonnage si son nom était au bas ; – dans ce trait où vous ne voyez rien, l'œil intelligent découvre un poème. – Quand un artiste aussi fin, aussi nerveux, aussi impressionnable que M. Delacroix envoie une peinture au Salon, c'est qu'il y a quelque chose dans cette peinture. – Ce qui le satisfait, lui, peut bien vous satisfaire, vous. – Ne soyez pas plus délicats qu'il ne l'est sur sa gloire.

Cet homme que vous gourmandez et que vous mettez en pénitence comme un écolier qui n'a pas bien réussi son œil au pointillé[1], a produit depuis vingt ans une

1. Méthode de dessin utilisant un alignement de petits points (notamment en vue de la gravure) ; la minutie d'une telle façon de faire est évidemment étrangère au trait fougueux de Delacroix.

foule de chefs-d'œuvre qui remplissent les palais, les églises, les monuments publics et les musées. – La salle du Trône de la Chambre des députés a été couverte par lui de peintures murales qui le disputent aux plus splendides fresques vénitiennes, et que les peintres étrangers viennent étudier avec amour et respect [1]. Il a fait, d'après le Dante, à la Bibliothèque de la Chambre des pairs [2], l'*Élysée des poètes*, que signeraient les maîtres d'Italie et de Flandre. – Le musée du Luxembourg compte entre ses plus fins joyaux quatre toiles de lui : le *Massacre de Scio*, la *Barque du Dante* [3], la *Noce juive* et les *Femmes d'Alger*, qu'on peut égaler aux Paul Véronèse les plus fins, les plus argentés. – Saint-Denis-du-Saint-Sacrement [4] possède une *Pietà* de sa main d'une désolation et d'un désespoir que ne dépasseraient pas les plus sombres Espagnols. – Le *Passage du pont de Taillebourg* est sans contredit la plus belle page du musée de Versailles pour l'énergie du dessin, la férocité de la touche et la fureur de l'exécution : la toile hurle et saigne. – M. le duc d'Orléans, ce prince si regrettable [5], s'était fait une galerie charmante avec les tableaux refusés de M. Delacroix.

Nous ne parlons ici que de ses peintures en quelque sorte officielles. Que serait-ce, si nous rappelions toutes les œuvres si diverses et pourtant toujours si reconnaissables de ce grand artiste ! – Le *Sardanapale*, couché sur son lit supporté par des éléphants, et dont la tête fière,

1. Voir l'article p. 68, de même que pour la plupart des œuvres évoquées dans les lignes qui suivent. On verra qu'à son habitude Gautier reprend parfois presque textuellement ce qu'il avait écrit sept ans plus tôt.

2. La Chambre des pairs siégeait alors au palais du Luxembourg.

3. Désignation habituelle du tableau intitulé *Dante et Virgile traversant le lac qui entoure la ville maudite de Dité* ; ce fut la première œuvre exposée de Delacroix (Salon de 1822) ; la *Noce juive dans le Maroc*, citée ensuite, a figuré au Salon de 1841.

4. Église située rue de Turenne, non loin de la place des Vosges.

5. Le fils aîné de Louis-Philippe était mort prématurément en 1842 des suites d'un accident de voiture.

quoique efféminée, respire la dédaigneuse mélancolie des poèmes de lord Byron ; la *Liberté de Juillet*, le *Massacre de l'évêque de Liège*, cette mêlée étincelante et sombre, merveille de composition et de mouvement ; le *Christ au jardin des Oliviers*, d'un effet si triste et si douloureux ; *Le Giaour* et *Le Tasse dans la prison des fous.* – Cette terrible *Barque de don Juan*, plus effrayante et plus vraie que la *Méduse* de Géricault ; le *Triomphe de Trajan*, la *Médée* et toutes ces peintures où rayonnent l'or et l'azur du ciel d'Afrique ; le *Choc de cavaliers maures*, les *Convulsionnaires de Tanger*, le *Kaïd marocain*, toute une œuvre immense et variée, profondément humaine, mêlée à tous les événements, à toutes les fièvres, à toutes les aspirations de ce temps-ci, prenant assez de la circonstance pour exciter l'intérêt du moment, mais toujours fidèle aux lois éternelles de l'art [1].

Sérieusement, est-ce à un artiste de ce rang, à un artiste d'un talent avéré, prouvé, évident, incontestable, après tant de gages donnés, tant de nobles efforts, tant d'applaudissements du public d'élite, tant d'éloges de la part de la critique qu'on peut aller refuser deux tableaux sur quatre ? Que signifie cet odieux enfantillage ? Pourquoi pas tous les quatre ? M. E. Delacroix s'est donc absenté complétement de ces deux malheureuses toiles ? il n'y a donc rien mis de lui, ni dessin, ni couleur, ni intention ? C'est étrange ! Ayez au moins la logique de l'absurde. – Si M. Delacroix est digne d'être reçu deux fois, il est digne d'être reçu quatre fois. – Il fallait, puisque vous le haïssez de cette haine des hiboux pour la lumière, le mettre franchement et courageusement à la porte.

---

1. Plusieurs des tableaux énumérés ici sont évoqués dans l'article p. 68. S'y ajoutent la fameuse *Liberté guidant le peuple* (Salon de 1831), le *Christ au Jardin des Oliviers* (1827), *Le Combat du giaour et du pacha* (1828), *Le Tasse dans la prison des fous* (1839), *Le Naufrage de don Juan* et *La Justice de Trajan* (1840), le *Choc de cavaliers arabes* (1834).

N'est-il pas scandaleux qu'un peintre, dont les œuvres ont excité depuis vingt ans une si vive attention, qui a reçu des médailles d'or, qui a été décoré de la main du roi, à qui la direction des Beaux-Arts a confié les travaux les plus importants, soit encore soumis à cet examen sans conscience et sans dignité, comme un élève à qui son maître signe une carte pour aller travailler au Musée !

Comment d'ailleurs expliquer les charmants caprices de ces messieurs ? – Vous proscrivez Delacroix ; vous le trouvez romantique, sauvage, exorbitant ; il vit, il remue, il a une fougue inquiétante, une verve vagabonde, une exécution fantasque et désordonnée, qui le rendent, selon vous, dangereux à voir, et ne permettent pas, sans risque pour la tranquillité publique, d'accrocher, avec deux mille autres, ses toiles le long d'un mur tendu de percaline verte ! – C'est très bien ! – Mais alors, sous quel prétexte renvoyez-vous la *Cléopâtre* de M. Théodore Chassériau, un jeune homme nourri des plus sévères études, chez le maître le plus austère et le plus sobre de ce temps-ci [1] ? – Vous n'acceptez pas plus le dessin que la couleur ; la passion vous choque, le style vous déplaît ; vous n'aimez rien de ce qui est beau dans un sens ou dans l'autre ; vous n'êtes ni classiques ni romantiques. – Voici un tableau qu'avoueraient les Flamands ; en voilà un autre qui semble dessiné par la main qui a tracé tant de sveltes figures aux flancs des vases étrusques, et vous les rejetez tous deux ! Que faut-il donc pour vous plaire ? – Hélas ! ce qui a tant de succès aujourd'hui partout, la médiocrité.

Ce tableau de la *Mort de Cléopâtre* [2], nous l'avons vu. C'est la composition la plus simple, la plus grande, la plus antique qu'on puisse rêver ; on se croirait devant une fresque détachée des murs de Pompéi. La reine est

1. Ingres, dont Chassériau fut l'élève.

2. Chassériau détruisit ce grand tableau, dont seul un fragment subsiste au musée de Marseille.

retirée dans la chambre aux trésors, couchée sur un petit lit, en compagnie de deux suivantes qui regardent, avec un effroi mêlé de douleur, l'aspic noir et visqueux qui va verser le poison dans ce beau corps de marbre vivace que les fatigues de la royauté et du plaisir n'ont pu rayer d'une seule ride. – Voilà le sujet neuf, risqué et subversif que cet intelligent aréopage a cru devoir repousser. – Vous savez quel style, quel dessin, quelle science d'attaches, quel sentiment des types, quelle énergie violente, quoique domptée, possède le jeune peintre du *Christ au Jardin des Oliviers*, de la chapelle de Sainte-Marie-l'Égyptienne à Saint-Merri [1], et cette toile est une des mieux réussies. Cette exclusion n'empêche pas M. Théodore Chassériau d'être l'espoir de la jeune école et le peintre qui, dans un avenir prochain, occupera la première place ; *Cléopâtre* refusée ne nuit en rien aux magnifiques cartons qu'il prépare pour son gigantesque travail au palais du quai d'Orsay.

Tous les artistes se rappellent la *Vénus corrigeant l'Amour*, la *Bacchante*, la *Léda* et la *Petite Égyptienne* de M. Riesener ; ce sont de vraies merveilles de couleur [2]. À propos de ces chaudes peintures, les noms de Rubens, de Jordaens furent prononcés. Faire penser à de si grands maîtres n'est pas donné à tout le monde. M. Riesener applique à des sujets antiques une manière qui lui est propre. Il est amoureux de la chair, et personne n'a rendu mieux que lui le grain de l'épiderme, le frisson satiné de la lumière sur les épaules, la transparence des veines, le sang qui circule, la moiteur de la peau, le velouté et la

1. Cette chapelle de l'église Saint-Merri, décorée par Chassériau de 1841 à 1843, tire son nom de celui d'une chapelle proche, détruite en 1792. L'artiste a par ailleurs peint deux versions du *Christ au jardin des Oliviers* (Salons de 1840 et de 1844).

2. Riesener (voir p. 137, note 2) a exposé sa *Bacchante* en 1836 (aujourd'hui au musée de Rouen), une *Vénus marine* – et non *Vénus corrigeant l'amour* – en 1838 (musée de Lyon), *Léda* en 1841, enfin *La Petite Égyptienne et sa nourrice* en 1839 (localisation actuelle inconnue).

fleur de vie des belles carnations. – C'est, en outre, un coloriste plein de recherche et de curiosité. Nul n'a plus étudié les rapports des tons entiers, leurs sympathies et leurs antipathies. Il connaît à fond le bouquet des nuances et sait tout ce qu'une teinte froide peut donner de valeur à une teinte chaude. – C'est même peut-être là son défaut ; il pose mille demi-tons là où suffirait une simple couleur locale ; ajoutez à cela une préoccupation constante des reflets de clair-obscur, de l'air ambiant, de l'enveloppe des contours, ces difficiles parties de l'art, poussées à un si haut point par Corrège et par Prud'hon [1]. – Certes, le peintre qui passe sa vie dans ces études difficiles et flottantes qu'un rayon du jour suffit à déranger, mérite qu'on accueille favorablement le résultat de ses travaux, surtout lorsque, comme M. Riesener, il a déjà donné des preuves de ce qu'il pouvait. C'est donc une brutalité sans nom de la part du jury de n'avoir pas admis la *Nativité de la Vierge*, tableau d'une couleur charmante et d'une grande naïveté d'attitude et de composition [2].

Nul talent contemporain n'a été à l'abri de ces lâches outrages. – Decamps, Louis Boulanger, Tony Johannot, Amaury-Duval, Flandrin, Gigoux, Cabat, Marilhat, Rousseau, Dupré, Corot, Étex, Barye, Maindron, Antonin Moine, Préault [3], nous en passons et des meilleurs. – Il faudrait faire pour cela une liste complète de toutes les

1. Deux peintres appréciés de Gautier, notamment Pierre-Paul Prud'hon (1758-1823).

2. Ce tableau se trouve à la cathédrale de Saintes.

3. On a rencontré plus haut certains de ces noms ; s'y ajoutent ici des peintres : Louis Boulanger (1806-1867), Tony Johannot (surtout dessinateur, 1803-1852), Eugène Amaury-Duval (1808-1885), Hippolyte Flandrin (1809-1864), Jean Gigoux (1806-1894), et des sculpteurs : Antoine Étex (1808-1888), Hippolyte Maindron (1801-1884), Antonin Moine (1796-1849), Auguste Préault (1809-1879). Le fait que ces artistes soient loin d'être tous de hardis novateurs donne la mesure de l'étroitesse d'esprit du jury.

gloires de l'époque ; – sur chaque joue illustre vous trouverez la marque d'un soufflet du jury, – et voici dix ans que cela dure, – n'est-il pas bientôt temps d'en finir ?

Certes nous ne sommes pas d'une humeur farouche et nous savons que dans toute institution humaine les abus sont inévitables. – Dans une société bienveillante les abus servent même à corriger ce que les lois et les institutions auraient de trop rigoureux et de trop absolu ; mais ici est le plus triste emploi que puisse faire de son pouvoir un tribunal dont nul ne peut appeler autrement qu'à l'opinion : la gérontocratie cherchant à comprimer la jeunesse qui voudrait prendre aussi sa place à la gloire et au soleil. – Quoi de plus affligeant que l'envie sous des cheveux qui grisonnent, que des vieillards tâchant de reculer d'un an l'avenir d'un jeune artiste !

Les noms de la plupart des membres du jury sont tout à fait inconnus. Qu'est-ce que MM. Lebas, Vaudoyer, Huvée, Debret, Achille Leclerc, architectes ? MM. Petitot, Ramey, Nanteuil, Dumont, sculpteurs ?

M. Lebas est l'auteur de Notre-Dame-de-Lorette ;

M. Huvée, de la Madeleine ;

M. Debret, des restaurations de Saint-Denis.

Ces ouvrages classent suffisamment leurs auteurs [1].

Pourquoi MM. Vernet, Delaroche, Ingres, David [2], laissent-ils le soin de juger de la peinture à ces inconnus ?

---

1. Parce que ces monuments ou ajouts modernes, pour Gautier, sont des œuvres médiocres. Inexactitudes sur les noms d'Hippolyte Le Bas (1782-1867), Jean-Jacques Huvé (1783-1852), Achille Leclère (1785-1853 ; il forma Viollet-le-Duc). François Debret (1777-1850) a construit le théâtre des Nouveautés, Léon Vaudoyer (1803-1872) conçu Notre-Dame de la Garde à Marseille. Les statuaires Louis Petitot (1794-1862), Étienne Ramey (1796-1852), Charles Nanteuil (1792-1865), qui a travaillé à Notre-Dame-de-Lorette, et Augustin Dumont (1801-1884), auteur du *Génie* de la Bastille, méritent tous le qualificatif d'« académiques ».

2. Gautier cite quatre artistes eux aussi marqués par le goût classique, mais d'un plus grand talent que ceux qu'il vient de nommer avec mépris : Horace Vernet (1789-1863), Paul Delaroche (1797-1856) et

à qui persuaderont-ils qu'ils sont indignés de ces exécutions à mort, quand ils se retirent philosophiquement du jury, sous prétexte qu'ils ne peuvent supporter de pareilles abominations ? Certes, cela est beaucoup plus commode.

Ce serait aux peintres qui ont dernièrement protesté dans le jury et qui ont fait mine de s'en séparer, à faire une démarche auprès de l'autorité pour mettre un terme à ces abus. Mais il y a fort à faire auprès du gouvernement qui a laissé sans réponse les réclamations faites à diverses époques, et notamment il y a deux ans.

Ne serait-il pas comique, si ce n'était aussi criant, de voir cette minorité de peintres protester inutilement au sujet du refus des peintures, quand leurs adversaires sont des architectes, des graveurs en médailles, etc. ?

Supposez l'Académie française abandonnant à des géomètres ou à des médecins la faculté de juger du mérite d'ouvrages littéraires, et non pas de les juger seulement, mais de leur permettre de vivre.

L'idée de donner l'admission d'emblée aux artistes ayant obtenu des médailles et des distinctions offre cela de plausible que ce sont justement les artistes qui ont été le plus remarqués qui ont la chance la plus contraire relativement à leur réception au Salon. Un jury malveillant laissera passer sans difficulté un homme inconnu dont l'ouvrage n'est que médiocre, et suscitera des difficultés à un homme qui peut exciter l'envie.

L'adjonction de ces médaillistes au jury serait aussi une bonne mesure, ainsi que celle de critiques, de gens du monde connus par leur goût pour les arts.

Sous la Restauration on n'entendait jamais parler de refus sévère. Le jury était composé d'une manière plus libérale. On objecte qu'il y avait moins de morceaux

---

Ingres font à peu près figure de peintres officiels, de même que, dans son art, le sculpteur David d'Angers (1788-1856), auteur du fronton du Panthéon.

présentés ; mais aurait-on par hasard le projet d'étouffer les peintres et d'en faire une Saint-Barthélemy ? Il vaudrait mieux le dire franchement que de les laisser s'enfoncer d'avance dans les frais d'argent et d'imagination que leur coûtent leurs ouvrages pour les attendre au moment du Salon avec le parti pris de supprimer leurs ouvrages.

Un homme chargé de travaux du gouvernement sera donc refusé comme un écolier qui débute. Il arrivera même, et rien n'est plus fréquent, que l'écolier sera admis et le maître refusé. Ainsi le maître qui délivre à son élève un brevet de capacité pour être admis aux concours des écoles ou à copier au Musée royal ne pourra obtenir pour lui-même un brevet de capacité pour pendre une toile ou deux au mur banal [1] du Louvre ?

Si l'on trouve les expositions trop fréquentes et trop nombreuses, il serait beaucoup plus simple de les espacer et de décider que chaque peintre ne pourra désormais y envoyer qu'un tableau. De cette façon l'artiste choisirait du moins parmi ses œuvres celle qui lui paraîtrait la plus importante et n'aurait pas le chagrin de voir accepter une bluette insignifiante, lorsque son ouvrage sur lequel il compte serait éliminé.

Une chose singulière, ce sont les encouragements que l'on donne aux jeunes gens qui veulent suivre la carrière des arts. – Il y a des écoles, des académies, des prix de Rome, toutes sortes d'appâts pour induire la jeunesse en peinture ; et lorsque par de longs travaux les malheureux, ainsi détournés d'autres professions, ont acquis au moins une certaine habileté pratique, à défaut de génie, on leur ferme toute communication avec le public !

Que voulez-vous que fasse un peintre dont le tableau n'a pas eu le bonheur d'agréer à ces messieurs ? – Qu'il expose chez lui la toile rejetée ! S'il n'est pas célèbre d'ailleurs, qui prendra la peine d'aller visiter l'ouvrage

1. Pris ici au sens de : officiel, public (par opposition aux artistes qui exposaient chez eux en privé).

frappé de réprobation ? – En supposant que quelques amateurs s'y décident, comparativement au grand jour de l'exposition du Louvre, c'est toujours une espèce de huis-clos.

– Les autres arts ont toute l'année et toute la ville pour se produire. La peinture n'a que trois mois et une galerie plus ou moins mal éclairée. Ce n'est pas trop. – L'œuvre du poète et du musicien tirée à des milliers d'exemplaires va solliciter le lecteur au coin du feu, au détour d'un bois, à Paris et à la campagne : le tableau est privé de ces avantages ; il ne peut pas aller trouver le spectateur, il faut que le spectateur aille à lui.

On ne se figure pas à quel point le Salon préoccupe les peintres et les sculpteurs ; ils y pensent dix mois d'avance ; c'est la seule entrevue qu'ils aient avec cet être collectif si fin et si stupide, si grossier et si délicat, si inattentif et pourtant si perspicace, qu'on appelle le public. C'est une barbarie et une maladresse de priver les artistes de cette salutaire entrevue. – Vos proscriptions aveugles ne font qu'exaspérer l'amour-propre des victimes. Si vous vous imaginez les corriger par vos ostracismes, vous vous trompez étrangement : toute nature généreuse et fière et qu'on opprime s'entête dans son défaut ; par le besoin de réagir contre vos stupides sentences, l'un redouble de violence, et l'autre de rigidité.

Dès qu'un homme sait la grammaire et l'orthographe de son art, ne vaut-il pas mieux le laisser se développer librement selon sa nature ? N'est-ce pas un crime de lui enlever l'enseignement de la foule, sans lequel l'étude de l'atelier est toujours incomplète ? Comment prendre le sentiment de la proportion et se rendre compte de la valeur des effets si l'on n'a pas offert son œuvre à l'examen du savant et de l'ignorant, du philosophe et du poète, de l'homme du monde et de la jolie femme ? Le bourgeois à crâne épais, avec son rude bon sens, est quelquefois aussi utile à l'artiste que le théoricien nourri de

Kreutzer et de Weinkelmann[1], que l'amateur armé de son lorgnon et de sa loupe.

Les tableaux eux-mêmes se contrebalancent et se critiquent dans leur juxtaposition : la toile du coloriste conseille la toile du dessinateur et réciproquement : on apprend de tout le monde : de ses rivaux, de son maître, de ses élèves, du soldat qui passe, de l'enfant qui s'arrête tout naïvement étonné. – Et d'ailleurs, pourquoi refuser une place à une œuvre consciencieuse sur cette muraille d'une lieue de long, où se prélassent tant de citrons avec leur zeste en spirales, tant de harengs pendus à un clou, tant de caniches sentimentaux et de demoiselles poitrinaires ? Ne faudrait-il pas aussi que le dernier tableau admis fût meilleur que le premier tableau refusé ?

La Presse,
27 juin 1847

La Croix de Berny

Une visite à M. Ingres

La Croix de Berny, roman steeple-chase, *écrit à quatre mains par Gautier, Méry, Sandeau et Delphine de Girardin, fut publié en feuilleton dans* La Presse *du 9 juillet au 10 août 1845. Son succès incita Girardin à demander aux*

1. Graphies inexactes pour ces deux grands savants allemands : Friedrich Creuzer (1771-1858), philologue, spécialiste de la mythologie grecque, et Johann Winckelmann (1717-1768), archéologue et historien d'art (voir ses essais réédités par Élisabeth Decultot sous le titre général *De la description*, Macula, 2006).

auteurs de rédiger ensemble une chronique portant le même titre. Cette série du dimanche commença à paraître le 3 janvier 1847, chaque feuilleton étant signé d'un ou de plusieurs des compères. La visite à Ingres prend place dans une suite de témoignages de l'estime de Gautier pour ce peintre qu'il admire, sans toutefois l'enthousiasme qui le porte vers des artistes plus accentués : Delacroix, Decamps, Préault. En outre, en 1847, Ingres a soixante-sept ans et fait déjà figure de maître du passé.

À côté de ce dôme des Quatre-Nations [1], devant lequel des lions d'un aspect bénin vomissent de l'eau claire, innocente et muette épigramme, au fond de la cour de l'Institut, se trouve un atelier étroit surmonté d'un logement incommode, qui renferme des richesses vraiment royales, un sanctuaire, une chapelle de l'art où les adorateurs se rendent en pèlerinage, lorsque le grand prêtre veut bien en entrouvrir les portes.

C'est là que demeure M. Ingres, le peintre de notre temps qui a le plus d'influence sur la jeunesse, et dont la sévérité a créé de si vifs enthousiasmes, le maître qui, avec un regard irrité, faisait fondre les élèves en larmes, et dont un sourire approbateur leur causait des extases de joie.

M. Ingres, qui semble avoir pris pour devise le vers d'Horace : *Odi profanum vulgus et arceo* [2], n'expose plus ; à moins que ce ne soit pour quelque exhibition particulière, comme celle de la galerie Bonne-Nouvelle, où l'immense succès obtenu lui prouve que le public n'est pas si indigne de l'admirer qu'il semble le croire : les occasions de voir de ses tableaux sont donc excessivement rares, et c'est une bonne fortune que d'être admis à en contempler quelques-uns.

---

1. Nom porté par le dôme de l'Institut, quai Conti, parce qu'à l'origine (de 1668 jusqu'à la Révolution) ce palais abritait le collège dit des Quatre-Nations.
2. « Je hais le peuple profane et m'en tiens éloigné » (*Odes*, III, 1, v. 1).

Cette bonne fortune, nous l'avons eue l'autre semaine, et nous en avons été heureux plusieurs jours. Quelle noble sensation de contempler une belle chose et de la comprendre ; il semble qu'on l'ait faite ! Après l'amour, la plus vive jouissance de l'âme est l'admiration ; les envieux sont fort à plaindre !

Par un hasard étrange et que nous raconterons tout à l'heure, un portrait de femme, peint par M. Ingres dans sa jeunesse, était revenu momentanément entre ses mains.

Ce portrait fut fait à Rome en 1807. L'artiste, qui n'avait guère plus de vingt ans, était loin d'être opulent : absorbé par l'étude de la nature et des maîtres, par la recherche du beau idéal, par ce rêve de perfection impossible qui tourmente le génie, il négligeait les soins matériels de la vie et s'était trouvé, dit-on, réduit souvent au point de faire lui-même ses pinceaux faute de pouvoir en acheter. Il se rencontra une femme alors belle, élégante et riche, qui ne craignit pas de confier sa tête charmante à ce jeune pauvre peintre inconnu, au lieu d'aller solliciter la brosse banale d'un artiste à la mode.

Il fallait sans doute un grand courage à cette belle dame pour poser devant ce gaillard à mine farouche, aux yeux étincelants sous leurs épais sourcils noirs, à la chevelure inculte et touffue, au teint fauve comme un revers de botte ; car tel était l'aspect de M. Ingres en ce temps-là, s'il faut en croire un magnifique portrait où il s'est représenté lui-même, avec la férocité et l'ardeur d'un Giorgione, et qu'on voit suspendu dans son cabinet.

Quelle dut être la stupéfaction des gens à l'aspect de cette peinture, si différente de celle qui florissait à cette époque ! Les complaisants de la maison ne manquèrent assurément pas de déplorer qu'un aussi joli visage « pétri de lys et de roses eût été livré aux pinceaux gothiques de ce jeune barbare ».

Le portrait fut payé à M. Ingres, ravi d'une si bonne aubaine, quelque chose comme quatre ou cinq cents francs, une fortune... Cette toile, dont l'artiste avait perdu la trace, comme de vingt autres chefs-d'œuvre de sa jeunesse, nous l'avons vue l'autre jour chez lui.

Elle représente une jeune femme à mi-corps, assise sur un fauteuil, vêtue d'une robe de velours noir, à taille courte, les mains croisées et tenant un éventail, le coude pris dans les plis d'un cachemire admirablement drapé.

Ce qui étonne d'abord dans ce tableau, c'est la couleur ; si la forme du vêtement ne désignait pas la date, on croirait voir un Titien ; les tons ont cette chaleur d'ambre, cet éclat blond, cette force intense qui caractérisent l'école vénitienne ; les nuances les plus vives sont abordées franchement ; le fauteuil est rouge, le châle jaune sans aucune de ces atténuations employées par les harmonistes en coloris. Est-ce le temps, ce grand maître, qui a doré cette peinture de ces glacis intelligents, rompu les teintes, adouci les crudités, réchauffé les tons grisâtres, ou M. Ingres serait-il, ce dont nous nous sommes toujours douté, un grand coloriste méconnu ? Dans tous les cas, cette figure est une merveille d'éclat et de réalité.

La tête est presque de face. Des cheveux fins, soyeux, à nuance d'écaille, sur lesquels glisse un reflet bleuâtre, se séparent simplement de chaque côté d'un front uni, dont la blancheur blonde rappelle l'ivoire, et vont se ranger derrière une oreille aux cartilages ourlés comme une coquille de la mer du Sud, et dont le bout, rendu transparent, est frisé par une touche de lumière.

Les sourcils minces, amenuisés comme des pointes d'arc, étendent leurs lignes pures au-dessus des deux yeux, les plus beaux que l'art ait fait ouvrir au fond d'une toile ; la vie, la lumière en débordent ; la prunelle noire y nage dans un cristallin si clair, si limpide, si mouillé de luisants onctueux, si diamanté d'étincelles, qu'au bout de quelques minutes on baisse les yeux comme devant un regard réel qui s'attacherait fixement sur vous.

L'enchâssement de ces yeux, ou plutôt de ces étoiles, les passages du front au nez, la manière dont les coins externes des sourcils et des paupières vont mourir vers les tempes ont de quoi vous retenir des heures entières : le nez, élégant et droit, aux narines finement coupées et d'une obliquité un peu moqueuse ; la bouche aux lèvres délicates teintées de cette nuance idéale, innommée, qu'on trouve au cœur des roses blanches et qui est comme la rougeur pudique de la fleur honteuse de s'ouvrir ; l'ovale qui enferme toutes ces beautés, et dont chaque inflexion est un poème, ont à la fois la puissance de la réalité et le charme de l'idéal. Cette femme est Mme *** [1], ou c'est une Vénus grecque qui a eu la fantaisie de revêtir une robe.

Le col et la poitrine ne sont pas moins surprenants ; de même que dans la figure toute trace d'art et de travail a disparu, nulle apparence de touche, point d'empâtement, point de martelage, aucun artifice, aucun moyen même. Ces chairs en pleine lumière où l'on ne saisit ni ombre, ni demi-teinte, et qui pourtant se modèlent avec tant de force et de finesse, semblent s'être épanouies d'elles-mêmes sans ébauche, sans tâtonnement ; on ne dirait pas que la brosse les ait transportées de la palette sur la toile ; on croirait qu'elles sont sorties du champ du tableau à l'évocation de l'artiste.

De cette forme de robe qui passe à bon droit pour ridicule, M. Ingres a fait un chef-d'œuvre de grâce ; il a su donner à l'échancrure du corsage des ondulations si harmonieuses que le costume antique ne serait pas plus agréable à l'œil.

Dites, la draperie de la Mnémosyne [2] a-t-elle jamais fait sur son corps de marbre des plis plus purs que ceux de ce châle jaune à la mode de 1807 ? Et les mains,

1. Mme Duvaucey, épouse d'un diplomate. Ce portrait se trouve aujourd'hui dans la collection du duc d'Aumale, au musée du château de Chantilly.

2. Mnémosyne, la mère des neuf Muses, a souvent été représentée par la statuaire grecque. L'article défini permet de supposer que Gautier pense à celle du Louvre.

comme elles sont dessinées et peintes ! Holbein n'a rien fait de plus fin ; Raphaël, de plus noble ; Titien, de mieux coloré. L'éventail d'écaille, découpé à jour, est d'une beauté de ton et d'une puissance de trompe-l'œil incroyables ; ses feuilles déployées viennent de s'abattre en sifflant, et frémissent encore du vent agité.

La femme qui a le bonheur d'être éternellement belle dans ce cadre, et qui, comme la Monna Lisa, au mur du musée royal[1], fera rêver pendant les siècles à venir les artistes, les poètes, les songeurs, les amoureux et toute la race choisie émue d'un beau contour, quoique le peintre fût inconnu de presque tous, raillé de quelques-uns, aimait ce portrait bizarre et merveilleux si en dehors des habitudes pittoresques du temps. Peut-être avait-elle été peinte aussi par Robert Lefèvre[2], par Girodet ou Gérard ; mais elle ne garda que la toile d'Ingres, d'abord comme un miroir, ensuite comme un souvenir.

En ses fortunes, qui furent diverses et orageuses, le portrait l'accompagna toujours. C'était sa beauté, sa jeunesse, son temps de splendeur. Un regard jeté sur ce cadre la transportait aux jours regrettés. Elle se consolait de la glace en regardant la toile jadis aussi fidèle. Bientôt, elle ne se mira plus que dans le portrait, et, aux rares visiteurs, elle le montrait avec fierté, en disant : « C'était moi. » La beauté, c'est le génie de la femme ; une belle femme a le droit d'orgueil comme un grand poète.

Dans l'appartement appauvri, le portrait splendide étincelait et rayonnait, joyau digne d'un Louvre et qu'une reine eût envié. Les années qui détruisaient le modèle embellissaient la peinture, et moins elle lui ressemblait, plus la pauvre femme y tenait. Ce n'était que par ce tableau qu'elle ressaisissait la tradition d'elle-même.

---

1. Le Louvre, abri de *La Joconde.*

2. Plus exactement Le Fèvre (1755-1830), portraitiste officiel apprécié sous l'Empire et la Restauration.

Bien des fois on lui avait dit que cet Ingres avait acquis quelque réputation, et que peut-être un brocanteur se pourrait accommoder de la chose ; que cet argent viendrait fort à point, et qu'elle n'avait que faire maintenant d'un portrait décolleté en robe de velours noir et en cachemire jaune. Cela ne persuadait pas Mme ***. Il lui semblait qu'une fois cette image enlevée elle se sentirait laide et vieille, qu'on emporterait avec lui sa grâce, sa jeunesse, tout le côté heureux et charmant de sa vie, qu'on la priverait d'un ami contemporain de ses beaux jours. L'idée de le vendre la faisait pleurer comme une ingratitude et une trahison, elle aurait cru livrer la meilleure partie d'elle-même, et se séparer d'une jeune sœur, parée de sa beauté d'autrefois.

Enfin, quelque parent, neveu ou autre, prit le portrait et le vendit à un marchand. On vint dire à M. Ingres qu'un tableau de lui, éblouissant de jeunesse et de couleur, figurait dans une boutique. Le tableau fut retiré, et M. Ingres reconnut la femme qu'il avait peinte à Rome.

M. R...[1], amateur distingué, possède maintenant ce chef-d'œuvre. On fait au modèle une rente viagère qui suffit à ses besoins. – Ainsi, pour avoir été belle en 1807 et avoir eu l'idée de se faire peindre par un grand artiste inconnu, une femme, dont l'opulence a disparu, trouve quelques adoucissements dans les jours de sa vieillesse. Ces cinq cents francs donnés au jeune peintre, capitalisés par la gloire, ont produit mille francs de rente. Ce contour, fixé par la main du génie, fait la richesse du modèle, effacé par la main du temps. On dit que M. Ingres, ayant su les détails de cette histoire et cette touchante obstination à garder son œuvre, a compris, avec cette matérielle intelligence du génie, les douleurs de cette pauvre femme qui n'est plus belle que par sa pein-

1. Frédéric Reiset (1815-1891), directeur du cabinet des dessins du Louvre et collectionneur averti. C'est en 1861 qu'il vendit sa collection, dont ce tableau, au duc d'Aumale.

ture, et lui a fait exécuter, par un de ses meilleurs élèves, une copie parfaitement exacte du portrait. Ainsi, dans sa chambre, égayée maintenant d'un peu d'aisance, Mme *** pourra se voir encore telle qu'elle était jadis, et grâce à ses yeux un peu affaiblis croire qu'elle possède toujours l'original de M. Ingres.

Nous avons aussi admiré deux portraits, l'un de femme, l'autre d'homme, peints à Florence il y a plusieurs années, et d'un aspect tout différent. Ils appartiennent à la seconde manière du maître ; les teintes argentées et grises commencent à s'y glisser ; l'aspect est doux, harmonieux, mais peut-être avec trop de sacrifices.

Un magnifique portrait de Mme de Rothschild, presque terminé [1], montre chez M. Ingres un de ces rares retours à la couleur, qui ne sont pas si rares chez lui qu'on voudrait bien le croire. Tout, dans ce tableau, respire l'opulence et le faste : une robe rose puissamment étoffée, des brocarts à ramages touffus, une pose pleine de sécurité, des bras puissants et superbes, des mains renversées dans une de ces attitudes d'un galbe grandiose dont les maîtres seuls ont le secret, donnent à ce portrait un aspect somptueux bien en harmonie avec le sujet. Tous les accessoires sentent le luxe de la haute banque ; mais l'œil, qui est l'âme, a un regard charmant et une douceur intelligente. C'est peindre à la fois la position et le caractère de la personne ; ce regard suave éclaire le tableau.

Bien que le peintre n'y ait encore consacré que trois séances, et qu'on nous l'ait montré presque confidentiellement, nous ne pouvons nous empêcher de dire quelques mots d'un portrait de femme assise sur un canapé, et dont la main joue avec une tête d'enfant penché à ses genoux : jamais beauté plus royale, plus splendide, plus

1. Ce portrait, terminé en 1848, fut exposé lors de la rétrospective organisée à la mort d'Ingres en 1867 ; il se trouve aujourd'hui dans une collection particulière.

superbe et d'un type plus junonien n'a livré ses fières lignes aux crayons tremblants d'un artiste. Déjà la tête vit. Une main d'une beauté surhumaine s'appuie à la tempe et baigne dans les ondes de la chevelure un doigt violemment retroussé avec cette audace effrayante et simple du génie que rien n'alarme dans la nature.

Nous avons revu là, en train d'exécution, le *Jésus parmi les docteurs*, dont le dessin à l'aquarelle est la perle de l'album de Mme la duchesse de Montpensier [1] : quelle charmante idée que celle des petits pieds de l'Enfant Jésus qui ne peuvent atteindre l'escabeau. Comme tous ces vieux docteurs ont des poses à la fois familières et nobles, comme leurs gestes sont vrais et d'une force intime, comme on y lit l'étonnement à toutes les phases ! Et ces mains tendues de la mère à la recherche de son enfant, ne sont-elles pas d'un sentiment exquis, dignes du maître allemand le plus naïf et le plus plein de foi ?

Cette toile remarquable, une des plus importantes compositions de M. Ingres, n'est encore qu'à l'état d'ébauche ; mais viennent quinze jours d'enthousiasme et tout sera fini [2].

---

1. Marie-Louise de Bourbon (1832-1897), sœur de la reine Isabelle II d'Espagne, avait épousé le 10 octobre 1846 le duc Antoine de Montpensier (1824-1890), cinquième fils de Louis-Philippe.

2. En fait, ce tableau de *Jésus au milieu des docteurs*, commencé en 1844, resta inachevé ; Ingres le légua à sa ville natale, Montauban.

Nous avons écarté les tout derniers paragraphes de l'article, qui parlent de Montmartre, puis de Dumas.

La Presse,
27 juillet 1849

SALON DE 1849
(2e article)

Sculpture. – M. Préault

Gautier a connu le sculpteur Auguste Préault (1809-1879) au début des années 1830, lors de leurs communes années de bohème du Doyenné[1], *et l'a souvent défendu contre les dédains de la critique académique. Le salon de 1849 marque une date, celle de la suppression du jury d'admission. Il sera rétabli dès 1850, mais ici Préault, pour la première fois depuis ses débuts discutés (Salons de 1833 à 1836), voit à nouveau ses œuvres au Salon.*

La sculpture occupe, au rez-de-chaussée des Tuileries, le vestibule du grand escalier, une salle basse qui donne sur le Carrousel et une galerie qui longe le jardin.

Elle est plus favorablement placée que la peinture, et a certes gagné à la translation : on peut l'aller visiter sans crainte de pleurésie, et les déesses nues n'ont pas à craindre de rhumatismes.

Le Salon de 1849 compte un nouveau venu, célèbre depuis longtemps, mais à qui un odieux ostracisme, qu'une révolution seule a pu faire cesser, fermait opiniâtrement les portes de l'exposition. Tout le monde a nommé M. Auguste Préault. Quelques vieilles perruques de l'Institut, choquées de ce talent original et hardi, avaient résolu de l'étouffer, et juré qu'aucune de ses œuvres ne serait admise au Louvre. Ce lâche assassinat, ce meurtre moral, plus coupable qu'un meurtre physique,

---

1. Voir la chronologie à la fin de ce volume.

a duré seize ans à la pure lumière du soleil, dans une ville civilisée, malgré les cris unanimes de la presse, sans qu'une autorité supérieure intervînt et chassât de leur tribunal ces juges prévaricateurs.

Un artiste moins rigoureusement trempé serait mort de chagrin ou de rage ; à moins que ce ne fût de misère ; les iniques jurés avaient bien compté sur un de ces trois dénouements ; mais le jour de la justice est enfin arrivé, et Préault, grâce au suffrage universel [1], a pu enfin pénétrer dans ce sanctuaire impitoyablement fermé pour lui pendant si longtemps.

On se demandera : « Qu'est-ce qui avait pu motiver une haine si profonde et si persistante ? » Oh ! mon Dieu, une raison toute simple, et qui n'étonnera pas ceux qui savent que l'art, comme la politique, a aussi ses partis et ses fureurs implacables.

Le mouvement romantique a été représenté dans la poésie par Victor Hugo, en peinture par Delacroix, en musique par Berlioz ; Auguste Préault le transporta dans la sculpture.

Inde irae [2] ! Les statuaires sont en général classiques avec plus de raisons de l'être qu'on n'en a dans les autres branches de l'art ; seulement, ils comprennent Phidias comme Bitaubé comprenait Homère et Campistron Eschyle [3] : ne leur parlez pas de quelque chose de vivant, d'attendri, de douloureux ou de passionné ; ils entendent la beauté à la façon des figures de cire qui tournent chez les coiffeurs, ratissent les membres comme des tuyaux de poêle et coiffent de cheveux en macaroni un de ces profils émoussés qui, par des dégradations successives, amènent

---

1. Il avait servi pour la première fois en décembre 1848 pour l'élection du président de la République.

2. « D'où la colère » (Juvénal, *Satires*, I).

3. Paul Bitaubé (1732-1808), traducteur d'Homère. Jean de Campistron (1656-1723), auteur de tragédies, ridiculisé par Musset comme type du mauvais imitateur de Racine.

le masque de l'Apollon à n'être plus qu'un museau de grenouille. Pour ces messieurs, une femme est Hébé, Vénus ou Pomone, et ils ne connaissent rien au-delà. Il n'est né personne depuis le siècle de Périclès ; les types des races modernes modifiés par le christianisme et la civilisation n'existent pas ; ils ignorent entièrement la mélancolie, cette grande poésie des temps modernes qui courbe nos fronts en les élargissant et met l'infini dans nos prunelles. Pour eux l'expression est grimace, la fougue barbarie, l'originalité démence. Ils ne peuvent s'imaginer qu'on fasse autrement qu'eux ; toute tentative leur paraît sacrilège ; comme les Égyptiens aux momies desquelles ils ressemblent ils ne veulent pas qu'on s'écarte du type hiératique. On doit refaire toujours ce qui a été fait. Encore s'ils prenaient l'art à sa source sacrée, ces faux prêtres du beau, on leur pardonnerait une pareille intolérance ; mais ce n'est pas un type qu'ils adorent, c'est un poncif ; ils sont classiques comme ces gens qui ne jurent que par les anciens, ne savent ni grec ni latin, et font trois fautes de français par phrase.

Qu'on essaie de se représenter l'indignation qui dut hérisser ces « confortables pédants [1] », lorsque à la place d'un Hyacinthe, d'un Cyparisse [2] ou de tel autre sujet, ils virent ce fameux groupe des *Parias* [3], violent comme un Delacroix, sinistre comme un Géricault, où la douleur, la misère et la fatalité mêlaient leurs sombres poésies. Ce n'étaient plus là les draperies en queue de billard, les torses arrondis comme des traversins, qui plaisent tant à ces hommes d'un goût pur, mais des haillons vrais par où sifflait la bise d'hiver, des corps anatomisés par la

1. Apostrophe lancée par Musset contre les classiques dans son poème de 1830 intitulé « Les secrètes pensées de Rafaël, gentilhomme français » (*Premières Poésies*).

2. Hyacinthos et Cyparissos, deux favoris d'Apollon, métamorphosés par lui en végétaux auxquels ils ont laissé leur nom (la jacinthe et le cyprès). Gautier les prend comme sujets types de sculpture académique.

3. Salon de 1834.

souffrance morale et la souffrance physique, et dont chaque muscle engourdi racontait une torture. Ces yeux caves, ces sillons creusés par les larmes, ces chevelures incultes, ces poitrines saillantes où l'épuisement dessinait déjà le squelette, ce reste de beauté dans la jeune fille renversée sur les genoux de la mère impuissante à la secourir, le regard flottant de l'homme éclairé par une rouge pensée de révolte, tout cela formait un ensemble douloureux, émouvant et tragique, d'une nouveauté extraordinaire dans la sculpture : la tradition classique était rompue, et la révolution s'accomplissait dans tout le cycle de l'art. Il y avait autant de différence entre cette sculpture féroce et les fadeurs mythologiques contemporaines, qu'entre le *Massacre de Scio* de Delacroix et *Énée racontant ses aventures à Didon*, de Guérin[1].

À l'effet produit ces messieurs virent qu'il y avait péril en la demeure et s'arrangèrent à ce qu'un scandale pareil ne se reproduisît plus. À dater de ce succès Préault assiégea vainement les portes du Salon avec une armée de colosses, de statues et de bas-reliefs, de médailles, de figurines, de bronzes et de plâtres qu'il cassait à leur retour du Musée pour en recommencer d'autres, car son atelier n'aurait jamais pu contenir ce peuple muet grossi chaque année. Jamais il ne se découragea ; prodiguant son temps, son génie, sa fortune, il revint toujours à l'assaut avec de nouveaux bataillons toujours battus. Pour nous servir d'une expression dantesque, il devint le *Grand Refusé*[2]. On ne saurait trop louer cette infatigable persévérance, ce soin à rechercher tous les ans le même honorable affront. Il ne faut jamais accepter l'injustice.

1. Pierre, baron Guérin (1774-1833), peintre académique à l'art très théâtral, directeur de la Villa Médicis de 1822 à 1828. Son tableau sur Didon et Énée date du Salon de 1817.

2. Cette expression, dont l'origine « dantesque » paraît bien imprécise, fut surtout appliquée dans la réalité moderne au paysagiste Théodore Rousseau.

Quand on a le droit, c'est un devoir de protester jusqu'au bout ! celui qu'on égorge dans un endroit solitaire doit crier, il sera entendu, ne fût-ce que par les grues d'Ybicus, et cela suffit pour que sa mort soit vengée [1].

L'infâme persécution continuée si longtemps contre Auguste Préault, et devant laquelle il aurait pu céder, est pour beaucoup dans le judicieux renouvellement du jury qui vient de s'opérer.

Cette année, sa sculpture proscrite a enfin pu pénétrer dans les Tuileries. Cela a-t-il produit quelque catastrophe ? Le palais a-t-il sauté en l'air ? Le public épouvanté s'est-il enfui par les vomitoires ? Les murailles indignées se sont-elles reculées pour ne pas porter ses médaillons ? La circulation a-t-elle été interrompue parce que l'on peut voir dans une salle basse de la sculpture qui n'est pas faite précisément comme celle de MM. les membres de l'Institut ?

Mon Dieu non ! tout s'est passé le plus paisiblement du monde : la foule, après s'être arrêtée aux marbres de MM. Pradier et Cavelier [2], regarde curieusement les bronzes de M. Préault, et ces trois noms sont les premiers que chacun cite en parlant de la sculpture.

L'exposition d'Auguste Préault se compose d'un Christ en croix, d'un masque funéraire, de quatre grands médaillons de bronze, et d'une figurine aussi de bronze.

Le Christ commandé par le ministère de l'Intérieur est un morceau capital d'un aspect saisissant et d'un caractère remarquable.

On a l'habitude, en France, de Christs doucereux et bénins, Endymions dépouillés de clair de lune, Apollons

---

1. Ibicus ou Ibycos, poète grec du VIe siècle assailli par des bandits près de Corinthe, aurait adjuré un vol de grues qui passait alors au-dessus de sa tête de porter en ville le nom de ses meurtriers.

2. James Pradier (1792-1852), réputé pour ses élégants nus féminins, était à l'Institut depuis 1827, alors que son cadet Pierre Cavelier (1814-1894) n'y entra qu'en 1865. Ils sont cités ici comme des artistes importants mais moins audacieux que Préault.

qui laissent leur serpent pythien au pied de la croix, et qui semblent plutôt suspendus par des rosettes[1] à un mètre d'acajou que cloués par des pointes de fer à un arbre de douleurs.

Les partisans de ces fades effigies toujours dominés par leurs souvenirs classiques, prétendent que l'expression de la souffrance n'est pas convenable, et que le Christ étant Dieu ne doit pas se tordre dans le supplice comme un simple criminel. Oui, le Christ est Dieu, mais il est homme aussi, et ce n'est pas un fantôme insensible qu'il laisse attacher à la croix pour nous racheter : il pâtit dans sa chair comme les deux voleurs ses compagnons de gibet. Le sang ruisselle de ses mains, ses nerfs pénétrés par les clous se déchirent sous le poids de son corps ; ses pieds se crispent, ses fibres palpitent, son flanc sent l'âpre morsure du fer, il a cette horrible soif de l'échafaud, cette fièvre du supplice qui se désaltérerait même avec du vinaigre, même avec du fiel ; sa tête alourdie par le vertige de l'agonie flotte d'une épaule à l'autre, ses reins se cambrent sur le bois infâme qui le blesse, faisant saillir la poitrine amaigrie et dentelée. La douleur est si effroyable que, malgré l'âme divine qui habite son enveloppe humaine, il pousse vers son père un cri d'appel et de désespoir en lui demandant pourquoi il l'a abandonné, et pourtant il s'est offert volontairement en sacrifice et s'il le voulait les anges de Dieu le détacheraient à l'instant.

Les Espagnols, dont personne assurément ne récusera la compétence en matière catholique, et dont l'art se résume pour ainsi dire dans la décoration des églises, représentent toujours le Christ avec les symptômes de la souffrance physique. Les Christs de Montanez, de Roldan, de Berruguete, de Cornejo Duque[2] et de cette

1. Nœuds décoratifs.

2. Quatre grands sculpteurs sur bois qui ornèrent les édifices religieux espagnols : Juan Montañéz (1569-1649) a travaillé à Séville, de même que Pedro Roldán (1624-1700, retable de l'hôpital de la Charité). On doit à Alonso Berruguete (v. 1490-1561) les stalles de la cathédrale

admirable école de sculpteurs en bois, pour ainsi dire inconnus du reste de l'Europe, ont toujours sur leur corps les stigmates du supplice imités avec une affreuse vérité. Ils expriment par leurs muscles crispés, leurs poses convulsives, la souffrance physique poussée au plus haut point, et le pécheur peut voir clairement ce que le rachat de ses fautes a coûté d'atroces tortures au fils de Dieu. Ces Christs effrayants sont peints, pour la plupart, de manière à augmenter encore l'impression dramatique qu'ils produisent. Jamais illusion ne fut poussée plus loin ; à l'extrême vérité des formes se joint la justesse de la couleur. Les meurtrissures bleues des coups de verges, les écorchures des genoux excoriés sur l'âpre chemin du Calvaire, les perles rouges que fait jaillir chaque pointe de la couronne d'épines, les filets de sang mêlés d'eau qui rayent le corps blafard, tout cela est exprimé avec la plus fervente et la plus pathétique cruauté. La divinité est concentrée dans l'œil qui, du haut de la tête renversée par l'agonie, semble plonger dans le ciel et chercher le regard consolant du Père.

Ces Christs de grandeur naturelle ou même plus grands font un effet admirable, comme on peut s'en convaincre dans les cathédrales de Barcelone, de Vitoria, de Burgos et de Tolède. Ils sont trouvés parfaitement chrétiens par le peuple qui est encore le plus catholique de la terre, et justifient complètement, s'il y en avait besoin, le Christ de M. Auguste Préault.

Le torse de son Christ est modelé avec une vigueur et un sentiment anatomique rares : le profond sanglot du râle suprême tend les pectoraux, soulève les côtes, tord les flancs ; on dirait que l'âme du Dieu fait en s'échappant craquer le corps mortel ; les cuisses et les jambes avec leurs muscles tendus et frémissants sont dignes du

---

de Tolède, à Pedro Duque Cornejo (1677-1757), élève de Roldán, celles de la cathédrale de Cordoue.

Puget [1], et les pieds se crispent sur leurs coins de bois si douloureusement, si nerveusement qu'ils semblent de chair et traversés par de véritables clous.

Cette figure, outre le sentiment profond qui l'anime et la parfaite compréhension de la poésie catholique dont l'artiste a fait preuve en ne craignant pas d'insister sur le côté douloureux, a des mérites *académiques* pour ainsi dire qui surprennent dans un homme si longtemps persécuté au nom des saines doctrines : comme charpente, comme attache, comme musculature, ce Christ accuse une science qu'on trouverait chez bien peu de statuaires classiques ; et de plus sur ces saillies justement accusées, sur ces nerfs enlacés savamment, palpite un épiderme souple et frémissant comme la vie. Ce n'est pas un écorché, c'est un corps dans sa peau, chose plus rare qu'on ne croit.

Ce Christ n'est pas le seul qu'ait sculpté M. Préault ; un autre non moins beau, mais d'une expression différente, orne une chapelle de Saint-Gervais [2] ; il est exécuté en bois ; nous voudrions voir celui-ci exécuté en bronze.

Le bronze est la matière qui convient le plus à Préault, le marbre rendrait bien moins facilement sa pensée : il modèle plus encore qu'il ne sculpte ; la fleur de vie, le frisson d'épiderme qu'il met à ses figures seraient difficilement reproduits par le ciseau du praticien le plus habile ; il faut qu'on y puisse retrouver la touche, l'empreinte du pouce, cette espèce de palpitation magnétique qui passe des doigts du statuaire à la terre glaise ou à la cire qu'il

---

1. Pierre Puget (1620-1694), maître de la sculpture baroque française, au style tourmenté et tragique.

2. Le plâtre de ce premier *Christ en croix*, commande du ministère de l'Intérieur, fut brièvement placé à Saint-Germain-l'Auxerrois, puis retiré (avril-mai 1840) ; c'est une version en bois, exécutée en 1846 pour l'église Saint-Paul mais refusée par le curé de cette église, qui fut installée à Saint-Gervais en février 1847. Elle est plus originale et plus tourmentée que celle dont Gautier vient d'évoquer l'assagissement ; le bronze de ce second *Christ* se trouve depuis novembre 1849 dans l'église Saint-Ferdinand-des-Ternes.

pétrit ; le bronze reproduit tout cela comme un fac-similé. – L'airain convient donc à Préault comme le marbre à Pradier, ce qui ne veut pas dire que l'un ne puisse faire de beaux marbres et l'autre de beaux bronzes.

Le mascaron funèbre est assurément une des plus hautes conceptions de la statuaire moderne, et l'on peut dire que depuis Michel-Ange on n'a rien vu de plus terrible et de plus saisissant.

Rien n'est plus simplement et plus grandiosement sinistre que cette conception.

Un médaillon de bronze vert encastré dans un marbre noir, voilà tout. Jamais tombeau monumental, jamais pyramide d'Égypte ne produisit autant d'effet.

Une tête entourée des plis d'une draperie qui tient le milieu entre le suaire et le voile, se présente en face avec son regard morne, son nez mince, ses joues amaigries, ses lèvres closes sur lesquelles vient s'appuyer comme un sceau le doigt d'une main décharnée qui se dégage du milieu des linges.

Qu'est-ce que cette figure à l'âge douteux, au sexe incertain ? Est-ce la Mort, la Parque qui coupe le fil de la vie, une des Mères qui, dans les profondeurs de l'Hadès [1], gardent les germes des créations futures ? Est-ce l'Isis des tombeaux écartant un coin de son voile, et comprimant sous cette maigre phalange son secret prêt à lui échapper ? Vers quel horizon invisible flotte ce regard vide ; quel rêve ou quelle pensée hante ce front somnolent ? De quoi parlerait cette bouche ainsi cachetée ? De résurrection ou de néant ? Ce masque vert placé là garde-t-il un corps qui se dissout ou la larve d'une âme immortelle ? On ne sait ; mais cette tête impassible, sinistre et mystérieuse produit l'effet de la Mort même ; elle épouvante, glace et stupéfie : c'est une Méduse sépulcrale ! Et il suffit

1. Dieu des enfers chez les Grecs et, par extension, les enfers eux-mêmes.

qu'on vous la présente pour que l'angoisse du non-être et la terreur de l'inconnu figent le sang de vos veines.

Il nous semble que les mânes et les lémures qui erraient autour des tombeaux romains devaient avoir seuls ce masque froid, livide et régulièrement horrible ; telles devaient être aussi les sorcières antiques au clair de lune thessalien.

M. Michelet, l'illustre historien, qui joint à la science le plus vif sentiment de l'art, parle ainsi de ce médaillon :

« L'horreur de la fatale énigme, le sceau qui ferme la bouche au moment où l'on sait le mot, tout cela a été saisi une fois dans une œuvre sublime que j'ai découverte dans une partie fermée du Père-Lachaise, au cimetière des juifs [1] : c'est un buste de Préault, ou plutôt une tête prise et serrée dans son linceul, le doigt pressé sur ses lèvres ; œuvre vraiment terrible, dont le cœur soutient à peine l'impression, et qui a l'air d'avoir été taillée du grand ciseau de la Mort. »

Le cadre des grandes médailles offre quatre types tout à fait distincts : d'abord, une tête de vieux Turc ravinée par l'opium, le haschich et la luxure. Ce profil est profondément marqué au cachet des races asiatiques. Sans que l'artiste ait voulu faire un symbole d'un simple médaillon, on pourrait dire que cette tête, où une certaine bonhomie bestiale s'allie à la lascivité, caractérise très bien le vieil Orient. L'enroulement du turban, le crêpé de la barbe, le relâchement des muscles du col, tout cela est rendu avec un bonheur rare. C'est dans le bronze la même furie de couleur et la même férocité caractéristique que dans la *Patrouille turque*, de Decamps [2].

---

1. Ce masque funèbre généralement intitulé *Le Silence*, commandé à Préault en 1842, orne la sépulture de Jacob Roblès ; il en existe aussi un bronze au Louvre. Cette citation de Michelet provient de son livre de 1846, *Le Peuple* (note du chap. IV, « Des simples. – L'enfant, interprète du peuple »).
2. Voir p. 77, note 2.

À côté du Turc on admire une tête de jeune femme d'une beauté élégante et fière, et dont le col et les oreilles sont chargés de riches ornements. Ce sera, si vous voulez, la reine d'un de nos bals, à moins que ce ne soit la femme, la fille ou la maîtresse de quelque empereur romain, car dans ce médaillon la grâce moderne s'allie très bien au style ancien.

Au-dessous de cette tête se trouve un profil de femme inondé par de longues anglaises, dont les spirales se tordent aussi souplement dans le bronze qu'elles pourraient le faire sous la brosse de Prud'hon et le blaireau de Lawrence [1]. Il est impossible de rien faire de plus flou, de plus vaporeux, de plus passé. On dirait que l'artiste l'a modelé non pas avec un ébauchoir, mais avec une estompe.

Le quatrième médaillon, tout à fait en ronde-bosse, et qui devait figurer dans le tombeau de la femme *de la pluie qui marche*, pauvre Indienne morte de nostalgie en France lors du voyage des Ioways [2], est au contraire un morceau de la plus extraordinaire réalité ; la vérité ne saurait être poussée plus loin ; la couleur même de la pauvre Squaw, avec sa peau rouge, s'y retrouve ; le modelé, d'une finesse incroyable, rend tous les petits méplats et jusqu'au grain de la peau ; les yeux regardent, les narines respirent, la bouche va s'ouvrir et entonner quelqu'une de ces chansons plaintives et bizarres qui faisaient un si étrange effet sous les plafonds de Valentino [3], accoutumés à d'autres musiques.

---

1. Thomas Lawrence (1769-1830), grand portraitiste anglais. Prud'hon : voir p. 143, note 1.

2. Sous la monarchie de Juillet, plusieurs explorateurs ramenèrent d'Amérique du Nord ou du Sud des « échantillons » d'Indiens qui furent offerts comme des bêtes à la curiosité des Parisiens. Les Indiens Iowas ou Ioways venaient de donner leur nom à un des États du centre des États-Unis, créé en 1846 ; le « voyage » de quelques-uns d'entre eux à Paris avait défrayé la chronique en 1845.

3. Henri Valentino (1787-1865), chef d'orchestre à l'Opéra, puis à l'Opéra-Comique, dirigeait depuis 1836 une salle de concerts rue Saint-Honoré.

Le cadre de petites médailles, rempli de portraits fantasques, montre la possibilité d'une chose que l'on ne croyait guère faisable, le croquis en bronze : toutes ces physionomies bizarres, chevelues, moustachues, hérissées, indiquées par un coup de pouce spirituel et quelquefois railleur dans son exagération, composent un cénacle romantique ; une espèce de collection capricieuse qui, au besoin, représenterait assez bien « les amis de Kreisler » et figurerait avec honneur dans le cabinet d'Hoffmann [1].

Ces bronzes si fins et si bien venus ont été fondus par M. Auguste Vittez.

La petite esquisse noyée dans les larmes et surtout dans les cheveux que le livret appelle « *Douleur* », est d'un mouvement superbe. Quel malheur déplore-t-elle ainsi ? est-ce un chagrin antique ou moderne ? est-ce Cassandre déplorant sa virginité, une pauvre mère Niobé de faubourg devant le corps de son enfant mort de misère ? Nous l'ignorons ; mais la douleur est vraie, le sanglot profond, le désespoir inconsolable et cette figurine, haute de quelques pouces, souffre plus que bien des colosses académiques.

1. Johannes Kreisler est un musicien imaginaire, créateur fantasque dont plusieurs des contes d'Hoffmann racontent la vie.

La Presse,
11 mars 1850

THÉÂTRES

*Voici un exemple de feuilleton théâtral « ordinaire », qui s'ouvre sur les actualités de la Comédie-Française (rebaptisée provisoirement pour cause de IIe République) et se referme sur celles du théâtre lyrique et des mondanités, en passant par les petits théâtres qui sont le lot quantitatif de Gautier depuis treize ans. La brève analyse d'*Embrassons-nous, Folleville *fait apparaître pour une des premières fois dans le feuilleton le nom d'Eugène Labiche (1815-1888), dont la carrière devait être lancée avec éclat l'année suivante par le triomphe d'*Un chapeau de paille d'Italie.

THÉÂTRE DE LA RÉPUBLIQUE

Lecture de *Charlotte Corday*, *La Périchole*, *Le Chandelier*

La *Charlotte Corday* [1] de M. Ponsard, dont les répétitions avancent, sera jouée sous peu de jours. On semblait appréhender en haut lieu que la représentation de cette pièce ne fût tumultueuse et ne devînt une arène pour les passions politiques ; cette crainte n'a pas de fondement. L'œuvre de M. Ponsard, étudiée dans un sens tout historique, avec le calme et la sérénité du poète, ne s'adresse en aucune manière aux partis contemporains ; il a fait,

1. Ce drame en cinq actes et en vers fut créé le 23 mars. François Ponsard (1814-1867), devenu célèbre à la faveur de la campagne antihugolienne qui avait entouré la création de sa tragédie *Lucrèce* (Odéon, 1843), était en 1850 le principal représentant de l'« école du bon sens » au théâtre.

comme c'était son droit, le portrait de ces grandes figures révolutionnaires dans son sentiment particulier, cherchant la vérité ou ce qu'il pense être la vérité, courageusement et consciencieusement, et ne flattant aucun de ses modèles.

Peut-être les blancs le trouveront-ils rouge, et les rouges le trouveront-ils blanc ; ce qu'il y a de sûr, c'est qu'il a tâché d'être impartial. Nous n'avons pas à préjuger ici le mérite littéraire d'une pièce qui n'est pas arrivée au grand jour de la publicité ; mais la loyauté de l'intention est évidente et M. le ministre de l'Intérieur, qui avait officieusement [1] prié M. Ponsard de lui lire sa pièce devant un petit comité qui avait fini par être assez nombreux, doit en être à l'heure qu'il est parfaitement convaincu. On dit aussi qu'après le lever de la toile, on verra devant un rideau de manœuvre la muse Clio, vêtue à l'antique, qui débitera un discours en vers et réclamera du public, non l'indulgence pour le poète mais le respect pour l'histoire.

On va donner cette semaine, sous le nom de *La Périchole*, une charmante petite pièce du *Théâtre de Clara Gazul*, qui s'appelle dans le livre *Le Carrosse du Saint-Sacrement*. Le rôle de la Périchole, comédienne fantasque, insolente et spirituelle, célèbre en Amérique par ses caprices aussi imprévus que ceux de la Gabrielli, sera rempli par Mlle Brohan, pour laquelle il semble fait exprès : nous sommes heureux de voir l'auteur du *Théâtre de Clara Gazul* arriver au théâtre auquel sa manière sobre, rapide et nette semble le prédestiner, et surtout de l'y voir arriver par une pièce qui n'a pas été faite avec la préoccupation de la rampe, préoccupation exagérée et funeste qui, en France, enlève aux poètes la moitié de leur talent [2].

---

1. Officieusement parce que la censure théâtrale, suspendue dans l'euphorie de 1848, n'a pas encore été rétablie. Le ministre est alors Ferdinand Barrot (1806-1883), frère cadet d'Odilon Barrot son prédécesseur.

2. Augustine Brohan (1824-1893) a joué avec éclat au Théâtre-Français de 1841 à 1868. Gautier l'apprécie beaucoup. La cantatrice Caterina Gabrielli (1730-1796) était une des célébrités de l'opéra européen avant la Révolution. C'est en 1825 que Mérimée a publié les six pièces

Le Chandelier va passer aussi, dans un court délai [1]. Après quelques fluctuations de Mme Allan à Mlle Brohan, le rôle de Jacqueline est resté à Mme Allan. Autant que personne, nous avons rendu justice au talent de cette éminente actrice, à qui on doit de la reconnaissance pour avoir importé Alfred de Musset de Russie [2] ; mais nous croyons que Jacqueline eût été mieux le fait de Mlle Brohan que le sien. Mme Allan excelle à rendre les femmes du monde usagées, les grandes coquettes qui ont l'expérience et l'aplomb de la vie ; personne mieux qu'elle ne dirige et ne conseille une jeune femme dans une intrigue ; elle peut, au besoin, faire naître un caprice dans une soirée, sous le feu des bougies ; mais nous pensons qu'il ne serait pas prudent de la faire surprendre au saut du lit, comme Jacqueline, dans la première scène du *Chandelier* : ensuite il est nécessaire qu'il y ait entre maître André et Jacqueline une grande disproportion d'âge ; c'est l'excuse de la jeune femme : Mme Allan, trop assortie à maître André, n'a pas les mêmes droits à l'indulgence. Jacqueline, qui a vingt ans, qui est spirituelle et jolie, mariée à un notaire vieux, laid, sot, ridicule, commet sans doute une faute au point de vue social en ayant un amant, mais, au point de vue purement humain, elle a raison. Elle n'est pas la femme de cette vieille bête à qui des parents avares et stupides l'ont accouplée pour toujours : plus l'actrice est jeune, jolie et vivace, plus

---

semi-parodiques de son *Théâtre de Clara Gazul*, non destiné à la scène. *Le Carrosse du Saint-Sacrement*, apparu dans la seconde édition (1830), et créé à la Comédie-Française le surlendemain de ce feuilleton, est promis à une double célébrité future, avec *La Périchole* d'Offenbach (1868), puis le film de Jean Renoir, *Le Carrosse d'or* (1952).

1. Cette comédie de Musset ayant déjà été créée au Théâtre-Historique de Dumas (10 août 1848), il s'agit ici de son entrée au répertoire de la Comédie-Française (ce fut chose faite le 29 juin 1850).

2. Louise Allan, née Despréaux (1809-1856), était la maîtresse de Musset, dont elle avait créé à Saint-Pétersbourg *Un caprice*, déterminant ainsi la venue progressive à la scène d'une œuvre théâtrale que son auteur avait écrite pour « un fauteuil ». Elle jouait à la Comédie-Française depuis 1847.

ce que le rôle pourrait avoir d'odieux disparaît. On aurait dû songer aussi à l'extrême jeunesse de Fortunio, l'heureux rival du capitaine Clavaroche. N'est-il pas à craindre que Mme Allan, maîtresse du petit clerc, n'ait l'air de faire ce qu'on appelle dans le monde une éducation ? Ce danger n'était point à craindre avec Mlle Brohan, et cette raison nous l'eût fait préférer. Mais, au Théâtre-Français, les femmes de M. de Balzac [1] remplissent toujours les rôles de boutons de rose.

On vient de recevoir avec acclamations une comédie de M. Gozlan, pailletée de mots étincelants d'esprit, d'une donnée très comique et pleine d'observation. Cette nouvelle œuvre de l'auteur de *La Main droite et la main gauche* s'appelle *La Queue du chien d'Alcibiade.* Le titre est original et promet... tout ce que tient la pièce [2].

En attendant, Mlle Rachel attire beaucoup de monde avec *Mademoiselle de Belle-Isle*, *Adrienne Lecouvreur*, *Polyeucte* et *Le Moineau de Lesbie* [3], et les recettes s'élèvent au double de ce qu'elles étaient l'année dernière à la même époque : les comédiens enragent bien un peu de faire de l'argent, sous un directeur qui n'est pas de leur choix ; mais ils s'y accoutumeront.

---

1. C'est-à-dire les femmes plus très jeunes, voire mûres. L'expression était claire pour tout lecteur de 1850, à cause de la célébrité du titre du roman (*La Femme de trente ans*, 1842).

2. Gautier a donc assisté à la lecture, ou connaît l'œuvre par l'auteur lui-même, qui est de ses amis. Léon Gozlan (1803-1866) est un romancier, dramaturge et journaliste prolixe. *La Main droite et la main gauche* est un drame en cinq actes, créé à l'Odéon le 24 décembre 1842. *La Queue du chien d'Alcibiade*, comédie en deux actes, sera créée à la Comédie-Française le 29 mai 1850.

3. Cette énumération permet de rappeler que Rachel, à côté du répertoire classique ici représenté par le rôle cornélien de Pauline dans *Polyeucte*, joue aussi les auteurs de son temps, en reprise (*Mademoiselle de Belle-Isle*, drame de Dumas, a été créé par Mlle Mars en 1839) ou en création récente : *Adrienne Lecouvreur*, comédie dramatique de Scribe et Legouvé (14 avril 1849) ; *Le Moineau de Lesbie*, comédie d'Armand Barthet (22 mars 1849).

Et, d'ailleurs, le Conseil d'État a décidé, mardi, que le président et le ministre avaient eu raison de nommer un directeur au Théâtre-Français. Voilà donc, que cela plaise ou non à MM. les comédiens, une question de principe jugée définitivement. La question est aujourd'hui de savoir si M. Arsène Houssaye administre dans l'intérêt des comédiens, des auteurs, et de l'État. MM. les comédiens disent non, et articulent contre M. Houssaye une foule de griefs qui tombent d'eux-mêmes. – Premier grief : M. Houssaye a ramené Rachel, – ce grief-là, le public le lui pardonnera très volontiers. – Deuxième grief : M. Arsène Houssaye publie le montant des recettes, qui le louent avec toute l'éloquence des chiffres. Se faire aduler par des métaux est une faute que l'on doit pardonner aisément à un administrateur. – Troisième grief : il ne joue pas assez souvent *Les Deux Célibats*, ou même, comme le prétendent des gens bien informés, – il ne les joue pas du tout ; il n'y a pas grand mal à cela, on ne peut faire amener les spectateurs par la force armée aux pièces qu'ils ne veulent pas voir et qui sont représentées pour la plus grande édification des banquettes [1]. – Quatrième grief : M. Houssaye aurait dépensé quelque argent en avances ou primes à des gens de lettres, afin de les déterminer à travailler pour le Théâtre-Français ou les dédommager de l'avoir fait.

La prime accordée à l'un de ces poètes pour un ouvrage sérieux, fruit de quatre ans de travail, et qui renferme des beautés de premier ordre, est juste la moitié de ce qu'on lui offrait ailleurs, et de ce que MM. les comédiens ont l'habitude de donner aux auteurs de leur goût. Ils savent cependant très bien que la subvention a été portée, en 1847, de 200 000 francs à 210 000 francs, à la condition expresse que 50 000 francs seraient employés en droits d'auteur. Jusqu'à

1. *Les Deux Célibats*, comédie de Jules de Wailly et Overnay, a été créée le 5 janvier 1850. L'écrivain et journaliste Arsène Houssaye (1815-1896), un ami de Gautier, déjà commissaire du gouvernement depuis novembre 1849, sera nommé administrateur le 27 avril 1850.

présent l'on est resté bien loin de ce chiffre, déjà médiocre. M. Arsène Houssaye, dans l'intérêt même du théâtre, veut que ces 50 000 francs soient dépensés, et il a raison ; sans pièces, pas de théâtre ; c'est là une de ces vérités bêtes qu'on est pourtant obligé de redire quelquefois, et on ne peut pas jouer exclusivement des pièces de rentiers.

On objecte que l'ouvrage auquel une prime a été accordée peut tomber, et qu'alors le théâtre en est pour ses frais ; c'est pour cela que l'État subventionne certains théâtres, où, dans l'intérêt de l'art, doivent être risqués des essais qui peuvent ne pas réussir ; et dans ce cas le ministère a une réserve de 25 000 francs sur la subvention, dont il use à son gré, et dont il userait s'il en était besoin ; mais il n'en sera pas besoin, car le succès dissipera toutes ces petites malveillances, jalousies et rancunes et MM. les comédiens, qui après tout sont gens d'esprit, comprendront que, puisqu'ils n'ont pas le dessus, il vaut mieux s'exécuter de bonne grâce et se rallier franchement à un directeur animé des meilleures intentions, plein de zèle pour la vraie littérature, et qui a relevé le théâtre de l'état misérable où il était lorsqu'il l'a pris.

THÉÂTRE DES VARIÉTÉS

La Mariée de Poissy, vaudeville en un acte, par MM. Grangé, d'Ennery et La Rounat [1]

Poissy est un endroit connu par son marché aux bœufs et par son congrès historique. Mais nous n'avons pas l'intention de faire la chronique de ce bourg célèbre.

1. Création le 6 mars 1850. Eugène Grangé (1810-1887) et Adolphe d'Ennery ou Dennery (1811-1899) sont depuis longtemps dans la carrière vaudevillesque ; Charles de La Rounat (1819-1884) vient seulement d'y entrer ; également critique, il dirigea l'Odéon de 1856 à 1867.

Poissy est tout bonnement le lieu où se passe l'action de ce vaudeville, qui aurait pu, nous devons l'avouer avec franchise, se passer tout aussi bien autre part, et s'appeler alors *La Mariée de Nanterre*, ou *d'Argenteuil*. Ce qui justifie le nom de Poissy, c'est la profession de l'épouseur de la pièce, qui s'intitule M. Sauvageon, commerçant en bêtes bovines. Sauvageon est fiancé à Mlle Véronique, fille de M. Cabillot, qui aspire à la dignité de conseiller municipal de cette ville, illustre dans les fastes de la boucherie.

Mlle Véronique, comme le roquet de Mme Desjardins [1], est un peu sur sa bouche ; mais Rousseau ne haïssait pas les femmes gourmandes, et M. Sauvageon n'est pas plus difficile que Rousseau ; il aime cette fiancée de bon appétit, qui avale avec tant d'aisance une partie du repas de noce.

Au dessert, à travers les fusées et le bombardement des bouteilles de vin de Champagne arrive de Paris une nuée de polkeuses, chaloupeuses et autres chorégraphes de Mabille et du Château-Rouge [2]. Le Sauvageon, un peu chaud de vin, prend pour sa fiancée une de ces jeunes filles dont les traits ont beaucoup de rapports avec ceux de sa future Mme Sauvageon, mais qui ne lui ressemble guère sous le rapport de l'élocution.

Le marchand de bêtes à cornes est extrêmement surpris des progrès rapides faits en un instant par la chaste Véronique, et il se donne au diable pour savoir qui peut en avoir tant appris à sa femme. Angélina, c'est le nom de la vierge de la Boule-Rouge [3], est le produit d'une des

---

1. Personnage du « Roman chez la portière » de Monnier (voir l'article p. 31).

2. Deux bals populaires en vogue, le premier ancien (ouvert en 1813, actuelle avenue Montaigne) mais récemment rénové et agrandi, le second ouvert en 1845 dans le quartier Barbès (actuelle rue de Clignancourt).

3. Cabaret qui existait encore au milieu du XXe siècle ; Doisneau photographia certains de ses artistes.

fredaines du père Cabillot, qui, comme tout le monde, a été un gaillard dans son temps. De là cette ressemblance extraordinaire pour deux étrangères, naturelle pour deux sœurs. Tout s'éclaircit, après une foule de cascades très drôles. Sauvageon, rassuré, achève son mariage avec Mlle Véronique ; Mlle Angélina, ornée d'une petite dot, épouse M. Frédéric, un de ses instructeurs en langage égrillard et en grammaire échevelée.

Tout cela est vif, bouffon et amusant. Mlle Delorme s'est fait applaudir dans son rôle double de Véronique et d'Angélina, car les deux personnages, qu'on a soin de ne pas faire trouver ensemble sur la scène, sont joués par la même actrice, ce qui donne à la méprise de Sauvageon une vraisemblance qui manque souvent dans les pièces ménechmes [1].

THÉÂTRE DE LA MONTANSIER

Embrassons-nous, Folleville, comédie en un acte mêlée de couplets, de MM. Labiche et Lefranc [2]

Le marquis de Manicamp, seigneur assez original, a pris en grande amitié Folleville, qui l'a sauvé d'un mauvais pas : cette amitié, éminemment expansive, se manifeste par de grandes embrassades qui se renouvellent de cinq minutes en cinq minutes, et qui sont précédées du cri : « Embrassons-nous, Folleville ! ». Manicamp, l'embrasseur, a une fille charmante, mais revêche, qui brise les por-

1. *Les Ménechmes* (les jumeaux) est une comédie de l'auteur grec Ménandre, souvent imitée par la suite. Joséphine Delorme, née Chevalier, vient de débuter aux Variétés en 1849.

2. Création le 6 mars 1850. Le « théâtre de la Montansier » est le nom porté sous la IIe République par le théâtre du Palais-Royal, en souvenir de sa fondatrice à l'époque révolutionnaire. Auguste Lefranc (1814-1878) fut un des principaux collaborateurs de Labiche.

celaines, soufflette ses danseurs, et qu'il veut faire épouser à Folleville. Cette aimable personne est adorée du vicomte de Chastener, tête chaude lui-même, qui veut se battre en duel avec Manicamp parce qu'il lui refuse sa fille.

Mlle Berthe, nouvelle Hersilie [1], s'interpose entre les combattants ; il se casse encore beaucoup de vieux Sèvres dans cette explication, à la suite de laquelle Mlle Berthe se fait enlever par le vicomte et conduire chez la princesse de Conti sa marraine. Le prince de Conti fait, dans un but de conciliation, dîner ensemble Manicamp et Chastener. Les deux enragés se jettent à la figure des verres d'eau que reçoit le secrétaire du prince. Enfin Folleville se désiste et laisse le champ libre à Chastener, et tout s'arrange. Derval [2] est charmant dans cette bluette.

Deux Vieux Papillons, de M. Léon Laya [3]

Si jeunesse savait, si vieillesse pouvait, disaient nos pères. Delille et Saturnin font mentir le proverbe ; ils savent et peuvent. Ces deux vieux amis de Pauline arrivent juste à temps pour empêcher le mariage de la jeune fille avec un certain Isidore qu'elle déteste, et que protège l'odieux Boulard, son tuteur. Certes, la pauvre enfant aurait été bien malheureuse avec ce traître d'Isidore, qui, sous les plus riantes promesses de bals, de monde, de plaisirs de toutes sortes, cachait l'odieux projet de l'enfermer dans

1. Une des Sabines, enlevée par Romulus qui fit d'elle sa femme, dans la légende romaine.

2. Hyacinthe de Ferrières, dit Derval, acteur comique d'expérience (1801-1885).

3. Comédie-vaudeville en un acte, créée au Palais-Royal le 2 mars. Léon Laya (1809-1872) est le fils de Jean-Louis Laya, célèbre sous la Terreur comme auteur de *L'Ami des lois* (1793).

une ferme pour lui faire goûter les délices de l'élevage des canards, dindons, etc.

Aussi est-ce bien justice si Delille, excité par Saturnin, redevient jeune homme pour s'opposer à l'union de deux êtres si peu faits pour se comprendre. Levassor et Grassot se sont montrés ce qu'ils sont toujours, dans les rôles de Delille et de Saturnin. Alcide Tousez a été superbe en jeune roué de vingt-cinq ans, dégoûté des femmes et des joies du monde, et bien décidé à priver son épouse de ces plaisirs turbulents dont il est fatigué [1].

Cette semaine sera fertile en solennités musicales. Mentionnons entre bien d'autres la représentation qui sera donnée le 14 au bénéfice de Barroilhet, à l'Opéra, où cet excellent artiste est définitivement réengagé [2]. On ne voit sur l'affiche que des noms de célébrités et de chefs-d'œuvre : Mlle Rachel, Mme Viardot, Mme Cerrito, Saint-Léon et Barroilhet ; *Athalie*, *Charles VI*, *Le Barbier* et *La Favorite* [3].

Mme Elvina Froger, que nous avons déjà vue aux Italiens sous le casque d'Abigaïl [4], jouera dans *La Favorite* le rôle de Léonor, qui convient à la voix vibrante et au jeu dramatique de cette chaleureuse prima donna. Le public reverra avec plaisir sur la scène de l'Opéra l'excellent baryton qu'il y a déjà tant applaudi, et que le bon

1. Pierre Levassor (1808-1870), Paul Grassot (1800-1860), Alcide Tousez (1806-1850) sont, comme Derval, des « piliers » du Palais-Royal.

2. Paul Barroilhet (1810-1871), grand baryton ténorisant, a chanté à l'Opéra de 1840 à 1847.

3. Arthur Michel, dit Saint-Léon (1821-1870), est le partenaire, le chorégraphe et le mari de Fanny Cerrito (1817-1909), célèbre danseuse, à l'Opéra depuis 1847. Dans ce programme composite Rachel joue un acte d'*Athalie* de Racine ; « Mme Viardot » (Pauline García, voir l'article p. 85) chante des extraits du *Barbier de Séville* de Rossini, de *Charles VI*, opéra de Fromental Halévy (1843), et de *La Favorite*, opéra de Donizetti (1840) ; dans cette dernière œuvre se trouve en outre un ballet très apprécié, où se produisent la Cerrito et son mari.

4. Dans *Nabucco* de Verdi (1842, créé à Paris en 1845). Nous ne savons rien d'Elvina Froger.

goût de M. Roqueplan [1] vient de soustraire d'un trait de plume à la convoitise de deux directeurs étrangers.

Au Théâtre-Italien, l'exécution du *Selam*, de M. Ernest Reyer, est fixée à dimanche prochain 17 mars. C'est Barroilhet, Alexis Dupont et Mme Elvina Froger qui ont bien voulu se charger des solos de cet ouvrage, auquel nous ne sommes pas nous-même tout à fait étranger, car c'est nous qui en avons arrangé les *syllabes* [2]. Nous voulons être sobre d'éloges envers M. Reyer, jusqu'au moment où le public aura sanctionné par ses bravos le jugement intime que nous nous sommes déjà formé sur l'œuvre originale de notre jeune collaborateur.

ITALIENS

Rentrée de Mme Ronconi [3]

Mme Ronconi s'est enfin décidée à passer des salons de son avant-scène sur les planches de son théâtre. Mme Ronconi a cédé, en cela, aux vœux que ses amis lui ont exprimés si souvent, et que légitiment à leurs yeux un talent incontestable et une beauté incontestée. C'est dans *Maria di Rohan*, de Donizetti [4], que Mme Ronconi fera sa rentrée, samedi, devant le public nombreux que cette solennité ne manquera pas d'attirer ce soir-là, à la salle Ventadour.

Mlles d'Angri, Ronconi et Moriani [5] rempliront les principaux rôles de cet opéra, l'une des plus ravissantes

1. Le journaliste Nestor Roqueplan (1804-1870) fut directeur de l'Opéra de 1847 à 1854.

2. Gautier est en effet l'auteur des paroles de cette « symphonie descriptive en cinq tableaux », qui eut un certain succès. Ernest Reyer (1823-1909) écrivit aussi pour lui la partition d'un ballet, *Sacountala* (1858).

3. Cantatrice, épouse et partenaire du célèbre baryton Giorgio Ronconi (1812-1875), nommé ensuite.

4. Opéra créé à Vienne en 1843.

5. Napoleone Moriani (1806-1877), célèbre ténor, alors en fin prématurée de carrière pour cause d'aphonie.

compositions de l'illustre maître. Hier, la *Linda di Chamouny*[1] a valu à Ronconi une ovation des plus triomphales : après la scène de la malédiction où il a été vraiment sublime, la salle entière lui a envoyé trois salves d'applaudissements et l'a rappelé à la fin de l'acte.

Séances de musique de chambre, par Mme Wartel

Mme Wartel a déserté cette année la salle de la rue Saint-Georges, et c'est dans les salons de M. Érard qu'elle nous a donné, jeudi dernier, son premier rendez-vous. Tout romantique qu'on nous suppose, nous n'en avons pas moins pour les anciens maîtres une véritable et profonde vénération, et nous nous sommes empressé de répondre à l'appel tout gracieux que Mme Wartel a bien voulu nous adresser, de conserve avec MM. Joachim et Cossmann[2]. La fugue de Bach qu'a exécutée le jeune violoniste viennois est un véritable tour de force harmonique qui nous a mis dans un double ravissement pour le talent de l'artiste et la beauté de la composition.

Puis est venu un quatuor en *ut* mineur, de Beethoven, et un trio de Mendelssohn pour piano, violon et violoncelle. Mais ce qui nous a surtout le plus délicieusement impressionné, c'est un magnifique concerto de Sébastien Bach, pour piano et quintette, accompagné avec un art infini par MM. Joachim, Cossmann, de Rivals, Gouffé et

1. Autre opéra de Donizetti (Vienne, 1842).
2. Pierre Érard (1796-1855), facteur de pianos réputé, avait fait aménager chez lui une salle de concerts. Mme Wartel accompagne au piano un violoniste alors tout jeune, Joseph Joachim (1831-1907), promis à une exceptionnelle carrière internationale, et le violoncelliste Bernhard Cossmann (1822-1910).

Casimir Ney[1]. Mme Wartel a montré dans cette œuvre aussi savante qu'originale son merveilleux talent d'exécution.

Nous avons admiré une fois de plus ce jeu gracieux et correct, où la finesse et l'élégance du doigté marchent de pair avec la finesse du style. Mme Wartel nous promet trois séances seulement ; mais le public lui battra si fort des mains qu'il la décidera bien à aller au-delà de ses promesses.

Le prince Colibri est allé samedi matin faire une visite au géant du café Mulhouse. Le pygmée et le colosse ont déjeuné ensemble. Le prince Colibri et Agostin (c'est le nom du géant) ont joué au naturel la scène de Gulliver à Brodingnac[2] : le nain debout sur la table, le géant à demi courbé pour l'apercevoir formaient la plus étrange antithèse. Les deux termes extrêmes de la nature humaine se trouvaient en présence. L'infiniment petit porta dans un dé à coudre une santé à l'infiniment grand, qui lui rendit raison dans la botte du maréchal de Boucicaut[3]. En se penchant sur le verre d'Agostin, le prince Colibri faillit y choir et s'y serait noyé, si on ne l'avait retenu à temps par la basque de son habit.

L'immense montagne de chair se laissait arpenter en tous sens par le petit insecte à face d'homme. Quelle singulière chose que ces deux jeux de nature mis en présence et qui justifient la fable[4]. Le prince Colibri se battrait

---

1. On connaissait encore peu Bach en France, et on interprétait ses œuvres dans des arrangements ; il s'agit peut-être ici d'un des concertos pour clavecin. Achille Gouffé (1804-1874) étant contrebassiste, et Casimir Ney (1801-1877) altiste, Rivals, sur lequel je n'ai rien trouvé, doit être second violon.

2. Exactement Brobdingnag, pays imaginaire habité par des géants dans le roman de Swift *Les Voyages de Gulliver* (1726). Gautier, qui adorait les phénomènes de cirque, en parle souvent dans ses feuilletons.

3. Jean, sire de Boucicaut (1364-1421), avait à la bataille de Rosebecq (1382) abattu un adversaire flamand d'une taille exceptionnelle. Sa bravoure avait suscité maint récit légendaire.

4. Sans doute « Le lion et le moucheron » (La Fontaine, *Fables*, II, 9).

avec une grue comme ses aïeux les pygmées ; Agostin pourrait marcher épaule contre épaule avec Gog, Magog, Nemrod, Hercule, Teutobocchus et tous les autres colosses dont les os sont attribués à des mammouths par la fausse science moderne[1].

Le soir même, dans la salle de l'Alhambra, à l'hôtel des princes, Colibri et la princesse sa sœur répétaient des exercices qui feront courir tout Paris : un menuet, une polka, des poses plastiques et équestres. Il est impossible de ne pas sourire en voyant ce petit coupé traîné par des chevaux qu'on porterait sous son bras, ce chasseur haut comme une botte, cet énorme cocher de quelques pouces, ce tout charmant équipage lilliputien, qui semble sorti d'une botte de jouets de Nuremberg[2].

***La Presse*,**
15 février 1851

SALON DE 1850-1851
(4e article)

M. Courbet

La révolution de 1848 désorganisa les Salons annuels, habituellement ouverts du début mars à la fin avril. Celui de 1848 eut lieu presque à la date prévue (avril-mai), mais celui de 1849 fut retardé (juillet-août) et le

1. Gog est le roi légendaire du pays de Magog (la Scythie) dans le livre du prophète Ézéchiel. Le chasseur Nemrod serait le fondateur tyrannique de Babylone (Genèse, chap. 10). Teutobocchus, roi réel des Cimbres battu par Marius, passait pour être un géant.

2. Ville de Bavière, autrefois fameuse pour ses fabriques de jouets.

*gouvernement reporta le Salon de 1850, qui s'ouvrit, contre tout usage, en plein hiver (fin janvier 1851). Ce texte est le premier où Gautier s'intéresse un peu longuement à l'étoile montante de Courbet, alors âgé de trente et un ans et dont l'*Enterrement à Ornans *fait scandale ; lui-même n'accepte pas sans réticences cette œuvre déroutante, à laquelle il préfère l'*Autoportrait à la pipe *ou* Les Casseurs de pierre.

L'année dernière nous signalions, en rendant justice à ses simples et fortes qualités, une *Soirée à Ornans*, un *Peintre dans son atelier*, de M. Courbet [1].

Ces toiles, sans être précisément le début du jeune artiste qui, si nous ne nous trompons, avait déjà exposé une étude de jeune fille [2], fixaient du moins, pour la première fois, l'attention du public sur lui : – cette idée d'élever à la dimension historique des sujets de la vie familière déjà tentée par MM. Lessore et Duveau, l'un dans sa *Pauvre Famille*, l'autre dans son *Noyé breton* [3], et résolument appliquée par M. Courbet, a un côté humain qui séduit. En effet, pourquoi Andromaque aurait-elle le privilège de pleurer Hector, de grandeur naturelle, lorsqu'une veuve moderne est obligée de restreindre sa douleur à une hauteur de quelques pouces, et pourquoi le pêcheur de la baie des Trépassés ne retirerait-il pas du sable et de l'algue le corps de son fils ou de son compa-

---

1. Gautier a commenté l'*Après-dînée à Ornans* dans son feuilleton du 8 août 1849. Quant au *Peintre dans son atelier* (titre qui ne correspond à aucune œuvre, le célèbre *Atelier du peintre* étant de 1855), il peut s'agir, selon Marie-Hélène Girard, d'un dessin intitulé *Le Peintre*, ou du tableau *M. N... T... examinant un livre d'estampes.*

2. Au Salon de 1848 ont figuré deux tableaux jumeaux, *Jeune fille dormant* et *Jeune fille rêvant*.

3. *Une pauvre famille* d'Émile Lessore (1805-1876) a été exposé au Salon de 1834, et les *Pêcheurs bretons trouvant le corps d'un naufragé* du Malouin Louis Duveau (1818-1867), à celui de 1849 (commentaire par Gautier dans le feuilleton du 1er août).

gnon avec la taille d'Hécube retrouvant sur le bord de la mer le cadavre de Polydore [1] ?

Paradoxe ou vérité, cette innovation servit merveilleusement M. Courbet. Traitée dans un petit cadre, sa *Soirée à Ornans* n'eût peut-être pas été remarquée et se fût confondue avec la méritante école des Leleux parmi les Hédouin, les Chaplin, les Luminais, les Fortin et autres réalistes [2].

Continuant le système qui l'a si bien servi, le jeune peintre arrive cette année apportant une immense toile, aussi grande ou peu s'en faut que l'*Appel des dernières victimes de la Terreur*, la *Bataille de Koulikovo* et la *Vision d'Ézéchiel* [3]. Assurément, la dimension non plus que le temps ne font rien à l'affaire, et, si nous insistons sur ce point, c'est qu'il a chez M. Courbet l'importance d'une théorie et d'une théorie qui compte des partisans nombreux, nous pourrions même dire des fanatiques. – *Un enterrement à Ornans* occupe tout un pan du grand salon, donnant ainsi à un deuil obscur le développement d'une scène historique ayant marqué dans les annales de l'humanité [4].

Sans demander ici quelle pourrait être la destination d'une pareille œuvre, qui ne serait à sa place ni dans une

1. Son fils, tué par Achille. Ces exemples sont utilisés par Gautier comme typiques de la grande peinture noble à sujets mythologiques, chère à l'Académie.

2. Gautier appelle ici « réalistes » une série de petits maîtres spécialistes des scènes de genre, qu'il a déjà évoqués lors du Salon de 1849 : les frères Adolphe (1812-1891) et Armand Leleux (1818 ou 1820-1885 ou 1895), Pierre Hédouin (1820-1889), Charles Chaplin (1825-1891) dont la manière gracieuse eut beaucoup de succès, Évariste Luminais (1821-1896), Charles Fortin (1815-1865).

3. Tous les trois exposés à ce Salon de 1850-1851 : deux tableaux d'histoire, l'*Appel des dernières victimes de la Terreur* de Charles-Louis Müller (1815-1892) et la *Bataille de Koulikovo* d'Adolphe Yvon (1817-1893), et un tableau biblique, la *Vision d'Ézéchiel* d'Édouard Cibot (1799-1877).

4. L'œuvre, aujourd'hui au musée d'Orsay, mesure 3,15 m sur 6,68 m : vastes dimensions, à l'époque, même pour un tableau de bataille ou de religion.

église ni dans un palais, ni dans un édifice public ni dans une maison particulière, considération de quelque valeur pourtant, nous dirons à M. Courbet qu'en admettant ces proportions pour un sujet vulgaire, nous eussions désiré qu'il lui conservât un intérêt plus général, et ne le conscrivît [1] pas dans une étroite localité. L'*Enterrement* nous semble un thème pathétique, profondément émouvant, qui touche au cœur par le regret du passé et l'angoisse de l'avenir, car, après avoir accompagné les autres, chacun doit être accompagné à son tour dans ce fatal pèlerinage que nul n'évite, et il faut arriver au petit jardin qu'on arrose avec des larmes, et où se sèche à l'ombre de l'if l'immortelle noire et jaune ; un *Enterrement* à tel ou tel endroit rentre dans le genre anecdotique, et n'a plus ce sens universel et humain qui autorise à employer les plus vastes moyens de la peinture.

Nous avons dit tout à l'heure que nous admettrions volontiers les mêmes dimensions pour des sujets de la vie moderne et des scènes historiques, mais ce n'est qu'à la condition de rester dans la généralité. Une pauvre femme, pleurant son enfant mort, peut être traitée en peinture avec la même importance que Niobé, parce qu'elle symbolise un fait humain, qu'elle est la représentation collective des douleurs maternelles ; si vous peignez sous des proportions épiques Mme Baboulard déplorant la perte de Dodolphe, son petit dernier, vous exaltez l'individualisme outre mesure, et lui faites prendre une valeur ridicule.

Sans doute, la généralité peut se trouver dans la particularité, et un nom baptise quelquefois bien des joies et bien des douleurs. Cet *Enterrement à Ornans* sera, si vous voulez, un enterrement au Père-Lachaise, au cimetière Montmartre, à tout champ de repos où vous avez vu glisser la caisse étroite et longue dans le trou noirâtre bordé

1. Aujourd'hui on emploie plutôt « circonscrire », au sens d'enfermer.

d'un groupe en pleurs. Qu'importe le site et quelques détails de la localité ! L'esprit se prêterait aisément à cette extension du sujet, si M. Courbet ne l'avait pas rendue impossible par une accentuation caractéristique des têtes et une recherche du portrait poussées presque jusqu'à la caricature, qui font des personnages qui figurent dans cette scène lugubre, non pas les amis, le prêtre, les parents, les enfants, la veuve, mais bien M. un tel, Mme une telle, que tous les Francs-Comtois du département peuvent reconnaître [1]. Est-ce à dire pour cela que nous voulions des têtes de convention, des formes tracées au poncis [2] ? Nullement ; mais il y a loin de l'étude libre de la nature, interprétée dans le sens de la scène que l'on veut rendre, à la juxtaposition de portraits qui ne concourent en rien à l'expression, et semblent s'isoler dans leur ressemblance. Les maîtres ont quelquefois introduit dans leurs compositions soit leurs propres têtes, soit celles de leurs amis ou de quelques contemporains illustres, mais ils les ont relégués sur le bord de la toile ou parmi quelques groupes secondaires, laissant à l'idéal le centre du tableau.

Cette spécialisation ôte donc à la toile de M. Courbet l'intérêt général qui motiverait son étendue. Ce n'était vraiment pas la peine de prendre tant de place pour développer ce petit fait d'un enterrement à Ornans. Une toile de quelques pieds eût suffi au sujet, mais non à l'ambition du peintre, voulant lutter de taille avec les compositions historiques, et faire entrer dans le salon carré ses personnages de la vie réelle en compagnie des prophètes, des dieux et des héros.

Laissons de côté cette question de grandeur, et discutons le but que se propose M. Courbet.

---

1. Courbet, natif d'Ornans, avait fait poser ses concitoyens, d'où la phrase de Gautier.

2. Poncis ou poncif, ici au sens propre : sorte de calque permettant de reproduire un modèle.

De tout temps il a existé, en peinture, deux écoles : celle des idéalistes et celle des réalistes. La première ne voit, dans les formes que la nature met à sa disposition, que des moyens d'exprimer l'idéal, c'est-à-dire le beau. Elle peint d'après un type intérieur, et ne se sert du modèle que comme d'un dictionnaire ; elle choisit, ajoute et retranche, cherchant au-delà de ce qui est ce qui devrait être ; d'éléments épars elle crée l'harmonie, et sous l'humain elle fait transparaître le surhumain. C'est ainsi que Raphaël à Rome, où pourtant les belles femmes ne manquent pas, ne trouvant rien qui le satisfît pour sa Galathée [1], la peignait d'après *une certaine idée.* La seconde, prenant le moyen pour le but, se contente de l'imitation rigoureuse et sans choix de la nature. Elle accepte les types comme ils sont et les rend avec une trivialité puissante. L'autre école a l'âme, celle-là a la vie. Dans l'école idéaliste, il faut ranger les Grecs, les grands artistes de la Renaissance italienne, Michel-Ange, Léonard de Vinci, Raphaël, tous ceux qui ont cherché le beau ; dans l'école réaliste, les Flamands et les Espagnols, Jordaens, Ribera et autres peintres, plus soucieux de la vérité que de la beauté.

M. Courbet appartient à cette seconde école, mais il s'en sépare en ce qu'il semble s'être posé un idéal inverse de l'idéal habituel : tandis que les réalistes simples se contentent du fac-similé de la nature telle qu'elle se présente, notre jeune peintre, parodiant à son profit le vers de Nicolas Boileau-Despréaux, paraît s'être dit :

> Rien n'est beau que le laid, le laid seul est aimable [2].

Les types vulgaires ne lui suffisent pas ; il y met un certain choix, mais dans un autre sens ; il outre à dessein la grossièreté et la trivialité. Boucher est un maniériste

---

1. *Le Triomphe de Galatée*, fresque de 1511 (Villa Farnesina).
2. « Rien n'est beau que le vrai, le vrai seul est aimable », écrit Boileau (*Épîtres*, IX, « À M. de Seignelay », v. 43).

en joli, M. Courbet est un maniériste en laid ; mais tous deux sont des maniéristes, chacun *flatte* la nature à sa façon ; l'un lui prête des grâces, l'autre des disgrâces qu'elle n'a pas. Heureusement le rose du premier n'est pas plus vrai que l'ocre du second. Tous deux dépassent le but, car la manière est une sorte d'idéal manqué ; qu'on reste en deçà ou au-delà, il n'importe.

Toute cette brutalité n'est d'ailleurs qu'apparente, elle cache souvent une grande mollesse de dessin et de brosse. Cette rusticité est voulue plutôt que géniale. Nous n'avons besoin d'en donner d'autre preuve que le portrait de l'auteur peint par lui-même [1]. C'est une belle tête, très fière, très élégante, pour laquelle M. Courbet s'est départi de son système ; il s'est idéalisé, embelli et traité d'un pinceau très fin et très adroit, selon les procédés ordinaires. La pipe culottée insérée dans la commissure de la lèvre n'est là que pour mémoire. M. Courbet a eu la coquetterie, et nous l'en félicitons, de ne pas s'appliquer sa méthode.

L'*Enterrement à Ornans* brille par l'absence résolue de toute composition. Les personnages sont rangés sur une seule file, les hommes d'un côté, les femmes de l'autre. Rien n'indique que la scène se passe dans un cimetière : ni dalle de pierre, ni croix de bois. Le bout de fosse qu'on aperçoit échancre le terrain et se continue hors du cadre d'une façon peu intelligible. Un crâne jaune et beaucoup trop petit relativement à la stature des acteurs de cette scène funèbre, roulant sur la terre rejetée du trou, désigne seul la destination lugubre du lieu. – Dans le fond, une sorte de muraille de roches déchaînées et blanchâtres tranche en ligne horizontale sur un ciel étouffé, sinistre et lourd, bien en harmonie avec cette triste cérémonie.

Le cercueil, couvert d'un drap blanc, où pleuvent des larmes noires, est porté par quatre amis vêtus de deuil,

1. Cet autoportrait a figuré au Salon de 1849.

coiffés de chapeaux à larges bords, dans un accoutrement de bourgeois campagnards.

Ce groupe occupe l'angle gauche du tableau, au point de vue du spectateur. Plus loin, toujours du même côté, le prêtre, flanqué d'un enfant de chœur qui porte un vase de cuivre où trempe un goupillon, récite les prières des morts et bénit la fosse. Deux bedeaux vêtus de robes et de toques rouges, comme des juges à la Cour de cassation, et de l'aspect le plus grotesque, complètent ce cortège.

Le fossoyeur, un genou en terre au bord de ce trou plus profond que la mer, car il plonge jusqu'à l'éternité, attend que les prières soient achevées pour accomplir la suprême fonction.

La partie droite est remplie de femmes habillées de noir qui se cachent la figure avec leurs mouchoirs ou leurs mains et sanglotent d'une façon naturelle et touchante ; leurs larmes transfigurent leur laideur et elles rentrent dans le type humain par la souffrance ; il y a beaucoup de sentiment dans toute cette portion du tableau.

Un vieillard, en habit de paysan, placé près de la fosse, fait contraster ses bas bleus avec un grand chien blanc peint de main de maître.

Voilà, sauf quelques têtes qui bouchent les interstices des groupes, la description fidèle du tableau.

L'impression qui en résulte est difficile à démêler : on ne sait si l'on doit pleurer ou rire. L'intention de l'auteur a-t-elle été de faire une caricature ou un tableau sérieux ? Les deux ou trois figures de femmes qui pleurent, la grave figure du prêtre, la présence du cercueil feraient pencher du côté sérieux ; mais les deux bedeaux, avec leur trogne frottée de vermillon, leur attitude avinée, leurs robes rouges et leurs bonnets à côtes, sont d'un drolatique à rendre Daumier jaloux. *Le Charivari*[1] ne donne pas à ses

1. Le titre de cet hebdomadaire satirique fondé en 1832 vient sous la plume de Gautier parce qu'il a publié un certain nombre de dessins de Daumier.

abonnés de plus bizarres pochades, et alors on penche pour la caricature. Il y a aussi dans des coins des têtes que nous ne détaillerons pas, et qui rappellent des enseignes de débit de tabac et de ménagerie, par l'étrangeté caraïbe [1] du dessin et de la couleur.

Peut-être M. Courbet a-t-il voulu transporter à Ornans l'*Enterrement* des *Scènes populaires* d'Henry Monnier, avec ses trivialités discordantes et ses contrastes choquants [2], ou mélanger, comme dans la scène des fossoyeurs d'*Hamlet*, à la mélancolique pensée de la mort l'insouciante grossièreté de la vie ; toujours est-il que sa pensée n'est pas claire, et que le spectateur flotte dans l'incertitude.

Au défaut de cette disposition horizontale des personnages le tableau de M. Courbet en joint un autre, l'absence de relief et de perspective aérienne ; toutes les figures sont plaquées sur la toile. On peut passer à Holbein et aux maîtres de cette finesse ce manque de modelé, à cause de la vérité et de l'exactitude de leur dessin ; mais ici ce n'est point le cas. Ce dessin n'est pas assez cherché pour exiger les sacrifices ; ces silhouettes n'ont, à proprement parler, ni ombre, ni chair ; elles sont remplies par un grand ton local, fin et juste, d'un effet simple et magistral. Cette puissance de localité [3] est un des grands mérites de M. Courbet ; il peut peindre des pieds à la tête une figure avec deux ou trois tons, rares et vrais, habilement soutenus.

À l'*Enterrement*, nous préférons de beaucoup *Les Casseurs de pierre*. Ce sujet semble être emprunté à une page très fermement et très lumineusement peinte d'un roman

1. L'adjectif désignait à l'époque la couleur de peau des Indiens d'Amérique, et par extension l'idée de sauvagerie primitive. Ménagerie : ici, objets de ménage (synonyme de quincaillerie).

2. « L'enterrement » ouvre la deuxième série des *Scènes populaires* de Monnier publiée en 1835.

3. En peinture, la localité est le don de la couleur locale exacte, de l'adaptation naturelle au sujet peint.

rustique de M. Francis Wey, *Le Biez de Serine*, la plus fine étude de paysans que nous ayons vue depuis Balzac [1].

Les Casseurs de pierre consistent en deux figures : un jeune homme et un homme âgé, préparant de la besogne aux cantonniers sur un terrain aride et caillouteux. Le vieux casse les pierres et le jeune les porte dans un panier qu'il soulève avec effort. – Les deux pauvres diables travaillent rudement, et s'il faut s'en rapporter aux guenilles qui les couvrent ou plutôt qui ne les couvrent pas, le métier ne doit guère être productif. Du reste, ils n'ont pas le moins du monde l'air de faire une réclame socialiste ; ils n'en ont pas le temps, et protestent silencieusement contre la mauvaise distribution du salaire par les franges de leurs pantalons et les trous de leur chemise. Ils ne regardent pas le spectateur, et piochent comme des nègres, ou, ce qui est bien pis, comme des blancs.

Ici, nous ferons compliment à M. Courbet : son jeune homme, vu de dos, a le col bien emmanché et montre une certaine grâce que la misère n'enlève pas toujours au peuple ; son pantalon limé, rapiécé, passé de ton, est un chef-d'œuvre, et sa chemise en lambeaux est peinte d'une touche grasse et grenue qui en rend bien le rude canevas ; le vieux nous plaît moins. Ses sabots fendus sont rendus de la même façon que le terrain sur lequel ils portent, et c'est un peu le défaut du tableau d'être fait partout de la même manière ; chairs, haillons, cailloux, tout est également solide. Nous reprocherons aussi à M. Courbet une tonalité verdâtre générale désagréable, qu'il serait facile de rompre au moyen de quelques glacis blonds ou roux.

Le Retour de la foire nous semble plutôt conçu dans le goût de Cham ou de Pigal [2], que dans une idée sérieuse-

1. Gautier appréciait *Les Paysans* de Balzac, roman dont la première partie avait été publiée en 1844 et qui resta inachevé. Francis Wey (1812-1882), qui avait publié son roman *Le Biez de Serine* en feuilleton dans *Le National* au début de 1850, était un ami et un fidèle partisan de Courbet.

2. Deux caricaturistes alors connus, mais Edme-Jean Pigal (1798-1872), également peintre de genre, est plus oublié aujourd'hui

ment pittoresque. Certes, un retour de foire, mêlé de bœufs, de chevaux, d'ânes, de cochons, est un sujet digne de la peinture. Les Flamands nous l'ont bien prouvé, et les galeries où des scènes de ce genre sont traitées avec un ragoût merveilleux, montrent le parti qu'on en peut tirer. Berghem n'a guère fait autre chose de sa vie [1] ; mais que dire de ces bœufs si incorrects et si mal étudiés, de ce cochon lié par la patte à la jambe d'un homme qui tient un parapluie en arrêt, de ces figures si négligemment brossées, de ces tons sales et lourds ?

Nous avons été bien sévère envers M. Courbet ; mais il est assez fort ; il possède assez de qualités robustes pour supporter la critique. Nous avons insisté sur ses défauts, parce qu'il ne manquera pas de flatteurs qui surferont ses mérites.

Est-ce à dire pour cela que nous nous faisions les champions exclusifs du style idéal ? N'admettrons-nous désormais que des marbres grecs et des beautés classiques ? Nullement. Le laid ne nous fait pas peur. Nous avons vécu dans la familiarité des maîtres les plus âprement réalistes ; les *Ténèbres* du Caravage ne nous ont pas empêché de pénétrer dans ses toiles d'une si féroce énergie. Nous avons frayé avec les *Mendiants* de Murillo, malgré leur teigne et leur vermine ; les *Gueux* de l'Espagnolet [2], cuirassés de crasse, gantés de boue, ont secoué devant nous leurs loques tachées de sang et de vin, sans nous faire reculer ; les *Ivrognes* de Vélasquez nous ont tendu leur verre en riant, de leur rire égueulé, et nous avons accepté leur toast. Nous nous sommes bravement accoudé au *Cabaret flamand*, avec les magots [3] de Teniers

---

qu'Amédée de Noé, dit Cham (1819-1879), un des dessinateurs du *Charivari*.

1. Claes Berghem ou Berchem (1620-1683), paysagiste et peintre de genre hollandais (scènes paysannes).

2. Surnom, aujourd'hui moins usité, du grand peintre Ribera.

3. Ici au sens d'« hommes ventrus ». Les scènes de « cabaret flamand » sont la spécialité de David Teniers (1610-1690) et d'Adriaen Van Ostade (1610-1685).

ou d'Ostade ; la *Boucherie* de Jordaens, avec ses montagnes de viande[1], ne nous a pas dégoûté ; nous ne sommes donc pas des amateurs de navets ratissés, des adorateurs du nez de *Jupiter intolerans*[2] ; nous avons vanté et soutenu Delacroix, Préault, tous les violents, tous les féroces, tous les barbares, tous ceux qui rompaient le vieux moule académique ; – seulement, nous n'admettons le laid que relevé par le caractère ou la fantaisie ; le laid du daguerréotype nous répugne : dessinez avec du charbon, peignez avec de la boue, truellez vos tons au bout du pouce ou ne couvrez pas votre toile, représentez des paysans, des bandits, des galériens, des mendiants estropiés si vous voulez, mais donnez à tout cela de l'accent, de la fierté, de l'effet.

En outre, nous sommes étonné que des peintres animés, dit-on, d'idées républicaines ou socialistes représentent toujours le peuple si hideux et si grossier. Nous avons vu très souvent parmi les ouvriers et les paysans de très beaux types, des tournures carrées et pleines de style, des torses bien assis, des membres robustes et bien développés, un regard net et ferme, et des traits aussi réguliers que ceux des fils de famille qui passent pour beaux dans le monde.

Nous concevrions plutôt qu'un peintre socialiste fît sur le peuple de France le travail que Léopold Robert a fait sur les types rustiques d'Italie, dont il a idéalisé la beauté par son style élégant et pur. Il y aurait, dans nos provinces du Nord et du Midi, de quoi faire des *Moissonneurs*, des *Vendangeurs* et des *Pêcheurs*[3] égaux à ceux de ce peintre populaire dans la vraie acception du mot.

---

1. Jordaens a peint de truculentes scènes de repas ou de beuverie.
2. Comprendre : nous ne sommes pas obsédé par la beauté grecque en art.
3. Trois toiles du peintre suisse Léopold Robert (1794-1835), popularisées par la gravure : *L'Arrivée des moissonneurs dans les Marais pontins* (1831) ; son dernier tableau, *Pêcheurs de l'Adriatique* (Salon de

Le Moniteur universel, 21 octobre 1852

EXCURSION EN GRÈCE
Le Pirée

Ce feuilleton est le deuxième de six fragments seuls publiés d'un Voyage en Grèce *jamais édité en volume, et dont Gautier n'acheva pas la rédaction. Il venait de passer trois jours à Athènes et aux environs lors de son retour de Constantinople (début septembre 1852).*

Le jour se levait lentement avec un *crescendo* de teintes plus délicatement ménagées encore que le fameux *crescendo* de violons du *Désert* de Félicien David [1] : à mesure que le ciel s'éclairait, les lignes de la côte lointaine se dessinaient plus fermement et sortaient de la neutralité des vagues teintes crépusculaires. Tout ce rivage a l'air d'avoir été sculpté au ciseau dans une large veine de marbre, tant les lignes des montagnes sont harmonieuses et pures, heureusement proportionnées pour le regard ; rien de heurté, rien d'abrupt, rien de sauvagement grandiose ; mais partout une fermeté nette, une précision élégante, une belle teinte azurée et mate comme d'une fresque peinte sur la frise d'un temple blanc.

Au fond de ce golfe, Munychie et Phalère composaient avec Le Pirée la trilogie des ports d'Athènes [2]. Le Pirée,

---

1836) ; et, pour les vendangeurs, le *Retour du pèlerinage à la Madone de l'Arc* (1827).

1. Félicien David (1810-1876) a fait jouer cette « ode symphonique », admirée par Berlioz, en 1844.

2. À l'époque du passage de Gautier en Grèce, Le Pirée est nettement séparé d'Athènes par plusieurs kilomètres de chemin de campagne. Munychie (aujourd'hui Tourkolimano) où se trouvait l'annexe de l'arsenal, et l'ancienne Phaleros, à l'est du Pirée, forment aujourd'hui un ruban urbanisé ininterrompu.

dans lequel nous ne tardâmes pas à entrer, est un bassin arrondi en coupe, suffisant pour les birèmes et les trirèmes antiques, mais où une flotte moderne serait singulièrement à l'étroit, quoique cependant il soit assez profond pour admettre des frégates et des vaisseaux de haut bord. Ce port se fermait autrefois par une chaîne reliée aux piédestaux des deux lions de grandeur colossale emportés comme trophée par le doge Morosini [1], et placés maintenant en vedette près de la porte de l'arsenal de Venise. Sur la droite, près d'un phare, on nous fit remarquer une espèce de tombeau ruiné où entrent les vagues de la mer ; c'est le tombeau de Thémistocle, du moins la tradition le dit ; et pourquoi la tradition aurait-elle tort ?

Le port était presque désert, à part quelques légers bâtiments à la flamme verte et blanche, couleurs du pavillon de Grèce, car Syra [2] détourne à elle tout le mouvement et tout le commerce. La pure lumière du matin éclairait le quai de pierre, les maisons blanches et les toits de tuiles quadrillés de bandes symétriques du Pirée, bourgade complètement moderne, malgré son nom antique. Ces bâtisses, d'un aspect plus suisse qu'athénien, contrarient l'œil et l'imagination ; mais, si l'on néglige le premier plan un peu vulgaire, on est amplement dédommagé, et la magie du passé renaît tout entière.

Au fond se découpent en ondulations bleuâtres, à gauche, le mont Parnès ; à droite, le mont Hymette ; puis le Lycabette et le Pentélique un peu en recul et teintés par l'éloignement d'un azur plus faible [3]. Dans l'espèce d'échancrure que forment à l'horizon les pentes des deux montagnes, un rocher soudain s'élève comme un trépied

1. Francesco Morosini (1619-1694) s'empara de ces lions en 1687 après sa victoire sur les Turcs.

2. Aujourd'hui Syros, île des Cyclades.

3. Gautier associe à trois petits massifs montagneux situés aux alentours d'Athènes la colline du Lycabette qui s'élève en son plein centre.

ou un autel. Sur ce rocher scintille, doré avec amour par le baiser du soleil levant, le triangle du fronton. Quelques colonnes se dessinent, laissant apercevoir l'air bleu à travers leurs interstices ; une large touche de lumière ébauche une haute tour carrée ; c'est Athènes, l'Athènes antique, l'Acropole, le Parthénon, restes sacrés, où tout amant du beau doit venir en pèlerinage du fond de sa terre barbare. Sur cette étroite plate-forme, le génie humain brûla comme un pur encens, et les dieux durent copier la forme inventée par l'homme.

Les noms de Périclès, de Phidias, d'Ictinus [1], d'Alcibiade, d'Aspasie [2], d'Aristophane, d'Eschyle, tous mes souvenirs de collège me bourdonnaient sur les lèvres comme un essaim doré des abeilles de l'Hymette voisin, lorsqu'un Grec, en costume de pallikare [3], me tira par la manche et me demanda la clef de ma malle, qu'il visita, du reste, avec une négligence tout athénienne. Ô vicissitude des temps ! ô splendeurs évanouies ! ô poésies disparues ! Un douanier sur le rivage où Thésée posa le pied en revenant vainqueur de l'île de Crète ! Rien n'est plus simple, pourtant ! Mais, dans ces pays classiques, le passé est si vivace qu'il permet à peine au présent de subsister.

Une émeute de calèches démantelées, de berlingots séculaires, de berlines invalides attelées d'haridelles [4] efflanquées, se disputaient les voyageurs et les emportaient au grand galop dans des nuages de poussière ; car ce ne sont pas des quadriges antiques, mais des fiacres numérotés qui vous conduisent du Pirée à Athènes. Je laissai partir les plus pressés, ayant déjà mon logement retenu à l'hôtel d'Angleterre, tenu par Elias Polichrono-

---

1. Ou Ictinos, un des architectes du Parthénon au Ve siècle av. J.-C., avec Mnésiclès cité plus loin.
2. Compagne de Périclès.
3. Les Pallikares (miliciens grecs, au temps de l'occupation ottomane) avaient participé à la guerre contre les Turcs.
4. *Sic* (normalement le « h » est aspiré).

poulos et Yani Adamantopoulos, gaillards revêtus de magnifiques costumes grecs, qui entretiennent un émissaire non moins pittoresquement costumé sur le paquebot de correspondance de Syra.

J'avais très faim, et l'idée de déjeuner deux heures plus tôt me détermina à commander mon repas dans une espèce d'hôtellerie-café située sur une place ornée d'une fontaine en marbre blanc, en forme de borne gigantesque, ne vomissant aucune eau par ses mufles de lion sculptés, mais surmontée d'un buste du roi Othon, œuvre sans doute de quelque ciseau bavarois [1]. Cette absence d'humidité ne me surprit pas, elle est habituelle dans les pays chauds ; seulement, j'aurais voulu une architecture d'un goût moins massif. La terre de Grèce supporte difficilement la médiocrité en ce genre. Une demi-douzaine de rues se coupant à angles droits, et aboutissant bien vite à la campagne, composent tout Le Pirée actuel. Des noms mythologiques rayonnent au coin de ces rues et contrastent avec leur prosaïque physionomie. Les maisons n'offrent rien de particulier que ce bariolage des toits dont j'ai déjà parlé, et qui s'obtient avec des lignes croisées de toiles blanches tranchant sur les tuiles rouges.

Pour quelqu'un qui vient de Constantinople, où les rues ne peuvent se comparer qu'à des lits de torrents pierreux, c'est un plaisir de marcher de plain-pied sur les larges dalles de ces rues grecques, auxquelles l'édilité la plus susceptible ne saurait faire aucun reproche. En quelques minutes j'atteignis la campagne où miroitaient au soleil des flaques d'eau de quelques pouces de profondeur, qui exhalent des miasmes fiévreux. Trois ou quatre gamins, si ce terme irrévérencieux peut s'appliquer à de jeunes naturels de l'Attique, ayant de l'eau jusqu'au jarret, cherchaient dans la boue noire d'une rigole des vers rouges pour la pêche. C'étaient les seules figures qui

---

1. Parce que l'Allemand Othon ou Otton Ier (1815-1867), roi de Grèce depuis 1832, est le fils de Louis Ier de Bavière.

animassent le paysage désert. Quant à la rigole vaseuse, je suis fâché de dire que c'était le Céphise, mais, comme Magnus dans *Les Burgraves*, « la vérité m'y pousse [1] ». Heureusement, l'Acropole s'élevait radieux au fond et rachetait la pauvreté des premiers plans.

Je revins à l'auberge où l'on me servit, dans une grande salle badigeonnée à la manière italienne et décorée de lithographies, pour la plupart indigènes, qui faisaient plus d'honneur au patriotisme qu'au talent des artistes : c'étaient les portraits de Marco Botzaris, d'Ypsilanti [2] et autres héros de la guerre de l'indépendance, des allégories représentant le réveil et le triomphe de la Grèce foulant aux pieds des Turcs aussi laids que le fanatisme, l'envie et la discorde dans les plafonds mythologiques, des scènes de la révolution du 15 septembre 1843 [3], le tout dessiné dans le goût des images de la rue Saint-Jacques [4] et d'un style peut-être inférieur ; mentionnons aussi les portraits du roi et de la reine en costume national, portraits qu'on retrouve partout.

La salle inférieure, consacrée spécialement à la buvette, était garnie, au fond, d'un long comptoir derrière lequel s'élevait un buffet plein de bouteilles de raki, de marasquin, de rosolio [5] et de liqueurs aux teintes transparentes. Sur les tables flânaient quelques journaux grecs où l'arrivée et le départ des navires, la mercuriale [6] des denrées tenaient la plus grande place. Si je mentionne ces détails,

1. « Je déclare ici, la vérité m'y pousse, / Que voici l'empereur Frédéric Barberousse » (2e partie, scène 6). Le Céphise prend sa source au nord d'Athènes ; son cours, aujourd'hui souterrain, se confond avec les égouts.

2. Démétrios Ypsilanti (1793-1832) termina la guerre d'indépendance après la mort de Botzaris (1823).

3. Date d'un coup d'État dirigé par Kallerghis, qui contraignit Otton, jusqu'alors roi absolu, à accepter une constitution.

4. Quartier de Paris où se trouvaient plusieurs imprimeurs d'images populaires qui se vendaient à l'unité.

5. Ou rosoglio, liqueur turque à base de roses.

6. Bulletin donnant les cours des marchandises.

peu intéressants d'ailleurs, c'est à cause du contraste qu'ils présentent avec les imaginations qu'on se fait en dépit de soi sur la Grèce : on s'attend à trouver, bien que la plus simple réflexion vous démontre la nécessité du contraire, des boutiques d'oinopolos [1] dans le goût de celles de Pompéi, avec des colonnes peintes d'ocre ou de minium jusqu'à mi-hauteur, des tablettes de marbre blanc, des fresques murales égayées de satyres, d'ægipans [2], de thyrses, de guirlandes de lierre, des amphores de tout volume, des cratères, des cyathes et des conges [3], un cabaretier et des buveurs contemporains d'Axiochus [4] ou d'Alcibiade. Ce mirage involontaire vous rend injuste pour le présent.

Pour compensation au parfait amour [5] et au ratafia du comptoir, il y avait dans la cour des jarres de terre cuite d'une capacité et d'une forme tout antiques, destinées à contenir l'huile, et dont la forme n'a pas varié depuis le jour où Pallas aux yeux céruléens donna l'olivier à l'Attique. Des plantes grasses s'épanouissant sur une terrasse blanchie à la chaux et se découpant sur un ciel de lapis-lazuli rétablissaient un peu la physionomie grecque de ce café peu attique.

Le Pirée exploré de fond en comble, ce qui n'est ni long, ni difficile, je fis rapprocher une calèche, sur laquelle on chargea ma malle, et dont les chevaux, quoique bien dégénérés pour la forme de leurs ancêtres sculptés sur les frises du Parthénon, m'emportèrent du côté d'Athènes avec une rapidité qu'on n'était pas en droit d'attendre de leur piteuse apparence.

1. Mot grec signifiant « marchand de vin ».

2. Satyres.

3. Gautier se divertit à étaler son érudition. Le cratère et le conge sont deux types de vases dans lesquels on faisait les mélanges de vin et d'eau, ou de liqueurs. Le cyathe, muni d'un long manche, servait à puiser le vin ainsi mélangé pour le servir.

4. Personnage éponyme d'un dialogue faussement attribué à Platon.

5. Liqueur à base de cannelle, cédrat et coriandre.

La route du Pirée à Athènes est rectiligne : elle raye de sa chaussée poussiéreuse une plaine aride couverte d'herbes desséchées assez semblables à des joncs marins. Au loin, à droite et à gauche, s'étagent des collines montagneuses, brûlées par le soleil et revêtues de ces teintes splendides que prend la terre, sous la lumière des pays chauds, lorsqu'elle est dépouillée de végétation. Ceux qui aiment le paysage *épinard* ne seraient pas contents de ce site de Thébaïde ; mais moi, qui n'ai pour les arbres qu'un goût très modéré, trouvant qu'ils altèrent la beauté des lignes et font tache dans les horizons, je fus assez satisfait de la nudité sévère et mélancolique de cette campagne : un désert stérile, blanchâtre et silencieux fait bien à l'entour des villes mortes. Ne seriez-vous pas contrarié d'arriver à Rome, la ville éternelle, en traversant des carrés de choux, de betteraves et de colza ? Le présent doit laisser un espace vague autour de ces cités, spectres où le passé s'assoit sur un socle encore debout, et où l'histoire conserve des formes visibles.

On évite ainsi la brutalité de la transition, et l'esprit a de l'espace libre pour la rêverie.

À égale distance à peu près de la mer et de la ville, on rencontre, de chaque côté de la route, un cabaret de planches et de pisé qu'ombragent quelques maigres arbres enfarinés de poussière. Les conducteurs s'arrêtent là quelques minutes, sous le prétexte d'abreuver les chevaux, mais, en réalité, pour s'abreuver eux-mêmes, non de vin, le peuple grec n'est pas ivrogne, mais de verres d'eau blanchie de mastic de Scio [1] ; ils roulent dans leurs doigts une longue cigarette, font grimper sur le siège, *en lapin* [2], quelque ami ou quelque pratique qui les attendaient là, et l'on repart grand train.

1. Résine qui sert à aromatiser le raki, d'où le raki lui-même.
2. Le « lapin » était le voyageur que le cocher faisait monter en fraude à côté de lui sans le faire payer.

Le bouquet d'oliviers traversé, on se trouve dans une espèce de plaine bosselée, cerclée de montagnes, au milieu de laquelle se dresse, solitaire, le grand rocher de l'Acropole : tous ces terrains sont fauves, arides, pulvérulents, dévorés de lumière et de soleil ; les ombres que projettent leurs rugosités sont bleuâtres et tranchent fortement avec le ton jaune général. La ville moderne ne se montre pas encore : on n'aperçoit que les escarpements décharnés de l'Acropole couronnée d'une muraille turque à fondations grecques et cyclopéennes. L'ancienne Athènes se développait entre l'Acropole et Le Pirée, l'Athènes actuelle semble se cacher derrière la citadelle, comme par une espèce de pudeur de cité déchue. L'œil ne la découvre que lorsqu'on a contourné l'Acropole et longé le temple de Thésée, situé non loin de la route et remarquable par l'intégrité de sa conservation.

Une grande rue se présente, bordée de maisons blanches à toits de tuiles, à contrevents verts, de l'aspect le plus bourgeoisement moderne, et qui ressemble, à faire peur, à une rue des Batignolles[1]. Les constructions démontrent, de la part des maçons qui les ont bâties, une envie naïve de faire une Athènes *à l'instar de Paris.* Comme tous les peuples récemment sortis de la barbarie, les Grecs actuels copient la civilisation par son côté prosaïque et rêvent la rue de Rivoli à deux pas du Parthénon. Ils oublient humblement qu'ils ont été les premiers artistes du monde, et ils tâchent de nous copier, nous Welches, nous Vandales, nous Kimris[2], qui étions tatoués et portions des arêtes de poisson dans les narines quand Ictinus élevait le Parthénon et Mnésiclès les Propylées !

---

1. Village alors indépendant de Paris (au nord de la gare Saint-Lazare actuelle).

2. Ou Kymris, peuple d'origine scythe qu'on a assimilé aux Cimbres. Welches et Vandales : voir p. 41, note 1.

Une foule bigarrée se promenait dans cette rue, coupée à angles droits de plusieurs autres moins importantes ; les femmes étaient en très petit nombre. Les mœurs des Turcs, longtemps possesseurs du pays, ont influé sur celles des Grecs, qui n'avaient besoin, du reste, que de continuer les traditions du gynécée pour trouver le harem naturel. Ce n'est pas qu'aucune loi astreigne les femmes à la réclusion ; mais elles sortent peu, et toutes les affaires extérieures, même les emplettes du ménage, sont faites par les hommes. Parmi les fracs européens, modelés sur ceux de Londres ou de Paris, étincelait, de loin en loin, un beau costume d'Albanais, de Maïnote [1] ou de Pallikare, d'une élégance théâtrale, et tranchant bizarrement sur le fond prosaïque d'une devanture de magasin remplie d'*articles* de Paris.

Le roi Othon devrait bien faire un décret pour exiger de tous ses sujets qu'ils portassent le costume national ; il n'en est pas assurément de plus charmant au monde, et ce serait dommage de le voir disparaître de la vie réelle pour ne plus figurer que dans les armoires des Babin et des madame Tussaud de l'avenir [2]. Le chapeau de paille porté à la place de la calotte grecque rouge à houppe de soie bleue est déjà une altération fâcheuse qu'excuse à peine un soleil chauffé en moyenne à trente ou trente-six degrés.

La calèche s'arrêta devant l'hôtel d'Angleterre dont la vaste façade blanche donne sur une esplanade où est établi, à l'abri d'un hangar, un parc d'artillerie gardé par des soldats en fustanelle, en cnémides [3] et en vestes bleu d'azur galonnées de blanc, très propres et très pittoresques.

1. Habitant du Magne (sud du Péloponnèse).

2. Le musée de cire de Marie Tussaud, fondé en 1835 à Londres, existe toujours. La veuve Babin, elle, est parisienne : elle tenait un magasin de costumes de théâtre rue de Richelieu.

3. Jambières protégeant le tibia.

Plus loin, ayant à ses pieds un tas de masures et de bicoques formant la *Setiniah* [1] des Turcs, l'Acropole montrait son flanc taillé à pic, et découpait avec une fermeté incroyable d'arêtes son diadème mural de temples sur l'air transparent et léger du ciel attique le plus pur qui soit au monde. Une lumière aveuglante inondait d'or et d'argent tous les pauvres détails, toutes les mesquineries du temps présent, et les cachait sous un voile radieux.

Sans prendre le temps de faire monter mon bagage dans ma chambre, j'aurais voulu courir tout de suite au Parthénon, si un domestique ganté et cravaté de blanc ne m'eût fait observer qu'il fallait une permission pour visiter l'Acropole, permission que, du reste, on ne refuse jamais. Force me fut donc de modérer mon impatience et de me laisser conduire au fond d'un jardin plein de myrtes, de lauriers-roses et de grenadiers, jusqu'au logis que je devais occuper, et des fenêtres duquel on découvrait, ô bonheur ! le sommet de l'Acropole et quelques colonnes du Parthénon [2] !

1. Nom donné par les Turcs à Athènes.

2. Le récit de Gautier se poursuit par la description des Propylées (article du 27 octobre 1852) et, avec un grand retard, du Parthénon (12 avril 1854, toujours dans *Le Moniteur universel*).

Le Moniteur universel,
1er avril 1854

La Divine Comédie de Dante, traduction nouvelle par Pier-Angelo Fiorentino

Pier-Angelo Fiorentino (1806-1864), né à Naples, avait fait en Italie une première carrière littéraire, notamment comme dramaturge. Venu à Paris au début des années 1840 et naturalisé français, il collabora à plusieurs romans de Dumas. Bon journaliste, il fut engagé par Girardin à La Presse *où, à la date de cette traduction de Dante qui lui valut la Légion d'honneur, il assure la critique musicale sous le pseudonyme de A. de Rovray.*

Le volume sur lequel nous faisons cet article porte dans un simple chiffre un éloge irrécusable, – cinquième édition. – Pour un livre d'un sens si élevé, d'un art si sérieux, d'un style si sévère, quelle plus belle louange ? Le poème de Dante, dont quelques littérateurs connaissaient seulement deux ou trois épisodes, devenu une œuvre populaire, en cette France qu'on dit légère et frivole, c'est là un beau triomphe et qui fait honneur à M. Pier-Angelo Fiorentino ! – Sa traduction a beaucoup contribué à ce rapide succès : les gens du monde s'imaginent savoir l'italien parce qu'ils comprennent à peu près les paroles du livret au théâtre des Bouffes [1] et peuvent demander ce dont ils ont besoin dans les hôtels tenus à l'anglaise de Florence, de Rome et de Naples : mais

1. Désignation habituelle du Théâtre-Italien.

quand ils essaient de suivre, sur les pas de Dante et de Virgile, les spirales de *La Divine Comédie*, ils sont tout surpris de ne rien entendre à ce style ardu, mystérieux et concis où des formes archaïques enferment des pensées profondes, et ils s'arrêtent ordinairement à l'histoire de Françoise de Rimini, illustrée par le tableau d'Ary Scheffer et la tragédie de Silvio Pellico [1]. M. Pier-Angelo Fiorentino leur servira de guide et les conduira aussi loin qu'ils voudront aller, sans les tromper une seule fois et leur faire prendre une fausse route. Sa traduction est excellente pour deux raisons : Italien, devenu Français par le talent, il sait à fond la langue du beau pays où résonne le *sí*, pour nous servir d'une locution dantesque, et non moins parfaitement celle qui se parle en France, la *lovis*, comme disent les vieux romans de chevalerie [2].

Autrefois les traducteurs français ne se piquaient guère d'exactitude ; ils supprimaient de leur auteur tout ce qui avait un parfum exotique, ils remplaçaient par d'autres les images ou les idées qui leur semblaient étranges, et ne le servaient au public qu'accommodé au goût du jour. Le sens général seul était à peu près conservé ; mais les saveurs de terroir, la couleur locale, les tours particuliers, les originalités de pensée ou de style, la physionomie même du poète disparaissaient ; on est dans ces dernières années revenu à des errements [3] meilleurs : les belles infidèles d'Ablancourt [4] n'auraient pas la moindre chance

---

1. Ary Scheffer (1795-1858) a réalisé deux versions de *Paolo et Francesca*, tableau qui illustre un passage en effet fameux du chant V de l'*Enfer*, l'une en 1834, l'autre en 1851. Silvio Pellico (1789-1854), célèbre en France par son opposition au dominateur autrichien (*Mes prisons*, 1832), avait exprimé ses sentiments patriotiques dès 1815 dans sa tragédie *Francesca da Rimini*.

2. Ce mot de « *lovis* » est resté mystérieux.

3. Au sens exact, non péjoratif, de ce mot : des comportements.

4. Nicolas Perrot d'Ablancourt (1606-1664), historien dont les traductions approximatives du grec et du latin reçurent le nom resté fameux de « belles infidèles ». Voir encore p. 343.

d'être lues. On veut qu'une traduction soit une copie exacte, une transposition d'idiome à idiome, une sorte de daguerréotype littéraire, représentant le modèle dans ses moindres détails ; à ces jolies paraphrases en français de rhétorique, on préfère, et avec raison, le mot à mot, le dictionnaire entre les lignes ; au besoin, l'on pardonnerait plutôt un peu de barbarie qu'une élégante infidélité.

M. Fiorentino a très bien compris cette tendance, et, mettant de côté son amour-propre d'étranger, il n'a pas voulu trop bien écrire une langue qu'il possède si bien, aux dépens de son auteur ; il s'est attaché à la littéralité la plus scrupuleuse, calquant encore plus que dessinant, ne cherchant pas à varier ce que Dante répète, reproduisant les épithètes caractéristiques, n'adoucissant pas les comparaisons bizarres, n'énervant[1] pas les phrases abruptes, ne substituant jamais un synonyme au mot propre, car la plus légère erreur de nuance peut faire tomber dans une hérésie avec un poète aussi rigoureusement catholique que l'auteur de *La Divine Comédie*. Le moderne traducteur de Dante n'a pas fait comme ces interprètes d'Homère qui rendent *Achéens bien bottés* par *Grecs magnanimes*, et *Héra aux yeux de génisse* par *la belle Junon* : il a serré toujours son texte au plus près, même à ces passages difficiles où le traducteur incertain se sauve du contresens dans le vague. Dante n'est pas clair partout ; il traite de manières si abstruses, il s'élève à des sphères si élevées, si au-dessus de la portée humaine qu'on a parfois peine à le suivre, – ce n'est pas la faute du poète, mais celle du lecteur. Il n'est pas inintelligible, mais incompris. – *Obscuritate rerum verba sæpe obscurantur*[2], M. Fiorentino est admirable dans ces endroits

1. Ici encore, sens premier du mot (énerver était un supplice consistant à couper les nerfs des membres).

2. « C'est l'obscurité des choses qui rend souvent les mots obscurs ». Cette formule latine est l'épigraphe de « La pente de la rêverie », dans *Les Feuilles d'automne* ; Hugo l'attribue, imaginairement semble-t-il, à un chroniqueur du XIIIe siècle, Gervais de Tilbury.

périlleux : il n'élude aucune difficulté, n'a recours à aucun subterfuge. Comme il a rendu la lumière, il rend l'ombre, de même qu'un peintre copiant un ancien tableau de maître ne s'avise pas d'éclaircir les parties enfumées et rend ce qui est noir par des couleurs rembrunies : nous savons aussi beaucoup de gré à M. Fiorentino de ne pas s'être laissé aller aux rêveries des commentateurs qui veulent toujours trouver un sens caché et mystique aux choses les plus évidemment simples : – pour lui *La Divine Comédie* est un poème et non l'apocalypse de quelque doctrine mystérieuse ou de quelque franc-maçonnerie inconnue ; selon M. Fiorentino, et nous partageons son avis, tout doit être pris au pied de la lettre dans l'œuvre du vieux gibelin [1]. Sa *Divine Comédie* n'est pas un songe comme la vision du frère Albéric ou la légende du voyage de saint Brendan [2] ; les enfants de Florence ne s'y trompaient pas, eux qui, voyant passer le poète pâle et taciturne, s'écriaient : « Voilà Dante qui revient de l'enfer ! » En effet, rien ne ressemble moins aux produits d'une hallucination fiévreuse que cette épopée gigantesque disposée avec une symétrie mathématique, achevée avec un soin parfait et qui a d'une cathédrale gothique l'énormité de la masse et l'infini du détail. Le poète a pris les précautions les plus minutieuses pour que l'on crût à la réalité de son voyage aux régions où l'âme ne pénètre que dépouillée de son enveloppe ; il allègue dans l'antiquité païenne l'exemple d'Énée descendu vivant aux enfers, et dans la tradition chrétienne saint Paul ravi corps et âme au troisième ciel, tout en s'avouant indigne d'un pareil miracle ; et si l'on peut

1. Au temps de Dante, les gibelins étaient les partisans de l'empereur germanique, les guelfes ses adversaires.

2. L'abbé Gerbet (1798-1864) avait publié *Les Dernières Conférences d'Albéric d'Assise*, ouvrage auquel semble penser Gautier. Brendan, moine irlandais mort en 578, aurait gagné les Canaries par voie de mer pour s'y retirer.

douter, au point de vue absolu, qu'il ait franchi avant la mort cette porte qui mène à la cité dolente [1] et sur le seuil de laquelle on laisse l'espérance, il faut l'admettre sans réserve au point de vue poétique et dramatique : – car il accumule les preuves de la matérialité de sa présence au monde des esprits, et marque presque à chaque pas l'étonnement que leur cause l'ombre projetée par son corps opaque.

La Divine Comédie est divisée en trois parties : *L'Enfer*, *Le Purgatoire* et *Le Paradis*, c'est-à-dire le supplice, la purification et la récompense, les trois grands actes du drame de la vie future dans la croyance catholique ; elle se compose de cent chants, un pour l'introduction générale, et trente-trois, nombre mystique des années de Jésus-Christ, pour chacune des trois parties, formant en tout 14 230 vers, répartis avec une égalité si parfaite que *L'Enfer* n'a que trente vers de moins que *Le Purgatoire*, et *Le Purgatoire* six de moins que *Le Paradis.* Chaque partie commence par une comparaison tirée de l'art du navigateur, et le dernier vers en est terminé par le mot *étoile*, pour montrer que le chrétien doit toujours voguer les yeux fixés au but suprême. Le rythme employé est le tercet, admirable forme où chaque stance s'agrafe par une rime comme par un chaînon à la stance suivante, de façon que tous les vers d'un chant sont solidaires et ne peuvent souffrir ni déplacement ni interpolation. Cette forme à la fois ondoyante et précise, Dante la manie avec une maestria sans égale, et l'assouplit d'une main souveraine à tous les besoins de sa pensée. Ce beau rythme, si supérieur pour le nombre et l'harmonie aux alexandrins à rimes plates employées chez nous dans le style héroïque, pourrait être acquis à notre langue ; quelques essais récents tentés, non sans bonheur, permettent de le croire. Mais qui songe à écrire aujourd'hui une épopée,

1. « *Citta dolente* », expression de Dante lui-même (*Enfer*, premier vers du chant III).

un vaste poème contenant les destinées de l'humanité ou au moins celles d'un peuple ?

Cette symétrie rigide, cette régularité mathématique, cette exactitude minutieuse, Dante l'apporte à tout. Chez lui, rien de vague, rien de hasardé : c'est une tête encyclopédique et panoramique ; il sait tout ce qu'on savait de son temps et quelque chose de plus : théologie, philosophie, logique, dialectique, cosmographie, médecine, histoire naturelle, érudition sacrée et profane, poésie, peinture, musique, il n'ignore de rien, et toute la civilisation du Moyen Âge se retrouverait dans *La Divine Comédie* comme la civilisation grecque dans l'*Iliade* et l'*Odyssée.* Quoiqu'il ait préféré pour son poème l'idiome vulgaire au latin, langue savante de l'époque, Virgile est son maître, son guide, son auteur, comme il dit, celui dont il a pris le beau style qui fait sa gloire, et tous les beaux souvenirs classiques de l'antiquité revivent dans cette époque, que le XVIIIe siècle croyait barbare, comme il déclarait Shakespeare un sauvage ivre. Des noms mythologiques, des illustrations du polythéisme se mêlent, sans en déranger l'harmonie, à cette immense glorification de l'unité catholique qui est l'idée de *La Divine Comédie* ; quant à l'orthodoxie, vous pouvez être tranquille, Dante, malgré sa science païenne et ses penchants virgiliens, ne marche qu'appuyé sur la Bible, les Pères de l'Église et les docteurs les plus savants, tels que saint Augustin, Boèce, saint Grégoire, saint Denys l'Aréopagite, Albert le Grand, Isidore de Séville, Pierre Lombard, Hugo et Richard de Saint-Victor [1]. Sa vénération

1. Gautier mêle ici des Pères de l'Église primitive – Augustin (354-430), le poète Boèce (480-524), Isidore de Séville (560-636), et « saint Grégoire », qui peut être Grégoire de Nazianze (330-390) ou Grégoire de Nysse (335-394), tous deux canonisés pour leur combat contre l'hérésie arianiste – et des théologiens du Moyen Âge : le dominicain Albert le Grand (1200-1280), Pierre, dit le Lombard (?-1160), les Irlandais Hugo de Saint-Victor (1096-1141) et Richard de Saint-Victor (v. 1110-1173).

pour saint Bonaventure et saint Thomas d'Aquin, les docteurs angélique et séraphique, tient presque du culte, et il les a placés au cercle le plus rayonnant du paradis, devançant ainsi la canonisation de l'Église, venue plus tard [1]. On voit que les commentateurs qui cherchent dans *La Divine Comédie* des sens hérésiarques ou protestants en sont pour leurs frais d'imagination.

Nous ne savons pourquoi, en France du moins, les lecteurs les plus intrépides ne dépassent pas *L'Enfer*. *Le Purgatoire* est peu connu ; *Le Paradis* ne l'est pas du tout : une sorte de préjugé, que la traduction de M. Fiorentino détruira certainement, veut que l'inspiration du poète ait été *decrescendo* ; le contraire serait plus près de la vérité. Aucune langue humaine n'a dépassé la poésie de Dante dépeignant les splendeurs et les félicités des bienheureux. *L'Enfer*, par son atroce variété de supplices dépeints avec une vérité effrayante, est en quelque sorte le mélodrame de *La Divine Comédie*. Les damnés nous touchent de plus près, ce sont presque encore des hommes. Les passions, les rancunes et les vices des vivants palpitent en eux, et les peintures de leurs tourments, qui rappellent les plus féroces raffinements des tortionnaires, sont d'une violence et d'une crudité à impressionner des natures même incultes. Dans *Le Purgatoire*, le supplice se change en expiation temporaire ; une lueur du paradis lointain illumine déjà le lieu de pénitence. Les peines sont beaucoup plus intellectuelles : l'orgueil humilié, le désir inassouvi, l'aspiration fiévreuse aux volontés divines tourmentent les âmes trop innocentes pour l'enfer, trop souillées pour le ciel. – C'est la différence d'une maison de correction aux travaux forcés à perpétuité, si l'on peut rapprocher les châtiments terrestres des châtiments de l'autre monde. – Les anges de l'espérance, aux ailes blanches, aux glaives

1. Bonaventure, le « docteur séraphique » (1221-1274), et Thomas d'Aquin, le « docteur angélique » (1228-1274) ont été canonisés respectivement en 1482 et en 1323.

émoussés, ne craignent pas de traverser le Purgatoire, où ils apportent la promesse du bonheur futur. – Une sérénité épique règne dans cette partie tempérée du poème. *Le Paradis* est d'un lyrisme effréné, quoique toujours orthodoxe.

Ainsi, dans la *Divine Comédie*, *L'Enfer* serait le drame, *Le Purgatoire*, l'épopée, *Le Paradis*, l'ode ; le poète descend les neuf cercles, pâle d'une terreur sacrée, ne quittant pas le pan de la tunique de Virgile, s'évanouissant presque à chaque pas devant les spectacles horribles qui se présentent à ses yeux : il monte d'un pied plus allègre les spirales du Purgatoire, devançant presque son mentor, et enfin, arrivé au seuil du Paradis où le quitte son guide païen, il s'envole sur le sillon lumineux de Lucia et de Béatrix [1], de cercle en cercle, de sphère en sphère, jusqu'au delta flamboyant de la triple unité. Ici, Dante a réussi à décrire l'ineffable ; ce que l'esprit ose à peine comprendre, il le peint sous des formes plastiques : il rime l'extase et l'éblouissement ; dans cette entreprise extra-humaine, rien ne pouvait l'aider ; les ailes de la poésie se fatiguent et tombent plume par plume avant d'atteindre à de telles hauteurs. – Ce sont des orbes étincelants qui tournent l'un sur l'autre, des guirlandes de roses enflammées dont chaque feuille est une âme, des esprits qui brillent dans la lumière comme des rayons de soleil dans l'eau ; des scintillations d'étoiles se détachant sur un fond embrasé, des phosphorescences à faire paraître les astres noirs, des irradiations ardentes se propageant de zone en zone comme les rides concentriques d'un lac de diamant, des flammes parfumées et sonores voltigeant çà et là, ivres de volupté céleste ; des blancheurs aveuglantes illuminant soudain des profondeurs inconnues ; un fourmillement perpétuel de splendeurs, de

1. Lucia est un des noms que Dante donne à son inspiratrice Beatrice Portinari (v. 1265-1290), qui dans le *Purgatoire* et le *Paradis* lui sert de guide vers Dieu.

rayons et de jets électriques traversé par des essaims d'anges et d'âmes bienheureuses, comme une barre de lumière par des atomes papillotants. À travers cet incendie de clarté monte l'éternel *hosannah* sur des nuages couleur d'opale, et l'aigle mystique agite ses grandes ailes qui vont d'un bout de l'infini à l'autre ; dans une rapide fulguration, le poète entrevoit, au milieu d'un cercle composé des reflets des deux autres qui l'entourent en flamboyant, une vague effigie humaine, symbole de la Trinité et de l'homme fait à l'image de Dieu ; il baisse ses yeux éblouis, tout disparaît et l'immense épopée est close.

Finissons en louant, comme il le mérite, le travail préliminaire placé en tête de sa traduction par M. Pier-Angelo Fiorentino. Il a émis sur Dante, son époque et son poème des vues aussi fines que justes, et son introduction se fera lire avec intérêt, même après les milliers de volumes et d'articles écrits sur cette matière qui semble inépuisable ; inépuisable en effet car le poème de Dante contient ce monde-ci et l'autre, l'homme et Dieu.

***Le Moniteur universel*,**
8 avril 1854

Le Nil (Égypte et Nubie)

par Maxime Du Camp

Maxime Du Camp (1822-1894), littérateur prolifique dont les Souvenirs littéraires *méritent l'intérêt, est surtout connu aujourd'hui pour avoir été l'ami de Flaubert ; c'est d'ailleurs avec lui qu'entre 1849 et 1851 il voyagea en Égypte et au Proche-Orient. Ce livre minutieusement documenté sur le Nil, d'abord publié dans la* Revue de Paris *en 1853, se présente sous la forme de lettres adressées à Gautier ; celui-ci ne le précise pas ici, mais son article amical est une forme de remerciement.*

Le Nil ! – Quel beau titre pour un livre de voyage ! À ce nom seul l'imagination se met en travail, la curiosité devient impatiente. – Qui n'a rêvé cent fois, en suivant sur la carte ce filet noir onduleux s'évasant dans la Méditerranée par de multiples embouchures, et dont la source est encore un mystère, de laisser là un jour tous les tracas mesquins de la vie, de partir, d'aller, de suivre les méandres du fleuve sacré, du vieil Hopi-Mou [1], le père des eaux, comme l'appelait l'antique Égypte, et de lui arracher son secret fidèlement gardé par tant de siècles, ou tout au moins d'explorer ses rives qu'encombrent les ruines de prodigieuses civilisations éteintes ? Ce vœu, resté pour nous à l'état de chimère caressée, M. Maxime Du Camp a pu l'accomplir ; il a bu cette eau si salubre et si légère que ceux dont elle a mouillé les lèvres la préfèrent aux meilleurs vins du monde ; il a navigué dans sa cange [2] sur cette vaste nappe à laquelle les anciens donnaient le nom d'*Oceanus*, s'enivrant d'aspects merveilleux, s'imprégnant de lumière, remontant le cours du passé avec celui du fleuve ! Heureux homme dont nous serions jaloux s'il n'était notre ami et s'il n'avait écrit son voyage, car c'est un devoir pour ceux qui ont le bonheur de visiter ces contrées aimées du soleil où le genre humain planta ses premières tentes, de raconter ce qu'ils ont vu, appris et retrouvé pendant leurs excursions loin-

1. Ce vieux nom du Nil, que je n'ai pas trouvé ailleurs et qui ne figure pas chez Du Camp, apparaît aussi dans *Le Roman de la momie* de Gautier, en feuilleton dans *Le Moniteur* de mars à début mai 1857.

2. Nom donné spécifiquement aux bateaux légers à voile qui transportaient les voyageurs sur le Nil.

taines. À notre avis, l'homme ne saurait avoir de plus noble occupation que de parcourir et de décrire l'astre qu'il habite.

Débarqué sur la plage d'Alexandrie, espèce de ville franque [1] où le caractère de l'Orient s'est abâtardi ou effacé, et qui n'a pris de la civilisation que la laideur, M. Maxime Du Camp, après avoir jeté un regard à la colonne de Pompée, élevée sous Dioclétien, et aux aiguilles de Cléopâtre dressées dix-huit [2] siècles avant le règne de cette belle reine, se dirige vers Rosette, pressé de voir le Nil, ce fleuve dont le nom le préoccupait depuis son enfance comme une incantation magique. – Qui de nous n'a pas été obsédé doucement par une fantaisie semblable ? Goethe raconte dans ses Mémoires que des vues de Rome suspendues aux murailles du cabinet de son père lui donnèrent tout jeune un inexprimable désir d'Italie, et c'est peut-être à ces gravures que nous sommes redevables des *Élégies romaines* [3]. Pour nous, Grenade a été longtemps la ville rêvée ; chacun se sent attiré vers un point du globe par de mystérieuses attractions que la psychologie n'a pas encore cherché à définir, et qui sont peut-être d'obscurs souvenirs de race.

Arrivé de nuit à Rosette, notre voyageur devance l'aurore comme un héros classique, court au fleuve, y plonge ses mains avec une joie enfantine que nous comprenons bien, et boit à longs traits son onde sacrée ! Peu s'en faut qu'il ne fasse une libation et un sacrifice au dieu humide, comme un Égyptien du temps des pharaons.

---

1. C'est-à-dire européenne (le « quartier franc » est le quartier européen des villes du Levant).

2. Plutôt quinze, mais c'est en effet par anachronisme qu'au XIXe siècle on attribuait à Cléopâtre l'érection de ces deux obélisques dressés à Héliopolis sous Thoutmôsis III (1504-1450 av. J.-C.), et transportés à Alexandrie à l'époque des Lagides ; l'un se trouve aujourd'hui au bord de la Tamise, l'autre à Central Park, à New York.

3. Recueil poétique publié par Goethe après son voyage en Italie (1792).

« Je l'avais imaginé très beau, s'écrie-t-il dans le lyrisme de son enthousiasme, bien immense, couvert d'îlots où dorment les crocodiles, large et fécondant. Je ne m'étais pas trompé. Pendant six mois enfermé dans ma cange, j'ai vécu sur le Nil, que j'ai remonté et descendu ; chaque jour, du lever au coucher du soleil, j'ai regardé ses bords qui sont presque des rivages. Qu'il traverse les champs cultivés, qu'il baigne les pylônes des temples écroulés, qu'il arrose les forêts de palmiers, qu'il bondisse sur les noirs rochers des cataractes, qu'il s'élargisse jusqu'à ressembler à une mer, qu'il soit rétréci entre ses berges herbues, qu'il ait ses tempêtes quand souffle le khamsin [1], ou qu'il coule paisiblement sous le soleil, qu'il se gonfle ou s'abaisse, à toute heure je l'ai admiré, je l'ai sans cesse trouvé grand, pacifique et superbe, et j'ai toujours envié le sort de ceux qui sont nés sur les rives que j'irai voir encore. On cherche les sources du Nil, on ne les découvrira jamais ; je crois, comme les Arabes, qu'il descend directement du paradis [2] ! »

On voit que M. Maxime Du Camp était digne, par son talent et son amour, de décrire les beautés du Nil, qui n'eut jamais, même au temps de sa divinité mythologique, de prêtre plus convaincu ni plus fervent.

En sortant de Rosette, enfouie dans de vigoureuses masses de verdure, dattiers, tamarins, bananiers, colocasias, roseaux, cannes à sucre, qui laissent luire par leurs interstices quelques pans de murailles blanches, ou s'élancer au-dessus de leurs touffes un minaret bulbeux, M. Du Camp voit passer près de sa barque des canges aux grandes voiles ouvertes comme des ailes de cygne, et arrive bientôt devant le marabout du santon Abou-Mandour.

---

1. Vent chaud printanier qui provoque des tempêtes de sable.
2. Gautier rapproche, sans l'indiquer, deux passages différents du premier chapitre du livre.

Même avant la brillante description du jeune voyageur, nous connaissions cette coupole laiteuse, aux ombres bleuâtres, à demi enveloppée par les frondaisons métalliques d'un immense sycomore. Marilhat avait été frappé, lui aussi, de l'aspect de ce dôme blanchi à la chaux, s'arrondissant sous un ciel d'un immuable azur, entre ces feuillages d'un vert vigoureux ; il en avait fait un tableau dont le souvenir ne s'est jamais effacé de notre mémoire et qui était comme un morceau d'Égypte encadré, tant le peintre avait bien rendu cette sérénité lumineuse et cette fraîcheur embrasée [1].

Ensuite notre voyageur se rend au Caire. – À un coude du Nil, il aperçoit, noyées dans les clartés du soleil levant, bleuies par le lointain, les pyramides de Giseh dessinant leurs gigantesques triangles, énormes énigmes de pierre posées à l'entrée des solitudes libyques et qui attendent encore leur Œdipe. Il longe les travaux interrompus du barrage commencé par Méhémet-Ali et abandonné par l'incurie d'Abbas-Pacha, et aborde au Caire découpant sa silhouette hérissée de minarets entre des zones de verdure et les escarpements jaunâtres du Mokattam [2].

La description spéciale du Caire n'entre pas dans le plan du voyage de M. Maxime Du Camp dont le but est, si l'on peut s'exprimer ainsi, la monographie du Nil ; il en tire pourtant un crayon rapide où aucun trait essentiel n'est omis ; il retrace le dédale des ruelles étroites, encombrées d'ânes et d'âniers que surmonte la bosse d'un

1. Gautier a souvent évoqué Marilhat (voir p. 44, note 2). La mosquée et le tombeau d'Abu-Mandur, à Rosette, sont un lieu touristique dès le XIXe siècle.

2. Colline formant aujourd'hui un quartier du Caire ; s'y trouvaient jadis des carrières qui servirent à la construction des pyramides. Abbas Ier (1813-1854), vice-roi d'Égypte de 1848 à sa mort, a mené une politique régressive et antieuropéenne, à l'inverse de son célèbre grand-père Méhémet-Ali (1769-1849), vice-roi pendant près d'un demi-siècle et fondateur de l'Égypte moderne.

chameau au col d'autruche et remplies d'une foule bigarrée de fellahs, nus sous leur robe de cotonnade bleue ; de Turcs gênés par la redingote et le pantalon du nizam [1] ; de bédouins de Libye embossés dans leurs couvertures grises et les pieds entourés de chiffons ficelés de cordelettes ; d'abbadiehs [2] en caleçons blancs, portant des aiguillons de porc-épic dans leurs chevelures graissées de suif ; d'Arnautes [3] avec leur fustanelle, leur veste rouge, leurs armes passées à la ceinture et leur longue moustache retroussée ; d'Arabes du Sinaï, drapés de haillons et ne quittant jamais leur cartouchière ornée de verroteries ; de nègres du Sennaar [4], de maugrabins [5] en burnous ; d'Abyssins en turban bleu ; de Nubiens vêtus d'une guenille ; d'habitants de l'Hedjaz au coufieh [6] jaune, aux sandales antiques, à la longue robe rouge ; de Wahabis à la mine austère et farouche ; de santons tout nus, de juifs changeurs de monnaies ; de femmes en habbarahs noirs, sorte de sac de taffetas d'où sortent des caleçons et des bottines jaunes, masquées d'un bourko [7] d'étoffe blanche, ou, lorsqu'elles appartiennent à la classe du peuple, habillées d'une simple tunique bleue ouverte sur la poitrine et coiffées d'un milayeh, grande écharpe qui traîne à terre, et la figure couverte par un grillage de petites tresses de soie noire garnies de plaquettes d'argent.

---

1. Mot désignant la tendance officielle à l'européanisation dans les pays ottomans.
2. Ou Ababdehs, nomades de la région comprise entre le Nil et la mer Rouge.
3. Nom d'une peuplade de l'Albanie (d'où la fustanelle, inattendue au Caire).
4. Ancien royaume de Nubie, entre le sud de l'Égypte et le nord du Soudan actuels.
5. Graphie habituelle à l'époque (Maghrébins).
6. Ou keffieh : turban arabe fait d'une pièce d'étoffe enroulée, avec deux pans laissés pendants.
7. Ou burka.

Les mosquées, ces monuments si purs du bel art arabe, sont visitées avec une attention pieuse par M. Maxime Du Camp. Nous sommes forcé, bien à regret, de renvoyer au livre pour les descriptions si nettes, si littérairement plastiques, des mosquées de Sultan-Haçan, de Touloun, d'Amr-ben-el-âs, pour la scène du psylle charmeur de serpents, pour le retour des pèlerins de La Mecque, et l'étrange cérémonie du dosseh (piétinement), dans laquelle un chérif à cheval passe sur un chemin formé de deux mille dévots couchés à plat ventre, en mémoire d'un miracle opéré par le santon Saad-Eddin, qui, pour confondre des incrédules, marcha avec sa monture sur des vases de verre sans les casser. – Nous abandonnons mille détails curieux et caractéristiques, qu'il serait trop long d'indiquer.

L'auteur visite le grand Sphinx de granit rose, dogue fidèle accroupi au pied des Pyramides qu'il garde depuis tant de siècles, sans se lasser de cette faction qui ne finit pas. Il admire sa face camarde et le large sourire épanoui sur ses lèvres épaisses comme une ironie éternelle de la fragilité des choses humaines ; ses oreilles, sur lesquelles retombent les gaufrures des bandelettes sacrées, et qui ont entendu, comme la chute d'un grain de sable, l'écroulement de tant de dynasties ! Les pharaons, les Éthiopiens, les Perses, les Lagides [1], les Romains, les chrétiens du Bas-Empire, les conquérants arabes, les Fatimides [2], les mameluks, les Turcs, les Français, les Anglais, ont tous marché sur son ombre, et se sont dispersés comme l'impalpable poudre du désert emportée par le khamsin, – et le colosse est toujours là, évasant sa large croupe de monstre, allongeant ses pattes sur le sable en feu, et vous regardant de son visage humain.

1. La dernière dynastie d'Égypte avant l'occupation romaine (305-30 av. J.-C.).

2. Dynastie arabe qui régna sur l'Égypte de 969 à 1171.

L'ascension au sommet de la pyramide de Chéops accomplie, M. Maxime Du Camp pénètre en rampant, par des couloirs pleins de chauves-souris, jusqu'aux chambres intérieures ; mais la pyramide éventrée a gardé son secret et ne laisse voir au curieux qui l'interroge que des parois nues et un sarcophage vide. – Aux pyramides de Sakkara, sœurs naines et contrefaites des grandes pyramides de Giseh, s'effritant au soleil dans un désert pierreux de la plus morne désolation, M. Maxime Du Camp fouille le puits aux ibis, immense cimetière d'animaux sacrés s'étendant à des profondeurs inconnues, et il en retire des vases contenant des momies d'oiseaux gravement emmaillotées de bandelettes et poissées de bitume.

Ces excursions terminées, le jeune voyageur part pour la haute Égypte et donne de curieux détails sur l'installation de la cange qu'il a frétée, et que dirige un patron nommé Reis-Ibrahim, commandant à un équipage d'une douzaine de matelots.

Tantôt ouvrant sa voile immense, tantôt poussée à la perche ou halée au cordeau, selon les caprices du vent, la cange s'avance, rencontrant de temps à autre ces radeaux de poterie qui descendent de la haute Égypte au Caire, longeant des rives plates ou escarpées, mais toujours splendides et magnifiques. – Antinoé, la ville bâtie par Hadrien en l'honneur d'Antinoüs, le favori qui se sacrifia pour lui, ne tarde pas à montrer ses ruines relativement modernes pour cette terre où quarante et cinquante siècles passent sur les monuments sans les abattre, et qui seraient encore debout sans la barbarie d'Ibrahim Pacha [1] ; – à Antinoé se trouve la limite que les crocodiles ne franchissent jamais, selon les Arabes, appuyant leur dire d'une légende assez bizarre et dont il ne ferait pas bon contester l'authenticité.

1. Ibrahim Pacha (1789-1848), fils de Méhémet-Ali, fut un chef militaire violent et ambitieux.

Syout, où la cange s'arrête quelques heures, est le rendez-vous des Djellabs ou marchands d'esclaves, qui viennent du Sennaar et du Darfour, chassant devant eux leurs troupeaux humains. Syout est l'ancienne Lycopolis (la ville des loups[1]). Les débris de ses anciens édifices ont servi aux constructions modernes ; mais la nécropole troglodytique existe toujours ; c'est une série d'excavations et de chambres carrées pratiquées dans le granit pâle de la montagne. Les sculptures de ces syringes[2] découvrent un fait curieux, c'est que le cheval ne fut connu en Égypte qu'après l'invasion des pasteurs, car il ne figure pas dans les représentations militaires entaillées dans les parois. – La danse de l'abeille exécutée à Esné devant notre voyageur, par Koutchouk-Hanem (petite rose), égaye un peu ce que pourrait avoir de trop sévère cette suite de grands aspects, de tombeaux et de temples à demi enterrés. Cette étincelante figure, toute papillotante de sequins et de verroteries, avec sa fraîcheur juvénile et sa grâce voluptueuse, distrait agréablement des momies noires de natrum et roides dans leurs boîtes historiées d'hiéroglyphes[3]. L'île d'Éléphantine, toute luxuriante de végétation, se présente bientôt ; sur un rocher de la rive, on lit le cartouche de Ramsès le Grand. – Les quais ont été bâtis par les Romains avec des matériaux pris à des constructions antérieures. Éléphantine est la Syène dont l'antiquité a tant conté de merveilles. – De tout ce bruit, il ne reste que le grincement des sakiehs[4] puisant l'eau au fleuve ; de ces édifices, que des blocs enfouis sous l'herbe et rayés par le soc de la charrue. – Là

1. Ainsi nommée parce qu'on y rendait un culte au dieu chacal. Syout ou Siout se trouve à 300 km au sud du Caire.

2. Sépultures souterraines.

3. Flaubert a évoqué cette danseuse en termes fort libres dans sa lettre à Louis Bouilhet du 13 mars 1850, et plus libres encore dans son carnet de route (voir *Correspondance*, Gallimard, « Bibliothèque de la Pléiade », t. I, p. 605-607 et 1086).

4. Norias actionnées par des bœufs.

finit l'Égypte et commence la Nubie ; le teint des hommes est plus foncé et leur caractère plus féroce ; les femmes ne se voilent plus, comme si la couleur obscure répandue sur leur visage était un masque suffisant. – Jeunes filles, elles vont nues, habillées de leur peau noire.

Au bouillonnement du fleuve on sent l'approche de la première cataracte. – Cette cataracte est, à proprement parler, une suite de rapides où l'eau glisse en tumulte sur des roches de granit et de porphyre aux formes monstrueuses et qui semblent avoir été pétries chaudes encore par les doigts d'un Titan, aux époques des remaniements cosmogoniques ; sous la direction de patrons du pays, les barques franchissent ces passages torrentueux, non sans érailler leur coque et se faire quelques avaries ; des carcasses de canges, coulées à fond, témoignent que l'opération n'est pas toujours heureuse, malgré l'habileté des pilotes.

Les rapides passés, M. Maxime Du Camp continue la remonte du fleuve jusqu'à la deuxième cataracte, tout joyeux d'avoir franchi le tropique du Cancer ; il visite Korosko, le temple d'Amada, le spéos [1] de Derr, et arrive enfin à Ouadi-Halfa, le but et le terme de son voyage ; au-delà est la Nubie supérieure, le vague, l'immense, l'inconnu, et c'est avec un soupir que l'auteur fait tourner la pointe de son embarcation vers Le Caire. La descente se fait à la rame, et le voyageur explore successivement les spéos d'Ipsamboul, le temple de Seboua, de Maharakka, de Dakkeh et de Kircheh ; il voit Philæ, le grand temple d'Isis, la Mammisi, le temple de Koum-Ombou, les grottes d'el-Kab, Hermontez, Thèbes, les ruines de Louksor et de Karnac, la statue de Memnon, le tombeau d'Osymandias, le palais de Menephta, la salle des tombeaux des rois, le temple de Denderah, les hypogées de Beni-Haçan, les colosses, les sphinx, les obélisques, les

1. Ce mot grec signifiant « caverne » désigne en Égypte un temple creusé dans le roc.

pylônes, et toute cette prodigieuse débauche de granit à laquelle la morne Égypte s'est livrée pendant une suite de siècles dont le nombre effraye, et qui semble déjouer les chronologies historiques et sacrées. M. Maxime Du Camp a décrit ces monuments merveilleux avec la couleur d'un artiste et l'exactitude d'un savant. Non content de les peindre, il les a rapportés en épreuves photographiques d'une grande perfection, qui illustrent son voyage de la façon la plus irrécusable. – C'est une série de planches curieuses, où l'on peut étudier l'art égyptien dans tous ses détails, et qui laissent bien loin derrière elles les gravures les plus exactes et les plus finies. – Aussi ce *Nil* est-il une des relations de voyage les plus intéressantes, les plus instructives et les mieux écrites qui aient paru depuis longtemps.

***Le Moniteur universel*, 31 mai 1855**

Exposition universelle de 1855

Peinture. Sculpture (5e article)

MM. Millais, W. Hunt

L'importance exceptionnelle de l'Exposition universelle de 1855 concerne aussi la peinture et la sculpture : du 29 mars au 29 décembre, Gautier ne publie pas moins de cinquante-deux articles dans Le Moniteur, *certains divisés en deux feuilletons ; ce vaste ensemble forme, avec des différences dans la numérotation des chapitres, les deux volumes de la publication* Les Beaux-Arts en

Europe. *Nous donnons ici le cinquième article du* Moniteur, *consacré à deux jeunes peintres anglais, John Everett Millais (1829-1896) et William Hunt (1827-1910), figures de proue du mouvement dit préraphaélite. L'*Ophélie *de Millais, qui date de 1852, est sans doute son tableau le plus connu.*

Si Mulready descend en droite ligne d'Hogarth et de Wilkie [1] comme un vrai peintre anglais de la vieille roche résumant les qualités et les défauts de sa race, sauf le trait de physionomie particulier qui le distingue des aïeux, M. Millais ne se rattache par aucune filiation au passé ni au présent de l'école britannique ; il fait bande à part et s'isole complètement dans sa propre originalité comme dans une tour inaccessible, et là, sous la voûte aux nervures gothiques de la salle ronde qui lui sert d'atelier, éclairé par un rayon de jour filtrant à travers l'étroite barbacane, il travaille comme si depuis cette date le Temps n'avait pas retourné déjà quatre ou cinq fois son sablier séculaire, avec la simplicité pieuse d'Hemmling [2], la couleur de vitrail de Van Eyck, et le minutieux réalisme d'Holbein. M. Millais serait bien capable de mettre comme certains Allemands archaïques Raphaël à la porte du paradis, sous prétexte de mondanité et de maniérisme.

Les trois tableaux de M. Millais sont assurément les plus singuliers de l'Exposition universelle, et il est impossible, même au visiteur le plus inattentif, de ne pas s'y arrêter. – Bien des peintres de notre époque, incertaine entre tant de théories, ont cherché « le naïf dans l'art », surtout au-delà du Rhin, mais nul n'a poussé si coura-

---

1. William Mulready (1786-1863), très célèbre au moment où Gautier écrit, est un peintre de genre comme avant lui le sarcastique William Hogarth (1697-1764 ; *Le Mariage à la mode*, 1745), et sir David Wilkie (1785-1841).

2. Une des graphies du nom de Hans Memling (v. 1433-1494), grand peintre de l'école flamande ancienne.

geusement son système jusqu'au bout. Ce qui distingue les œuvres de M. Millais des tentatives du même genre, c'est qu'il ne se contente pas de faire des fac-similés plus ou moins réussis de peintures anciennes, mais qu'il étudie la nature avec l'âme et les yeux d'un artiste du XVe siècle. Rien ne ressemble moins à la manière d'Overbeck, qui, lui aussi, a essayé de remonter le cours des âges et de dépouiller la science moderne comme un vêtement profane pour y substituer la robe à plis droits de l'ascétisme catholique [1]. – Par une singulière puissance d'abstraction, M. Millais s'est mis hors du temps.

Nous allons analyser, avec tout le soin que méritent des productions si étrangement caractéristiques, *L'Ordre d'élargissement*, *Le Retour de la colombe à l'arche*, *Ophélia*, qui représentent le talent de l'auteur sous ses trois aspects réaliste, mystique et fantasque.

L'Ordre d'élargissement déroute, à première vue, toutes les idées qu'on peut s'être formées de la peinture en parcourant les musées, les galeries, les expositions et les ateliers – une glace le recouvre, selon l'habitude anglaise, pour les œuvres jugées précieuses. – Le procédé échappe d'abord à l'investigation attentive des artistes. Est-ce une peinture à l'eau d'œuf, à l'essence, à l'huile, à la cire, une détrempe vernie, une aquarelle rehaussée de gouache ? on ne sait. – Le champ est-il un panneau, une toile, un papier tendu, un taffetas fixé ? Le travail n'en laisse rien voir, et il faudrait retourner le cadre pour s'en assurer. Ce travail lui-même n'embarrasse pas moins les yeux qui veulent s'en rendre compte ; on n'y retrouve aucune des manières connues d'appliquer la couleur : ni empâtements, ni glacis, ni frottis, nulle apparence de brosse, mais une sorte de pointillé comme pour la miniature, soutenu çà et là de hachures imperceptibles, un faire patient et

1. Le peintre allemand Johann Friedrich Overbeck (1789-1869) a fondé l'école dite des nazaréens, qui traitaient des sujets religieux avec une austérité hiératique (*Joseph vendu par ses frères*, 1816).

mystérieux qui semble prendre plaisir à dérober son secret. Cette scène, peinte comme aurait pu le faire au Moyen Âge un imagier de l'école de Bruges, n'a cependant rien de gothique, du moins pour le sujet et les costumes, qui semblent indiquer quelque motif tiré de *La Prison d'Édimbourg*[1]. Mais laissons de côté l'anecdote pour ne nous occuper que du côté purement humain : – l'*Élargissement*, le titre l'indique de reste, représente un pauvre prisonnier dont on lève l'écrou. M. Millais a donné à ce thème, fort simple en lui-même, un intérêt tout spécial par la manière dont il l'a compris et rendu.

Sur un fond d'ombres bitumineuses, à travers lesquelles on devine vaguement les murs d'une geôle, se détache un groupe d'une intensité de vie extraordinaire et qui vous fait douter si vous avez devant vous un tableau ou si vous regardez par un judas dans une prison ; vous ne vous rendez pas compte d'abord si cela est bien ou mal, conforme ou contraire aux traditions, en deçà ou en delà de l'art ; et le critérium vous manque pour juger une œuvre si excentrique, si étrange, si en dehors, qu'elle peut sembler aussi bien merveilleuse que détestable. – Peu à peu, cependant, l'on s'y fait, et la fascination agit sur vous ; l'on se prend à aimer cette peinture qui vous paraissait extravagante et choquait toutes les habitudes de vos yeux. – La nature déchire ce voile d'exécution bizarre et vous apparaît forte, vivace, sentie, détaillée, comme par un grossissement de loupe, avec une vérité absolue, un réalisme profond à faire passer Courbet pour Van Loo[2].

À demi coupé par la porte qu'il entrebâille, un soldat tient de sa main gauche, appliquée sur l'épaisseur du battant, un trousseau de clefs, et de sa droite, où fume

1. Roman de Walter Scott (1818).

2. Carle Van Loo (1705-1765), portraitiste et peintre religieux très prisé en son temps. Gautier veut dire que Millais est ici si réaliste que Courbet paraît par comparaison salonnard et maniéré.

encore un bout de pipe culottée, l'ordre d'élargissement qu'il relit avec une certaine méfiance et dont il semble vouloir vérifier la signature ; rien n'est plus vrai et pourtant plus singulier que cette figure tranchée par une ligne perpendiculaire, avec sa tête qui passe, son bras tout droit et sa jambe unique. Le masque, vu presque en profil perdu, par son teint basané, ses rides vigoureuses, ses tons de barbe fraîchement rasée, offre une physionomie de troupier d'une observation parfaite. Le tricorne bordé de blanc, l'habit rouge à parements bleus, la petite cravate blanche militaire, les buffleteries, les guêtres, sont rendus de manière à former trompe-l'œil.

Le prisonnier, sa veste grise en dolman, car son bras en écharpe ne lui permet pas de passer la manche, s'incline avec une expression de joie reconnaissante sur l'épaule de la femme dont les actives démarches lui ont sans doute valu la liberté ; son jupon quadrillé de vert, de bleu et de jaune, ses jambes nues, chaussées de demi-bas, montrent un enfant des highlands, emprisonné sans doute à la suite de quelque rixe avec les gens des basses terres.

Quant à la femme, elle est superbe : son œil étincelle, sa joue est en feu, tant elle a marché vite. Un dédaigneux sourire de triomphe gonfle sa lèvre inférieure ; elle semble dire : « Il faut bien enfin que vous l'ouvriez, cette porte contre laquelle je suis venue pleurer tant de fois ! » Dans un pli du plaid bleu qui encadre sa tête et s'arrange en mantille autour de ses bras, sommeille un enfant à tête frisée et blonde, incapable encore de rien comprendre à la chose, et dont la petite main endormie laisse choir la poignée de fleurettes des champs qu'il avait sans doute cueillies en chemin pour son père.

Il y a dans *Notre-Dame de Paris* un chapitre sur les talons roses des petits enfants, dont les mères raffolent et qu'elles mangeraient de baisers [1] ; nous ne savons si

1. Voir le chapitre « Histoire d'une galette au levain de maïs », où Mahiette raconte l'histoire de Pâquette (*Notre-Dame de Paris*, livre VI, chap. III).

M. Millais a lu ce charmant passage, mais on le croirait, d'après l'amour avec lequel il a caressé les pieds vermeils du cher petit être si bien groupé dans le giron maternel. – Nous n'avons rien vu de plus fin, de plus délicatement vrai chez les peintres gothiques, habitués cependant par les Enfants Jésus à rendre les grâces de l'enfance.

Les Anglais ont un goût tout particulier pour les chiens ; M. Millais a introduit un acteur à quatre pattes dans cette scène pathétique ; c'est un grand épagneul, qui, avec cet admirable sentiment des choses du cœur qui caractérise les chiens, – ces humbles amis de l'homme, – se dresse joyeusement pour participer à la joie générale et lèche les mains unies des deux époux.

Ce tableau est le suprême effort du réalisme anglais, bien différent, comme vous le voyez, d'un certain réalisme qui procède avec une brutalité extrême de moyens, et copie grossièrement l'ignoble, sans être pour cela plus sincère : car il y a aussi le maniérisme du laid [1], et l'on peut être faux en faisant horrible.

Malgré la gracilité menue de la touche, l'aspect général est large et la couleur franche. L'artiste a le courage de ses rouges, de ses bleus et de ses violets, et ne rompt pas ses tons vierges par ces demi-teintes grisâtres au moyen desquelles on obtient aujourd'hui une harmonie trop facile.

Faut-il prendre au pied de la lettre ce titre : *Le Retour de la colombe à l'arche*, ou n'y voir qu'une sorte de composition mystique ? Il est difficile d'admettre que ces deux jeunes filles soient de la famille de Noé, – elles n'ont ni le type de tête ni le genre de costume qui pourraient le faire supposer. – Il n'y avait d'ailleurs dans l'arche, du moins la Bible n'en mentionne pas d'autres, que les

1. Reproche adressé à Courbet quatre ans plus tôt (voir l'article p. 182).

femmes de Sem, de Cham et de Japhet [1], et très probablement elles ne portaient pas ces longues robes et ces dalmatiques ; – elles devaient en outre être plus âgées : les figures de M. Millais n'indiquent guère que quatorze ou quinze ans. – L'une d'elles, coiffée de cheveux pendants, vêtue d'une robe d'un vert d'émeraude qui rappelle, pour l'intensité du ton, la palette de pierreries des peintres verriers, presse d'une main contre sa poitrine la colombe haletante et fatiguée de son voyage, et de l'autre montre le rameau d'olivier qu'elle lui a ôté du bec ; la seconde fille, habillée d'une tunique violette sur laquelle se drape une sorte de chasuble blanche, appuie sa main sur le bras de sa compagne et baise le pauvre oiseau effarouché dont on croirait voir battre le cœur sous la plume, avec une précaution caressante. Le fond est d'un brun sombre où l'on ne peut démêler aucune forme. Sur le plancher s'entrecroisent des brindilles de foin et des tuyaux de paille du rendu le plus étudié et le plus minutieux : chaque fétu a son clair, sa demi-teinte, son ombre portée, ses nœuds, ses filaments, ses cassures, et il serait impossible de prendre dans ce fouillis un brin de paille pour un brin de foin. – Ce pauvre de La Berge [2], qui faisait soixante études devant un chardon, se reconnaîtrait vaincu par cette infatigable patience.

Les têtes, où les tons sanguins et violâtres abondent, n'ont pas cette distinction fashionable [3] que les peintres anglais impriment ordinairement à leurs créations féminines ; mais qu'elles sont naïvement et religieusement vraies ! comme elles ont quelque chose de *déjà vu*, et comme elles vous rappellent, par leur chaste douceur et

1. Les trois fils de Noé. Le Déluge est raconté dans la Genèse, chap. 6 à 8.

2. Charles de La Berge (1807-1842), paysagiste, ami de Théodore Rousseau.

3. En 1855, ce terme anglais, qui signifie « à la mode », d'où « élégant », commence à vieillir.

leur honnête sincérité, de vagues souvenirs d'enfance ! vos jeunes sœurs avaient des amies semblables, et, en face du tableau, vous en cherchez les noms gracieux. – La main de la plus jeune, posée sur la manche verte de la grande, est un chef-d'œuvre. Ce n'est pas cette pulpe molle et blanche, assouplie par la pâte d'amande et veinée de lignes d'azur, que Lawrence [1] caresse de son pinceau rapide, non, mais une bonne main un peu rougeaude lavée à l'eau crue de la fontaine, et que colore comme d'une nuance de pudeur le sang frais de la virginité.

De loin, il faut l'avouer, l'*Ophélie* de M. Millais a un peu l'air d'une poupée qui se noie dans une cuvette ; mais approchez, et vous serez ravi par un monde prodigieux de détails. La toile s'animera et fourmillera à vos yeux. – Il vous semblera être couché sur une rive et voir petit à petit se dégager mille formes de ce que vous aviez pris d'abord pour une confuse masse verte. Toujours quelque chose de neuf, quelque accident inaperçu viendra récompenser votre attention.

Quelle fraîcheur humide, quels verts aquatiques et glauques ! quel bleu noir d'eau profonde sous les arbres penchés ! quel bain d'Elfes et de Nixes [2], et comme les lavandières de nuit doivent venir y battre leurs chemises de clair de lune ! Le saule jette en avant son tronc noueux, difforme, fendillé, et sa couronne de branches dont les pointes égratignent l'eau courante ; le cresson boit, le nénuphar étale ses larges feuilles, l'alisma [3] verdit comme une mousse, le myosotis ouvre ses yeux de turquoise, le roseau rubané déroule ses longues lanières, la salicaire secoue ses épis purpurins, l'églantine effeuille ses pétales, l'iris agite sa fleur semblable à un papillon bleu,

1. Voir p. 167, note 1.
2. Nymphes des eaux, dans la mythologie germanique et scandinave.
3. Autre nom du plantain d'eau, plante commune des lieux humides, à fleurs blanches. Plus loin Gautier cite une autre plante des marais, la salicaire, qui fleurit pourpre.

les libellules exécutent leurs valses, le rouge-gorge présente sa poitrine sanglante, et le martin-pêcheur fuit en coupant l'eau qui rejaillit en perles sur le lapis-lazuli de son aile. La rive est glissante, il n'y a qu'à se laisser aller au courant qui vous appelle avec un doux murmure.

Ainsi le fait Ophélia ; elle s'abandonne à l'eau perfide avec l'enfantine confiance de la folie : cela l'amuse d'être emportée mollement, doucement, onduleusement, soutenue par ses jupes, qui pourtant s'imbibent et s'affaissent, et autour desquelles les dentelles blanches tourbillonnent comme un remous d'écume ; sa tête repose sur l'oreiller du flot qui soulève ses cheveux mêlés de brins de paille et de fleurs des champs. Son collier de clochettes bleues et de coquelicots, parure de la démence, surnage encore, et sa main n'a pas lâché sa poignée de folle avoine, de boutons-d'or et de pâquerettes. De sa bouche entrouverte par un sourire extatique, et montrant la blanche arcade de la denture, s'exhale un vague refrain de ballade que noiera la première vague.

Dans la puérilité charmante de son naturalisme, ce tableau a quelque chose de bizarre, qui convient peut-être mieux au sujet qu'un parti pris plus raisonnable. On ne pouvait user plus de temps sur la folle *Ophélie* ; cependant n'allez pas croire, d'après la description, à rien de romantique ni de shakespearien, dans le sens où nous entendons ces mots : c'est de la fantaisie faite avec de la patience, et le plus méticuleux botaniste ne retrouverait pas dans ce prodigieux fouillis végétal une seule feuille, une seule nervure, un seul pétale, un seul pistil inexacts !

M. W. Hunt est en art de la même communion que M. Millais. Lequel est élève, lequel le disciple, ou sont-ils arrivés tous deux à un résultat semblable par des idées pareilles ? c'est ce que nous n'avons pas à discuter [1].

---

1. En fait Millais et Hunt, qui ont à peu près le même âge, ont fait leur apprentissage ensemble.

L'antiquité nous représente Diogène la lanterne en main et cherchant un homme en plein soleil ; M. W. Hunt nous montre le Christ faisant sa ronde de nuit et cherchant une âme éveillée dans l'univers qui dort. « Behold, I stand at the door, and knock ; if any man hear my voice, and open the door, I will come in to him, and will sup with him, and he with me [1]. » Il a, sans doute, déjà frappé à bien des portes, le divin rôdeur nocturne, et on ne lui a pas ouvert, car il a l'air las et découragé sous sa couronne d'or entremêlée d'épines. L'herbe mouillée a verdi le bord de sa dalmatique de brocart, et la lumière brille moins vive aux découpures de sa lanterne. Sera-t-il plus heureux à ce seuil embarrassé de ronces, d'orties, d'ivraie et de toutes les mauvaises plantes de l'incurie ? Cela est peu probable ; le coup du heurtoir ne sera pas entendu, – les chants de l'orgie ou les ronflements de la bestialité le couvriront.

La tête de la « lumière du monde [2] » respire une mélancolie onctueuse, une tristesse pleine de pitié, comme peut l'éprouver un Dieu méconnu. Quant aux détails, ils sont d'un fini inimaginable, et tels que les feraient, en s'appliquant beaucoup, Albert Dürer, Schoorel [3] et les plus précieux des maîtres allemands primitifs : on discerne jusqu'aux gouttes de rosée aux pointes des herbes qu'éclaire le reflet de la lanterne. – Nos néo-gothiques ne sont jamais allés si loin ; si l'on admet une fois que l'art ait le droit de n'être pas contemporain et de se choisir à son gré un milieu, un siècle, une croyance, alors il faut admirer sans réserve l'œuvre de M. W. Hunt, comme on le ferait, à coup sûr, si on la rencontrait dans la cathé-

---

1. Texte anglais d'un passage célèbre de l'Apocalypse (chap. 3, verset 20).

2. Les guillemets viennent de ce que le tableau de Hunt s'intitule en anglais *The Light of the world* ; il se trouve aujourd'hui au Keble College d'Oxford.

3. Jan van Scorel ou Schoorel (1495-1562), peintre hollandais.

drale de Cologne ou dans la collection des frères Boisserée[1].

Le second tableau de M. Hunt, *Claudio et Isabella*, représente une scène de *Mesure pour mesure* de Shakespeare. Claudio est en prison, debout contre la fenêtre grillée de sa cellule, et soutenant avec ses mains le poids de l'anneau en fer qui lui cercle la jambe ; un surcot cramoisi bordé de fourrures, un pantalon collant de tricot violet, forment son costume un peu fané par la captivité ; il écoute les douces exhortations d'Isabella, qui, revêtue d'une guimpe de religieuse, lui appuie les mains sur le cœur et l'engage à la patience. À la fenêtre, où sourit un coin de ciel bleu, un rayon dore une mandoline au ventre demi-transparent, suspendue par des rubans cerise ; et les amandiers en fleur font voir à travers les barreaux leurs jeunes rameaux poudrés d'une neige rose. Un cachot que l'amour et le soleil visitent n'est pas bien triste, quoiqu'il vaille cependant mieux graver le nom de sa belle sur l'écorce des hêtres que sur le lambris d'une prison.

Cette toile est peinte avec ce procédé bizarre que nous avons déjà signalé chez M. Millais, et dont nous avons peine à nous rendre compte ; le rendu et le fini y sont poussés aux dernières limites, non pour arriver à ce poli extrême qui charme les amateurs superficiels, mais pour exprimer le vrai dans ses détails les plus intimement étudiés.

Nous pensons que M. Millais et W. Hunt feront école en Angleterre. Leur système est séduisant pour des esprits exacts par son côté absolu, mais nous doutons que nos réalistes les imitent jamais : il faut pour cela beaucoup trop de temps, de conscience, de volonté et d'observation. Tout en leur rendant la justice qu'ils

---

1. Sulpice Boisserée (1783-1854) et son frère Melchior (1786-1851), collectionneurs réputés, étaient eux-mêmes nés à Cologne, et Sulpice a publié en 1823 une description monumentale de la cathédrale.

méritent, et qu'on ne leur rendra peut-être pas généralement, à cause de leur étrangeté d'aspect et de leur originalité choquante, nous craignons qu'ils ne succombent dans cette lutte corps à corps avec la nature.

Ce qui nous le fait craindre, c'est un tableau de M. Hunt intitulé *Les Moutons égarés*, où le peintre engage résolument la bataille sur ce terrain, et propose un duel à la réalité : des moutons sortis de leur pâturage se sont engagés parmi les ronces et les roches, et bêlent, inquiets de ne plus retrouver le chemin de l'étable. Nous avons déjà cité de La Berge à propos des brins de paille de M. Millais. – Vous souvenez-vous d'un certain mouton gardé par une vieille femme, une des dernières toiles qu'il ait exposées[1] ? Eh bien ce mouton dont la laine sentait le suint et qu'on eût tondu, n'était qu'une vague pochade, qu'une esquisse lâchée, à côté des bêtes de M. Hunt. – Et le paysage ? – Arrêtez-vous longtemps à le contempler, il en vaut la peine. – Bientôt, sous le vert étrange du gazon baigné d'ombres bleues et mordoré de soleil, vous suivrez les moindres plis du terrain, vous découvrirez les plantes foulées par le passage du troupeau, les endroits où filtre quelque filet d'eau caché, un travail à rendre un Chinois fou ; seulement, comme le peintre, résolu à ne faire aucun sacrifice, ne peut, malgré toute sa finesse, réduire mathématiquement dans une toile d'un pied carré une lieue d'horizon, il arrive que les détails prennent cette importance exagérée que le microscope donne aux objets, et qu'un brin d'herbe attire autant l'œil qu'un arbre. Singulier phénomène ! il n'y a peut-être pas au Salon une toile déconcertant le regard autant que *Les Moutons égarés* ; le tableau qui paraît le plus faux est précisément le plus vrai.

1. Au Salon de 1841, juste avant sa mort prématurée.

Le Moniteur universel,
5 mai 1856

REVUE DRAMATIQUE

En 1856, Gautier a définitivement quitté La Presse*, et poursuit son travail hebdomadaire de feuilletoniste dans le journal officiel de l'Empire. La comédie postmoliéresque de Jean-François Regnard (1655-1709), le drame romantique tardif, représenté par un de ses bons auteurs secondaires, enfin la danse espagnole, inépuisable objet d'enthousiasme, se succèdent ici en un « panaché » représentatif.*

THÉÂTRE-FRANÇAIS

Le Joueur,
de Regnard

Regnard a porté au théâtre le caractère aventureux de sa vie. Il y garde l'audace insouciante, la gaieté libre et la négligence fière de l'homme du monde. À voir au foyer de la Comédie-Française le beau buste de marbre qui le représente, et dont le pur profil a sous sa perruque sculptée quelque ressemblance avec celui de lord Byron, on aurait plutôt l'idée d'un seigneur que d'un poète, bien que le génie étincelle dans ses yeux blancs et que l'esprit joue sur ses lèvres entrouvertes. Regnard voyageait, menait grand train, donnait à dîner et à jouer dans sa belle maison du Rempart [1], et la Muse comique ne dédaignait pas de venir s'accouder à la table de l'amphitryon

1. La petite rue du Rempart a disparu en 1854 lors de la création de la place du Théâtre-Français.

entre les bouteilles et les cartes. Ce qui distingue Regnard, c'est une hilarité folle, comme celle qui suit les bons repas et qui déborde du verre en flots de mousse argentée. Il n'a pas la prétention de corriger les mœurs en riant, d'après le conseil du manteau d'Arlequin [1], quoi qu'il couse çà et là quelques lambeaux de morale à la jupe courte de ses comédies. Il rit pour rire et montrer ses dents étincelantes ; il est jeune et superbe, il a de l'argent, de la santé, du bonheur ; les belles ne le regardent pas d'un œil indifférent ; les vers lui viennent tout faits, et s'ils ne se présentent pas avec une rime exacte, il n'est pas assez pédant pour les chasser. Qu'importe une lettre de plus ou de moins, si la plaisanterie est bonne, si la phrase a de l'allure et parle comme à la cour ! Cela est bon pour les gens de cabinet, qui ne sauraient mieux employer leur temps, de gratter des mots et de prendre le *la* des consonances ; quant à lui, deux marquises l'attendent, et il a promis un régal à une comédienne, ce qui ne l'empêche pas d'être, après Molière, le premier poète comique de France.

Personne mieux que Regnard ne pouvait traiter *Le Joueur* [2] : il était plein de son sujet ; il maniait les cartes avec une habileté supérieure et lançait les dés du cornet d'une main si leste, si prestigieuse, qu'il semblait leur commander ; les cours étrangères admiraient sa chance sans la suspecter, et pour la première fois peut-être l'or, qui se souvient de la vengeance d'Apollon [3], ne fut pas effrayé par la poésie. Valère, le héros de Regnard, n'est pas tout à fait si heureux, et souvent il rentre des

1. Nom traditionnellement donné au cadre de scène sur lequel était fixé le rideau, et en haut duquel figurait souvent la devise latine *Castigat ridendo mores*, que Gautier vient de traduire.

2. Cette comédie a été créée le 19 décembre 1696.

3. Apollon est bien originellement un dieu vengeur et cruel, mais l'allusion de Gautier reste obscure.

brelans[1] et des tripots, logeant le diable en sa poche. Moment bien choisi pour se faire lire Sénèque par son valet de chambre ! Il met en gage le portrait entouré de brillants d'Angélique, ce qui n'est pas fort tendre : mais que ne ferait un joueur, n'ayant pas de quoi aller tenter derechef la fortune ! – Après tout, Valère est fils de Géronte – un riche héritage réparera ses pertes, et l'on peut rire de ses chances diverses sans s'alarmer trop pour son avenir. – Il est curieux de voir ce que notre temps a fait de ce sujet du *Joueur* qu'il a poussé à l'extrême et compliqué de la noire fantaisie de Zacharias Werner[2] ; le vice est devenu crime, la mauvaise humeur rage, la veine défavorable ruine complète. Là où le grand seigneur plaisante sur quelques milliers de louis de plus ou de moins, le joueur moderne saisit un couteau !

Leroux, qui représentait Valère, a peut-être conçu d'une façon trop actuelle le rôle de ce joueur du XVIIe siècle ; il l'a fait plus agité, plus fiévreux, plus hagard que ne le comportait l'intention du poète. – Nous indiquons cette nuance à sa sagacité : quant au reste, il est parfait. À travers le désordre et le débraillé de son élégance compromise par les nuits passées aux tripots, on sent toujours le marquis, l'homme qui, après avoir rajusté ses canons et donné un coup de peigne à sa perruque blonde, peut se présenter le matin à l'Œil-de-Bœuf[3] et gratter à cette porte que l'huissier n'entrouvre qu'aux privilégiés. Son vice n'est qu'un travers dans une grande existence. Valère, qu'il perde ou qu'il gagne, mourra sur la paille d'un château ! Hector, sous les traits de Samson,

---

1. Salles de jeu (le brelan est à l'origine un jeu de cartes, d'où ce sens métonymique).

2. Sombre dramaturge allemand (1768-1823), auteur du *Vingt-Quatre Février* dont Gautier a parlé dans son feuilleton de théâtre le 15 avril 1839.

3. Nom donné à l'antichambre de Louis XIV, à cause de la forme de sa fenêtre. Paul-Louis Leroux (1819-1874), à la Comédie-Française depuis 1841, remplit les rôles d'amoureux de comédie.

est le plus excellent valet de comédie qu'on puisse voir ; il semble découpé dans un jeu de cartes pour accompagner la fortune du joueur ; Monrose rend à merveille la physionomie du marquis de rencontre ; Mlle Judith prête à l'Angélique, si souvent trahie par la dame de cœur ou la dame de trèfle, sa grâce tendre et sa beauté délicate ; Mme Thénard joue la comtesse en actrice consommée [1].

Les reprises des grands ouvrages du vieux répertoire ont un côté intéressant, mais on devrait les entremêler de quelques pièces nouvelles. Le Théâtre-Français est un Musée ; mais c'est aussi un salon. Il faudrait, comme cela avait lieu autrefois au Louvre, en soulevant une portière, pouvoir passer des chefs-d'œuvre anciens aux œuvres contemporaines ; après avoir contemplé les toiles des maîtres, brunies et dorées par la patine du temps, il est bon de jeter les yeux sur les tableaux neufs, aux couleurs vives et fraîches, qui, malgré leur infériorité, séduisent davantage la foule. Les premières représentations deviennent vraiment trop rares à la rue Richelieu.

THÉÂTRE DE LA PORTE SAINT-MARTIN

Salvator Rosa, drame en cinq actes et six tableaux, de M. Ferdinand Dugué (reprise)

Quand un théâtre manque de nouveautés, ce qu'il peut faire de mieux c'est de reprendre les anciennes pièces qui ont obtenu un grand succès : le *Salvator Rosa* de M. Ferdinand Dugué méritait cet honneur ; et il aura encore

1. Joseph-Isidore Samson (1793-1861) est un des anciens dans les rôles comiques ; Monrose (fils) : voir p. 113, note 1 ; Julie Bernat dite Mlle Judith (1827-apr. 1907), engagée en 1846, a créé la *Charlotte Corday* de Ponsard en 1850 ; Louise Thénard (1793-1877) joue depuis 1823 les soubrettes, puis les duègnes.

autant de représentations qu'il plaira à Mélingue [1]. Nul acteur mieux que lui n'est en état de rendre ce rôle qui exige la réunion de rares qualités. – Salvator Rosa représente admirablement ce type que l'on désigne aujourd'hui par un seul mot : « l'artiste ! » c'est-à-dire l'homme qui comprend l'art sous toutes ses formes, poésie, musique, peinture, avec énergie, passion et lyrisme, et dont la vie bizarrement configurée se détache en traits caractéristiques sur le fond neutre de l'existence générale. – Des maîtres, qui lui sont supérieurs, ont vécu au fond de leur atelier d'une façon toute bourgeoise, sans fournir le prétexte au moindre drame et sans dire qu'ils avaient été arrêtés par les brigands ou brigands eux-mêmes ; la biographie de Salvator est tout un roman : que de misères ! que de luttes ! que de souffrances ! quel déplacement perpétuel ! quelle fréquence d'incidents ! que d'orages avant d'arriver au port ! Mais aussi, quelle énergie indomptable ! quelle ardeur au travail ! quelle bravoure toujours prête à quitter la brosse pour l'épée ! quelle fierté hautaine devant la sottise ! quelle prodigieuse dépense de verve, d'esprit et de génie ! Il sait trouver le temps, cet étonnant Salvator Rosa, de composer des mélodies que toutes les sérénades répètent sous les balcons de Naples, de rimer des sonnets et des satires qui emportent la pièce, d'égayer le peuple de Rome à travers le masque du Signor Formica [2], et d'inventer le paysage romantique, et de peindre des batailles échevelées, et de faire évoquer à la pythonisse d'Endor l'ombre effrayante

---

1. Étienne Mélingue (1808-1875), un des grands acteurs de drame au XIXe siècle. Ce drame, créé à la Porte Saint-Martin le 19 juillet 1851, est repris le 26 avril 1856 ; le peintre Rosa a été évoqué p. 77 et note 1. Ferdinand Dugué (1816-1913), disciple enthousiaste de Hugo dans sa jeunesse, est un des auteurs secondaires les plus prolixes du siècle (roman, poésie, théâtre).

2. Cet épisode du carnaval romain de 1639 (raconté en 1821 par Hoffmann dans un des *Contes des frères Sérapion*, « Signor Formica ») fit beaucoup pour la popularité du jeune peintre.

de Samuel [1], sans compter qu'enrôlé dans la *compagnie de la Mort*, il aidait son ami Falcone à repousser les troupes du vice-roi [2] !

Quelle mâle et fière tristesse dans cette pièce de vers ! « Point de trêve avec le souci ! point de relâche à la douleur ! La fortune, toujours mon ennemie, semble avoir oublié où je vis, que je sens dans chacun de mes membres des nerfs, des muscles ; que j'ai un esprit, un pouls, un cœur ; que je frémis et souffre dans chaque pore. – Dès le premier soupir que j'exhalai de cette vie, je fus en butte aux éternelles injures du sort. Soumis à de rudes travaux, sans récompense, j'ai courtisé les arts, mais en vain ; car, tandis que je m'attache à un lointain espoir, je puis à peine gagner mon pain journalier ; – pour moi, vainement le soleil brille et la terre fertile donne du blé et du vin ; – si je lance à la mer ma barque fragile, la tempête vient m'assaillir ; si pour les sécher je déploie mes voiles, le ciel envoie un nouveau déluge. Si j'allais chercher ces campagnes de l'Inde où les sables sont mêlés d'or, sans doute je le trouverais transformé en plomb. Éveillé, mes pensées sont amères ; endormi, mes rêves sont des châteaux en l'air. Ma richesse est seulement en espérances, et quand elles seront toutes évanouies, un hôpital me réserve le lit de l'indigence ! grands dieux ! Cependant, moi aussi je suis peintre [3] ! Ne pourrais-je donc trouver une riante couleur pour raviver la teinte sombre d'une vie où tout est effort, malheur et combat ! – Des voix amies me crient encore : "Espère, travaille..." Toujours espérer et toujours mourir de faim. Le plus sûr chemin de la faveur est de cacher le sentiment de sa supériorité.

---

1. Voir dans la Bible le premier Livre de Samuel, chap. 28. Ce tableau, *L'Ombre de Samuel apparaissant à Saül chez la pythonisse d'Endor*, un des plus célèbres de Rosa (v. 1668), se trouve au Louvre.

2. Le peintre Aniello Falcone (1607-1656), ami et maître de Rosa, l'entraîna dans la révolte de Masaniello contre le vice-roi de Naples.

3. « *Anche io son pittore* », mot célèbre prêté au jeune Corrège.

Mieux vaudrait cent fois achever son destin et dormir dans la tombe avec les dons maudits de l'esprit, du jugement et de la grandeur d'âme [1] ! »

Ce n'étaient pas là de vaines lamentations poétiques, mais bien l'expression d'une misère réelle. Salvator Rosa, ne pouvant venir à bout de vendre un seul de ses tableaux plus tard payés si cher, eut la douleur de voir sa mère et une de ses sœurs forcées pour vivre de se placer comme servantes, tandis qu'une autre, mariée au peintre Francanzano [2], non moins pauvre, mourut littéralement de faim. – Lanfranc, en achetant l'*Agar dans le désert*, exposée chez un marchand de vieux meubles, révéla le premier le talent de l'artiste méconnu et lui donna la vogue [3].

Mélingue a été vraiment magnifique dans ce rôle, un de ses plus beaux ! Mélancolies profondes, brusqueries farouches, gaietés fiévreuses, élans de génie, orgueils d'artiste, épanchements du cœur, ironies acérées, bravades hautaines, il a tout exprimé avec un bonheur rare. Sa belle tête bien portée, ses gestes élégants et fiers, ses allures dégagées et souples le servent à merveille pour représenter le peintre qui argumentait à coups d'épée avec les élèves spadassins de l'Espagnolet [4].

La scène du carnaval romain mérite à elle seule qu'on aille voir *Salvator Rosa*. Au milieu d'un immense fourmillement de costumes variés, qu'étoilent des constellations de moccoletti [5], s'avance un char traîné par des satyres avinés ; sur ce char trône l'artiste casqué d'un masque antique à la gueule de bronze, aux joues fardées d'un rouge violent, couronné de lierre, et vêtu d'une sou-

1. Malgré les guillemets il ne s'agit pas d'une citation, mais d'une paraphrase des vers de Dugué.

2. Francesco Francanzano (1612-1656), peintre baroque napolitain.

3. Le peintre Giovanni Lanfranco, dit Lanfranc (1582-1647), fut en effet à l'origine de la carrière de Rosa par l'achat de ce tableau biblique peint vers 1634.

4. Voir p. 192, note 2.

5. Petites bougies de carnaval.

quenille rayée de blanc et de bleu ; il se démène, il s'agite, se penche sur la foule charmée de ses lazzi, et lorsqu'il aperçoit l'un de ses ennemis, il le harcèle de sarcasmes incisifs et d'interpellations cruellement bouffonnes avec des changements de voix bizarres, d'un effet irrésistible ; un énorme éclat de rire finissant en huée accompagne chaque portrait railleur. Mais le moment le plus beau, c'est lorsque Salvator, accusé d'abuser des privilèges du carnaval, relève son masque rubicond et difforme pour montrer, comme une Méduse de marbre, sa tête belle, calme et pâle.

Un triple rappel a traduit l'enthousiasme du public pour l'acteur si bien identifié avec son personnage.

La pièce a été remise avec tout le soin possible ; cependant nous n'aimons pas le ton brique des rochers dans le décor de la scène des brigands : le tableau de Salvator Rosa, qu'on a voulu imiter, est d'une localité [1] hâve, sinistre et plombée, d'un effet admirable ; un ciel noirâtre, des escarpements blafards, une eau brune, quelques végétations flétries, en font un poème de solitude, de sauvagerie et de terreur vague. La foudre tombe de ce ciel, la fièvre monte de cette eau, si bien faite pour cacher le corps des victimes ; les spectres ou les assassins sortent de derrière ces rochers, coulisses naturelles du meurtre ! Il était facile d'encadrer dans le théâtre cette toile, qui semble un projet de décor.

1. On a déjà rencontré le mot en ce sens à propos de Courbet (voir p. 190, note 3). Rosa a peint plusieurs tableaux représentant des bandits sur une côte rocheuse (à New York, à l'Ermitage, etc.).

THÉÂTRE DES VARIÉTÉS

Les Folies d'Espagne

Danseurs espagnols

Un frisson de tambour de basque, un babil de castagnettes nous attirent aux Variétés. Que les ombres de Marcel et de Vestris nous le pardonnent : mais la moindre cachucha, le plus léger zaleo [1] nous fait tourner la cervelle comme à ce brave employé du télégraphe des *Folies d'Espagne* que nous avons beaucoup de peine à trouver ridicule.

Nous avons fait à la poursuite des mantilles, des basquines, des guitares et des panderos le même voyage que ce brave homme ennuyé des gestes épileptiques de l'ancien télégraphe de Montmartre [2] : seulement nous nous sommes gardé de prendre Tourcoing pour Grenade, et nul maître de ballet facétieux ne nous a dupé.

Cette farce des *Folies d'Espagne*, attribuée drolatiquement au señor Hernandez de la Miranda, est véritablement très drôle, et Mlle E. Baudin y porte le costume espagnol à nous faire illusion, à nous qui avons passé bien des soirées au Prado de Madrid, à la Cristina de Séville, à l'Alameda de Grenade, à la Glorietta de Valence, à la Rambla de Barcelone [3] : on ne saurait mieux manier l'éventail et draper la dentelle noire sur une jupe rose ou bleue.

---

1. Ou jaleo, pas de danse andalou popularisé en France en 1837 par les sœurs Noblet. Marcel (?-1759), maître de ballet de Louis XV, et Auguste Vestris (1760-1842), célèbre pour sa virtuosité, sont deux figures maîtresses de la danse de la fin de l'Ancien Régime.

2. Gautier voyait ce télégraphe mécanique désaffecté depuis sa fenêtre lorsqu'il habitait rue de Navarin. Pandero : tambour de basque, en espagnol.

3. Gautier cite les promenades célèbres de chacune de ces villes, vues par lui en 1840. Émilie Baudin a débuté au Gymnase quelques années plus tôt. La pièce qu'elle reprend est un vaudeville de Lubize, créé au Gymnase le 2 juin 1853.

La señora Cristina Mendez est l'étoile de la troupe : après la Dolorès, la Petra Camara, l'Adela Guerrero, la Pepa Oliva, la Concepcion Ruiz [1], elle a trouvé une nouvelle manière d'être charmante : elle est blonde et rose ; elle a des yeux bleus, une physionomie virginale, et, avec tout cela, le diable de la danse au corps. Lorsqu'elle a jeté sa mantille et qu'elle apparaît étincelante au milieu d'un scintillement de paillettes, l'ange se transforme en feu follet, et c'est une rapidité à donner le vertige, un tourbillon à éblouir ! Elle est si vive, si preste, si agile : elle se cambre avec tant de souplesse ; elle voltige avec tant de légèreté, que les lorgnettes ont peine à la suivre. Elle a dansé ainsi *La Perle de Cadix*, *L'Andalouse* et une *séguidille*, très bien secondée par son partenaire, A. Martinez, qui vaut presque Camprubí [2].

L'Artiste,
15 mars 1857

Atelier de feu Théodore Chassériau

À peine adolescent, Théodore Chassériau (1819-1856) a fréquenté le groupe du Doyenné dont Gautier, son aîné de huit ans, était un des animateurs. Sa mort prématurée frappe douloureusement le critique et l'ami ;

1. Danseuses espagnoles dont Gautier a fait l'éloge, dès les années 1830 pour Dolorès Serral (voir p. 51-53), récemment pour les autres. Courbet a peint Adela Guerrero en 1851, et Chassériau *Petra Camara dansant* en 1854 (voir le texte suivant).

2. Le partenaire de Dolorès en 1834-1837.

VINGT-SEPTIÈME ANNÉE

L'ARTISTE

RÉDACTEUR EN CHEF:

M. THÉOPHILE GAUTIER

DIRECTEURS:

MM. ÉDOUARD HOUSSAYE ET XAVIER AUBRYET

PROSPECTUS

Ce n'est pas un journal nouveau que nous fondons; l'*Artiste* a vingt-six ans d'existence, et nous allons ouvrir la vingt-septième année; il a parcouru des temps heureux et malheureux, franchi des époques difficiles avec des fortunes diverses; il a eu ses phases d'éclat et d'obscurcissement, mais toujours il a survécu; c'est qu'en effet il porte en lui un principe vivace, une véritable raison d'être. Il répond à un public restreint peut-être, mais qui ne peut que s'agrandir. Parmi tant de recueils à périodicités plus ou moins éloignées, rédigés d'une façon brillante, l'*Artiste* se distingue par une spécialité, dont il s'est écarté trop souvent, selon nous, et vers laquelle nous nous efforcerons de le ramener : telle est la tâche que nous nous sommes imposée en acceptant la rédaction en chef.

Sans doute, l'*Artiste* est un titre vaste et complexe qui embrasse tout le monde de l'intelligence : la poésie, comme la prose, le livre comme le théâtre, la musique comme la danse, la statue comme le palais, le tableau comme l'estampe, le bijou comme la médaille, l'archéologie comme la curiosité; et ce n'est pas nous qui retrancherons rien à la variété de ce programme, mais nous donnerons à l'art proprement dit une place plus large qu'à la littérature. N'allez pas croire pourtant que nous reconduirons la poésie couronnée de fleurs jusqu'au seuil de nos colonnes, en lui souhaitant bonne chance, à la manière de Platon; nous ne sommes pas assez philosophe pour cela. Seulement, nous lui réserverons un escabeau d'ivoire, entre un tableau de maître et un groupe de marbre ou de bronze; nous la ferons asseoir dans un musée.

L'esprit littéraire a été jusqu'à présent beaucoup plus répandu en France que le sentiment de l'art; — toute personne qui a fait ses études, ses *humanités*, ainsi qu'on disait autrefois, comme si l'on n'était homme qu'après avoir vécu dans une certaine familiarité avec le génie antique, peut, en effet, porter sur les choses de la littérature un jugement plein de compétence. Les connaissances premières, indispensables à l'appréciation des œuvres d'art, manquent souvent à des esprits très-cultivés d'ailleurs, et tel qui dira pertinemment son avis d'un roman ou d'une pièce de théâtre, gardera devant un tableau « le silence prudent » de Conrart. Cependant, quel monde immense que celui de l'art! N'est-ce pas toute la nature visible, avec l'émotion de l'homme en plus? N'est-ce pas le rêve prenant pour s'exprimer les formes de la réalité?

Nous n'avons pas cette haute prétention de faire l'éducation du public. Le public en sait plus que nous; cependant, nous pouvons rassembler pour son usage des documents précieux, discuter devant lui des théories intéressantes, amener son attention sur des œuvres peu connues et qui méritent de l'être, le prévenir qu'à tel endroit il existe un tableau ou une statue qu'il faut aller voir, que dans telle église vient de s'ouvrir une chapelle, dans tel palais de se découvrir un plafond ou un hémicycle; lui décrire ce qu'il n'a pas le temps de visiter lui-même, lui annoncer les ventes curieuses, lui résumer les catalogues importants, le tenir au courant du mouvement de l'art à l'étranger; lui dire ce que font à Londres, à Dusseldorf, à Munich, à Berlin, à Rome, Millais, Mulréady, Kaulbach, Schwanthaler, Cornélius, Overbeck; courir les ateliers et lui en rapporter les nouvelles, analyser pour lui le talent des grand maîtres du passé, en chercher le sens et la tendance, pénétrer le secret de leurs pensées et de leurs procédés matériels, et, de toutes les manières, provoquer, faire naître et nourrir le goût de l'art dans ses manifestations multiples.

Aujourd'hui, Paris est ce qu'était Rome autrefois, Athè-

cet article est un des premiers exemples des nécrologies qui envahissent, notamment, le feuilleton de théâtre après 1850 (voir celui sur la mort de Rachel, p. 279).

Nous sommes entré avec un profond sentiment de tristesse dans cet atelier enfoui derrière les arbres, au fond de l'avenue Frochot [1], et que l'artiste, hélas ! n'habite plus. Lorsqu'à notre dernière visite, Théodore nous reconduisit jusqu'au seuil, sa palette à la main, nous ne nous doutions guère que le signe amical dont il nous saluait était un adieu suprême et que nous ne devions pas nous revoir en ce monde. Il était en train de peindre une *Nativité* de petite dimension, et nous avions beaucoup admiré la douceur sauvage et la langueur orientale qu'il avait su donner à la tête de la Vierge, sans en altérer cependant le type traditionnellement sacré. Autour de lui, sur des chevalets, étaient posés plusieurs tableaux à divers degrés d'avancement ; des esquisses, des études, des ébauches abandonnées ou réservées pour un moment de loisir, couvraient les murailles ; des compositions, des dessins, des portraits au crayon jonchaient indifféremment les tables, les divans et les fauteuils, car l'artiste, bouillonnant et plein de rêves, les jetait avec insouciance, comme s'il en eût ignoré le prix ; ces tableaux, ces dessins que l'on va s'arracher maintenant, n'étaient à ses yeux qu'une sorte de délassement de ses grands travaux ; il les faisait en se jouant et comme pour reprendre haleine entre ses peintures murales de Saint-Merry, de la Cour des comptes [2], de Saint-Roch, de Saint-Philippe-du-Roule ; et pourtant il y mettait la même activité, le même feu, le même génie ; la main chez lui ne travaillait jamais seule, et l'âme s'écoulait dans ces mille improvisations. Aussi

1. Voie privée qui donnait jadis sur la place Pigalle. Toulouse-Lautrec y eut aussi son atelier.

2. Installée alors au palais d'Orsay, achevé en 1838, incendié en 1871 et remplacé en 1898 par la gare d'Orléans (le musée d'Orsay actuel).

est-il mort tout jeune, quoique robuste et sain, non pas d'une maladie plus que d'une autre, mais parce qu'il avait généreusement prodigué sa vie aux saints devoirs, aux nobles ambitions, aux intelligentes amitiés, aux travaux opiniâtres, aux essors infatigables vers l'idéal ; il a succombé peut-être encore par cette raison mystérieuse qu'indique le comte de Platen, dans une de ses plus émouvantes poésies :

Il noue avec la tombe une trame secrète
Le mortel dont les yeux ont contemplé le beau [1] !

Silencieux et le cœur remué par nos souvenirs, nous parcourions l'atelier désert où tant de fois nous nous étions assis, le cigare aux lèvres, regardant une figure naître sous le pinceau de Théodore, qui, de temps à autre, se retournait pour nous lancer quelque réflexion spirituelle, quelque remarque piquante, quelque mot original, car sa conversation était charmante, et l'usage du plus grand monde s'y mêlait aux hardiesses pittoresques de l'artiste. Tout était à la même place, et le maître, en rentrant, eût pu s'asseoir devant le chevalet sur l'escabeau accoutumé, s'il n'était pas sorti drapé de ce manteau noir qu'on revêt lorsqu'on ne doit plus revenir.

Dans le petit divan où il se reposait quelquefois, les yatagans, les kandjars, les poignards persans, les pistolets circassiens, les fusils arabes, les vieilles lames de Damas niellées de versets du Coran, les armes à feu enjolivées d'argent et de corail, tout ce charmant luxe barbare, amour du peintre, se groupait encore en trophée le long des murs ; négligemment accrochés, les gandouras, les haïks, les burnous, les cafetans, les vestes brodées d'argent et d'or, donnaient aux yeux ces fêtes de couleur par lesquelles l'artiste tâche d'oublier les teintes neutres

1. Le poète allemand August von Platen (1796-1835) a fourni les textes de nombreux *Lieder*, notamment de Schubert, mais nous n'avons identifié ni cette traduction ni l'original.

de nos vêtements lugubres, et semblaient avoir retenu entre leurs plis fripés et miroités les rayons du soleil d'Afrique.

Mais, hélas ! la vie a ses dures exigences : elle s'empresse de combler les vides faits par la mort ou l'absence. En vain la famille pieuse, l'amitié fidèle voudraient-elles conserver aux choses cette empreinte qu'y laissent ceux qui ne sont plus : notre civilisation n'a guère de place pour le souvenir ; le flot entrouvert se referme aussitôt, et tout est submergé. On ne peut garder le fauteuil de l'ancêtre, la chambre de la mère ou de l'épouse, pas plus que le berceau de la petite fille ou les reliques du fils. Les vivants réclament l'espace, et les morts n'ont que leur étroite couche sous la terre, qu'on leur marchande et qu'on leur dispute encore. Les musées de la douleur ne sont pas possibles, ils couvriraient bientôt le monde.

Chose pénible et indispensable, ces tableaux aimés, ces dessins chéris, ces armes dorées de souvenirs vont être vendus. – La poussière, à défaut de l'oubli, les rongerait, tant est frêle tout ce qui reste de l'homme et que l'homme abandonne.

Là, nous avons retrouvé une de nos prédilections, la *Suzanne et les vieillards*, cette figure d'un type si orientalement biblique dont la blanche nudité semblait deviner les regards ardents attachés sur elle, et frissonner dans son inquiète pudeur [1] ! Jamais le peintre n'a réalisé plus heureusement ce beau exotique qui était son idéal et dont il avait un sentiment si profond. D'autres artistes ont été, sans doute, plus purs, plus complets, plus explicites, mais nul ne nous a troublé autant que Théodore Chassériau. Ses têtes avaient toujours une expression maladivement

1. Le titre exact est *Suzanne au bain*. Gautier a commenté ce tableau dans *La Presse* le 13 avril 1839 ; une autre version, *Suzanne et les vieillards*, date de l'année de la mort de l'artiste (les deux sont au Louvre).

étrange, une langueur nostalgique, une volupté douloureuse, un sourire triste, un regard mystérieux s'allongeant à l'infini ; il nous semblait les avoir déjà vues en rêve, ou dans des pays lointains, à des époques où nous n'existions pas, au milieu de villes bizarres ou de forêts aux végétations inconnues ; on eût dit des captives barbares amenées dans notre civilisation, drapées de leurs vêtements bariolés, constellées de leurs joyaux sauvages, et se rencognant comme des gazelles prises avec des attitudes d'une grâce farouche.

L'on nous a plus d'une fois reproché notre admiration excessive pour Chassériau, car notre siècle ne comprend la critique que comme le relevé des fautes et non comme le commentaire des beautés ; et pourtant elle était bien sincère et bien sentie !

Les *Cavaliers arabes emportant leurs morts après une affaire contre les spahis* [1] sont une des meilleures inspirations rapportées d'Afrique que le spectacle de cette vie patriarcale et barbare semble avoir enivrées. Il y a une grandeur homérique dans ces groupes d'une simplicité si fière, d'une tournure si noble. – On ne se figure pas autrement les Grecs et les Troyens ramassant leurs morts sous les remparts d'Ilium [2], après un de ces combats où les dieux prenaient fait et cause pour les mortels. Quelles têtes héroïquement suaves ont ces jeunes guerriers enveloppés de voiles comme des femmes, avec leurs grands yeux fatalistes, leurs bouches languissantes et leur physionomie exténuée ! Et pourtant, quand la poudre parle, ils bondissent, forts comme des lions, agiles comme des panthères, sur ces chevaux mornes qui, penchant la tête, et l'œil à demi caché par leur crinière, flairent d'un air de dégoût l'odeur des cadavres.

---

1. Salon de 1850-1851 (aujourd'hui au Fogg Art Museum de Cambridge, Massachusetts).
2. Ilion, un des noms de Troie, qui a donné son titre à l'*Iliade*.

On n'a pas oublié le *Christ au jardin des Oliviers*, quoiqu'il remonte à la première manière du peintre : la grande esquisse peinte sur papier vaut presque la toile : l'ange agenouillé qui, les bras tendus avec un geste désespéré, semble offrir au Christ le calice d'amertume comme forcé d'obéir à un ordre trop rigoureux, est d'une beauté vraiment céleste, et jamais le visage humain ne servit mieux à donner l'idée d'un être immatériel [1].

Théodore Chassériau a beaucoup pratiqué Shakespeare ; il le lisait assidûment, et, à cette étude, nous avons dû les illustrations d'*Othello*, une suite de quinze [2] grandes eaux-fortes gravées par l'artiste même, et qui interprètent plus exactement que tous les traducteurs l'ardente et sombre poésie du drame. – Dans les tableaux qu'il a laissés se trouve un Macbeth à cheval rencontrant l'horrible trio sur la bruyère [3]. Banquo, étonné comme lui, semble dire : « Quelles sont ces créatures décharnées dont l'accoutrement est si bizarre ? Elles ne ressemblent point aux habitants de la terre, quoiqu'elles soient sur la terre. Êtes-vous en vie ? Êtes-vous des êtres que l'homme puisse interroger ? On dirait que vous me comprenez à voir chacune de vous placer son doigt osseux sur ses lèvres flétries. – Je vous prendrais pour des femmes, si vos barbes ne me défendaient de le croire. »

Le Thane [4] a une fière tournure sur son cheval de guerre ; c'est bien le chef de clan demi-sauvage et crédule, vigoureux de corps et faible d'esprit, crâne épais recouvrant une cervelle obscure, pantin colossal dont lady Macbeth tirera les ficelles avec ses petites mains. Cette figure est supérieurement comprise.

---

1. *Jésus au jardin des Oliviers* a été commenté par Gautier dans *La Presse* du 13 avril 1840.

2. Seize, en fait, mais le frontispice est resté inédit jusqu'en 1900 ; cette série date de 1844.

3. *Macbeth suivi de Banquo rencontre les trois sorcières sur la bruyère* se trouve au musée d'Orsay.

4. Homme d'armes, dans l'ancienne Angleterre.

Un bien charmant tableau que se disputeront les amateurs, car il est fini avec amour et le plus achevé de tous, c'est l'*Intérieur oriental*. – Une jeune femme debout et se regardant au miroir que tient une négresse, ajoute à sa coiffure ces grappes de fleurs de jasmin passées dans un fil, complément de la parure des Moresques ; une compagne, déjà vêtue, lui tend de nouvelles guirlandes ; au fond, un vieillard accroupi sur des carreaux fume son chibouck[1].

L'*Intérieur du harem*, quoique resté à l'état d'ébauche dans quelques parties, n'en est pas moins une toile délicieuse. Deux femmes, en brillants costumes, se renversent sur les coussins d'un divan, avec ces poses fatiguées et languissantes et ces gestes d'ennui nerveux qu'inspirent la clôture du harem et la présence de l'eunuque noir ; la tête de la femme rejetée en arrière, la plus finie du tableau, est charmante.

Nous aimons beaucoup une *Tentation de saint Antoine* conçue dans un goût tout nouveau ; par places, la toile n'est que frottée, mais ce vague d'exécution augmente l'aspect fantastique de la scène et donne aux têtes une valeur extrême. Théodore Chassériau, esprit élégant et fin, a répudié le caprice grotesque des tentations à la Teniers et à la Callot[2] ; il a pris le sujet du côté purement poétique.

Le saint, émacié par les jeûnes, pâli par les longs combats de l'esprit contre la chair, qui faisaient se rouler les ascètes meurtris de discipline sur le sable fauve des Thébaïdes, se cramponne, comme un malheureux près de se noyer, au bois sauveur de la croix, avec ses mains exsangues, aux phalanges presque disséquées : sa robe

1. Narguilé. Le titre exact est celui que Gautier donne en second ; ce tableau de 1856 est au Louvre.

2. Le dessinateur et graveur Jacques Callot (1592-1635) est une des grandes admirations de Gautier. Teniers a été cité p. 192. Cette *Tentation de saint Antoine* se trouve dans une collection particulière suisse.

brune drape[1] comme un suaire sur un corps atténué, réduit à l'état de squelette. Et cependant, quoiqu'il ne soit en quelque sorte qu'un fantôme parmi les hommes, et qu'il ait dépouillé la matière comme un vêtement impur, la tentation a encore prise sur lui ; l'inextinguible feu de la luxure s'attache à ses os desséchés ; il est obligé de fermer les yeux pour résister aux séductions du groupe charmant qui pose devant lui, trio de Grâces infernales, apparu soudain dans la solitude, fleurs de perdition, écloses diaboliquement au milieu des anfractuosités de la roche.

Théodore a eu l'idée délicate de faire de la principale figure du groupe une jeune fille pudique et modeste, baissant les yeux, rougissant, et comme embarrassée de son rôle provocateur : des cheveux blonds glissent comme un voile d'or sur des formes blanches, et elle dissimule sa beauté plutôt qu'elle ne l'étale. Elle semble s'envelopper dans des demi-teintes vaporeuses comme dans des voiles. Sans doute c'est une Éloa descendue des hautes sphères, non par orgueil, mais par amour, et qui au fond de l'enfer se souvient encore du paradis[2] : le démon attaque l'âme avant le corps, et il s'adresse au cœur avant d'agir sur les sens. Les deux autres femmes, ou diablesses vêtues d'une apparence féminine, se tordent voluptueusement et se cambrent en poses lascives, comme des déesses païennes, derrière l'apparition angélique.

Quel dommage que la mort ait fait glisser le pinceau des doigts de l'artiste, et que ce tableau soit inachevé ! Inachevé ! – pour nous il ne l'est pas, toute l'âme de l'artiste y palpite, toute sa pensée s'y lit clairement.

Il serait trop long de décrire une à une ces toiles, études, essais et notes du peintre, d'un intérêt si grand

---

1. Emploi intransitif rare du verbe « draper », au sens de : se disposer selon ses plis naturels.

2. Gautier rappelle ici le sujet d'*Éloa ou la Chute d'un ange*, un des grands poèmes de Vigny (1824).

pour l'art ; contentons-nous de citer les plus importantes. *Le Triomphe des Gaulois*, esquisse avancée, où vivent déjà toutes les mâles qualités du grand tableau admiré à l'Exposition universelle [1] ; la maquette de l'hémicycle de Saint-Philippe-du-Roule, tracée à l'intérieur d'une coupole de plâtre, peinture murale en miniature, aussi grande de style, aussi robuste d'effet que l'exécution réelle ; le *Saint François-Xavier*, apôtre des Indes, et le *Baptême de l'eunuque*, modèles des peintures décoratives de la chapelle baptismale à Saint-Roch [2] ; Marie Stuart protégeant contre les assassins le musicien David Rizzio ; Marie Stuart jurant la vengeance [3] ; puis mille études et mille caprices : des femmes nues pour le tepidarium de Pompéi [4] ; des danseuses espagnoles, furieuses ébauches, éblouissantes de mouvement et de couleur, qui tourbillonnent, trépignent et se cambrent comme le jaleo ; visions de la Petra Camara [5], saisies au vol à travers le fourmillement des paillettes, l'éclair noir des yeux et l'éclair blanc des sourires ; des femmes de Constantine, aux longues paupières noircies de khôl, aux doigts teints de henné, aux costumes rayés d'or et de couleurs vives ; des chevaux de race aux narines mobiles, aux yeux pensifs, aux jarrets nerveux, secouant leurs crinières comme des chevelures ; de belles filles romaines de Nettuno ou

1. En 1855. Cette esquisse se trouve au musée de Clermont-Ferrand de même que le tableau définitif (intitulé *La Défense des Gaules*).

2. Ces deux tableaux préparatoires se trouvent au musée du Petit Palais.

3. Ces esquisses ne sont pas mentionnées dans le catalogue de 2002 (voir Bibliographie). David Rizzio (v. 1535-1566), favori de Marie Stuart, fut assassiné après avoir été calomnieusement accusé d'être son amant.

4. *Le Tepidarium*, dont Chassériau a eu l'idée dès sa visite de Pompéi en 1840, a été peint en 1852, puis présenté au Salon (Gautier en a fait un commentaire enthousiaste dans *La Presse* du 23 juin 1853) ; il se trouve au musée d'Orsay.

5. Danseuse espagnole évoquée, de même que la danse du jaleo, dans le texte précédent (p. 242, note 1, et p. 243, note 1).

d'Albano[1], sculptées comme des statues, dorées d'un hâle robuste ; des types arabes, bédouins et kabyles, croquis faits sur le pommeau de la selle en parcourant l'Algérie, et d'une fierté étonnante. Nous avons souvent eu l'occasion de faire remarquer combien Théodore Chassériau avait la compréhension instinctive des races exotiques et des physionomies orientales.

Aux toiles se joint une collection de plus de deux cents dessins mis soigneusement sous verre, et frappés chacun d'une estampille bleue pour certifier son origine, comme si la griffe du lion ne signait pas le croquis le plus vague et le plus lâché : ce sont tantôt des compositions retournées de plusieurs manières ; tantôt des têtes, des torses, des mains, un mouvement pris sur le fait, une physionomie caractéristique, des jets de draperies, des types rêvés, des souvenirs de voyage, un pur profil découpé d'un crayon rapide au théâtre ou au bal, des études de toutes sortes, des horizons bizarres, des formes de nuage, des ondulations de terrain, des attitudes d'arbre, des vagues cabrées contre des écueils, des bœufs, des chevaux, – le peintre les aimait comme Géricault et les faisait comme Delacroix ; – des détails d'armes, de selles, de costume, d'architecture, un immense dictionnaire où l'artiste puisait au fur et à mesure, et qui offre le plus vif intérêt ; car ces dessins sont ou le premier linéament de la pensée, ou l'impression directe de la nature : l'élan y a toute son impétuosité, l'originalité toutes ses audaces.

L'exposition des tableaux, des dessins et des armes aura lieu le 15 mars. Aux œuvres laissées par Th. Chassériau se mêlent quelques toiles ou aquarelles de Géricault, de Marilhat, de Cabat, de Théodore Rousseau, d'Alfred Dedreux[2], peintures amies, suspendues aux murailles de l'atelier, fermé par une mort aussi inattendue que cruelle. – Cette exhibition posthume ne pourra qu'augmenter les

1. Deux villages du Latium, au sud-est de Rome.
2. Ou de Dreux (1810-1860), paysagiste et peintre de chevaux.

regrets qu'a inspirés la perte de Chassériau. On y verra ce que son génie rêvait pour l'avenir, et par quelles fortes études, avec quel respect profond de l'art il se préparait au travail.

L'Artiste,
21 juin 1857

Salon de 1857
(2e article)

MM. Baudry, Bouguereau

À nouveau emprunté à la riche période où Gautier est à la tête de L'Artiste*, voici le deuxième article du « Salon de 1857 », consacré à deux artistes académiques encore jeunes mais déjà en vue, Paul Baudry (1828-1886, prix de Rome 1853) et William Bouguereau (1825-1905, prix de Rome 1850). Outre des portraits dont celui de Beulé évoqué ici, l'œuvre la plus importante de Baudry est la décoration du foyer de l'Opéra Garnier. Bouguereau, lui, remporta toutes les récompenses officielles possibles et fit une carrière triomphale, analogue à celle de son rival Alexandre Cabanel (1823-1889), également auteur d'une* Naissance de Vénus *(musée d'Orsay).*

Autrefois, la tâche de la critique au Salon était simple ; trois grandes divisions séparaient naturellement son travail : l'histoire, le genre, le paysage. L'histoire comprenait les sujets empruntés à la mythologie et aux annales sacrées ou profanes ; le genre, les scènes familières, les intérieurs, les natures mortes ; le paysage, des variations éternelles du même arbre, de la même chaîne de montagnes, du même temple à fronton triangulaire. Le peintre d'histoire se serait cru déshonoré en descendant à la toile de chevalet ; le peintre de genre n'eût jamais osé aborder la figure nue, l'académie, comme on disait ; le peintre de paysage feuillait imperturbablement son arbre sans que l'un empiétât sur le domaine de l'autre. Seulement, les deux derniers nourrissaient à l'endroit du premier une admiration craintivement soumise, qu'il récompensait par un dédain négligent et superbe.

Aujourd'hui, pour des raisons dont nous avons signalé quelques-unes dans notre préambule [1], ces démarcations si tranchées jadis tendent à s'effacer de plus en plus et disparaîtront bientôt tout à fait. L'Anarchie et l'Individualisme – nous n'attachons aucun sens mauvais à ces mots purement philosophiques – qui subdivisent l'Art à l'infini ne permettent pas l'emploi des anciennes classifications ; nous nous en sommes aperçu dès les premières lignes de notre compte rendu. Obéissant à de vieilles habitudes, nous allions commencer par ces grandes toiles, moins nombreuses cependant cette année, qui garnissent les hauteurs du Salon et que leur dimension devrait faire considérer comme importantes. Personne, il faut l'avouer, ne les regarde : elles ne soulèvent ni intérêt, ni curiosité. La question se débat ailleurs.

Peut-être aussi les sujets de dévotion que ces tableaux représentent pour la plupart ont-ils été traités d'une façon si variée et si supérieure par les maîtres d'Italie, de Flandre et de l'Espagne, que les possibilités de combinaisons qu'ils renferment sont épuisées depuis longtemps.

Cependant n'allez pas croire que la peinture religieuse soit en décadence : les décorations murales de Saint-Germain-l'Auxerrois, de Saint-Vincent-de-Paul, de

1. Ce « préambule » forme le premier article du « Salon de 1857 », dans *L'Artiste* du 14 juin.

Saint-Merry, de Saint-Roch, de Saint-Philippe-du-Roule, de Saint-Séverin, témoignent qu'encadré par l'architecture, purifié par la sainteté des lieux, l'art français moderne a su trouver des inspirations élevées, sinon convaincues ; mais le Salon ne donnerait qu'une idée fausse de ce que nos artistes peuvent faire en ce genre, le plus noble de tous, et c'est pourquoi nous arriverons tout de suite à des toiles qu'on eût classées naguère après les tableaux d'histoire.

Tout homme qui a visité l'Italie, passé de longues heures dans les musées à regarder les tableaux des maîtres anciens se sentira entraîné par une sympathie secrète vers M. Baudry ; il y a chez ce jeune artiste un sentiment vif de la peinture comme les grandes écoles du XVIe siècle l'ont comprise ; on sent qu'il a aimé le Giorgione, Titien, Paris Bordone [1], et, pourquoi ne pas le dire ? le Baroccio, ce peintre charmant d'un maniérisme si coquet et si ingénieux, qu'on connaît peu et qu'on n'apprécie pas du tout en France [2]. Mais s'il les a aimés, il n'a pu abjurer sa personnalité en leur présence ; il a de leurs airs, de leurs gestes, de leurs habitudes, comme cela arrive quand on vit longtemps dans la libre intimité que les génies d'un art permettent à leurs disciples favoris, – rien de plus ; juste assez pour faire voir qu'il a été nourri à bonne école.

Le Supplice de la vestale a fait partie des envois de Rome. C'est une vieille connaissance pour nous, et nous lui avons rendu déjà la justice qu'il mérite [3]. Peut-être même avons-nous été un peu sobre d'éloges pour cette toile remarquable ; mais alors, tout à côté, au-dessus de

1. Pâris Bordone (1500-1571), peintre installé à Venise, disciple des deux précédents.

2. Federico Fiori, dit le Baroccio, en français le Baroche (v. 1535-1612), peintre religieux, pastelliste et aquarelliste de talent.

3. Gautier a loué ce tableau, aujourd'hui au musée de Lille, dans *Le Moniteur universel* du 4 octobre 1856.

la tenture en percaline verte, montait et descendait sur le mur de l'ancienne chapelle transformée en musée la terrible copie du *Jugement dernier* par Sigalon [1], et ce voisinage rendait plus sensibles, chez M. Baudry, certaines afféteries, certaines attitudes strapassées [2] rappelant l'étude trop attentive des maîtres spirituels de la décadence. Délivré de ce formidable thème de comparaison, *Le Supplice de la vestale* gagne beaucoup au palais de l'Industrie. Bien que la composition se précipite de haut en bas et semble près de s'engloutir tout entière dans le caveau de la vestale, creusé au premier plan, la scène fait tableau, qualité très rare aujourd'hui et que possédaient autrefois les peintres même médiocres ; les groupes se relient entre eux, se balancent, pyramident, d'après ce rythme mystérieux qu'on n'enseigne plus, et sans lequel un tableau n'est qu'un tumulte de figures juxtaposées. Le sujet est tiré de Tite-Live : « Sous la dictature de Claudius Regillensis, la vestale Minucia fut accusée auprès des pontifes, sur la déposition d'un esclave ; condamnée, elle fut enterrée [3] près de la porte Colline, à droite du chemin pavé, dans le champ du Crime. Son amant expira sous les verges dans le *comitium* [4]. » Une invincible grâce atténue chez M. Baudry l'horreur du supplice ; en peignant sa vestale, il s'est souvenu de la faute avec trop d'indulgence peut-être ; il lui a donné une tête pâmée et charmante comme si, au lieu d'être aux bras des bourreaux, elle était aux bras de son amant ; cependant la fosse béante est là qui ouvre sa gueule noire ; les pieds blancs

---

1. C'est en 1833 que Xavier Sigalon (1787-1837) réalisa pour l'École des beaux-arts cette copie du *Jugement dernier* de Michel-Ange à la chapelle Sixtine.

2. Exagérées. Gautier, dans le *Voyage en Espagne*, utilise cet adjectif rare pour qualifier les silhouettes allongées des personnages du Gréco (chap. X).

3. Sous-entendu : enterrée vive. Gautier restitue l'essentiel du passage de l'*Histoire romaine* (XV, VIII) où Tite-Live évoque ce supplice.

4. *Comitium :* partie du forum où le préteur rendait la justice.

de la victime en touchent déjà le bord, et le vague sourire extatique de la passion heureuse voltige encore sur ses lèvres. Si elle est voulue, c'est une intention fine et toute moderne dont nous ne blâmerons pas beaucoup M. Baudry. Un esprit vulgaire eût poussé la chose au mélodrame. Les groupes de femmes du fond, les satellites [1] du second plan, les licteurs et les bourreaux du premier, le pontife qui voile la condamnée aux dieux infernaux sont dessinés, drapés, musclés et colorés avec une facilité magistrale un peu trop libre, sans doute, qui rappelle la façon expéditive des artistes du XVIIe siècle.

M. Baudry peint de *pratique*, pour nous servir d'une expression à la mode alors [2]. Cette manière a ses inconvénients et ses avantages. En procédant ainsi, l'on est moins vrai, moins littéralement réel ; mais l'on ploie plus aisément les figures à l'expression générale, et l'on arrive à faire un tableau, c'est-à-dire une scène rendue par les moyens de la peinture, et non une suite de morceaux isolés réunis dans le même cadre, et qui, pour être exacts séparément, n'en sont pas moins faux sous l'angle de perspective de la composition. Quand on arrive devant la toile pour rendre un sujet quelconque, il ne faut plus étudier, mais mettre en œuvre ses études antérieures. Ce n'est pas quand on fait une ode que l'on doit apprendre la grammaire. M. Baudry paraît convaincu de cette vérité axiomatique trop oubliée maintenant. Aussi ses toiles sont-elles *composées* dans le sens pittoresque du mot, et n'éveillent-elles pas l'idée du modèle posant.

Nous aimons beaucoup *La Fortune et le jeune enfant*.

La Fortune passa, l'éveilla doucement,
Lui disant : Mon mignon, je vous sauve la vie,

---

1. Au sens ancien : hommes armés de rang subalterne.
2. Peindre de pratique : utiliser les procédés appris au cours de sa formation (XVIIe et XVIIIe siècles).

Soyez une autre fois plus sage, je vous prie [1].

Le premier coup d'œil jeté sur cette toile charmante fait penser, et ce n'est pas un mal, à un chef-d'œuvre de la peinture, *L'Amour sacré et l'Amour profane*, du Titien. M. Baudry a retourné et varié en la plaçant à droite la figure située à gauche dans le tableau qu'on admire à la galerie Borghèse ; il l'a rendue sienne par la grâce, la finesse et l'habileté de l'exécution ; elle lui appartient désormais. – Le vieux maître de Venise, s'il revenait à la vie, approuverait ce larcin d'un sourire plein d'indulgence et flatterait du doigt la joue de M. Baudry comme la Fortune caressant le jeune écolier. Ne dérobe pas ainsi qui veut !

La Fortune qui passait par là, faisant tourner sa roue d'or sous son pied et secouant sa corne d'abondance, a vu l'enfant endormi d'un profond sommeil sur la margelle de marbre du puits, où le moindre mouvement peut le précipiter. Elle l'éveille avec précaution, et l'enfant en ouvrant les yeux voit cette belle femme maternellement penchée vers lui, qui le flatte de la main et lui sourit d'un sourire tendre, ironique et mystérieux comme celui de la Joconde. – Le pauvre petit ne reverra sans doute jamais cette vision éclatante qu'il prendra plus tard pour un rêve ! – Qu'elle est superbe cette Fortune avec ses cheveux d'or brûlé, à la vénitienne, coquettement crespelés, ondés, nattés et tordus en cornes d'Ammon [2], ses yeux bridés et noyés, sa lèvre aux coins retroussés en arc, sa blancheur trempée dans un bain d'ambre fluide, ses longs doigts florentins aux phalanges contrastées qui creusent une si jolie fossette à la joue du jeune drôle, ses pieds croisés l'un sur l'autre dont un orteil se rebrousse avec une élégance antique ! Autour de ce beau corps joue une bandelette légère de gaze blanche et se chiffonne un bout de draperie de cette pourpre riche et sombre comme le vin,

1. La Fontaine, *Fables*, livre V, 11, v. 8-10. Ce tableau (envoi de Rome de 1854) est au musée d'Orsay.

2. Voir p. 86 et note 4.

comme le grenat, qui fait si bien valoir les chairs blondes ! Il ne faut pas s'étonner si tant de gens courent après la Fortune ; le portrait qu'en a tracé d'imagination M. Baudry, qui la verra sans doute bientôt en personne et pourra la peindre *ad vivum*, a tout ce qu'il faut pour justifier ce steeple-chase.

Les fonds très harmonieux se composent d'une nappe de ciel, d'une découpure de montagne et de masses d'arbres, les uns feuillés sobrement, les autres plus opaques, mais laissant scintiller des trouées d'air bleuâtre à travers leurs déchiquetures, – enfin, ce paysage neutre, étouffé et riche que les anciens peintres d'histoire étendent comme une tapisserie derrière leurs figures et qui reste dans la vraie proportion de la chose à l'homme !

La *Léda* montre qu'il n'y a pas de sujet en peinture, mais des peintres. Qui n'a pas fait sa Léda depuis Michel-Ange, Léonard de Vinci, Corrège, jusqu'à M. Galimard [1] ? Eh bien ! M. Baudry a trouvé moyen d'être neuf sur ce thème si usé en apparence. Sa toile, d'une dimension restreinte, nous présente la Tyndaride [2], debout et nue, se détachant d'un fond de feuillages à l'ombre opaque et froide, sous lesquels on sent courir des fraîcheurs et des murmures d'eau, – un de ces jolis bois grecs si propres aux luttes de l'idylle et aux larcins mythologiques. La Léda semble avoir pressenti le dieu sous la forme du cygne qui palpite à ses pieds, allongeant son col soyeux et battant passionnément de l'aile ; un assaut a sans doute déjà été tenté, car quelques plumes courent comme des flocons de neige sur le gazon et le sable de la rive. L'oiseau éperdu, enflammé, supplie, implore, et la jeune femme, près de céder, regarde à travers les boucles défaites de sa chevelure, d'un œil

1. Nicolas Galimard (1813-1880), également critique d'art et dessinateur. Son tableau *Léda et le cygne*, jugé indécent, avait été refusé au Salon de 1855.

2. Léda est l'épouse de Tyndare, roi de Sparte. Ce tableau, un des succès de Baudry, se trouve aujourd'hui dans une collection particulière.

inquiet, furtif, troublé de crainte et de désir, si la solitude peut garantir le mystère à l'amour. Son doigt posé sur sa bouche demande et impose le secret. Si le dieu n'était qu'un cygne ? Ah que du moins la nature complice ne la trahisse pas ! – Ce doute et ce pressentiment, cette pudeur et cette passion font de la figure de M. Baudry un type d'une nouveauté entière ; il a rajeuni sa Léda par la sorte de terreur qui a dû précéder en effet cet étrange hymen d'une femme et d'un oiseau, – deux choses légères bien faites pour s'unir cependant !

La couleur de la *Léda* est charmante ; vous diriez une statuette grecque, amollie par les ombres argentées d'un clair-obscur corrégien, et spiritualisée de finesses à la Léonard de Vinci.

Le portrait de M. Beulé est une chose très remarquable. Ici, M. Baudry a traduit la nature sans y mêler, comme dans ses autres tableaux, le souvenir des maîtres. Le masque est lumineux, plein d'intelligence, très ressemblant d'ailleurs. Le poignet de la main qui se renverse contre la joue montre que M. Baudry sait aussi bien dessiner que peindre. Une figurine archaïque de Minerve, posée sur la table parmi des papiers, rappelle heureusement les découvertes de M. Beulé à l'Acropole, dont il a décrit les richesses, restitué les temples et les statues, copié les inscriptions comme Pausanias eût dû le faire lorsque ce lieu sacré n'avait pas encore subi les outrages du temps et surtout des hommes, beaucoup plus destructeurs que les siècles [1]. M. Beulé, avec ce bon sens que ne possèdent pas toujours les savants et les antiquaires, avait deviné qu'une porte monumentale devait se trouver au bas de ce gigantesque escalier qui monte de la plaine, le long des roches de l'Acropole, aux Propylées de Mnésiclès [2] ; il en a suivi les

1. Charles Beulé (1826-1874), archéologue de renom, a découvert l'escalier des Propylées en 1853. Son portrait par Baudry se trouve au musée d'Angers.

2. Voir p. 196, note 1, et p. 201.

marches rompues, disjointes, mêlées d'ossements, car on avait fait un cimetière sur sa pente, et les fouilles lui ont donné raison ; la porte s'est trouvée.

Résumons notre pensée sur M. Baudry, auquel nous croyons un grand avenir. Si nous avons prononcé, à propos de lui, le nom de plusieurs grands maîtres, cela ne veut pas dire qu'il manque d'originalité. Il s'est nourri de la moelle des lions, mais il l'a digérée, et sous une apparence de pastiche, il a une personnalité qui se dégagera bientôt de tout élément étranger. – Sa touche est spirituelle et communique aux objets représentés les intentions du peintre. – Elle ne rend pas seulement les formes, elle les commente et les interprète. Ce mérite, nous l'avons déjà dit, disparaît de jour en jour.

Arrivons maintenant à M. Bouguereau, qui a envoyé à l'exposition les panneaux décoratifs d'un salon dans le goût pompéien, commandé par M. Bartholony[1]. Trois de ces panneaux, à figures voltigeantes, ont des fonds noirs comme ces gravures de Raphaël enluminées et gouachées, que chacun a pu voir à la vitrine des marchands d'estampes et par la violence de ce parti pris s'emparent invinciblement du regard lorsqu'on entre dans le Salon. Les maisons de Pompeia et d'Herculanum, les bains de Titus offrent de nombreux exemples de ce mode de décoration que le peintre d'Urbin a imité dans ses loges[2] avec tant de grâce et de charme.

Nous voudrions voir les palais et les hôtels se parer de ce luxe intelligent. Pour nous des peintures seront toujours préférables aux soieries de Lyon, aux damas des Indes, aux brocatelles et même aux cuirs de Bohême et

1. C'est en 1855 que le député Anatole Bartholoni (1823-1902) avait demandé à Bouguereau la décoration de son hôtel particulier rue de Verneuil. Trois des panneaux admirés ici par Gautier se trouvent aujourd'hui à l'ambassade des États-Unis à Paris.

2. Nom donné au Vatican aux douze travées voûtées de la galerie décorée par Raphaël (né à Urbino, d'où la désignation utilisée par Gautier). Les ruines des « bains de Titus » se trouvent près du Colisée.

de Cordoue. Dans un intérieur splendide la richesse ne suffit pas, il faut encore la beauté.

Nous féliciterons donc M. Bartholony d'avoir fourni au jeune lauréat l'occasion de faire preuve d'un talent qu'il ne se soupçonnait peut-être pas lui-même. – Au XVIe siècle, les murs et les plafonds des villas d'Italie offraient de larges espaces à la brosse des peintres. Décorer une salle chez un particulier est un événement de plus en plus rare dans la vie d'un artiste.

Quel ordre occupent ces panneaux détachés de leur cadre d'architecture ? Il est difficile de s'en rendre compte bien au juste, mais cela importe peu : on a d'ailleurs été forcé de les séparer pour les placer ; nous allons donc les juger en eux-mêmes, sans nous inquiéter de l'effet général. – Commençons par les trois panneaux sur fond noir qui représentent la Fortune, l'Amour et l'Amitié.

La Fortune, le torse nu, les yeux bandés, des perles dans ses cheveux blonds, se tient debout sur une roue d'or ; une draperie bleue l'enveloppe à partir des hanches ; son bras droit, élevé au-dessus de sa tête, verse d'une corne d'abondance des monnaies et des bijoux sur le front d'une jeune fille en blanc, aux bandeaux noirs, aux regards étonnés, qui, les mains croisées contre sa poitrine, suit le vol de la déesse ; sa main gauche tient le bout d'un grand manteau rose flottant dont les plis palpitent au vent du tourbillon. On ne saurait imaginer l'élégance aérienne de ce groupe, traversant avec sa pâleur lumineuse cette atmosphère noire, comme le rideau sur lequel passent les figures du rêve. La cire a des tons clairs, mats, embus, qui se rapprochent de la fresque, et par ce procédé l'artiste évite la rancidité [1] inséparable de l'huile, mais il surprend l'œil habitué aux glacis, aux frottés, aux sauces de toutes sortes qui mettent une patine anticipée

1. Tache due à la mauvaise qualité d'une peinture à l'huile ou à son vieillissement. « Embu » qualifie l'endroit d'un tableau devenu mat par absorption complète de l'huile.

sur les tableaux. Il faut quelque temps pour se faire à cette coloration sans éclat, sans miroitement, sans transparence ; mais quand on s'est familiarisé avec elle, on y découvre des suavités, des tendresses, et une fleur que la peinture à l'huile ne posséda jamais. Le torse de la Fortune présente, dans sa blancheur délicate, des demi-teintes gris de perle d'une finesse extrême, et qui suffisent à modeler des formes charmantes. Le bras élevé au-dessus de la tête s'arrondit avec la grâce d'une anse de vase antique. La draperie qui flotte comme une nuée autour des personnages remplit les vides, diminue le champ noir et fait que les contours ne se découpent pas partout sur le fond sombre ; elle donne aussi un aspect ornemental au groupe suspendu en l'air, qu'elle enveloppe d'une sorte de volute plissée.

Le second panneau a pour sujet *L'Amour*. Un jeune homme vêtu d'une courte tunique, une main appuyée à la hanche, l'autre posée sur l'épaule d'une jeune fille, semble attendre avec intérêt la réponse d'une marguerite qu'elle interroge. Cette idée de la fleur effeuillée nous paraît bien moderne et bien sentimentalement romanesque pour un groupe antique. Les anciens croyaient beaucoup aux oracles ; ils questionnaient le vol des oiseaux, l'appétit des poulets sacrés, les entrailles des victimes, les chênes de Dodone, les vapeurs des antres prophétiques, mais ils n'ont jamais, que nous sachions, demandé les secrets de l'amour aux marguerites. Cette jolie superstition ne remonte pas au-delà du Moyen Âge ; notre critique n'empêche pas la jeune fille de M. Bouguereau d'être charmante avec ses cheveux blonds mêlés de feuillages, son collier de longues perles bleues, sa chaste tunique rose pâle et ses délicats pieds blancs qui flottent dans l'air brun, comme dit Dante. Un flammeum jaune, symbole d'un prochain hyménée [1], contourne ses plis volant autour du couple gracieux.

---

1. Le mot latin *flammeum* désigne le voile de la mariée par sa couleur feu.

L'Amitié remplit le troisième panneau. Ce sont deux femmes dont l'une cache ses yeux remplis de larmes du revers de sa main avec une pose pleine de sentiment et laisse flotter l'autre entre les mains croisées de sa compagne, qui lui adresse des consolations. Il y a une grâce triste et touchante dans ce groupe. La désolée est à demi vêtue d'une robe verte doublée de violet, l'amie d'une tunique jonquille ; les draperies voltigeantes sont violettes et blanches, mais tout cela dans ces localités [1] douces et neutres de la fresque qui n'agacent pas l'œil. Le dessin des têtes, des torses et des extrémités rappelle sans servilité le goût de la décoration antique ; il est simple, élégant, dégagé de détails inutiles ; car il ne faut pas faire voltiger les réalités du daguerréotype sur les fonds noirs de Pompéia. C'est ce que M. Bouguereau a très bien compris.

Sur un ciel d'un bleu tendre que pommellent des nuages floconneux s'étage un groupe féminin de trois figures. L'une d'elles, placée dans le bas de la toile et vue de dos, promène son pouce sur la peau d'un tympanon marquant le rythme à ses compagnes. L'autre élève la main de son amie dans une figure de danse, et son attitude cambrée contraste avec la pose droite de la jeune fille dressée sur ses orteils. Cette dernière, dont la tête couronnée de roses plafonne [2] un peu, a une sveltesse délicieuse dans sa longue tunique blanche, qui fait une écume de plis autour de ses beaux pieds. Elssler, Carlotta, Rosati [3], tenez-vous donc sur les pointes ayant pour plan-

1. Voir p. 190, note 3.

2. Plafonner, c'est présenter la perspective écrasée propre aux figures peintes sur un plafond. La formulation de Gautier suggère qu'il s'agit ici d'un défaut, pour un panneau mural.

3. Fanny Elssler (voir p. 51, note 3), à l'Opéra de 1834 à 1840, Carlotta Grisi (voir p. 116, note 5), de 1840 à 1850, et Carolina Rosati (1826-1905), de 1853 à 1862, représentent trois générations de danseuses romantiques.

cher le bleu de l'air ! On ne pouvait symboliser plus légèrement la *Danse*.

Indiquons avec moins de détail des panneaux arrondis en demi-cercle, probablement des dessus de porte qui représentent sur des fonds d'or gaufrés *Arion* chevauchant un monstre marin, *Une bacchante* qu'emporte une panthère chimérique, *Le Printemps* symbolisé par des jeunes gens et des jeunes filles cueillant des fleurs, *L'Été*, par un groupe familial, composé d'un époux, d'une jeune mère et d'un enfant qui tâche d'atteindre la grappe que lui offre son père, assis sous un cep de vigne. Ce sont de charmants motifs de décoration entendus dans un excellent style ornemental et qui gagneront beaucoup à être vus en place.

Le plafond ou plutôt la rosace centrale du salon, peint par M. Bouguereau, car la toile n'est pas grande, a pour sujet *Les Quatre Heures du jour*. C'est une composition pleine d'esprit, de grâce et de poésie, la plus réussie de toutes peut-être.

M. Bouguereau n'a pas représenté les Heures sous des figures de femmes comme le Guide dans son plafond [1] ; il a pensé que des enfants symboliseraient d'une façon plus juste ces êtres abstraits qui ne vivent que soixante minutes marquées par autant de pas sur l'émail du cadran : cette idée est ingénieuse. Midi, Minuit, le Crépuscule du matin, le Crépuscule du soir sont les heures choisies.

Sur un ciel vague, dans un tourbillon de draperies changeantes, les bras enlacés, les mains nouées, la ronde tourne avec le jour, accomplissant son éternelle évolution. Midi, nu, blanc, éblouissant, la tête couronnée de pointes sidérales figurant les rayons du soleil, occupe le milieu du bracelet vivant qu'il ferme comme une boucle

1. Guido Reni (1575-1642) avait peint les Heures dans sa fresque représentant le char du Soleil, précédé de l'Aurore (Rome, palais Rospigliosi Pallavicini, 1614).

d'or ; il se rattache à deux enfants, l'un blond et coiffé de roses, l'autre basané et les cheveux enroulés de volubilis, qui, eux-mêmes, donnent la main à une petite Nuit vaporeuse, bleuâtre, montrant à peine son profil perdu, mais facilement reconnaissable, quand elle n'aurait ni croissant ni pavots : ainsi sont désignées, par un symbolisme ingénieux, l'Heure éclatante, l'Heure mystérieuse, l'Heure rose et l'Heure brune.

Il est difficile de rendre avec des mots la grâce délicate de ces petits corps potelés et ronds dont les attitudes mouvementées augmentent encore l'élégance aérienne. L'enfance est malaisée à peindre. Ses formes indécises trompent souvent le pinceau ; on la représente presque toujours d'une façon ridicule. Pas de milieu entre les marmots bouffis ou les Hercules nains. M. Bouguereau a surmonté heureusement cette difficulté, et pour peindre ses Heures enfantines il a mêlé avec beaucoup d'art l'idéal et le réel.

Nous n'avons pu découvrir encore le *Retour de Tobie* [1] parmi la multitude de tableaux qui se disputent le regard aux premières visites que l'on fait au Salon, mais nous le trouverons. M. Bouguereau possède un de ces talents sur lesquels on aime à revenir.

Nous avons insisté longuement sur M. Baudry et M. Bouguereau, mais ce n'est pas trop d'un article pour ces deux artistes qui, tout en se reliant à la tradition, contiennent des éléments nouveaux et promettent un fécond avenir ; ils répondent d'ailleurs plus exactement que d'autres à l'idée qu'on se faisait autrefois du peintre d'histoire, et c'est pour cela que nous leur avons donné cette place qui n'implique nullement l'infériorité pour ceux dont nous parlerons ensuite.

1. Tableau de 1856 (musée de Dijon).

L'Artiste, 20 décembre 1857

Gavarni, Gustave Doré

Masques et visages
Physionomies parisiennes
Album lithographique

Gautier admire assez le dessinateur et caricaturiste Sulpice Chevalier, dit Paul Gavarni (1804-1866), son ami de longue date, et l'illustrateur Gustave Doré (1832-1883), jeune mais déjà célèbre, pour que leur présence dans cette anthologie s'impose; parmi les textes qui parlent d'eux, cet article de L'Artiste *présente l'avantage de les réunir.*

Bien souvent et ici même[1] nous avons parlé de Gustave Doré, avec des éloges qui ont pu paraître entachés d'exagération. Notre siècle n'aime pas qu'on gâte les artistes, et il entend plutôt par critique la cruelle dissection du défaut que la recherche enthousiaste de la beauté ; il ne veut pas qu'on frotte de trop de miel la coupe qui contient la médecine ; il faut même, à son goût, beaucoup d'absinthe pour faire passer un peu de miel. Quant à nous, tel n'est pas notre avis : nous croyons que pour les talents généreux et de pure race, la louange est un éperon d'or qui les fait se précipiter en avant avec une nouvelle impétuosité, tandis que sous le fouet humiliant ils se cabrent, se renversent ou se jettent de côté. – Dès ses premiers essais, nous avons trouvé à Gustave

---

1. Gautier a parlé de Doré dans *L'Artiste* juste un an auparavant (21 décembre 1856).

Doré une qualité si rare aujourd'hui, que nous n'avons pas eu le courage de lui reprocher des lacunes et des imperfections, de peur qu'en cherchant à se corriger le jeune artiste n'altérât ce don précieux. – Cette qualité, nommons-la tout de suite, c'est l'imagination.

L'imagination ! une faculté refusée à presque tous dans l'état d'extrême civilisation qui est le nôtre ! Comment inventer, supposer, créer, imaginer enfin, lorsque tout est connu, que rien n'a plus de mystère, que les voyageurs arrivent des pays les plus lointains les rapportant dans leurs albums photographiques, que le procès-verbal de chaque fait est écrit avec une exactitude rigoureuse, que l'analyse de chaque chose se trouve partout, que la lumière de la science projette de tous côtés ses rayons, chassant l'ombre où s'accroupissait la chimère aux pieds du rêveur, tandis qu'au-dessus de sa tête voltigeait cette chauve-souris des superstitions nocturnes qu'Albert Dürer voyait dans les couchers de soleil [1] ?

Combien il est difficile d'amasser dans ce milieu si clair les ténèbres indispensables aux fantasmagories de l'imagination pour se dessiner sur le drap blanc tendu devant sa lanterne magique, si l'on veut s'en faire une idée, il suffit de regarder aux vitrines des boutiques et le long des murs de l'exposition les gravures, les lithographies, les tableautins d'une réalité si prosaïque, d'une invention si pauvre, et d'une facture si banalement adroite qui représentent la moyenne du talent chez la génération d'artistes actuelle.

Jamais l'ombre d'une pensée ne traversa le cerveau de ces artisans de la peinture, dont le travail n'exige pas plus d'intelligence que celui de toute autre profession purement manuelle, et par pensée, nous n'entendons nullement une conception philosophique, un système

1. Dans la plus fameuse gravure de Dürer, *Melencolia*, c'est une chauve-souris stylisée qui déploie dans le ciel le cartouche sur lequel se lit le titre de l'œuvre.

particulier, une façon spéciale de comprendre le beau, mais une simple idée pittoresque, un arrangement ingénieux de composition, une invention quelconque de style ou de forme. L'un fait toute sa vie une robe de satin, l'autre un homme assis sur une chaise, celui-ci un torse de femme qu'il retourne quelquefois, celui-là une vache rousse dans un pré vert comme un croûton dans des épinards, un cinquième une quille de barque, un sixième un moulin à vent, tel autre, l'intérieur d'un melon ou d'un fromage. – Une selle piquée à l'anglaise contient autant d'art que ces petits panneaux encadrés de larges bordures, que les bourgeois, à cause de la dorure, considèrent comme des *meubles meublants* [1].

Gustave Doré est tout le contraire, et jamais génie ne se sépara plus violemment de son milieu. Il a cet œil visionnaire dont parle le poète, qui démêle tout de suite le côté étrange des choses, aperçoit la nature sous un angle d'incidence rare, en dégage la forme intime cachée sous le phénomène vulgaire. Qu'il crayonne un homme, un arbre, une maison, G. Doré sait y mettre un accent supernaturel, ironique et formidable. Tout ce qu'il fait a nous ne savons quoi de touffu, de fourmillant, de monstrueux, de chaotique, pour ainsi dire, où l'on sent confusément à travers un tumulte d'ombres et de lumières se débrouiller des mondes inconnus. Comme l'Anglais John Martynn [2], auquel il est bien supérieur comme dessin, il se joue à l'aise dans les multitudes et les énormités ; il peuple avec des milliers de personnages des villes démesurément grandies ; il fait monter à l'assaut de tours plus hautes que le ciel des myriades de combattants hétéroclites, et lorsqu'il représente une tempête, il montre les troupeaux de l'abîme au fond de la mer entrouverte, et

1. Cet italique ironique évoque le professionnel dressant un inventaire (notaire ou huissier).

2. Ou Martin (1789-1854), peintre de vastes scènes tumultueuses, bibliques (*Le Déluge*) ou historiques. Gautier ne l'aimait guère.

accroche le navire en péril aux flocons tire-bouchonnés en nuages. Rien ne ressemble moins aux procédés photographiques d'aujourd'hui. Certes, une telle ville n'exista jamais ; personne n'a vu de semblables forteresses, et l'on sait que les plus hautes vagues de l'océan n'excèdent pas une vingtaine de pieds. D'où vient cependant qu'aucune représentation de ville gothique, quelque minutieusement fidèle qu'elle soit, ne donne l'idée du Moyen Âge comme ce jaillissement de flèches, de toits, de tourelles, de pignons, que Doré fait éclater dans une nuit traversée de rayons, que nulle bataille, même très vraie et très étudiée, ne symbolise aussi nettement la guerre que ce fouillis d'armures qui se ruent les unes contre les autres avec une impétuosité de vie extravagante et qu'une tempête de Backhuysen ne produit pas l'effet de cette planche du *Juif errant* [1] où le grotesque se mêle au terrible d'une façon si profondément légendaire ? C'est que Gustave Doré contient en lui un microcosme, c'est-à-dire un petit monde complet, qu'il traduit au moyen de formes empruntées au macrocosme ou grand monde, mais ployées dans le sens de sa vision intérieure. Différent de beaucoup d'autres peintres, pleins de talent du reste, il ne copie rien ; ses idées sont innées, pour nous servir d'un terme philosophique ; il les retrouve dans la nature, mais ne les y puise pas. Il existe en lui des pays, des climats, des types, des architectures, des végétations comme inventées ou rêvées d'avance, qu'il exprime au fur et à mesure des besoins de la production ou des convenances du sujet à traiter ; c'est ce qui explique la merveilleuse homogénéité de ses compositions les plus lâchées et les plus hâtives : tout y vient d'un bloc ; l'arbre appartient bien au terrain, le nuage au ciel, le costume à l'homme,

1. C'est en 1856 que Doré publia treize illustrations pour *La Légende du Juif errant*, poème de Béranger d'après le roman de Sue. Ludolf Backhuyzen (1631-1708) a laissé de nombreuses marines représentant la *Mer agitée* (titre de plusieurs de ses tableaux, dont un au Louvre).

la grimace à la figure. Chaque chose est conçue et vécue antérieurement ; l'artiste n'a pas ouvert la fenêtre pour regarder l'horizon, ni consulté une étude de feuillage, ni ajusté une draperie sur un mannequin ; aussi, malgré le désordre, la rapidité et trop souvent l'incorrection du faire, une vie puissante anime-t-elle ses moindres ébauches et leur donne-t-elle une valeur que n'ont point des œuvres plus irréprochables et plus achevées ; ces pochades hachées comme à coups de sabre ont été imaginées, dans le vrai sens du mot, avant d'être fixées sur la pierre ou le bois. Le peintre les voyait toutes faites en lui.

Le public, qui n'est pas si profane qu'on veut bien le dire, a compris peut-être sans bien s'en rendre compte, mais enfin a compris le *don* que possédait G. Doré, et il a recherché avidement tout ce qui sortait de ce cerveau créateur. Pas de publication bien venue si elle ne renferme quelque dessin de lui. Cependant sa manière violente, heurtée, farouche, n'a rien d'aimable et devrait choquer plutôt que séduire. Là, pas de petit travail léché, pas de hachures symétriques, pas de bouches en cœur et d'yeux plus grands que la bouche, mais le jet d'une main cursive écrivant sa pensée ou sa fantaisie en quelques traits qui coupent le papier. Tout a été pardonné à ce jeune homme, parce que seul, parmi tant de cervelles éteintes et de talents tout extérieurs, il avait de l'imagination.

L'autre jour il a jeté sur notre table une brassée de grandes lithographies qui ont recouvert de leurs larges feuilles cinq albums nouveaux de Gavarni, rencontre toute fortuite et naturelle, qui nous a fait naître l'idée de les réunir sous la rubrique du même article. Profondément dissemblables, ils ont pourtant entre eux ce rapport d'être des artistes modernes et de ne relever en rien de la tradition académique. On remarque aussi chez eux cette sorte de transposition d'art qui tend à mêler les genres, aux époques de raffinement extrême. Tous deux sont littéraires : l'un est un poète, l'autre un auteur comique. Il y a chez le premier du Victor Hugo, chez le second du

Balzac. Si Doré a fait à sa manière ses *Odes et ballades*, sa *Notre-Dame de Paris*, Gavarni n'a-t-il pas écrit avec le crayon lithographique sa *Comédie humaine* ? Mais tandis que Doré parle par images muettes, laissant s'expliquer le texte qu'il illustre, Gavarni fait lui-même son texte et prend la parole au bas de ses dessins, et avec quel esprit, on le sait. Chacune de ses légendes est un caractère tout entier, une révélation de mœurs, une comédie, ou tout au moins un vaudeville, qui a sur les autres l'avantage d'être résumé en deux ou trois lignes.

En feuilletant les cinq nouveaux dizains de Gavarni, *Masques et visages*, *Par-ci Par-là*, *Physionomies parisiennes* [1] et le tas des lithographies de Doré sur les sujets les plus divers, on est frappé d'une chose : l'un n'emploie que deux ou trois figures au plus, souvent une seule pour rendre son idée ; l'autre met en mouvement des foules, des multitudes. Tous deux ont fait par hasard un *Départ de conscrit* dont nous nous servirons pour rendre notre remarque sensible [2]. Voici comment Doré a compris la scène : sur le bord raviné d'un chemin vicinal, une jeune paysanne s'appuie et se renverse les mains au-dessus de sa tête avec un mouvement de désespoir digne des grandes douleurs antiques, tant la pose est noble dans sa rusticité et pathétiquement indiquée en deux ou trois coups de crayon. Au fond du chemin creux coule à pleines rives un torrent de conscrits parmi lesquels se trouve sans doute l'amant ou le fiancé de la pauvre fille ; il semble que tous les conscrits de France passent par ce chemin pour s'en aller à l'armée, car la queue du cortège

---

1. *Par-ci, par-là* et *Physionomies parisiennes*, deux suites de cinquante lithographies chacune, publiées de 1857 à 1858, forment deux nouvelles séries de *Masques et visages*, 280 lithographies publiées dans le journal *Paris* en 1852-1853.

2. La gravure de Gavarni s'intitule en fait, on le voit plus loin, « Le premier quart d'heure des sept ans » (n° XVIII de *Par-ci, par-là*) ; celle de Doré, « Départ des conscrits », est le n° 12 de l'album *Vingt grandes lithographies*.

s'enfonce à l'horizon, laissant pressentir d'autres anneaux encore. Absolument il est difficile de croire qu'un seul village ait fourni tant de numéros malheureux [1] ; mais l'idée de la conscription ressort de cette image avec une netteté et une puissance singulières. Ce défilé devant cette statue humaine pétrifiée dans sa douleur agit avec force sur l'imagination ; il y a là quelque chose de plus que la réalité.

Dans Gavarni, au contraire, le conscrit est seul dans une campagne bossuée de quelques collines lointaines et au-dessus de laquelle croulent quelques gros nuages. Le chiffre 3 passé sous le cordon d'un vieux feutre déformé, indique tout de suite que ce malheureux en guenilles est une possibilité de maréchal de France. Sa figure exprime la contrariété d'avoir pêché maladroitement un mauvais numéro dans l'urne, et cependant à ses traits accentués et fermes, on voit que le paysan se résignera sans trop de peine à être un héros. – La légende porte : *Le premier quart d'heure des sept ans* [2].

Cette manière est toute spirituelle, toute française, avec une touche de cette philosophie railleuse que Gavarni applique si à propos.

Pour donner encore un exemple du parti que le Balzac de la lithographie sait tirer d'une figure seule, décrivons en quelques mots une des physionomies parisiennes de ses derniers dizains : le fond représente ou plutôt fait deviner en quelques traits rapides, le parapet d'un quai que dépassent, reculées par la perspective, les maisons de l'autre bord. Le trottoir miroite glacé de boue. Une femme passe, longue, hâve, maigre, ruinée comme un vieux cheval de régie, mais ayant encore quelques restes de beauté dans ses *performances*. Un châle l'enveloppe,

---

1. On partait à l'armée ou on était exempté en fonction d'un tirage au sort ; les mauvais numéros étaient les plus petits, d'où plus loin le commentaire de Gautier sur le « chiffre 3 » du conscrit de Gavarni.

2. Durée, alors, du service militaire.

cachemire hors d'âge, usé jusqu'à l'âme et la corde, refusé pour quatre francs par les mesdames Nourrisson de la guenille[1], fripé comme de l'amadou, imbibé du brouillard qui se résout en bruine pénétrante, drapant[2] comme un linceul sur une morte. C'est tout un poème de dénuement, de douleur et de vice que ce châle lamentable. Quant au visage, il est blanc, froidi, usé par l'excès ancien et l'abstinence actuelle ; l'œil seul, noir de misère, fait tache dans ce masque pâle coupé de deux ou trois grandes rides. Les expressions peu galantes que Vautrin appliquait à Mme Michonnet[3] dans la pension Vauquer, « Ninon cariée, Vénus du Père-Lachaise ! », vous reviennent involontairement en mémoire à l'aspect de ce spectre en bottines éculées. Un mot d'une brièveté sinistre au bas du dessin explique tout : « *a eu calèche*[4] ». Quoiqu'il ne déclame jamais et ne se pique pas de rigorisme, c'est, quand il veut, un terrible moraliste que Gavarni. Avec son crayon, que ne peut égaler nulle plume descriptive, et sa légende où se résument en une phrase une page, un chapitre, tout un volume souvent, il a écrit la vraie comédie parisienne et le temps donnera à son œuvre une valeur immense.

Nous n'avons en aucune façon l'idée de faire un parallèle entre Doré et Gavarni. Ils ne se ressemblent pas : l'un imagine, l'autre observe. Gavarni, d'ailleurs, a fourni une longue carrière, se perfectionnant toujours, ne trahissant pas la moindre fatigue, et à chaque recueil se montrant plus vrai, plus large, plus profond, plus incisif ; Doré, quoique déjà ses dessins se comptent par milliers,

---

1. Mme Nourrisson est revendeuse de fripes dans *Splendeurs et misères des courtisanes* de Balzac.

2. Voir p. 251, note 1.

3. En réalité Mlle Michonneau (*Le Père Goriot*, in *Études de mœurs. Scènes de la vie privée*, Gallimard, « Bibliothèque de la Pléiade », 1976, t. III, p. 220).

4. Cette gravure fait partie d'un diptyque surtitré « Bohèmes » (n°s XII et XIII de *Physionomies parisiennes*).

a débuté hier ; il est tout jeune et à le voir, vous diriez presque un enfant. La gloire d'illustrateur, qu'il a si promptement acquise, ne lui suffit pas ; il rêve la peinture, et la grande peinture ; trois ou quatre ans de travail acharné, poursuivi dans ce but, lui ont assuré pour l'avenir la fortune, ou, pour mieux dire, la liberté, car tout artiste qui veut s'exprimer entièrement doit aujourd'hui être riche, avoir le pain et le temps, comme le dit avec tant d'éloquence M. Alfred de Vigny[1], n'attendre aucune commande, ne pas subir la pression du goût actuel et pouvoir se moquer du jury. Gustave Doré l'a senti, et il a eu le bonheur, tout en se faisant une réputation, de se racheter de ces tristes servitudes de la vie qui pèsent d'un poids si lourd sur le talent et quelquefois l'étouffent. Sera-t-il, avec son originalité propre, le Delacroix de la génération qui va suivre ? Le monstre de génie sortira-t-il, irrésistible comme le lion, de la caverne où luisent dans l'ombre ses fauves prunelles et qu'il remplit déjà de rugissements formidables ? Nous ne prendrions pas sur nous de l'affirmer, mais cela ne nous surprendrait pas. Nous avons vu chez le jeune dessinateur assez de toiles ébauchées entre les courts répits que lui ont laissés le Rabelais, les *Contes drolatiques*, *Le Juif errant*, *Le Chevalier Jaufré et la belle Brunissende*, le *Musée anglo-français*[2] et ces mille publications auxquelles il trouve le temps de suffire pour affirmer que jamais plus rares et plus riches éléments ne se trouvèrent réunis dans le même homme. Avec cette férocité de travail jointe au don le plus merveilleux, où ne peut arriver

1. Gautier cite le texte qui sert de préface à *Chatterton* (1835), « Dernière nuit de travail », vers la fin duquel Vigny dit du poète : « Il ne lui faut que deux choses : la vie et la rêverie ; le PAIN et le TEMPS. »

2. Doré a commencé à publier dès 1847 ; Gautier cite ici les séries qui ont assis sa notoriété : les *Œuvres* de Rabelais en 1854, les *Contes drolatiques* de Balzac en 1855, les *Aventures du chevalier Jaufré*, roman de Mary-Lafon, en 1856. Le *Musée français-anglais* est un mensuel auquel Doré donna près de 200 gravures entre 1855 et 1860.

un pareil artiste, lorsqu'il concentre ses forces éparpillées sur une même œuvre ? Peut-être G. Doré sera-t-il comme ce Lafage qui improvisait à la plume des compositions si magistrales, d'une anatomie si savante, d'un style si fier, qu'il étonna les Romains même au bas des fresques de Michel-Ange, et qui disparut sans laisser autre chose de lui que ces dessins fougueux, rayés par la griffe du génie, qu'on croirait faits d'après un grand maître dont l'œuvre peinte aurait disparu [1]. Ce serait encore là un beau résultat ; une situation enviable, mais il est inutile d'agiter à vide une question que le premier Salon résoudra sans doute favorablement – revenons aux lithographies, et parlons-en un peu pêle-mêle, comme elles se présentent [2].

À des sujets tels que la *Messe de minuit en Alsace*, la *Messe funèbre à Béhobie*, l'*Arbre de Noël*, le *Christmas*, les *Contrebandiers*, les *Sorcières se rendant au sabbat*, succèdent des illustrations de l'Inde, qui ne ressemblent en rien à celles du prince A. Soltykoff, si naïves, si vraies et si empreintes de couleur locale [3]. C'est l'Inde imaginée de loin à côté de l'Inde copiée sur place. Ne cherchez pas une grande exactitude de détail dans ces scènes qui représentent des marches, des assauts, des batailles, des massacres, des mêlées furieuses d'Anglais et de Cipayes [4], un chaos de femmes, de chevaux, d'éléphants, d'uniformes réguliers et de costumes barbares, au milieu d'incendies, d'explosions et d'écroulements ; mais vous y trouverez une grandeur et une abondance de composi-

1. Raymond de La Fage (1656-1684), « bohème avant la lettre » (E. Bénézit), eut de son vivant un très vif succès comme dessinateur.

2. Ces gravures tirées du *Musée français-anglais* forment un album in-folio de *Vingt grandes lithographies* non reliées, d'où l'indication « pêle-mêle » ; la première des gravures citées ensuite est le n° 3 de la série.

3. Alexis Soltykoff (1806-1859), archéologue, collectionneur, avait publié en 1848 des *Lettres sur l'Inde* illustrées par lui-même.

4. Les cipayes, soldats indigènes recrutés et dirigés par les Anglais, étaient en pleine révolte en 1857.

tion surprenantes, des jets de mouvement d'une violence extrême, une sorte de fourmillement de lignes qui rend l'agitation du combat, des groupes de l'enlacement le plus touffu, des poses neuves et d'une hardiesse superbe, des raccourcis variant avec science l'aspect habituel du corps humain, tout cela indiqué au courant du crayon et jeté sur la pierre comme une première pensée sur du papier torchon. Car, vous le pensez bien, Gustave Doré ne cherche pas à faire des lithographies d'un joli grain, teintées d'ombres passées et fondues : avec sa facilité foudroyante, il devrait même se défier de ce procédé qui ne lui résiste pas suffisamment et laisse trop courir sa main rapide. La pierre parfois n'est pas assez chargée, assez nourrie, et vient un peu pâle. Quoiqu'il garde moins fidèlement le dessin du maître, le bois [1] avec ses noirs intenses, ses blancs purs, ses effets violents et brusques, l'apparence de croquis à la plume pochés d'encre çà et là a quelque chose de plus primitif, de plus barbare, de plus légendaire et de plus mystérieux, qui nous semble mieux convenir au génie fantasque de l'artiste que la lithographie, trop onctueuse et trop douce pour de telles fougues.

1. La gravure sur bois.

Le Moniteur universel,
11 janvier 1858

REVUE DRAMATIQUE
Mademoiselle Rachel

Rachel est morte le 3 janvier 1858, dans sa trente-septième année. Après la visite de l'atelier de Chassériau, lui aussi mort trop jeune (article p. 243), cette nécrologie offre un deuxième exemple d'une longue série, qui charge les deux dernières décennies du feuilleton du deuil des artistes disparus.

La Mort fauche largement, et sa gerbe renferme bien des épis dorés ; elle semble, elle qu'on accuse d'être aveugle, mettre du choix dans ses coups et toucher de préférence aux têtes illustres et chères. Parmi les noms aimés ou connus, combien manqueraient à l'appel si la jeune année récapitulait les gloires de la France ! Que de fois le feuilleton a dû s'encadrer de noir dans ces douze mois qui viennent de s'écouler ! Le journal n'était plus qu'un nécrologe ! 1858 commence d'une manière non moins funèbre : le premier événement qu'il date est la mort de Mlle Rachel. L'illustre tragédienne n'est plus. Sans doute sa santé, depuis longtemps chancelante, devait préparer à la funeste nouvelle venue par l'électricité [1] comme un coup de foudre. Perdue pour le théâtre, Mlle Rachel disputait souffle à souffle sa précieuse vie au mal qui la devait tuer. Elle était allée demander au Caire son tiède hiver plus chaud que notre été ; une cange

---

1. Par le télégraphe, électrifié depuis les années 1830.

emmenait vers la haute Égypte la Cléopâtre tragique[1] sur ce Nil que rident à peine les brises ardentes du désert, si favorables aux poumons malades, le long de ces rives où jamais n'a toussé la phtisie à la joue marbrée d'un rose perfide, et qu'un soleil jamais voilé brûle en tout temps de rayons vivificateurs. Revenue en France, elle s'était confiée à ce climat de Cannes qu'échauffe encore un reflet de l'Afrique opposée. Un instant l'espoir trompeur avait souri au chevet de la victime ; la science crut à des possibilités de guérison ; des bulletins moins sinistres se succédaient, mais Mlle Rachel ne devait plus revoir ce Paris, théâtre de ses triomphes ; elle y revient – dans un cercueil !

Un vers mélancolique de Ménandre, un des rares nuages qui aient passé sur le ciel azuré de la poésie grecque, dit :

> Ils sont aimés des dieux ceux-là qui meurent jeunes[2] !

Cette idée peut être vraie philosophiquement, surtout lorsqu'il s'agit d'une femme : mais, avouons-le, l'amour des dieux paraît alors bien sévère à ceux qui survivent.

La jeunesse, en effet, c'est la beauté, la grâce, l'amour, la passion, le génie, le succès, l'accueil charmant, la bienvenue qui vous rit dans tous les yeux ; – peu à peu tous ces dons vous quittent : c'est encore la beauté, mais ce n'est déjà plus la fraîcheur ; un pli s'est fait, un cheveu blanc a paru – un seul ! On vous admire toujours, mais vous ne surprenez plus ; le secret de votre génie est pénétré. À vos créations nouvelles plus fermes, plus savantes, plus profondes, on oppose vos créations anciennes vaporisées par le bleu du souvenir, parées de grâces adoles-

1. Rachel avait créé *Cléopâtre*, tragédie de Mme de Girardin, en novembre 1847. Cange : voir p. 213, note 2.

2. Vers, à l'origine moqueur, d'une comédie de Ménandre, *Dis exapaton*, et traduit inexactement par Byron qui en fait une maxime élégiaque dans son poème *Don Juan* (IV, 12).

centes et contemporaines de la jeunesse des spectateurs. – Peut-être même quelque rivale, inférieure sans doute, mais orgueilleuse de ses vingt ans, attire-t-elle de son côté la faveur ennuyée qui se détourne. Ses promesses plaisent plus que vos réalités : avec un talent moindre, elle est davantage dans le goût de l'époque ; on se lasse de tout, principalement du beau, du grand, du sublime. Nous ne disons pas cela pour Mlle Rachel, morte avec son auréole de gloire, à l'apogée de sa carrière, et qui emporte la tragédie française dans un pli de son linceul : nous supposons ce qui eût pu arriver si elle avait vécu pour justifier le vers du poète grec que nous venons de citer.

La Malibran aussi eut ce triste bonheur de mourir en pleine flamme, en plein génie, en plein triomphe, – les dieux l'aimaient ! – Seulement, Mlle Rachel n'aura pas pour la déplorer le grand poète qui fit sur la mort de la cantatrice ces strophes immortelles que répétera la postérité la plus lointaine :

Ô Maria Felicia...

une ode à mettre à côté de la divine élégie de Goethe, intitulée *Euphrosyne*[1]. Alfred de Musset s'est déjà couché, sa lyre sur son cœur, un beau jour de mai, parmi les fleurs humides de larmes et de rosée, au revers de la colline où nous irons tous. – Les dieux l'aimaient aussi, celui-là ! – Au lieu de ces sublimes sanglots lyriques[2], il faudra que l'ombre de la tragédienne se contente de la prose banale du feuilleton que talonne l'impatient compte rendu de la pièce nouvelle.

Nous n'avons pas envie de faire dans ces colonnes, trop courtes d'ailleurs, la biographie de Mlle Rachel, qu'on

1. Goethe a composé ce poème en 1797 à l'occasion de la mort de l'actrice Christiane Becker.

2. Gautier a plusieurs fois rendu hommage à ces stances (« À la Malibran », *Revue des Deux Mondes*, 15 octobre 1836) ; cette nouvelle mention tire son intensité de la mort récente de Musset (mai 1857).

descendra au caveau mortuaire quand ces lignes paraîtront. Cette curiosité vulgaire qui cherche des détails insignifiants ou mesquins au bord d'une tombe ouverte nous déplaît plus que nous ne saurions le dire : il faut parler bas ou se taire près des morts, surtout près des morts récents : – laissons-leur au moins le temps de se refroidir, et ne troublons pas par des caquetages leur âme à sa première nuit d'éternité. Cependant, nous croyons pouvoir, sans manquer aux convenances, fixer quelques traits de la physionomie générale de l'illustre tragédienne, dont cette périphrase remplaçait presque le nom.

Mlle Rachel, sans avoir de connaissance ni de goûts plastiques, possédait instinctivement un sentiment profond de la statuaire. Ses poses, ses attitudes, ses gestes s'arrangeaient naturellement d'une façon sculpturale et se décomposaient en une suite de bas-reliefs. Les draperies se plissaient, comme fripées par la main de Phidias, sur son corps long, élégant et souple : aucun mouvement moderne ne troublait l'harmonie et le rythme de sa démarche : elle était née antique, et sa chair pâle semblait faite avec du marbre grec. Sa beauté méconnue, car elle était admirablement belle, n'avait rien de coquet, de joli, de français, en un mot ; – longtemps même elle passa pour laide, tandis que les artistes étudiaient avec amour et reproduisaient comme un type de perfection ce masque aux yeux noirs, détaché de la face même de Melpomène ! Quel beau front fait pour le cercle d'or ou la bandelette blanche ! quel regard fatal et profond ! quel ovale purement allongé ! quelles lèvres dédaigneusement arquées à leurs coins ! quelles élégantes attaches du col ! Quand elle paraissait, malgré les fauteuils à serviette [1] et les colonnades corinthiennes supportant des voûtes à rosaces en pleine Grèce héroïque, malgré l'anachronisme trop fréquent du langage, elle vous reportait tout de suite

1. Ici, motif ornemental imitant une pièce de tissu plissée ou repliée au sommet du dossier du fauteuil.

à l'antiquité la plus pure. C'était la Phèdre d'Euripide, non plus celle de Racine, que vous aviez devant les yeux : elle ébauchait à main levée, en traits légers, hardis et primitifs comme les peintres des vases grecs, une figure aux longues draperies, aux sobres ornements, d'une austérité gracieuse et d'un charme archaïque qu'il était impossible d'oublier désormais. Nous ne voudrions en rien diminuer sa gloire, mais là était l'originalité de son talent : Mlle Rachel fut plutôt une mime tragique qu'une tragédienne dans le sens qu'on attache à ce mot. Son succès, déjà si grand chez nous, eût été plus grand encore sur le théâtre de Bacchus, à Athènes [1], si les Grecs avaient admis les femmes à chausser le cothurne : non pas qu'elle gesticulât, car l'immobilité fut au contraire l'un de ses plus puissants moyens, mais elle réalisait par son aspect tous les rêves de reines, d'héroïnes et de victimes antiques que le spectateur pouvait faire. Avec un pli de manteau elle en disait souvent plus que l'auteur avec une longue tirade, et ramenait d'un geste aux temps fabuleux et mythologiques de la tragédie qui s'oubliait à Versailles.

Seule, elle a fait vivre pendant dix-huit ans une forme morte, non pas en la rajeunissant comme on pourrait le croire, mais en la rendant antique de surannée qu'elle était peut-être ; sa voix grave, profonde, vibrante, ménagère d'éclats et de cris, allait bien avec son jeu contenu et d'une tranquillité souveraine. Personne n'eut moins recours aux contorsions épileptiques, aux rauquements convulsifs du mélodrame, ou du drame, si vous l'aimez mieux. Quelquefois même on l'accusa de manquer de sensibilité, reproche inintelligent à coup sûr ; Mlle Rachel fut froide comme l'antiquité, qui trouvait indécentes les manifestations exagérées de la douleur, permettant à peine au Laocoon de se tordre entre les nœuds des serpents et aux Niobides de se contracter sous

1. Il s'agit du théâtre de Dionysos, au pied de l'Acropole.

les flèches d'Apollon et de Diane[1]. Le monde héroïque était calme, robuste et mâle. Il eût craint d'altérer sa beauté par des grimaces, et d'ailleurs nos souffrances nerveuses, nos désespoirs puérils, nos surexcitations sentimentales eussent glissé comme de l'eau sur ces natures de marbre, sur ces individualités sculpturales que la fatalité pouvait seule briser après une longue lutte. Les héros tragiques étaient presque les égaux des dieux dont ils descendaient souvent, et ils se rebellaient contre le sort plus qu'ils ne pleurnichaient. Mlle Rachel eut donc raison de ne pas avoir, comme on dit, de larmes dans la voix, et de ne pas faire trembloter et chevroter l'alexandrin avec la sensiblerie moderne. La haine, la colère, la vengeance, la révolte contre la destinée, la passion, mais terrible et farouche, l'amour aux fureurs implacables, l'ironie sanglante, le désespoir hautain, l'égarement fatal, voilà les sentiments que doit et peut exprimer la tragédie, mais comme le feraient les bas-reliefs de marbre aux parois d'un palais ou d'un temple, sans violenter les lignes de la sculpture et en gardant l'éternelle sérénité de l'art.

Aucune actrice mieux que Mlle Rachel n'a rendu ces expressions synthétiques de la passion humaine personnifiées par la tragédie sous l'apparence de dieux, de héros, de rois, de princes et de princesses, comme pour mieux les éloigner de la réalité vulgaire et du petit détail prosaïque. Elle fut simple, belle, grande et mâle comme l'art grec qu'elle représentait à travers la tragédie française.

Les auteurs dramatiques, voyant la vogue immense qui s'attachait à ses représentations, rêvèrent souvent de l'avoir pour interprète. Si quelquefois elle accéda à ces désirs, ce ne fut, on peut le dire, qu'à regret et après de longues hésitations. Bien qu'on la blâmât de ne rien faire

1. Les Niobides sont les quatorze enfants de Niobé, reine de Thèbes ; Apollon et Artémis les tuèrent pour venger leur mère Léto, dont Niobé avait raillé le peu de fertilité.

pour l'art de son époque, elle sentait avec son tact si profond et si sûr qu'elle n'était pas moderne, et qu'à jouer ces rôles offerts de toutes parts, elle altérerait les lignes antiques et pures de son talent. Elle garda toute sa vie son attitude de statue et sa blancheur de marbre. Les quelques pièces jouées en dehors de son vieux répertoire ne doivent pas compter, et elle les quitta aussitôt qu'elle le put.

Ainsi donc Mlle Rachel n'a exercé aucune influence sur l'art de son temps ; mais, en revanche, elle n'en a pas subi. C'est une figure à part, isolée sur son socle au milieu du thymélé [1], et autour de laquelle les chœurs et les demi-chœurs tragiques ont fait leurs évolutions selon le rythme ancien. On peut l'y laisser, ce sera la meilleure figure funèbre sur le tombeau de la tragédie.

Nous disions tout à l'heure que Mlle Rachel n'avait exercé aucune influence sur la littérature contemporaine : nous avons parlé d'une manière trop absolue : elle ne s'y mêla pas, il est vrai, mais en ressuscitant la vieille tragédie morte, elle enraya le grand mouvement romantique qui eût peut-être doté la France d'une forme nouvelle de drame. Elle rejeta aux scènes inférieures plus d'un talent découragé, mais, d'un autre côté, par sa beauté, par son génie, elle fit revivre l'idéal antique, et donna le rêve d'un art plus grand que celui qu'elle interprétait.

Dans la vie privée, Mlle Rachel ne détruisit pas comme beaucoup d'actrices l'illusion qu'elle produisait en scène : elle gardait au contraire tout son prestige. Personne n'était plus simplement grande dame. La statue n'avait pas grand-peine à devenir une duchesse et portait le long cachemire comme le manteau de pourpre à palmettes d'or ; ses petites mains, à peine assez grandes pour entourer le manche du poignard tragique, manégeaient l'éventail comme des mains de reine. De près, les détails

1. Estrade d'où l'on dirigeait l'évolution des chœurs, dans les théâtres grecs. On parle habituellement de la thymélé, au féminin.

délicats de sa figure charmante se révélaient sous son profil de camée sous la corolle du chapeau et s'éclairaient d'un spirituel sourire. Du reste, nulle tension, nulle pose, et parfois un enjouement qu'on n'eût pas attendu d'une reine de tragédie ; plus d'un mot fin, d'une repartie ingénieuse, d'un trait heureux qu'on a recueillis sans doute, ont jailli de cette belle bouche dessinée comme l'arc d'Éros et muette maintenant à jamais.

Triste destinée, après tout, que celle de l'acteur. Il ne peut pas dire comme le dit le poète : *non omnis moriar* [1]. Son œuvre passagère ne reste pas, et toute sa gloire descend au tombeau avec lui. Seul son nom flotte et voltige quelque temps sur les lèvres des hommes. Parmi la génération actuelle, qui se fait une idée bien nette de Talma, de Malibran, de Mlle Mars, de Mme Dorval [2] ? Quel est le jeune homme qui ne sourie aux récits merveilleux de quelque vieil amateur se passionnant encore de souvenir, et ne préfère *in petto* une médiocrité fraîche et vivante, jouant l'œuvre éphémère du moment, aux clartés flambantes de la rampe ? Aussi, nous autres sculpteurs patients de ce dur paros [3] qu'on appelle les vers, n'envions pas, dans notre misère et notre solitude, ce bruit, ces applaudissements, ces éloges, ces couronnes, ces palmes d'or et de fleurs, ces voitures dételées, ces sérénades aux flambeaux, ni même, après la mort, ces cortèges immenses qui semblent vider une ville de ses habitants. Pauvres belles comédiennes, pauvres reines sublimes ! – l'oubli les enveloppe tout entières, et le rideau de la dernière représentation, en tombant, les fait disparaître pour toujours. Parfums évaporés, sons éva-

1. « Je ne mourrai pas tout entier [car mes œuvres me survivront] » (Horace, *Odes*, III, 30, v. 6).

2. Gautier réunit à dessein deux morts anciens (Talma, 1826 ; la Malibran, 1836) et deux grandes actrices disparues plus récemment (Mars en 1847, Dorval en 1849).

3. Marbre (du nom de l'île grecque de Paros, renommée pour ses carrières).

nouis, images fugitives ! La gloire sait qu'elles ne doivent pas vivre, et leur escompte les faveurs qu'elle fait si longtemps attendre aux poètes immortels.

Le Moniteur universel, 3 octobre 1859

Revue dramatique

Deux raisons de choisir ce feuilleton : d'une part, l'hommage à Virginie Déjazet (1798-1875), une actrice que Gautier a toujours appréciée ; désormais en fin de carrière, elle prend la direction de l'ancien théâtre des Folies-Nouvelles, le seul à subsister aujourd'hui, sous ce nom de Déjazet, de toutes les salles du « boulevard du Crime » ; d'autre part, la première apparition sous la plume de Gautier du nom d'un jeune auteur, Victorien Sardou (1831-1908), qui n'est encore ici que l'assistant d'un vieux routier du vaudeville, Émile Vanderburch (1794-1862).

THÉÂTRE DÉJAZET

Le Programme en action, prologue d'ouverture

Le voilà ouvert à la foule, ce mignon théâtre des Folies-Nouvelles où l'on a consommé tant d'opérettes, de sucres d'orge verts et de pantomimes. Au-dessus de la porte, le gaz écrit sur une banderole en lettres de feu, « Théâtre-Déjazet », un nom de bon augure. Le succès savait la route des Folies-Nouvelles, ce délicieux bouig-bouig[1], coquet comme une bonbonnière, il y retournera et s'y fixera. Car ce nom de Déjazet n'est pas une enseigne menteuse. Elle y jouera avec cette verve infatigable qu'on lui connaît et qu'elle seule possède.

Quoique le temps fût horrible, qu'une pluie entremêlée de rafales et d'éclairs fît miroiter dans des flaques de boue le reflet mouillé des lumières, tout le Paris intelligent et curieux était à son poste. Dire qu'il tenait tout entier dans cette petite boîte, cela semble incroyable, et pourtant, rien n'est plus vrai. Il y a des jours où la multitude sait se tasser de manière à confondre les axiomes géométriques. Cependant quelques-uns n'avaient pu entrer, et l'on voyait se promener devant la porte l'étincelle de leur cigare. C'est déjà un spectacle que de regarder un mur derrière lequel il se passe quelque chose.

Quand l'entracte chassait, par des vomitoires, les privilégiés sur le boulevard, ils leur demandaient des nouvelles de l'acte qu'on venait de jouer.

Un prologue où tous les vaudevillistes ont mis la main commençait la représentation. Chose étrange, ces cinquante ou soixante vaudevillistes ont eu autant d'esprit à eux tous que s'ils n'avaient été que trois ou quatre, comme à l'ordinaire. – Ce n'est pas une épigramme que nous voulons faire, elle n'aurait pas d'ailleurs le mérite d'être neuve, mais un simple éloge.

Voici la fiction ingénieuse que ces messieurs ont imaginée.

Le théâtre des Folies-Nouvelles est fermé. – Devant sa façade éteinte et morne se promènent tristement, comme sur la rive du Styx, des ombres n'ayant pas l'obole du passage, trois pauvres diables assez mal en point. Leurs habits éraillés et blancs aux ossatures pendent sur leurs membres grêles comme des membranes de chauve-souris

1. Graphie attestée pour ce mot qui désigne à l'époque un théâtre de dernier ordre. Les Folies-Nouvelles, ouvertes en 1854, jouaient essentiellement des opérettes.

mouillées, leurs chapeaux se bossellent et se hérissent d'une façon lamentable, leurs bottes indescriptibles tiennent avec l'asphalte des conversations philosophiques. L'un est compositeur, l'autre vaudevilliste, le troisième maître de ballet. Des rouleaux noués de faveur sortent par l'hiatus de leurs poches. En vain le compositeur frappe au Théâtre-Lyrique ; le Théâtre-Lyrique n'a pas besoin de partitions ; il joue aujourd'hui Mozart, demain il jouera Weber, et puis encore Mozart, et de plus en plus Weber[1]. – Le vaudevilliste trouve toutes les scènes de vaudeville en proie au drame et au mélodrame : on s'y tue, on s'y empoisonne, – l'on y prend des bains de pieds de larmes. Quant au maître de ballet, l'Opéra le repousse. – L'Opéra n'admet que la danse grave ou mythologique : la danse gaie, la pantomime amusante, en sont proscrites. – Que faire ? se disent en chœur les malheureux à bout de ressources. Je ne puis pourtant être Allemand et mort, soupire le compositeur ; je sais faire tinter des grelots et non tirer des coups de pistolet, dit le vaudevilliste ; moi, je me sens incapable de faire la synthèse de l'humanité dans un rond de jambe, chantonne le maître de ballet, en risquant un temps de cachucha[2]. – Un triple suicide est le résultat de ce conciliabule mélancolique. À la détonation des armes à feu, le théâtre des Folies-Nouvelles s'ouvre, une caisse gigantesque apparaît, et trois clefs d'or tombent aux pieds des trois désespérés, surpris de ne pas se trouver dans l'autre monde. Sur la caisse sont écrits ces mots : « Trésor dramatique ». Il en jaillit l'Esprit du Vaudeville sous les traits intelligents et gracieux de Mlle Irma Granier[3], – le

1. Le Théâtre-Lyrique, ouvert en 1852 boulevard du Temple, dans l'ancienne salle du Théâtre-Historique de Dumas, proposait des programmes concurrents de ceux de l'Opéra-Comique.

2. Clin d'œil nostalgique à la danse espagnole à la mode vingt ans plus tôt (voir p. 51, note 3).

3. Irma Granier a débuté au Palais-Royal en 1851 et joué l'année suivante dans *La Dame aux camélias.*

Vaudeville se débarrasse d'abord du lourd costume qui l'affuble, une grande jupe bariolée de titres à la mode, – *La Dame aux camélias, Le Mariage d'Olympe, Diane de Lys*[1], etc., et il apparaît en cotte hardie[2] fantasquement bariolée, et, secouant l'étincelante marotte à grelots d'argent, il chante des couplets qui caractérisent les trois genres du vaudeville : populaire, à paillettes et le pur caprice. Une toque de patronnet[3], un chapeau à claque, un bonnet de Folie transforment trois fois l'actrice, dont le geste achève le déguisement. – Au Vaudeville succède l'Opérette sous les traits de Mlle Géraldine[4]. « Je ne suis pas la musique, dit-elle modestement, je suis la Musiquette. » – Musiquette tant que vous voudrez, mais une voix fraîche, légère et juste, qui chante une mélodie vive, tendre, spirituelle et jeune, nous appelons cela bel et bien de la musique ; tant pis pour l'autre si ce n'en est pas ! Vive Dieu ! Il n'y a pas besoin des cymbales, des ophicléides, des saxophones et des trompettes de Jéricho pour que les lèvres gazouillent ce que chante le cœur : le rossignol se passe d'orchestre.

Ensuite apparaît la pantomime avec le masque enfariné de Paul Legrand[5]. Mais quoi ! Ce masque muet jusqu'alors ouvre sa bouche aphone d'où jaillissait tout au plus un petit cri, et le voilà qui parle avec l'organe de Frédérick Lemaître dans *Don César de Bazan*[6], mais

---

1. Drames à succès d'Alexandre Dumas fils (*La Dame aux camélias*, Vaudeville, 2 février 1852 ; *Diane de Lys*, Gymnase, 15 novembre 1853) et d'Émile Augier (*Le Mariage d'Olympe*, Vaudeville, 17 juillet 1855).

2. Vêtement de dessus court (XVe-XVIe siècle).

3. Garçon pâtissier.

4. Clémentine Boutin, dite Mlle Géraldine, vient de la troupe lyrique des Folies-Nouvelles.

5. Paul Legrand (1816-1898), un des grands mimes de la seconde moitié du siècle, a débuté en 1839 aux Funambules : doublure de Deburau jusqu'à sa mort (1846), il a été son premier successeur.

6. Drame-vaudeville en cinq actes de Dennery et Dumanoir créé à la Porte Saint-Martin le 30 juillet 1844, et souvent repris sous le Second Empire, car le drame de Hugo était interdit. Frédérick Lemaître créa César, alors que chez Hugo il jouait Ruy Blas.

comme Frédérick Lemaître lui-même. Jamais imitation ne fut plus burlesque et plus complète. Perfide Pierrot ! c'était donc là le motif de votre long silence ; pendant que vous vous taisiez sournoisement, vous écoutiez, et les tics de singe qui plissaient votre face de clair de lune étaient des grimaces d'ironie ! Après avoir parlé, Pierrot se livre à des exercices de chorégraphie, et il parodie de la manière la plus bouffonne la danse de Mlle Rigolboche des Délassements-Comiques, en costume de canotier avec le gilet de coton rayé et les larges braies faisant jupe [1]. Ô fière, voluptueuse et charmante cachucha espagnole, reconnais-tu pour ta fille cette danse aux trémoussements grossiers, qui se déhanche et se désarticule comme un mannequin en délire, et dont Paul Legrand fait si bien ressortir le ridicule !

Le Vaudeville, l'Opérette et le Ballet sont reçus avec acclamation par les Génies qui les représentent, et un rideau tombe, sur lequel sont groupées de façon à former un tableau charmant les scènes des pièces où Mlle Déjazet a enlevé ses triomphes. C'est dire qu'il y a un nombre infini de personnages sur cette toile d'une couleur vive, amusante et claire.

1. Marguerite Badel, dite la Rigolboche, danseuse excentrique du théâtre des Délassements-Comiques à la mode entre 1855 et 1860. Mistinguett l'incarna dans le film éponyme de Christian-Jaque (1936).

Les Premières Armes de Figaro, comédie en trois actes, de MM. Vanderburch et Sardou

Arrivons à la pièce principale, *Les Premières Armes de Figaro*, de M. Sardou, un titre ambitieux parfaitement justifié, car l'esprit scintille et pétille, pour nous servir d'une assonance qu'aimait Beaumarchais, dans cette œuvre d'une valeur littéraire plus grande qu'on ne pouvait s'y attendre. Disons-le tout de suite, M. Sardou sait écrire. Il a le souci du style, si rare au théâtre ; sa phrase est nette, coupée par carres précises, bien lancée, bien arrêtée, très spirituellement pastichée du maître qui en avouerait plus d'un mot. Le trait aiguisé et poli jette son rapide éclair d'acier ; la paillette d'argent fourmille en points lumineux sur la réplique comme sur la veste du fringant barbier.

Quant à l'intrigue, la voici en quelques mots : sur une place publique de Séville, – cette bonne place publique si commode à la comédie fantasque pour ses entrées et ses sorties peu motivées, – le barbier Carrasco a planté son enseigne où reluit en cuivre jaune le fameux armet de Membrin [1]. Carrasco a pour apprenti le jeune Figaro, âgé de dix-huit ans à peine, mais qui a déjà fait plus de métiers que Panurge à trente. Rien n'est moins naïf que ce bel adolescent né pour faire la barbe à tout le monde. Figaro courtise la femme de son patron, brune superbe à cambrure andalouse, dont les paupières frangées de longs cils palpitent comme des papillons noirs, masquant et démasquant une flamme humide. À chaque instant on les trouve à la cave ou au grenier cherchant une savonnette perdue qui ne se retrouve jamais. Cette intrigue

1. Dans les romans de chevalerie, Membrin ou Mambrin est un roi maure dont l'armet (casque de combat) est enchanté ; chez Cervantès, don Quichotte croit en être coiffé alors que sa tête s'orne d'un plat à barbe.

n'empêche pas mons[1] Figaro d'aimer, mais d'un véritable amour cette fois, cette blonde et charmante Suzanne dont plus tard il fera sa femme. Sans savonnette, comment raser tous ces clients barbus, moustachus, hérissés comme des vergettes, qui attendent le fil du rasoir ! Maître Carrasco se fâche et jette à la porte Figaro. Le petit drôle élève autel contre autel, et arbore une enseigne où il annonce qu'il rasera pour un sou. Il en coûte quatre chez maître Carrasco, qui a la main lourde et fait de ses patients de vrais saints Barthélemy.

Toute la clientèle passe à la nouvelle boutique ; le rasoir de Figaro est preste comme sa langue, ses doigts agiles font en un instant abonder la mousse blanche : et comme il fait le poil, comme il frise et cire la moustache ! Carrasco furieux, blessé dans son honneur et dans son commerce, va chercher l'alcade, cet adorable Bridoison que vous connaissez[2], et il porte sa plainte, que Figaro interrompt par des plaisanteries et des divagations qui plongent Bridoison dans des perplexités étranges. Le juge, dont l'esprit bégaye comme la langue, finit par comprendre si drôlement l'affaire qu'il envoie le plaignant en prison. Tout le monde s'extasie sur cette belle sentence, et Figaro entre chez le docteur Bartholo comme élève chirurgien. Suzanne le suit en qualité de chambrière dans la maison du docteur, qui n'a pas encore Rosine pour pupille.

On n'est pas parfait dans ce monde ; ce Figaro si senti, si spirituel, si pratique, connaissant si bien le fort et le faible de la vie, a cependant une faiblesse, une manie, un ridicule : pour savoir agacer les nerfs sur le ventre de la guitare, il s'imagine être musicien, compositeur. Il a écrit un opéra : *Socrate chez Aspasie*, que tous les directeurs de théâtre ont refusé avec un enthousiasme unanime, et

---

1. Abréviation, ici moqueuse, de « monseigneur ».
2. L'alcade est un fonctionnaire local espagnol qui détient les pouvoirs d'un maire et d'un chef de la police, mais chez Beaumarchais Brid'oison est juge, non alcade.

il s'entête à le faire jouer avec une opiniâtreté digne des mulets de son pays.

Malgré sa verve d'intrigue, Figaro est un compositeur incompris : il a beau se faufiler dans les coulisses où son talent de coiffeur lui donne accès, on accepte son peigne, mais non sa lyre. Il n'est pas assez riche capitaliste pour commanditer un directeur dans l'embarras, et tout son pécule se compose des réaux et des maravédis [1] qu'il extirpe de Marceline par quelques fleurettes et galanteries. On ne veut même pas l'entendre : lorsqu'il déploie sa partition, tous s'enfuient. C'est peut-être un chef-d'œuvre, qui sait ? Il en est bien capable. Un jour son maître sort pour quelques affaires urgentes ; comme Méphistophélès chez Faust, il revêt la robe du docteur et reçoit les malades à sa place, et après avoir soigneusement fermé la porte à double tour, il leur développe un système abracadabrant de musicothérapie dont la conclusion est que s'ils veulent guérir, ils doivent écouter son opéra. Il se met à chanter d'une voix si pure, si fraîche, si argentine, que les podagres gigotent, que les manchots claquent des mains, et que toute l'infirmerie, oubliant ses maux, entre en danse. – Quel succès ! – Cependant, la rancune de Carrasco ne s'est pas amortie, et il s'introduit chez Bartholo pour faire un mauvais parti au galant de sa femme. Figaro le pousse dans un fauteuil dont les bras se referment : le fauteuil où l'on asseoit les patients qui présentent leur mâchoire au davier du dentiste ; car Bartholo, à ses moments perdus, extrait les molaires, sans douleur pour lui. Figaro, qu'on ne prend jamais sans vert [2], trouve le moyen de mettre Suzanne à l'abri des poursuites d'Almaviva, en se faisant le confident du grand seigneur dont il ne lui est pas difficile ainsi de jouer les intrigues. Se permettant de ne pas être

1. Petites monnaies de faible valeur, dans l'Espagne ancienne.
2. Prendre quelqu'un sans vert : le prendre au dépourvu.

de l'avis du grand Molière sur les verrous et les grilles [1], en attendant qu'il puisse l'épouser, il fourre sa gentille amie au couvent où Basile est maître de musique. Ce brave Basile fait les petites commissions de ces demoiselles : à l'une il apporte des romans, à l'autre des lettres d'une sœur à moustache ; le digne homme !

Il est avec le Ciel des accommodements [2].

La conjuration de ceux qu'il a bernés éclate enfin sur Figaro, on veut l'échiner, le pendre, le rouer, mais il a les femmes pour lui, et c'est beaucoup : il se moque du grotesque serment que font ses ennemis, agitant des houssines dont le sifflement imite après les mots « nous le jurons » le oui sacramentel. Il entasse quiproquo sur quiproquo, noue et dénoue dans l'ombre des couples qui ne se croient pas si près, et finit par triompher sur toute la ligne. – Une question, – son opéra sera-t-il joué ? Au Théâtre-Déjazet sans doute, ce ne serait pas une mauvaise spéculation.

C'est Mlle Déjazet qui joue Figaro, et certes personne ne l'a mieux joué depuis Monrose [3]. Quelle verve, quel entrain, quelle volubilité ! « Tout feu, tout œil, tout lumière », comme dit la phrase grecque. Les générations de spectateurs se succèdent, et quand on veut représenter la jeunesse, c'est toujours Mlle Déjazet qu'on choisit parmi tant de vieilles de vingt ans.

1. Allusion à une réplique de *L'École des maris* sur la difficulté de préserver la vertu des filles (acte I, scène 2, répétée à l'acte III, scène 5).

2. « Le ciel défend, de vrai, certains contentements ; / Mais on trouve avec lui des accommodements » (*Tartuffe*, acte IV, scène 5).

3. Monrose le père (voir p. 113, note 1), qui avait joué Figaro jusqu'à sa mort en 1843.

Le Moniteur universel, 29 avril 1861

Revue dramatique

Plus les années passent, plus Gautier se tourne nostalgiquement vers les années d'éclat de la bataille romantique dont, tout jeune, il fut un des partisans. La plus grande partie de ce feuilleton offre un intéressant regard rétrospectif sur le drame de Dumas le plus contesté pour son immoralité et sa violence sanglante lors de sa création à la Porte Saint-Martin (29 mai 1832). La fin de ce feuilleton concerne en revanche des nouveautés, deux vaudevilles du théâtre Déjazet, et une « comédie de salon » relevant du théâtre de société joué par des amateurs.

THÉÂTRE DE LA PORTE SAINT-MARTIN

La Tour de Nesle,

drame en cinq actes et onze tableaux, de MM. Frédéric Gaillardet et Alexandre Dumas

Il s'opère en ce moment une réaction favorable à l'endroit des grandes œuvres du romantisme que l'on raillait naguère avec des plaisanteries de vaudeville. La jeune génération semble vouloir connaître par elle-même ces drames qui ont passionné jusqu'au délire une époque généreuse, ardente, lyrique, pittoresque, folle de poésie et d'art : elle pressent qu'il doit y avoir là quelque chose de supérieur aux plates habiletés du jour, et que cette bonne lame de Tolède, dont on s'est tant moqué, a porté de furieux coups. En effet, bien forte serait la main qui la décrocherait du clou où elle est suspendue !

La Tour de Nesle, que l'on n'avait pas vue depuis bien longtemps, vient d'être reprise à la Porte Saint-Martin. C'est un événement littéraire. Par un procédé du meilleur goût, M. Frédéric Gaillardet, oubliant d'anciennes querelles, a demandé que le nom d'Alexandre Dumas fût mis à côté du sien sur l'affiche : – il a senti que l'œuvre se signait d'elle-même [1].

Nous n'avons pas à faire l'analyse d'une pièce jouée quatre ou cinq cents fois, il sera plus curieux d'étudier l'impression du public. – D'abord les spectateurs paraissaient se tenir sur leurs gardes, les acteurs craintifs avaient l'air de demander pardon des énormités qu'ils allaient débiter. Ils marchaient roides et gênés dans leurs rôles comme des enfants qui ont revêtu l'armure de leurs pères, et plient sous le faix ; mais bientôt le puissant drame s'est emparé de la salle et du théâtre et a tout entraîné dans la sphère idéale où vivent des passions gigantesques, se livrent avec un acharnement féroce des antagonismes qui ne s'avouent jamais vaincus, et, vingt fois écrasés, se redressent désespérément pour un combat nouveau !

Au bout de quelques scènes, les comédiens croyaient qu'ils étaient en réalité Buridan, Gaultier d'Aulnay, Marguerite de Bourgogne, et tout le monde partageait leur illusion. Ce grand tableau du Moyen Âge, que le dénigrement moderne taxait de grossière enluminure, prenait une vie, un relief, un accent, un style, – oui, un style, – qui le rendaient égal aux fresques des maîtres les plus vantés. Un sang rouge animait ces figures qu'on disait fardées, un cœur battait sous ces pourpoints qu'on prétendait vides ou bourrés de son, des étincelles électriques

1. En 1832, Gaillardet (1808-1882) s'était violemment plaint de ce que le nom de Dumas avait effacé le sien dans le bruit public fait autour de leur pièce, alors qu'il en était le premier rédacteur.

jaillissaient de ces épées, vieilles ferrailles du romantisme, et leur éclat éblouissait tous les yeux.

Quelle fierté de dessin dans ces personnages si divers et si nombreux ! Comme ils se campent hardiment, comme ils se piètent dans la situation, comme ils sont superbes, hautains et vaillants ! – La plume de leur toque semble grandir à chaque acte et finit par balayer les frises. Sans doute leur morale n'est pas des plus scrupuleuses ; – les bourgeois méticuleux, – à menton glabre, – comme disait Petrus Borel [1], pourraient leur reprocher bien des méfaits, mais du moins leurs crimes sont farouches, héroïques et grandioses. – L'amour, la haine, la vengeance, l'ambition se disputent tour à tour ou à la fois leur âme. – À côté d'eux, combien paraissent chétifs les gandins, les banqueroutiers, les petits filous, les filles de marbre [2] et les danseuses de cancan, marionnettes ordinaires du théâtre actuel.

Le milieu historique où ils se meuvent, diaprés de couleur locale, étonne aujourd'hui, tout en la charmant, une classe de spectateurs déshabituée du Moyen Âge par le drame réaliste, et qui, sans cette salutaire réaction, aurait perdu à la longue le sens du passé. À l'époque où florissait le romantisme, le Moyen Âge était familier à tout le monde ; en même temps que les romans de Walter Scott et que *Notre-Dame de Paris*, on lisait Joinville, Philippe de Commines, Froissart, les chroniques et les cartulaires. Les peintres, dans leurs tableaux, retraçaient les costumes de cet âge, neuf alors à force d'avoir été oublié. Les sur-

---

1. Hommage à un ami intime récemment disparu, Pierre Borel d'Hauterive dit Petrus Borel (1809-1859), un des petits romantiques des années 1830. Il s'était moqué des bourgeois dans *Champavert, contes immoraux* (1833).

2. L'expression, qui désigne les prostituées, renvoie à la pièce de ce titre, grand succès de Théodore Barrère et Lambert Thiboust (Vaudeville, 17 mai 1853).

cots mi-partis [1], les souliers à la poulaine, les tabars [2] historiés de blasons, les coiffures à la Hennin, les jaques de mailles [3], les armures cannelées de Milan faisaient presque partie du vestiaire habituel. – On portait des casquettes de deux nuances et des cheveux à la Buridan.

Nous avouons préférer pour notre part ces beaux spectacles qui ressuscitent les temps évanouis aux plates photographies des actualités. L'œil se plaît à voir revivre les formes et les couleurs du passé, et le poète a plus de liberté pour peindre l'âme humaine dans cette lointaine perspective. Il faut du recul pour bien voir un objet.

Sera-ce un blasphème de dire que *La Tour de Nesle* ne nous paraît pas indigne d'être admise au bout de la galerie où se déroulent triomphalement les drames-chroniques de Shakespeare ? Jamais action romanesque ne s'est plus habilement enlacée à une donnée historique, car *La Tour de Nesle* contient beaucoup plus de vrai qu'on ne pense.

> Mais où donc est la reine,
> Qui commanda que Buridan
> Fût jeté en un sac en Seine ?

dit le poète François Villon dans une de ses ballades [4].

Avec quelle maîtrise suprême ce drame est conduit d'un bout à l'autre ! Quel nœud fortement noué ! Comme les situations sortent logiquement l'une de l'autre ! Quelle fertilité inouïe de ressources chez les deux adversaires, et comme l'attention oppressée, anxieuse, les suit dans cette lutte où ils finissent par périr l'un et l'autre sous la fatalité du châtiment !

---

1. Veste de deux couleurs.
2. Tabar ou tabard, manteau court porté par-dessus la cotte de mailles.
3. Le ou la jaque de mailles, proche de la cotte du même nom, se portait sous l'armure.
4. La « Ballade des dames du temps jadis », qui fut mise en musique par Brassens en 1953.

Quand *La Tour de Nesle* fut jouée d'origine, on ne parut pas frappé de son style. – On était gâté, alors ! – On la vanta surtout pour sa charpente habile, son mouvement scénique, son intérêt poignant. – La manière dont elle était écrite ne fut pas remarquée.

Aujourd'hui on sent tout le mérite de cette langue si nettement séparée du jargon moderne. La phrase est rapide, ferme, colorée, merveilleusement propre au dialogue. Les mots s'y froissent comme des lames d'épée. Chaque botte a sa parade ou sa riposte, les antithèses et les parallélismes s'y établissent carrément ; chaque touche est posée d'une main sûre, juste à sa place, et produit son effet. Les jurons caractéristiques, les formules du temps, les plaques de couleur locale lui donnent le cachet d'étrangeté nécessaire et l'empêchent de tomber jamais dans la vulgarité.

Arrivons maintenant à l'interprétation de la pièce, montée avec un soin, une intelligence et un luxe remarquables. Personne, pas même Frédérick Lemaître, dans le rôle de Buridan, n'a surpassé Bocage [1]. Il y mettait une prudence, un sang-froid, une autorité sans pareils. À sa pâleur sinistre, à l'éclat fébrile de son regard, à l'âpreté stridente et contenue de sa voix, on sentait l'homme plein de secrets dangereux qui parfois font éclater le vase qui les renferme, comme certains poisons trop violents. – Avant de faire un pas, son pied tâtait le terrain hérissé de chausse-trapes avec une bravoure rusée et défiante, et, quand il arrivait à la situation, fort de quelque crime dont il avait gardé la preuve, il se redressait implacable et fatal. On eût dit un serpent cherchant à étouffer une tigresse dans les cercles redoublés de ses anneaux. Frédérick avait trop de fougue et d'emportement pour ce caractère absorbé par l'ambition et la vengeance.

---

1. Pierre Tousez, dit Bocage (1797-1863), partenaire notamment de Marie Dorval, a connu ses heures de gloire avant 1848 ; il est le créateur du rôle de Buridan.

Mélingue, nature tout en dehors, franche, cordiale, chevaleresque, le premier d'Artagnan du monde [1] à cause de ses qualités mêmes, n'a pas le côté souterrain et ténébreux nécessaire pour un tel rôle. Il est plutôt le capitaine Roquefluette [2] que le capitaine Buridan ; mais comme Mélingue possède le sens romantique, qu'il est éminemment artiste, il adapte autant que l'œuvre le permet la physionomie du personnage à la sienne propre, et il produit de grands effets qui lui sont particuliers. Il a été très beau dans la scène de la prison. Mme Marie Laurent (Marguerite de Bourgogne) exprime avec énergie les portions farouches et violentes de son rôle, mais elle n'est peut-être pas assez voluptueuse et féline aux endroits qui exigent de la séduction. – Taillade, en Gaultier d'Aulnay, n'a pas les grâces physiques qu'une reine pourrait demander à son favori ; mais ces petites imperfections disparaissent dans le vaste ensemble, et l'effet de la pièce n'en a pas été moins grand [3].

Un tableau a été ajouté à la pièce primitive : il représente le Louvre où retourne Marguerite, lasse mais non assouvie, dans une barque qui sillonne la Seine écaillée d'argent par un clair de lune électrique. Tandis que la barque aborde, Buridan, ruisselant d'eau, se raccroche à la rive, et dit : « Si c'était elle, si c'était elle ! »

L'effet de ce décor est magique.

Un ballet superflu, selon nous, se trémousse à travers les péripéties tragiques de la pièce : mais le costume moderne est si triste et cache si absolument la forme humaine, que des danseuses en jupes bariolées et en maillots roses se font toujours pardonner leur apparition même inopportune.

---

1. Dans *Les Mousquetaires*, adaptation du roman par Dumas et Maquet (Ambigu, 27 octobre 1845).

2. Personnage du roman de Dumas *Le Chevalier d'Harmental* (1843). Mélingue : voir p. 238, note 1.

3. Marie Laurent (1826-1904) et Paul Taillade (1826-1898) sont tous les deux acteurs de drame confirmés, très populaires.

THÉÂTRE DÉJAZET

La Maison Saladier,
vaudeville en deux actes,
de MM. Brisebarre et Eugène Nus

L'Amour du trapèze,
vaudeville en un acte, de M. Julien Deschamps

Il nous en coûte de passer de cette machine shakespearienne à *L'Amour du trapèze* et à *La Maison Saladier* ; mais le contraste est par lui-même instructif [1].

L'Amour du trapèze est une farce attardée qui a dû être faite au moment de la grande vogue de Léotard [2]. Mme Verpillé s'est prise d'amour pour le beau gymnasiarque. Son mari a conçu une passion non moins folle à l'endroit de Mme Bérénice dans *La Mariée du Mardi gras* [3]. – M. Verpillé se travestit en Léotard et se pend à un trapèze ; Mme Verpillé prend le costume de Bérénice et dessine les entrechats les plus fantastiques ; ainsi déguisés, les époux se rappellent leur idéal et se réconcilient. La chose est tombée tout à plat.

La maison Saladier est une pension de jeunes demoiselles où se réfugie comme sous-maîtresse une habituée du Casino Cadet [4], poursuivie par ses créanciers. Elle apprend à ses élèves des danses prohibées et des couplets

1. *L'Amour du trapèze, étude gymnastique en une seule séance* de Julien Deschamps (1818-1889), ici assisté de l'obscur Hippolyte Lefebvre, et *Maison Saladier, scènes de la vie réelle en deux actes* d'Édouard Brisebarre (1818-1871) et Eugène Nus (1816-1894), ont été créés le même soir, le 22 avril 1861.

2. Jules Léotard, trapéziste (1839-1870), inventeur du trapèze volant (voir p. 334-335).

3. Folie-vaudeville en trois actes d'Eugène Grangé et Lambert Thiboust (Palais-Royal, 2 février 1861).

4. Salle de bals ouverte en février 1859 rue Cadet. Rigolboche (voir p. 291 et note 1) en était l'animatrice.

égrillards. Le tout est entremêlé de plaisanteries laxatives sur les pruneaux. L'agrément de la pièce consiste en ce que le sexe laid n'y a qu'un représentant, M. Saladier, vieil imbécile qui croit toutes les jeunes filles amoureuses de lui. Pour le corriger, Mme Saladier tiendra désormais un pensionnat de garçons.

SALLE ÉRARD

À la porte!, comédie de salon, de M. Verconsin

Toutes les pièces ne sont pas jouées sur les théâtres authentiques et notoires. La comédie de salon se répand de plus en plus, elle a un répertoire et des acteurs à elle qui tiennent le milieu entre l'amateur et le comédien de profession. Mme Gaveaux-Sabatier est l'étoile de cette troupe dont *L'Entracte* n'inscrit pas les noms [1]. Les soirées et les concerts se la disputent. Aussi, mardi dernier, a-t-elle joué, chez Érard [2], à un bénéfice, la pièce qui lui a valu tant d'applaudissements dans les salons cet hiver. L'auteur, M. Verconsin, un esprit charmant et distingué, dont la modestie ne s'expose que rarement au feu de la rampe, avait autorisé la représentation de *À la porte!*, délicieuse petite pièce, dont M. Hignard [3] a fait la musique.

1. Parce que *L'Entracte*, petit journal créé en 1831 et vendu à l'intérieur des salles de spectacle, ne rend pas compte du théâtre de société.

2. Voir p. 180, note 2.

3. Aristide Hignard (1822-1898), né à Nantes comme Jules Verne, a mis en musique ses livrets d'opéra-comique. Eugène Verconsin (1823-1891) est l'auteur, surtout sous la IIIe République, d'une multitude de petites pièces, réunies dans les huit volumes de son *Théâtre de campagne*. Cette comédie en un acte, publiée en 1862, fut tardivement créée sur la scène du Vaudeville le 5 janvier 1875.

Le public payant des concerts a été du même avis que le public non payant des salons, et de vifs applaudissements ont accueilli ce spirituel ouvrage, qui dénote chez l'auteur une merveilleuse aptitude au genre bouffe de bonne compagnie.

Le Cirque a ouvert sa campagne d'été. Les promeneurs seront heureux de trouver un abri contre les rigueurs du printemps à l'élégante et polychrome rotonde des Champs-Élysées, et d'y voir, aux lueurs réchauffantes du gaz, toutes les merveilles équestres, acrobatiques et gymnastiques que M. Dejean [1] sait découvrir et varier avec une curiosité toujours nouvelle.

Le Moniteur universel,
28 septembre 1863

REVUE DRAMATIQUE

Trois temps dans ce feuilleton : la nécrologie de Vigny, mort le 17 septembre ; la reprise d'un Marivaux oublié à la Comédie-Française ; et Shakespeare joué en anglais, ce qui n'était guère arrivé depuis les représentations historiques de la Porte Saint-Martin (1822) et de l'Odéon (1827-1828). Gautier néglige délibérément la production ordinaire, pour donner un peu d'altitude à son regard.

---

1. Louis Dejean (1786-1879), associé des Franconi, dirigeait le Cirque-Olympique d'été, sur les Champs-Élysées, depuis 1841.

M. Alfred de Vigny

L'art a fait une grande perte dans la personne de M. le comte Alfred de Vigny. Ce fut une des plus pures gloires de l'école romantique, et bien que sa nature fine et discrète le tînt éloigné de la foule, il ne craignait pas de l'affronter lorsque la doctrine sacrée était en jeu. Malgré son dégoût pour les luttes grossières du théâtre, il traduisit l'*Othello* de Shakespeare avec une fidélité courageuse, et le livra aux orages du parterre. Cette traduction, où l'exactitude ne produit nulle part la gêne et qui a toute la liberté d'une œuvre originale, n'est pas restée au répertoire, et ce n'est qu'après un intervalle de plus de trente ans que Rouvière l'a ressuscitée pour jouer *Le More de Venise* sur un théâtre du boulevard [1]. La préface, un chef-d'œuvre de grâce, de finesse et d'ironie, abonde en idées nouvelles alors qui le sont encore aujourd'hui. Peu d'écrivains ont réalisé comme Alfred de Vigny l'idéal qu'on se forme du poète. De noble naissance, portant un nom mélodieux comme un frémissement de lyre, d'une beauté séraphique que même vers les derniers temps de sa vie l'âge ni les souffrances n'avaient pu altérer, doué d'assez de fortune pour qu'aucune nécessité vulgaire ne le forçât aux misérables besognes du jour, il garda pure, calme, poétique, sa physionomie littéraire. Il était bien le poète d'Éloa, cette vierge née d'une larme du Christ et descendant par pitié consoler Lucifer [2]. Ce poème, le plus beau, le plus parfait peut-être de la langue française, de Vigny seul eût pu l'écrire, même parmi cette pléiade de grands

1. La traduction de Vigny avait été créée à la Comédie-Française le 24 octobre 1829. Philibert Rouvière (1809-1865), tragédien admiré de Baudelaire qui lui consacra un article, fut un des principaux interprètes de Shakespeare en France, à cette époque ; sa reprise du *More de Venise* a eu lieu l'année précédente dans la salle de l'ancien Théâtre-Historique de Dumas (voir le feuilleton du 2 novembre 1862).

2. Voir p. 251 et note 2.

poètes qui rayonnaient au ciel. Lui seul possédait ces gris nacrés, ces reflets de perle, ces transparences d'opale, ce bleu de clair de lune qui peuvent faire discerner l'immatériel sur le fond blanc de la lumière divine. Les générations présentes ont l'air d'avoir oublié *Éloa*. Il est rare qu'on en parle ou qu'on la cite. Ce n'en est pas moins un inestimable joyau à enchâsser dans les portes d'or du tabernacle. *Symétha*, *Dolorida*, *Le Cor*, *La Frégate « La Sérieuse »* [1] montrent partout la proportion exquise de la forme avec l'idée ; ce sont de précieux flacons qui contiennent dans leur cristal taillé avec un art de lapidaire des essences concentrées et dont le parfum ne s'évapore pas. Comme tous les artistes de la nouvelle école, Alfred de Vigny écrivait aussi bien en prose qu'en vers. Il a fait *Cinq-Mars*, le roman de notre littérature qui se rapproche le plus de Walter Scott ; *Stello*, *Grandeur et servitude militaires* [2], où se trouve *Le Cachet rouge*, un chef-d'œuvre de narration, d'intérêt et de sensibilité qu'il est impossible de lire sans que les yeux se mouillent de larmes ; *Chatterton*, son grand succès ; *La Maréchale d'Ancre*, un drame demi-tombé ; *Quitte pour la peur*, un délicieux pastel, et une traduction du *Marchand de Venise* qu'on devrait bien jouer comme hommage à sa mémoire, en ce temps où les chefs-d'œuvre n'encombrent pas les cartons [3].

Jamais le poète n'eut de défenseur plus ardent que de Vigny, et quoique Sainte-Beuve ait dit de lui en toute bienveillance et admiration du reste, en parlant des luttes de l'école romantique,

---

1. Quatre pièces des *Poèmes antiques et modernes* (1826).
2. *Sic*, le vrai titre est inverse (*Servitude et grandeur militaires*).
3. Cette traduction ne fut jamais jouée. Le drame de *La Maréchale d'Ancre* fut créé à l'Odéon le 25 juin 1831. La comédie en un acte *Quitte pour la peur* fut écrite pour Marie Dorval et créée par elle sur la scène de l'Opéra le 30 mai 1833.

Et Vigny plus secret,
Comme en sa tour d'ivoire, avant midi, rentrait [1],

du fond de sa retraite il maintenait les droits sacrés de la pensée contre l'oppression des choses matérielles. Il réclamait à grands cris, lui qui avait l'un et l'autre, du temps et du pain pour le poète. Cette idée l'obsédait ; il la développe sous toutes ses faces dans *Stello* et, dans *Chatterton*, il lui donne l'éclatante consécration du théâtre. Il regarde avec raison le poète comme le paria de la civilisation moderne, qu'on repousse de son vivant et qu'on dépouille après sa mort, car lui seul ne peut léguer à sa postérité le fruit de ses œuvres.

Quand on pense à de Vigny on se le représente involontairement comme un cygne nageant le col un peu replié en arrière, les ailes à demi gonflées par la brise, sur une de ces eaux transparentes et diamantées des parcs anglais ; une *Virginia Water* [2] égratignée d'un rayon de lune tombant à travers les chevelures glauques des saules. C'est une blancheur dans un rayon, un sillage d'argent sur un miroir limpide, un soupir parmi des fleurs d'eau et des feuillages pâles. On peut encore le comparer à une de ces nébuleuses gouttes de lait sur le sein bleu du ciel, qui brillent moins que les autres étoiles parce qu'elles sont placées plus haut et plus loin.

---

1. Citation extraite du poème « À M. Villemain », dans les *Pensées d'août* (1837).

2. Lac artificiel inclus dans le grand parc du château de Windsor ; c'est, dès l'époque de Gautier et encore aujourd'hui, un lieu d'excursions et de loisirs couru.

COMÉDIE-FRANÇAISE

La Mère confidente,

comédie en trois actes et en prose de Marivaux

On a repris au Théâtre-Français *La Mère confidente*, de Marivaux, une pièce qu'on n'avait pas jouée depuis un demi-siècle. Nous aimons que de temps à autre on remette en lumière ces ouvrages d'un maître sur lesquels l'ombre s'est faite, tandis que d'autres portions plus heureuses de l'œuvre rayonnent toujours d'un éclat égal. Ces pièces, que gagne l'oubli et qui se perdent dans le bagage de l'auteur en route pour la postérité, offrent cependant un intérêt ; souvent elles renferment des idées particulières et le germe de théories dont l'insuccès a empêché le développement. Moins réussies, elles ont parfois plus d'originalité. Elles ne sont pas coulées dans le moule général, car il y a plus de manières de s'écarter du type qu'il n'y en a de s'en rapprocher, et le mauvais est plus varié que le bon. D'ailleurs, n'est-ce pas une chose utile que de montrer les côtés par où pèchent ces grands écrivains qu'on admire ? Le secret de leur talent est peut-être plus aisé à saisir dans ces ébauches imparfaites que dans les tableaux achevés.

L'intrigue de *La Mère confidente* est assez simple, mais les sentiments qui s'y mêlent sont d'une nature fort compliquée. Angélique, fille de Mme Argan, a rencontré dans l'allée d'un bois où l'accompagnait Lisette, duègne peu sévère, un jeune homme de bonne mine qui lisait. Angélique avait elle-même un livre à la main. Cette fois, un salut poli fut échangé. Le lendemain, autre rencontre, mais plus de livre. La conversation s'engage, embarrassée et timide d'abord, ensuite un peu plus vive, si bien qu'au bout de sept ou huit promenades, Dorante a déclaré sa flamme à Angélique, qui confesse n'avoir point pour lui d'insurmontable horreur. Voila une fille bien gardée et en bonnes mains avec Lisette pour chaperon ! Comment Mme Argan n'a-t-elle pas remarqué que sa fille sort tous les jours à la même heure et montre pour la nature sylvestre un goût assez étrange en ce siècle peu bocager ? Mais Mme Argan est une mère paradoxale et quintessenciée. Elle ne veut pas se servir de son autorité comme les autres mères pour diriger la conduite de sa fille. Cela lui paraît d'une morale bourgeoise et gothique, bonne pour les petites gens. Elle propose à sa fille d'être son amie, sa confidente. Elle se dédoublera, et la confidente ne dira rien à la mère. Cette subtile distinction inquiète avec raison Angélique, qui hésite à verser ses petits secrets d'amour dans cette oreille qui peut se lasser d'être complaisante. Cependant la jeune fille, non sans rougeur et sans tremblement, avoue les rencontres au bois et convient que Dorante lui semble le plus charmant jeune homme du monde. Cette confidence dérange les plans de Mme Argan, qui rêvait un autre mariage pour Angélique, car Dorante n'a pas de biens et tout son espoir consiste dans l'héritage d'un oncle de trente-cinq ans. Pourtant, faisant taire les gronderies maternelles, elle joue amicalement autour de ce jeune cœur et glisse de sages conseils dans l'acquiescement de la confidente. Pourquoi Dorante n'a-t-il pas fait demander Angélique à ses parents et cherche-t-il à réussir par des moyens occultes et violents qui sont une injure aux sentiments délicats de sa maîtresse ? Une jeune personne bien née et qui se respecte consentira-t-elle jamais à un enlèvement, même suivi d'un mariage immédiat ? Cette frasque romanesque pourrait sembler intéressée de la part de Dorante, car il est pauvre tandis qu'Angélique est riche. D'ailleurs, l'avenir d'une femme souffre toujours de pareils débuts ? Un rapt n'est pas une manière convenable d'entrer en ménage. Ces raisons convainquent la jeune fille, qui fait froide mine à Dorante lorsqu'il vient la prévenir que la chaise de poste attend à la brèche du parc ; elle refuse nettement de le suivre, et la chose pourrait durer longtemps si Ergaste, l'oncle de Dorante, homme sage que Mme Argan désirait pour gendre, ne se désistait en faveur de son neveu, auquel il abandonne sa fortune, ne s'en conservant qu'une modeste partie, bien suffisante à ses goûts philosophiques car Ergaste est un *penseur*, personnage nouveau alors et aujourd'hui assez peu divertissant. Il va par les bois rêveur et taciturne. S'il parle, il affecte un laconisme dédaigneux, comme si la parole était un larcin à la méditation. Enfin c'est un homme sérieux !

Le caractère de Mme Argan, chez qui la confidente et la mère sont en lutte, la mère ne voulant rien savoir de ce que la confidente apprend, est basé sur une de ces frêles dualités que Marivaux aime à faire combattre, bien que la victoire soit décidée d'avance. Cela ressemble à un joueur tenant les deux jeux, ou bien encore à cette charmante Francesca des bains de Lucques, dont parle Henri Heine, qui mimait l'histoire de ses amours avec l'abbate Cecco, au moyen de ses deux pantoufles, dont l'une bleue représentait l'abbate, et l'autre de couleur rouge figurait Francesca elle-même. Vous pensez bien qu'elle arrangeait à son gré les demandes et les réponses de ces marionnettes en maroquin que ses petits pieds faisaient agir, mais la comédie ne l'en intéressait pas moins. Quelquefois elle pleurait, et souvent elle riait comme une folle [1]. Les comédies de Marivaux donnent un genre de plaisir analogue à celui-là.

Un paysan qui patoise à la façon des paysans d'opéra-comique est le clown ou le gracioso de la pièce : il s'appelle Lubin, c'est tout dire [2]. Ajoutons qu'il est joué par Coquelin avec une naïveté et une rondeur charmantes ; il rend presque naturel ce lourdaud maniéré qui

---

1. Anecdote rapportée par Heine, proche ami de Gautier, dans ses *Reisebilder* (*Tableaux de voyage*). *Abbate* : abbé, en italien.

2. Lubin est un type de valet niais, fréquent notamment chez Marivaux. *Gracioso* : bouffon, en espagnol.

espionne pour le compte des deux camps, et à la fin reçoit la récompense de sa double trahison, qui a servi les deux partis au lieu de leur nuire.

Mlle Émilie Dubois corrige par sa grâce modeste et sa parfaite mesure ce que le rôle d'Angélique peut avoir de trop hasardeux. Peut-être la belle et superbe Mlle de Voyod a-t-elle le sourcil et la mine un peu tragiques pour une mère confidente. Elle a par moments des airs de Clytemnestre, capables d'alarmer Iphigénie. Worms est très bien en Dorante. Ce jeune homme a tout ce qu'il faut pour représenter les amoureux de Marivaux. Mlle Bonval, chargée du rôle de Lisette, le joue en servante de Molière, avec trop de franchise et de laisser-aller. Les soubrettes de Marivaux sont plus coquettes, plus raffinées, plus prétentieuses, plus subtiles. Elles n'ont pas la saine brutalité des Dorine, des Nicole, et sont très capables de donner, par intérêt, un mauvais conseil à leurs jeunes maîtresses. La cordiale domesticité du bon vieux temps n'existe plus chez elles, et, dans l'antichambre, en voyant passer les marquis, elles rêvent la petite maison. Mirecour esquisse avec une roideur gourmée très bien caricaturée la physionomie d'Ergaste, l'oncle penseur et philosophe [1].

Tout en remerciant la Comédie-Française de cette excursion dans les régions obscures du vieux répertoire,

1. Constant Coquelin (1841-1909), futur créateur du rôle-titre de *Cyrano de Bergerac* (1897), est ici au tout début d'une prestigieuse carrière. Émilie Dubois (1837-1871), après des débuts brillants à la Comédie-Française en 1853, était devenue sociétaire deux ans plus tard. Élise de Voyod, dite Devoyod (1838-1886), reste connue pour avoir inspiré une passion au jeune Anatole France. Gustave Worms (1836-1910), entré à la Comédie-Française en 1858, est, comme Coquelin, à l'aube d'une carrière qui s'épanouira plus tard (sociétaire de 1878 à 1901). Edmondine Bonval (1826-1878), à la Comédie-Française dès 1842, y jouait les soubrettes. Adolphe Tranchant, dit Mirecour (1806-1869), est entré à la Comédie-Française en 1829 ; acteur réputé pour son élégance vestimentaire, mais de talent limité, il resta pensionnaire jusqu'à sa mort.

réjouissons-nous de l'annonce d'une pièce nouvelle qui passera vers le milieu du mois d'octobre lorsque la chute des dernières feuilles et le souffle aigre des premières bises rabattra vers la grande ville les Parisiens éparpillés. Le *Jean Baudry* de M. Auguste Vacquerie [1], qu'il réussisse ou tombe, qu'il n'ait qu'une représentation ou qu'il en ait cent, sera à coup sûr un vaillant effort, et soulèvera d'importantes questions d'art ; car l'auteur n'est pas de ceux qui transigent avec leurs pensées en vue du succès. La concession lui est inconnue, il fait ce qu'il croit bon et pousse jusqu'au bout la logique de sa donnée, cherchant avant tout à se satisfaire, et travaillant comme si la critique et le public n'existaient pas.

THÉÂTRE DU VAUDEVILLE

Macbeth (en anglais), pour la représentation de Mme Key Blunt

Shakespeare gagne du terrain en France. L'ardente propagande des romantiques porte enfin ses fruits. Des pâles imitations de Ducis [2], on en est venu à des versions de plus en plus littérales, qui déjà ne suffisent pas. On veut le texte sacré lui-même. Ceux qui ne savent qu'imparfaitement l'anglais, ou même ne le savent pas du tout, désirent au moins écouter comme une symphonie mystérieuse et puissante les paroles du maître avec leur sonorité âpre, énergique, tonnante ou bizarrement douce. Quelque fidèle que soit la traduction, on se dit : Que

1. Auguste Vacquerie (1819-1895) est un des disciples passionnés de Hugo ; Gautier le suit avec amitié depuis ses débuts. *Jean Baudry*, drame en quatre actes créé à la Comédie-Française le 19 octobre 1863, fut un succès (48 représentations).

2. Jean-François Ducis (1733-1816) a fait jouer son adaptation classique en cinq actes et en vers de *Macbeth* à la Comédie-Française le 12 janvier 1784. Nous n'avons pas de renseignements sur l'actrice.

serait-ce si l'on se trouvait sans intermédiaire en face du monstre et qu'on entendît le rugissement de la bête féroce !

Le vaudeville a donné la semaine dernière cette satisfaction aux amants de Shakespeare. Une belle tragédienne américaine, Mme Key Blunt, qui voulait pour son talent le baptême et la consécration de Paris, a joué lady Macbeth dans l'acte du meurtre de Duncan. C'est une vraie lady Macbeth comme nous en dessinions l'idéal en rendant compte du *Macbeth* de l'Odéon [1]. Grande, mince, délicate, élégante, aristocratique, blonde, n'ayant ni les sourcils charbonnés ni la face livide de la scélératesse comme on l'entend au théâtre, une vraie lady enfin, qui fait de ce thane [2] faible, violent et superstitieux le pantin de son ambition ; une âme inaccessible aux terreurs de ce monde ou de l'autre, une résolution tranquillement implacable qui écraserait sous son pied le corps d'un enfant chéri pour arriver au but, animent cette frêle enveloppe dont le sommeil seul peut avoir raison, car, éveillée, lady Macbeth n'a pas de remords. Son courage, abstrait comme celui des femmes qui ne se souillent pas matériellement dans la rouge cuisine du meurtre, ne considère les victimes que comme des obstacles supprimés. Mme Key Blunt a bien rendu ce caractère.

Quand la toile se lève, on la voit lisant la lettre où Macbeth lui raconte les prédictions des sorcières déjà confirmées par un commencement de réalisation. Et la lecture achevée, elle dit, avec cette nuance de mépris de la femme supérieure : « Tu es Glamis et Cawdor et tu seras ce qu'on t'a promis... Mais je me défie de ta nature ; elle est trop pleine du lait de la tendresse humaine, pour que tu saisisses le plus court chemin. Tu veux bien être

1. Il s'agit de la traduction en cinq actes et en vers due à Jules Lacroix (1809-1887), dont Gautier a parlé dans le feuilleton du 16 février 1863.

2. Voir p. 249, note 4.

grand, tu as de l'ambition pourvu qu'elle soit sans malaise... Tu as plutôt la peur de l'action que le désir de l'inaction. Accours ici, que je verse mon énergie dans ton oreille, et que ma langue valeureuse chasse tout ce qui l'écarte du cercle d'or dont le destin et une puissance surnaturelle semblent t'avoir couronné. » Et, tout le temps de l'acte, elle pousse au meurtre le thane incertain, chancelant, effrayé par le désordre des éléments qui semblent avoir pendant cette horrible nuit conscience de l'assassinat médité sur Duncan. Ce poignard imaginaire que Macbeth voit devant lui la poignée tournée vers sa main, c'est lady Macbeth qui l'a aiguisé et qui le lui tend. Elle est la pensée du meurtre, brave seulement devant le danger réel, mais qui a peur des fantômes comme un enfant.

Mme Key Blunt a une diction naturelle et profondément sentie qui arrive à l'effet sans violences, sans gesticulations effarées. Elle fait admirablement ressortir la pensée de Shakespeare. Son succès a été très grand.

Taillade [1] jouait Macbeth en anglais, langue qu'il sait fort peu ou du moins dont il n'a pas la pratique familière. Par un prodige de volonté, par une idolâtrie passionnée pour Shakespeare, il est arrivé à dire le texte même avec un très bon accent, et à produire, dans cet idiome presque étranger pour lui, tous les effets qu'il obtenait à l'Odéon dans l'excellente traduction de Jules Lacroix. Chose étrange ! loin d'être gêné, il gagnait en grandeur, en puissance, en énergie ; son jeu avait quelque chose de direct, de natif, d'original. On ne sentait plus rien entre lui et le poète. Les idées jaillissaient avec leur mot, leur son, leur couleur, et d'une représentation qui, pour la plupart des spectateurs, n'était guère qu'une pantomime, le sens profond, caché, mystérieux de l'œuvre colossale se dégageait avec plus de clarté que dans tous les commentaires.

1. Voir p. 301, note 3.

Après la chute du rideau, Mme Key Blunt et Taillade ont été rappelés à grands cris. Il est fâcheux qu'un si beau spectacle ne se renouvelle pas. Remercions toutefois M. de Beaufort [1] d'avoir donné, ne fût-ce que pour un soir, l'hospitalité au grand William Shakespeare.

Le Moniteur universel, 14 décembre 1863

REVUE DRAMATIQUE

Corneille et Molière, évoqués en tête de ce feuilleton, ne sont qu'un prétexte : le vrai sujet est l'imminente suppression officielle des privilèges qui, depuis les décrets de 1806-1807, et plus généralement depuis l'Ancien Régime, déterminaient étroitement les genres que les théâtres étaient autorisés à jouer.

Gautier dit ce qu'il voudrait voir sur scène à Paris, essentiellement dans le domaine du répertoire étranger auquel il s'intéresse depuis sa jeunesse romantique. Il renouvelle ainsi, dans un style différent, la rêverie qu'il avait menée sur le théâtre selon son cœur, au chapitre XI *de* Mademoiselle de Maupin *(1835).*

---

1. Amédée de Beaufort était directeur du Vaudeville depuis 1857.

COMÉDIE-FRANÇAISE

Rodogune. Tartuffe

La Comédie-Française, dans les interstices que lui laisse le succès de *Jean Baudry*[1], continue à exhiber, comme c'est son devoir, les vieux tableaux de son musée littéraire. Il y a des jours pour le présent, il y en a pour le passé, et la chaîne des temps ne se brise jamais. C'est une tâche difficile de représenter à la fois la tradition et l'actualité ; d'être aujourd'hui antique et demain moderne ; d'avoir simultanément un talent rétrospectif et contemporain. Les excellents acteurs de la rue de Richelieu s'en tirent à merveille. Pour porter la draperie classique ou l'habit à la française un ou deux jours de la semaine, ils n'en sont pas moins naturels sous le frac et le paletot. L'étude des chefs-d'œuvre leur facilite singulièrement l'expression des ouvrages récents. Ils apprennent, en les travaillant, la fugue et le contrepoint de la diction : exercices utiles, gymnastique indispensable, luttes corps à corps avec la technique de l'art, qu'on est trop disposé à railler maintenant, mais qui font cruellement défaut à ceux qui ne les ont pas pratiqués dès la tendre jeunesse. Qui ne sait pas déclamer les vers ne dira jamais bien la prose. Il lui manquera toujours ce rythme intérieur, cette cadence secrète, ce sentiment de la syllabe tonique, du mot significatif, sans lesquels on ne saura produire d'effet certain. Loin de gêner l'inspiration comme on le croit communément, la science lui donne les moyens de se produire, et met à sa disposition toutes les formules déjà trouvées. Alors aucun obstacle matériel ne l'arrête ; elle est libre de déployer ses ailes palpitantes avec toute leur envergure.

1. Voir p. 312 et note 1.

Ainsi, en attendant *La Maison de Penarvan*, qui doit être jouée lundi ou mardi [1] au plus tard, la Comédie-Française représentait *Rodogune* et *Tartuffe* ; c'est-à-dire Corneille et Molière, le père de la tragédie et le père de la comédie, que nul n'a encore dépassés, car le génie, en quatre bonds, atteint le bout du monde, comme les coursiers immortels de l'*Iliade*. On ne saurait mieux se préparer au succès que par ces nobles jeux autour de l'autel de l'art.

Les fins d'année sont ordinairement infécondes, et celle-ci ne dément pas cette loi générale. Il y a un temps d'arrêt dans la production. Comme au dernier morceau d'un concert chacun se lève bruyamment pour chercher son manteau ou sa voiture, quand Décembre exécute son final tout le monde s'en va, pensant à Janvier qui approche avec ses étrennes, ses embrassades et ses souhaits menteurs. Il faut que l'œuvre soit d'un maître célèbre et bien aimé pour qu'on reste. On restera à *La Maison de Penarvan*, soyez-en sûr.

On répète activement les revues, ces feuilletons de l'année, et dans quelques jours nous pourrons voir défiler les sottises, les ridicules, les excentricités qui ont signalé ces douze mois tombés sans retour au fond de l'éternité. Ce seront les mêmes, ou peu s'en faut, qu'en 1862, car si le temps coule, la bêtise humaine est immobile comme un pont sur une rivière. Nous regretterons sans doute que le libre et vif esprit d'Aristophane manque à ces parades qui pourraient être si amusantes et qui sont si ennuyeuses, malgré l'éclat des décors, le papillotage des costumes et l'illusion des maillots. Ce qui n'empêchera pas Paris de se croire Athènes et de vanter le sel attique de ses vaudevillistes.

---

1. Cette comédie en quatre actes, en prose, tirée par Jules Sandeau de son roman du même titre paru en 1858, fut en effet créée à la Comédie-Française le mardi 15 décembre (Gautier rédige son feuilleton le dimanche).

À propos de la liberté des théâtres

La critique, dans ce moment de répit, peut se demander quelle figure aura la prochaine année dramatique, maintenant qu'il n'y a plus besoin de privilège pour ouvrir un théâtre. Comme il faut du temps pour réunir les capitaux nécessaires, trouver un emplacement favorable, discuter un plan, élever une salle, la décorer, se procurer des ouvrages, engager et former une troupe, l'effet du nouveau régime ne sera pas immédiatement sensible, et les choses, à l'étonnement peut-être du public impatient, ne sembleront pas avoir beaucoup changé. Quelque rapidité qu'ait acquise l'art de la construction, on ne doit guère espérer l'inauguration de nouveaux théâtres avant sept ou huit mois au plus tôt. Seront-ils aussi nombreux qu'on le pense ? C'est une question que nous ne voulons pas préjuger. La liberté sait faire ses affaires, et nous nous en rapportons parfaitement à elle ; mais il nous est permis, comme à tout le monde, d'émettre un vœu timide.

Parmi ces théâtres qui vont sortir de terre comme les murailles de Thèbes au son de la lyre d'Amphion, nous voudrions qu'il en fût trois consacrés à l'art pur. C'est là un souhait téméraire qui ne sera pas réalisé ; mais quand on souhaite, de peur d'être pris au mot, il ne faut pas se restreindre.

Le premier de ces théâtres serait un temple dressé au génie humain de tous les temps et de tous les pays. Au lieu d'y jouer les seuls classiques de la France, on y représenterait les classiques de l'univers. Aucune nation ne possède en propre ses grands hommes, ils appartiennent à l'humanité. Pour ces esprits immortels, le temps n'existe pas plus que le lieu de naissance ; ils se meuvent dans la sphère sereine de l'art, toujours beaux, toujours jeunes, contemporains de tous les siècles, citoyens de tous les pays, frères de tous les hommes, car leur patrie est le monde. Ils sont les héros, les demi-dieux des multitudes anonymes, et ils brillent comme des phares au-dessus des âges évanouis. N'est-il pas singulier qu'à une époque comme la nôtre, époque de curiosité, d'investigation et de science, les chefs-d'œuvre des théâtres étrangers soient à peu près inconnus en France, du moins sous leur aspect scénique, et qu'il faille les chercher dans des traductions rares ou insuffisantes ? Croit-on qu'il n'y ait rien à apprendre avec ces œuvres qui ont passionné des peuples tout entiers ? Pourquoi se refuser au voyage d'une soirée à travers un génie exotique, ne fût-ce que pour avoir la sensation d'un climat nouveau ? Quel plaisir plus vif que celui de vivre quelques heures dans une autre civilisation, hors de notre temps et de nos mœurs, avec un grand poète antique, indou ou grec, avec Kachyle ou le roi Soudraka [1] ? Nous sommes arrivés à un point de critique et de compréhension qui nous rend capables de jouir des beautés générales sans nous choquer des bizarreries relatives.

À ce théâtre, on aurait une semaine indienne, une semaine grecque, une semaine latine, une autre anglaise ou allemande, italienne ou espagnole, où l'on déroulerait l'œuvre d'un poète tragique ou comique comme une leçon de littérature vivante, avec tout l'éclat de la mise en scène, des décors, des costumes d'une fidélité historique aussi rigoureuse que l'état de la science le permettrait. Les artistes pourraient s'y inspirer aussi bien que les littérateurs. Les traductions de ces chefs-d'œuvre se tiendraient aussi près du texte que possible et seraient faites par de jeunes poètes qu'on rétribuerait largement et pour qui ce travail deviendrait un honneur et une fortune. Tout Eschyle y passerait : *L'Orestie* avec ses trois drames [2], *Prométhée enchaîné*, *Les Sept devant Thèbes*, *Les Perses*.

1. Auteur indien du *Chariot d'enfant*, fameux drame sanskrit adapté par Nerval et Méry en 1850. La graphie « Kachyle » (un poète grec ?) a résisté à nos recherches.

2. *Agamemnon*, *Les Choéphores*, *Les Euménides*, trilogie sur la malédiction des Atrides.

Sophocle donnerait *Antigone*, *Œdipe roi*, *Œdipe à Colone*, *Philoctète*, *Électre*, *Les Trachiniennes*. Euripide serait représenté par *Alceste*, *Hécube*, *Hippolyte porte-couronne*[1], *Iphigénie en Aulide* et *en Tauride*. Nous y verrions Aristophane avec *Les Guêpes*, *Les Grenouilles*, *Les Nuées*, *Lysistrata*, *Plutus*, *Les Oiseaux*, *Les Harangueuses*[2], ces comédies étincelantes où la fantaisie la plus ailée voltige au-dessus de l'observation, et qui semblent avoir prévu à vingt siècles de distance tous les ridicules modernes. *La Reconnaissance de Sakountala*, de Kalidasa, nous montrerait cet adorable type féminin qui enthousiasmait Goethe ; la Vasentasena, cette Marion de Lorme de l'Inde, nous apparaîtrait avec son bruissement de perles et son tintement de grelots dans l'arc-en-ciel de la poésie asiatique[3].

Puis on viendrait aux Latins. Il ne faudrait pas mépriser Sénèque le Tragique : il a du bon. Plaute fournirait un large contingent, et pour Térence on n'aurait qu'à choisir. M. le marquis de Belloy l'a traduit tout entier en vers d'une rare élégance[4]. Scipion et Lélius[5] y retrouve-

1. Cette tragédie d'Euripide est la source de *Phèdre*.

2. Cette comédie est désignée aujourd'hui par le titre *L'Assemblée des femmes* (392 av. J.-C.).

3. Goethe avait écrit *Der Gott und die Bajadere, Indische Legende* (1797), d'où Scribe avait tiré le livret d'un opéra-ballet en deux actes d'Auber, *Le Dieu et la bayadère* (Opéra, 13 octobre 1830). L'intrigue tirait son pouvoir de séduction du voisinage de deux rôles féminins, l'un chanté, l'autre dansé. Ce dernier, créé par la Taglioni, tenta de nombreuses interprètes. Gautier avait pu voir aussi, en 1838, les bayadères indiennes venues se produire au théâtre des Variétés, et leur avait consacré deux feuilletons enthousiastes (*La Presse* des 20 et 27 août 1838). Le drame de Kalidasa est un autre chef-d'œuvre médiéval indien, dont Gautier avait tiré l'argument de son ballet *Sacountala* (Opéra, 14 juillet 1858).

4. Auguste de Belloy (1812-1871), un temps secrétaire et collaborateur de Balzac (1835-1837), a laissé quelques pièces de théâtre et des poésies ; sa traduction de Térence date de 1862.

5. Caïus Lælius (185-v. 115 av. J.-C.), évoqué par Cicéron dans son traité *De amicitia*.

raient toutes les délicatesses de leur poète aimé. Ensuite arriverait Shakespeare, non seulement le Shakespeare d'*Hamlet*, de *Macbeth*, d'*Othello*, de *Roméo et Juliette*, du *Roi Lear*, de *Jules César*, mais le Shakespeare moins connu des chroniques, des comédies fantasques et des féeries. On ferait alterner les grands chefs-d'œuvre avec *La Tempête*, *Le Songe d'une nuit d'été*, *Comme il vous plaira*, *Les Deux Gentilshommes de Vérone*, *Troïlus et Cressida*, *Le Conte d'hiver*, et même avec *Périclès*, qu'on dit n'être pas de lui, mais qui en est bien [1]. On jouerait de Calderón *La vie est un songe*, *Le Prince Constant* si admiré des Schlegel [2], *Le Purgatoire de saint Patrice*, *Le Médecin de son honneur*, *Le Magicien prodigieux*, où se trouve l'ébauche de *Faust* [3], et cette étrange *Dévotion de la Croix* si espagnole et si catholique. On n'oublierait ni Alarcón, ni Tirso de Molina, l'auteur du premier *Don Juan* [4]. Est-il besoin d'indiquer Goethe et Schiller ? ils feraient le fond de notre répertoire. D'autres, moins connus, contiennent des beautés de premier ordre. Quelles magnifiques pièces que le *Martin Luther*, l'*Attila*, *La Croix sur la Baltique*, de Zacharias Werner [5] !

Nous ne faisons qu'indiquer à la hâte les grandes lignes de notre plan. Que de noms se joindraient à cette liste si on l'étendait jusqu'à des temps plus voisins de nous ! Serait-ce trop présumer du public que de penser qu'un tel répertoire, formé des chefs-d'œuvre de toutes

---

1. Cette tragédie longtemps contestée est de 1608-1609.

2. Les frères von Schlegel (August, 1767-1845, et Friedrich, 1772-1829), membres du groupe de Coppet animé par Mme de Staël. *Le Prince Constant* date de 1640.

3. *Le Magicien prodigieux*, drame religieux publié en 1682, un an après la mort de l'auteur, raconte les tentations subies par saint Cyprien, personnage que l'on a en effet parfois comparé à Faust en proie aux propositions de Méphistophélès.

4. *El Burlador de Sevilla* (*Le Trompeur de Séville*, v. 1625).

5. Voir p. 236, note 2. *Martin Luther* et *Attila* ont été créés respectivement en 1806 et 1809. *La Croix sur la Baltique* est un drame religieux dont ne subsiste que la première partie, publiée en 1806.

les littératures, l'intéresserait autant que les mélodrames, les féeries et les vaudevilles de ces messieurs ? À la notion du *beau* national nous voudrions ajouter la notion du *beau* cosmopolite, sans toutefois effacer la première, car tout peuple doit avoir son originalité propre, sa saveur autochtone, et c'est pourquoi nous rêvons ce théâtre universel, dont nous serions heureux qu'on nous prît l'idée.

Le second théâtre serait exclusivement réservé aux poètes, aussi malheureux pour le moins que les compositeurs lyriques ; car il ne faut pas que ce bel art du langage rythmé disparaisse. On ne jouerait là que des pièces en vers, ou tout au moins d'une prose travaillée, délicate et fantasque. Le *Spectacle dans un fauteuil*[1], d'Alfred de Musset, le *Théâtre de Clara Gazul*, de Mérimée[2], seraient admis de droit, et représentés textuellement avec les changements à vue et la mise en scène indiquée. Nous citons ces œuvres pour donner le diapason de notre idée, car nous ne pouvons savoir ce qu'inventeront les poètes de l'avenir. Un théâtre pour la poésie, est-ce trop dans cette belle France si intelligente et si lumineuse ?

Nous voudrions encore une petite scène mignonne et charmante, une salle en treillis d'or où grimperaient des fleurs, pour y installer la *commedia dell'arte*, la comédie improvisée que jouait si bien à Venise la troupe du vieux Sacchi, l'immortel Pantalon[3]. On pourrait aussi y représenter des pièces dans le genre *fiabesque* où excellait Carlo Gozzi[4], et des féeries littéraires aiguisées de fines

1. Titre commun à deux pièces en vers publiées en 1832 (*La Coupe et les lèvres* et *À quoi rêvent les jeunes filles*) et aux cinq pièces en prose de 1833-1834, d'*André del Sarto* à *Lorenzaccio*.

2. Voir p. 170 et note 2.

3. Antonio Sacchi (1708-1788), comédien et improvisateur, interprète notamment de Goldoni.

4. L'adjectif « fiabesque » (de l'italien *fiaba*, fable) sert à qualifier un genre de comédie féerique opposé au réalisme de Goldoni, et dont Carlo Gozzi (1720-1806) est le représentant privilégié ; il est notamment l'auteur de *L'Amour des trois oranges* et de *Turandot*, qui inspirèrent Prokofiev et Puccini.

satires, en prose et en vers, capables de charmer les yeux et l'esprit. Ce serait quelque chose comme le théâtre de *La Fête chez Thérèse* : Watteau fournirait le vestiaire et les décors ; Ariel et Puck écriraient le canevas sous la dictée de la reine Mab [1].

Le Moniteur universel, 23 avril 1866

REVUE DES THÉÂTRES

Voici un exemple de ce qui se produit souvent dans les quinze dernières années du feuilleton : bien qu'intitulé « Revue des théâtres », il traite d'autres sujets, notamment de livres, comme dans celui-ci où Gautier brode, faute de matière théâtrale digne d'intérêt, sur un roman de Dickens,

1. Ariel, l'« esprit des airs » de *La Tempête*, Puck, le lutin du *Songe d'une nuit d'été*, et la reine Mab, reine des songes évoquée par Mercutio dans *Roméo et Juliette* (acte I, scène 4), s'unissent dans l'imagination de Gautier au peintre Watteau, dont le poème de Victor Hugo « La fête chez Thérèse » rappelle en effet la touche galante (*Les Contemplations*, I, XXII).

Bleak House – *celui qui, dans la traduction de Sylvère Monod (Gallimard, « Bibliothèque de la Pléiade », 1979), porte le titre de* La Maison d'Âpre-Vent.

Jusqu'à dimanche matin, terme suprême, nous avons attendu qu'il plût aux théâtres de vouloir bien représenter une pièce quelconque qui pût servir de prétexte à un feuilleton. Mais les théâtres maintenant marchent très bien sans pièces et réalisent le mot de ce directeur : « Tant qu'il y aura des auteurs, cela ne pourra pas aller ! » Jadis les drames, les comédies, les vaudevilles s'adressaient à un public relativement restreint, et il fallait de temps à autre renouveler l'affiche. Aujourd'hui Paris est le centre d'une immense étoile de chemins de fer qui aboutissent à des lignes de paquebots, et des spectateurs y arrivent de tous les coins du monde. Il faut du temps pour que tout l'univers ait vu *La Biche au bois*[1]. Quatre cents millions de Chinois ne la connaissent pas encore, mais ils y viendront.

En attendant que *L'Entracte*[2] annonçât quelque pauvre petite première représentation, fût-ce à un de ces théâtres excentriques et fabuleux où l'on ne va qu'en ces moments de disette farouche qui poussent les feuilletonistes à faire gravement l'esthétique des pantomimes et des figures de cire, nous trouvant un peu fatigué et malade, puisque rien d'ailleurs ne nous appelait au-dehors, nous sommes resté sur un canapé, près d'un bon feu, occupé à lire un roman intéressant, ce qui est, selon Gay[3], une situation digne du paradis.

Le roman qui charme notre loisir n'est pas une nouveauté, tant s'en faut ; mais, comme nous ne l'avions

1. Fameux vaudeville-féerie des frères Cogniard et Ernest Blum, créé à la Porte Saint-Martin le 29 mars 1845, et que ce théâtre avait remis à l'affiche depuis la fin mars 1865, avec un succès ininterrompu.

2. Voir p. 303, note 1. Gautier dirige ce petit journal depuis 1864.

3. La même allusion figure dans la préface des *Jeunes-France* (1833) de Gautier, mais le personnage est alors nommé Grey. Peut-être est-ce le poète et humoriste anglais Thomas Gray (1716-1771) ?

jamais lu, il était pour nous aussi neuf que s'il eût paru hier. C'est un roman de Ch. Dickens, il a pour titre *Bleak House* (*La Maison désolée*) [1]. Nous avons bien envie de vous en parler, et il nous serait difficile de vous entretenir d'autre chose, car notre cervelle est encore tout occupée de *Bleak House*, et nous sommes comme La Fontaine ayant découvert les beautés de Baruch – avez-vous lu Baruch [2] ? – cela sera toujours aussi amusant que l'analyse d'un vaudeville à cascades ou la reprise d'un mélodrame suranné.

C'est un singulier livre que *Bleak House*, et jamais pour nous la différence du génie saxon et du génie latin ne fut marquée d'une façon plus sensible que dans cette œuvre étrange. Nous croyons être romantiques, mais nous ne sommes au fond que des classiques : on le sent bien en lisant le roman de Dickens. Toujours préoccupés du plan, de la ligne, de la symétrie, de l'ordonnance et autres qualités régulières, nous construisons nos romans comme des tragédies, des drames ou des vaudevilles sur un scénario arrêté d'avance et logiquement concerté. Nos œuvres les plus échevelées et les plus folles en apparence ont toujours quelque chose d'académique. Elles ressemblent aux architectures de style gréco-romain, qui décorent ou, pour parler plus juste, enlaidissent nos villes. Quel chagrin pour nous si une fenêtre n'est pas répétée par une fenêtre semblable, si une porte s'ouvre ailleurs qu'au milieu de la façade ! Un tel malheur, lorsqu'il est inévitable, nous pousse à simuler de fausses fenêtres et de fausses portes, tant le sentiment de la règle et de la proportion est inné chez les races latines.

---

1. C'est le neuvième roman de Dickens, publié en Angleterre en 1852-1853, et traduit par Mme H. Loreau dès 1857 ; Hachette venait de rééditer cette traduction en 1866.

2. On raconte que La Fontaine, ayant un jour découvert Baruch, un des « petits prophètes » de l'Ancien Testament, passa les jours suivants à demander à tous ceux qu'il rencontrait : « Avez-vous lu Baruch ? C'était un bien beau génie. » Le mot est passé en proverbe.

Il n'y a chez Dickens aucun souci de ce genre, Vitruve et Vignole n'existent pas pour lui. Il se moque des cinq ordres d'architecture, et perce ses fenêtres où il lui plaît, comme le conseiller Crespel du *Violon de Crémone*[1] quand il bâtissait sa maison, qui se trouva, malgré son extravagance, la plus charmante et la plus commode de la ville. Les romans de Charles Dickens ressemblent à ces vieilles résidences anglaises dans le style usité sous la reine Élisabeth. Aucun plan ne paraît avoir présidé à la construction de ces bizarres édifices dont les diverses parties semblent s'être juxtaposées au fur et à mesure de la fantaisie ou des besoins des propriétaires. Au-dehors on aperçoit des murs de briques irrégulièrement troués de croisées disparates : celles-ci grandes, celles-là petites, les unes à meneaux de pierre, les autres à mailles de plomb. Des tourelles crénelées, des cabinets en saillie, des serres vitrées, des terrasses rejoignant une tour à l'autre, s'appliquent aux murailles sans nul soin de la symétrie ; les cheminées, d'un ton rougeâtre, hérissent çà et là les angles des toits ; des portiques de pierre blanche abritent les portes placées comme au hasard. La forme visible de la maison n'est pour ainsi dire que le relief des dispositions intérieures. Comme dans un travail au *repoussé*, chaque creux a produit au-dehors une bosse, et l'effet n'est pas plus désagréable pour cela. Avec ses draperies de lierre, ses palissades de rosiers, ses pans de briques sombres encadrés de blanc, ses pignons en escalier, ses girouettes, ses bouquets de plomb, sa silhouette capricieusement découpée sur le ciel gris, l'antique logis a un cachet original et profondément britannique.

---

1. Conte d'Hoffmann (1817). Le *De architectura* de Vitruve (Ier s. av. J.-C.) est considéré comme un traité fondateur de cet art ; Giacomo Barozzi (1507-1573), contemporain de Palladio, tire son surnom de Vignola, son lieu de naissance ; il fut l'architecte de la célèbre église du Gesù, à Rome.

Quand on entre, c'est comme un dédale où il semble d'abord impossible de se reconnaître, les escaliers montent et descendent, les corridors circulent dans l'épaisseur des murs. Les chambres sont de niveaux différents : il y a toujours de l'une à l'autre quelques marches à franchir. Ici, les plafonds sont hauts comme dans une halle ; là, bas comme dans un entresol. Telle pièce est oblongue, telle autre est carrée, à moins qu'elle ne soit hexagone [1] ou demi-circulaire, se détachant de la façade avec sa rotonde vitrée. Tout cela est plein de recoins, d'angles obscurs, de couloirs, de dégagements, d'escaliers dérobés, de cabinets, de logettes, de chambres perdues, de cœcums [2], de caves, de celliers, de resserres, de greniers, de soupentes, et il s'y trouve un monde de choses anciennes, intimes, mystérieuses, d'une signification profonde ou d'une amusante curiosité. Comme les coquillages où le mollusque n'est plus, la vieille maison garde empreinte et moulée la vie des ancêtres. N'y a-t-il pas mille fois plus de charme dans ces bâtisses irrégulières adaptées aux besoins et aux poésies de l'existence humaine que dans ces cubes corrects, régulièrement percés de trous symétriques, où il faut s'enchâsser de force, quelque forme qu'on ait ?

Le génie latin préférerait certainement la maison cubique à ce pittoresque amas de cahutes, mais l'esprit libre et fantasque de Dickens ne saurait s'encadrer dans une forme si géométriquement froide, et il s'en échappe par tous les côtés.

Bleak House est un de ces vieux logis anglais. Son nom de *maison désolée* est sans doute une antiphrase, car, malgré le procès *Jarndyce contre Jarndyce*, miss Summerson, la fille désavouée de lady Dedlock, y fait régner la

---

1. Au XIXe siècle, ce mot est indifféremment nom ou adjectif (il n'est plus que nom aujourd'hui).

2. Culs-de-sac (le cœcum ou cæcum est une partie du gros intestin qui n'aboutit nulle part).

plus parfaite félicité, accompagnée de toutes les douceurs du confort britannique ; mais vous pensez bien que Dickens ne reste pas à Bleak House, quelque charmant qu'en soit le séjour, et qu'il va souvent faire des courses à Londres et aux environs pour les besoins d'une intrigue plus embrouillée qu'un écheveau de laine où un chat joueur a exercé ses griffes. Cette intrigue, nous ne la raconterons pas en détail : c'est l'histoire d'une grande dame qui a eu avant son mariage une fille dont l'existence, si elle était connue, la renverserait comme une idole fragile de son haut piédestal d'aristocratie, d'orgueil et de respectabilité. Le père de l'enfant n'est pas mort, mais, réduit à la misère la plus extrême, il fait pour vivre des écritures judiciaires, et lady Dedlock reconnaît la main de son ancien amant dans une pièce de procédure que lui soumet son homme d'affaires, le procureur Rulkinghorn. Les recherches qu'elle fait pour retrouver Hawdon, le père de sa fille, ne sont pas tellement secrètes qu'elles puissent échapper à la surveillance hostile du vieux Rulkinghorn, dévoué à lord Dedlock, et irrité de la glaciale insolence de Milady. Il croit, en ayant la clef du mystère, dominer cette femme d'une froideur arctique, personnification de la haute vie anglaise ; mais elle tombe tout d'une pièce, sans demander grâce ni merci, enveloppée de son orgueil comme César de son manteau. Rulkinghorn est tué par une femme de chambre de Milady dont il n'a pas voulu, le service rendu, satisfaire les exigences... Mais où diable nous emportent les habitudes du feuilleton ! Ne voilà-t-il pas que nous racontons le mélodrame de la chose comme s'il s'agissait d'une pièce de l'Ambigu-Comique, du Châtelet ou de la Gaîté !

Cette fable, quoique suffisamment intéressante, compte, à notre avis, pour peu de chose dans le mérite du roman. Ce qui est vraiment prodigieux, c'est la puissance de rendre l'intensité de vie, la force de couleur, l'énergie de trait, la bizarrerie significative du détail, la verve caricaturale qui charbonne tant de figures horribles ou grimaçantes, touchantes parfois, sur les murailles lépreuses de Londres. Dickens, comme Shakespeare, est en son genre un *paroxyste.* Dès qu'il tient une idée, il la pousse à outrance, il l'exagère, il l'amplifie, il la violente, il la retourne sur toutes ses faces, il la presse, l'étreint, se bat pour ainsi dire avec elle, et cherche à la renverser pour lui faire dire son dernier mot, le genou sur la poitrine. Toujours comme Shakespeare il est en communion avec les éléments ; mais où le poète dramatique, tout en faisant parler ses personnages, esquisse sobrement le décor de l'action et met autour d'eux l'atmosphère, la saison, le rayon de soleil ou de lune nécessaires à l'effet, Dickens se répand en peintures d'une nouveauté étrange et qu'anime un sentiment particulier.

Dickens ne décrit pas la pluie, le vent ou la neige : il pleut, il vente et il neige lui-même. Il est devenu, par une sorte d'incarnation mystérieuse, le nuage qui fond en grises hachures, les bouffées blanches qui courent sur les toits, la goutte roulant sur la vitre, le filet humide noircissant le mur, la tache sombre mouillant le sable, les feuilles et les vêtements. Il prend la pluie au sortir des gargouilles, et il la suit dans ses jaillissements, ses éclaboussures et ses cascatelles jusqu'à l'égout où elle s'engloutit. On dirait que pour lui, chaque goutte possède une âme, est une personne, a une histoire particulière. Cette histoire, si on l'en priait un peu, il la raconterait, car il la sait assurément. La pluie à Chesney Wold est un chef-d'œuvre. Non seulement Dickens peint le paysage grisâtre, embrumé, à demi disparu derrière une gaze d'eau, et le manoir féodal prenant des teintes d'un noir morose sous l'ondée incessante ; mais il dit la pensée de chaque pierre, les rêves des chiens qui sommeillent au chenil, les impatiences des chevaux se tracassant dans leurs boxes, les mélancolies vagues des serviteurs regardant tomber la pluie le front appuyé aux vitres, la mélancolie des portraits d'ancêtres envahis par l'ombre et bleuis par la buée. S'il parle du vent, c'est la même identification. Il souffle, les joues gonflées comme Éole, fait grincer les girouettes, claquer les enseignes, battre les volets, se glisse sous les portes, s'insinue dans les corridors et les tuyaux de cheminée, avec des cris, des sanglots, des pleurs et des gémissements presque humains ; il sait toutes les harmonies de la rafale, et joue tous les airs à l'orgue de la tempête. Quels merveilleux effets de neige, sale, à moitié fondue, mêlée d'ombre, de boue et de brouillard dans le voyage de l'inspecteur de police Bucket à la recherche de lady Dedlock en compagnie d'Esther Summerson !

Personne n'a exprimé comme Dickens le climat de Londres, les bruines glacées, les brouillards jaunes où s'éteint le gaz, les neiges de suie, les murailles noires rayées de blanc comme des draps mortuaires, l'opaque dais de fumée suspendu sur la ville, les sombres parades des cheminées d'usine sur le ciel, les maisons moisies, les *lanes* infects, les ruelles empestées des quartiers misérables. La description de *Tom all alone* [1] fait frémir. Et quelle page aussi que celle où Dickens peint le cimetière horrible, le charnier refluant de pourriture et regorgeant de pestilence qui absorbe dans son noir terreau le maigre cadavre de Hawdon, l'ancien amant de Milady, tué par l'opium volontairement ou involontairement, le coroner n'a pas décidé. Le haillon anglais, le plus terrible, le plus sinistre, le plus spectral des haillons, a son Vélasquez dans Charles Dickens. Mais, comme le peintre espagnol, l'auteur de *Bleak House* peint, aussi bien que les lamentables guenilles humaines circulant le long des bancs, les parfaits gentlemen, les hautes ladies qui traversent la vie en carrosse armorié ; le portrait de lady Dedlock, brillant, satiné, aristocratique jusqu'au bout des ongles, n'est pas moins bien réussi dans son cadre d'or que la pochade au

1. Morceau de bravoure du roman : il s'agit d'un lieu mal famé semblable à la Cour des Miracles du Paris médiéval telle que la peint Hugo dans *Notre-Dame de Paris. Lane* : sentier ou, en ville, petite rue, ruelle.

bitume qui représente le pauvre Jo, une espèce de Jean Hiroux [1] britannique qui ressemble à une tache de boue contre un mur. Seulement cette fange qui marche, ce détritus social, a une âme, et en quelques mots d'une sensibilité nerveuse et communicative, Dickens le fait pressentir. Quelle page navrante que celle où le pauvre Jo, pour honorer la mémoire de son ami Hawdon qui de temps en temps lui donnait quelques pence, va, les yeux humides, balayer le degré de pierre boueux et glissant où s'appuie la grille du charnier ! Mais pour ne pas finir par une idée si triste, disons, comme à la fin d'un vaudeville, que miss Esther Summerson épouse Allan Woodcourt, le médecin philanthrope, et vit très heureuse non loin de son tuteur Jarndyce, dans un cottage qui rappelle en petit *Bleak House.* Son goût pour les petits enfants sera probablement satisfait, et à l'heure qu'il est elle doit sourire à une demi-douzaine de babies roses.

Le Moniteur universel, **11 juin 1867**

REVUE DES THÉÂTRES

Le salut nostalgique d'un Gautier vieillissant à des succès datant de sa jeunesse romantique (y compris son propre ballet Giselle, *créé en 1841) voisine ici avec son goût invétéré pour les artistes visuels ; et le feuilleton se termine par un éloge du talent de Johann Strauss fils (1825-1899), celui que nous connaissons encore*

---

1. Type caricatural d'assassin cynique créé par Henry Monnier, et devenu proverbial au XIXe siècle.

aujourd'hui par ses valses et ses opérettes, mais qui fut aussi brillant violoniste et chef d'orchestre.

OPÉRA

Représentation de gala. *La Muette de Portici*

La représentation de gala qui donnait aux artistes de l'Opéra un parterre d'empereurs n'est pas du domaine de la critique. De telles splendeurs éblouiraient le feuilleton. Tout ce que nous pouvons dire, c'est qu'on a joué le quatrième acte de *L'Africaine* et le second acte de *Giselle*, avec l'ouverture de *Guillaume Tell* pour intermède. L'élite du chant et de la danse concourait à l'exécution de l'opéra et du ballet, qui a été parfaite. Les plus petits rôles étaient tenus par des artistes de premier ordre. L'hymne national russe avait ouvert la soirée [1].

On a repris *La Muette de Portici*, cette œuvre éternellement jeune qui semble faite d'hier. Il n'est pas nécessaire d'ajouter que la salle était comble, que Villaret, Faure et Mlle Marie Battu ont été chaudement applaudis, et que Mlle Eugénie, dans le rôle de Fenella [2], s'est montrée, comme toujours, touchante et sympathique.

---

1. C'est le 4 juin que Napoléon III a offert ce gala à son invité le tsar Alexandre II, en visite officielle en France avec son fils le futur Nicolas II à l'occasion de l'Exposition universelle. *L'Africaine* est le dernier opéra, posthume, de Meyerbeer, créé à l'Opéra le 28 avril 1865.

2. Conformément au titre de cet opéra célèbre d'Auber (créé le 29 février 1828), le personnage principal, celui de la muette, est confié à une danseuse qui mime son rôle ; Eugénie Fiocre (1845-1908) enchantait Paris par sa joliesse mutine, bien présente dans son buste par Carpeaux (1869, musée d'Orsay). Le ténor François-Pierre Villaret (1830-1896), le baryton Jean-Baptiste Faure (1830-1914) et la soprano Marie Battu (1840-1888) chantent les trois rôles vocaux : Masaniello, Alfonso et Elvira.

OPÉRA-COMIQUE

L'Étoile du Nord (reprise)

L'Étoile du Nord, ce chef-d'œuvre de Meyerbeer, qui n'a fait que des chefs-d'œuvre, a reparu au ciel de l'Opéra-Comique [1] avec le plus vif scintillement. Qui aurait pu croire que *L'Étoile du Nord* se trouverait un jour être presque une pièce de circonstance ?

L'originalité de Meyerbeer se dessine aussi nettement dans cet opéra-comique que dans ses grands opéras. C'est la même nouveauté, la même puissance, le même génie, mais appropriés au cadre avec ce merveilleux sentiment de la scène qui distinguait l'illustre maestro, le plus dramatique des compositeurs, à coup sûr.

La pièce a été remontée avec le soin respectueux qu'elle mérite, et étudiée comme un ouvrage nouveau, car il ne reste des acteurs qui ont joué le rôle d'origine que Duvernoy [2], toujours chargé du personnage de Tcheremetoff. Le czar Pierre est représenté par Bataille ; mais ce Bataille n'a qu'un *t*, et n'est pas le Battaille d'autrefois [3], ce qui ne l'empêche pas de bien jouer et de chanter encore mieux ; Mme Cabel succède à Mme Vandenheuvel-Dupré et à Mme Ugalde [4] ; Mlle Bélia remplace Mlle Lefebvre dans le rôle de

1. Où la création avait eu lieu le 16 février 1854.

2. Charles Duvernoy (v. 1820-1872), ténor, professeur de chant au Conservatoire.

3. Charles-Amable Battaille (1822-1872), basse, créateur du rôle en 1854, enseigne aussi au Conservatoire, mais s'est retiré de la scène au début des années 1860. Nous ne savons rien de Bataille avec un seul *t*...

4. Marie Cabel (1827-1885), soprano née à Liège, a débuté à l'Opéra-Comique en 1849 ; elle était appréciée pour sa beauté physique et son agilité dans les vocalises. Caroline Van den Heuven-Duprez (1832-1875) est la fille du célèbre ténor Gilbert Duprez. Delphine Ugalde (1829-1910), connue dès ses débuts en 1848, a récemment brillé dans la reprise de *La Biche au bois* (voir p. 324 et note 1).

Prascovia [1]. Capoul [2] s'est approprié brillamment le type de Danilowitz, et Grizentko le cosaque, qui avait eu d'abord pour interprète Hermann-Léon, est représenté maintenant par Beckers [3], et le tout forme un ensemble excellent.

L'anniversaire de Corneille a été célébré avec la solennité habituelle au Théâtre-Français et à l'Odéon, où l'on a récité de très beaux vers de M. Henri de Bornier [4].

CIRQUE DE L'IMPÉRATRICE

L'équilibriste Antonio, Léotard, les lutteurs, les Américains

Le Cirque de l'Impératrice [5], ce charmant spectacle d'été où l'on peut voir par les baies entrouvertes briller les étoiles à travers la cime des arbres, trouve toujours quelque merveille inédite au commencement de la saison. Cette fois, c'est un équilibriste brésilien nommé Antonio, un nègre ou tout au moins un métis très foncé, un gaillard admirablement fait, un Apollon noir qui exécute sur un fil de fer presque invisible à l'œil une foule de tours déjà très difficiles quand on a un plancher solide sous les pieds. Ce diable d'homme, se balançant comme un singe sur une liane, se dresse, se met debout, et jongle avec des boules, des poignards, des torches allumées qui

1. Victorine Bélia (1836-apr. 1877), mezzo-soprano, a fait une part de sa carrière à l'étranger. Constance Lefebvre (1828-1905) s'est retirée de la scène en 1865 après son mariage.

2. Joseph Capoul (1839-1924) fit une belle carrière de ténor.

3. Nous n'avons rien trouvé de précis sur ce chanteur. Léonard Hermann, dit Hermann-Léon (1814-1858), basse, a chanté à l'Opéra-Comique de 1844 à 1857.

4. Cet auteur (1825-1901) reste connu pour sa tragédie patriotique *La Fille de Roland* (1875).

5. Nom également donné, depuis 1853, au Cirque des Champs-Élysées (voir p. 304).

tracent autour de lui une auréole de feu, passe à travers des cercles entrecroisés, fait sauter des pièces de monnaie de son pied dans la ceinture de son maillot, et porterait le globe du monde en équilibre sur son nez si les servants du Cirque étaient assez adroits pour l'y poser.

L'aérien Léotard [1] est revenu plus léger, plus audacieux, plus surnaturel que jamais. Il a résolu le problème de voler et de planer sans ailes. Quelle anxieuse émotion vous saisit lorsqu'il abandonne le premier trapèze et se lance dans le vide à la rencontre du second ! Combien de temps reste-t-il en l'air ? Deux ou trois secondes au plus, mais ce temps paraît prodigieusement long ; l'œil s'étonne de voir nager un homme dans l'atmosphère et s'y soutenir comme une figure volante de plafond. Le soir où nous le vîmes, Léotard effleura du pied la girandole du lustre, qui frémit et vibra comme un arbre de cristal froissé par le brusque passage d'un oiseau. On ne peut dépeindre les cris frénétiques, les applaudissements enragés qui éclatent dans la salle quand ces périlleux exercices sont terminés. Il n'y a qu'en Espagne, aux courses de taureaux, qu'on entende un pareil vacarme lorsque l'épée a dépêché la bête furieuse d'un coup bien dans les règles.

Comme on se trouve gauche, lourd, épais, ayant la forme enfoncée dans la matière [2], en présence de ces êtres souples, dispos, bien équilibrés, agiles, forts, auxquels Pindare eût adressé des odes et la Grèce élevé des statues ! Les lois de la pesanteur ne semblent pas exister pour eux, et cependant ce n'est que par l'exacte observation de ces lois qu'ils réussissent à paraître les enfreindre. Chaque impulsion est calculée, chaque mouvement déterminé par une inexorable statique. Toute faute a pour punition une chute, une blessure et parfois la mort. On peut contester sur l'inflexion plus ou moins juste que

1. Voir p. 302 et note 2.

2. Expression moliéresque par laquelle Cathos ridiculise Gorgibus (*Les Précieuses ridicules*, scène 6).

donne un acteur à une phrase ou à un vers. Admirable, dit l'un ; détestable, dit l'autre ; mais quand un gymnaste tombe de son trapèze, il ne saurait y avoir de discussion. Lorsqu'il a bien fait son tour, cela, non plus, n'est douteux pour personne. Si les pipes du cerceau sont cassées dans le saut périlleux, ou si le clown reste embroché sur une des baïonnettes dressées à son passage, tout le monde le voit. L'enthousiasme ne saurait donc s'égarer.

Quoique nous n'ayons plus l'admiration des Grecs pour la force physique et les beaux muscles rendus inutiles par la sécurité des civilisations modernes, c'est toujours un spectacle attrayant que la vigueur humaine déployée dans les attitudes variées et l'effort de la lutte. Ainsi s'explique le succès des athlètes du Casino Cadet [1].

On revoit avec plaisir cette superbe machine du corps humain, si bien dissimulée par l'habit noir, le paletot ou la blouse, qu'on oublierait son existence, si l'on ne s'arrêtait de temps à autre devant quelque Hercule Farnèse, quelque gladiateur antique ou quelque Méléagre [2] de marbre quand on passe aux Tuileries. Ce n'est pas la première fois qu'un spectacle de luttes est donné à Paris. On se souvient de cette salle Montesquieu [3] qui vit les exploits d'Arpin, de Marseille, de Locéan, de Blas, dit le féroce Espagnol, de Louis le mécanicien et du grand mulâtre. Les lutteurs du Casino Cadet obtiennent la même vogue. Il y a là des gaillards herculéens à qui l'on n'arracherait pas les pommes des Hespérides d'entre les doigts ; des Milons de Crotone qui tueraient un bœuf d'un coup de poing et le mangeraient dans la journée ; des Samson dont aucune Dalila n'a coupé les cheveux et capables de charger les portes de Gaza [4] sur leurs épaules ; des dompteurs mettant

1. Voir p. 302 et note 4.

2. Héros étolien, guerrier célèbre de la mythologie grecque.

3. Salle de bal célèbre à la fin des années 1850, dans la rue du même nom.

4. Cette ville palestinienne aujourd'hui célèbre était une des cités des Philistins dans l'Ancien Testament ; l'épisode de ses portes arrachées de leurs gonds par Samson est raconté au Livre des Juges (chap. 16).

sous le bras leurs chevaux rétifs, tout un monde de gens comme on en sculpte sous les balcons et les architraves ; – avec nos idées de frêle élégance, ces êtres énormes semblent d'abord lourds, disgracieux, communs, mais lorsque la lutte est engagée, la beauté jaillit de cette puissance.

La ligne se dégage du bloc et devient héroïque. Il sort des profondeurs de la chair de nobles muscles. Les contours s'enflent, se tendent, deviennent superbes. Les biceps s'accusent fièrement, les dentelés se dessinent sur les flancs, les pectoraux font saillir leurs larges plans, et sur l'échine comme sur le dos des lions courent des frissons nerveux. Des idées mythologiques vous reviennent en mémoire. Vous pensez au combat d'Hercule et d'Antée quand vous voyez le lutteur vaincu en apparence, mais dont les épaules n'ont pas touché la terre à plat, se relever plus vigoureux et faire pencher à son tour la victoire de son côté. On aime, en ce temps où les engins destructeurs sont si perfectionnés, à voir l'homme réduit à ses forces naturelles, qui sont considérables lorsqu'il les exerce. Et l'on sort de cette salle en pensant aux temps héroïques, à la grande sculpture, à Michel-Ange ; il vous semble qu'on vient de feuilleter le recueil des gravures de la Sixtine, où dans toutes sortes d'attitudes contournées et violentes se tordent ces corps de Titans exprimant la force éternelle, la force invaincue.

Quant aux Américains installés au théâtre du Prince Impérial [1], nous avouons humblement ne pas les avoir vus autrement que sur les gigantesques affiches dont ils tapissent les murailles de la ville et les clôtures en planches des quartiers les plus éloignés. Bien des fois nous sommes resté en contemplation devant ces grandes images vivement coloriées qui représentent le travail des chevaux en liberté, les dislocations des clowns, les sauts des écuyères à travers les cercles de papier, les ruades des mulets

1. Cette salle ouverte en 1866, plusieurs fois reconstruite, est aujourd'hui l'Alhambra-Maurice-Chevalier, 50, rue de Malte.

comiques, les voyages aériens des danseuses de corde, les intermèdes burlesques des mimes, les courses à fond de train des écuyers sans selle, les exercices des gymnastes sur leur trapèze, tout cela avec des tons si éclatants, des maillots d'un rose si vif, des poses si gracieusement impossibles, que nous avons jugé que la vue du spectacle lui-même ne nous en apprendrait pas davantage. Un immense cadre tout doré renferme les noms des acteurs convenablement exotiques et hérissés de consonnes attractives.

Sur la place de l'Arc-de-l'Étoile, une baraque construite pour remiser les outils de démolition offre sur ses parois la collection complète de ces affiches sans rivales, qui n'ont qu'un défaut, celui de remplacer la représentation qu'elles annoncent.

Concerts de Strauss de Vienne et de Bilse

L'orchestre des musiciens allemands amenés à Paris par M. Bilse, *Musik Director* de S. M. le roi de Prusse [1], et par M. Johann Strauss de Vienne, a donné mercredi son premier coup d'archet devant le public dans la salle Ventadour. Quoique l'épithète « sympathique » soit bien devenue banale, surtout lorsqu'il s'agit de musique, nous croyons qu'elle peut s'appliquer avec justesse au talent de cet orchestre, et à la supériorité de ceux qui le conduisent.

On se croirait devant un orchestre de frères siamois, en entendant l'ensemble intime qui résulte du jeu de ces artistes ; seulement ce ne sont pas leurs corps, ce sont leurs âmes qui sont soudées par une communication directe et permanente. L'énergie et l'influence des chefs d'orchestre contribuent sans doute à donner à cette réunion d'exécutants l'ensemble qui a charmé le public, mais

1. Guillaume Ier, lui aussi en séjour à Paris pour l'Exposition. Benjamin Bilse (1816-1902) est le fondateur de l'Orchestre philharmonique de Berlin.

on ne saurait trop louer l'intelligente docilité, la compréhension rapide, le sens délicat des rythmes et des mouvements dont l'orchestre de Bilse et de Johann Strauss nous a donné le surprenant exemple.

Les concerts que donne cette compagnie sont divisés en deux parties. Le programme de la première partie est composé d'œuvres graves exécutées sous la direction de M. Bilse ; au Prussien revenait la portion sérieuse et austère. Après M. Bilse, M. Johann Strauss arrive au pupitre, et tout à coup musiciens et spectateurs changent d'aspect ; l'esprit viennois, plein d'abandon, de gaieté, d'aimable tendresse, amène avec les rythmes moelleux de la valse et du ländler, une satisfaction moitié physique, moitié intellectuelle. Tout le monde connaît, soit par le piano, soit par nos orchestres, les compositions de Johann Strauss fils ; mais qui ne les a pas entendues exécutées sous sa direction, lorsqu'il prend lui-même le violon et qu'il entraîne ses musiciens dans le tourbillon, accélérant, ralentissant le mouvement, faisant palpiter, soupirer et bondir la mesure, ne sait pas quelle amoureuse poésie, quel spirituel caquetage contient une valse, une polka ou un galop. Johann Strauss enlève son public comme il enlève un orchestre : avec de l'art, de la grâce et de la prestidigitation tout à la fois.

Ce même orchestre, si léger et si rapide dans la musique de danse, sait déployer de tout autres qualités lorsqu'il exécute les œuvres symphoniques des maîtres. M. Bilse n'a pas l'élan de M. Johann Strauss l'Autrichien, mais il jouit par sa science et son énergie d'une grande autorité sur ses exécutants.

On a surtout remarqué que M. Bilse comprend certains morceaux des œuvres classiques d'une façon tout autre que ne le font le Conservatoire et les concerts Pasdeloup[1]. M. Bilse possède sans doute les traditions

1. Jules Pasdeloup (1819-1881) avait inauguré en 1861, à la tête de son orchestre, une série de concerts populaires qui contribuèrent à la démocratisation de la musique classique.

directes sur ces questions de mouvement et de coloration orchestrale qui divisent les musiciens : à ce point de vue, l'audition de cette société est extrêmement intéressante.

Les concerts de Strauss et de Bilse seront pour le public un des attraits de l'Exposition, car ils se tiennent alternativement à la salle Ventadour et au Cercle international du Champ-de-Mars. Aux amateurs et aux musiciens, ils fourniront peut-être de bons et d'utiles enseignements.

***Le Moniteur universel*,**
4 novembre 1867

Revue des théâtres

Nouvel exemple de dérive littéraire du feuilleton des spectacles : dans la rubrique « Revue des théâtres », Gautier rend cette fois hommage à Charles Leconte de Lisle (1818-1894), auteur dès 1852 de Poèmes antiques *où s'exprime son amour de la Grèce, et cosignataire, comme Gautier lui-même, des livraisons du* Parnasse contemporain *en 1866.*

L'Iliade,
traduction nouvelle de Leconte de Lisle

Dans une scène du *Dom Juan* de Molière, Pierrot exprime ainsi sa position à Charlotte ou à Mathurine : « Je te dis toujours la même chose, parce que c'est toujours la même chose, et si ce n'était pas toujours la même chose, je ne te dirais pas toujours la même chose[1]. » Cette phrase, comiquement mélancolique dans sa niaise redondance, pourrait être adressée au public par les feuilletonistes qui ont placé devant eux au bout de la semaine les carrés de papier sur lesquels ils doivent écrire leur article du lundi. La prospérité stérile des théâtres rend la critique superflue, pour quelque temps du moins. Ne vaut-il pas mieux, sans faire de vains efforts pour remplir ses colonnes avec le rendu-compte[2] de vieux mélodrames repris vingt fois et de vaudevilles mort-nés joués dans des théâtres inconnus, prendre bravement sur sa table, parmi les journaux et les paperasses, un des beaux et bons livres illustrés d'une dédicace amicale, qu'on relit le soir, à la douce clarté de la lampe, les pieds sur les chenets, en compagnie d'un chat qui file son rouet ou d'un chien qui pousse de son nez votre main pendante, et en parler tout au long de sa meilleure encre et de son meilleur style ? Notre bon camarade Henri Lavoix[3] ne se fâchera pas si nous empiétons sur son domaine ; il sait bien qu'au besoin nous lui laisserions analyser une tragédie ou drame en cinq actes et huit tableaux, avec prologue et épilogue. Nous avons là l'*Iliade*, traduction de Leconte de Lisle, et les quatrains de Keyam, un poète persan du XIe siècle : nous commen-

1. Réplique déjà citée dans l'article p. 136 (voir p. 137, note 1).
2. Forme volontiers employée par Gautier, à côté de « compte rendu », qui a seul subsisté dans l'usage.
3. Henri Lavoix (1820-1892), par ailleurs grand numismate, tenait la rubrique de critique littéraire.

cerons par Homère. Cet honneur est bien dû à l'illustre aveugle qui trône sur un siège d'or, et dont les pieds ont pour support un escabeau d'ivoire, dans le glorieux plafond où Ingres l'a représenté ayant près de lui ses deux filles immortelles, l'*Iliade* et l'*Odyssée*, l'une vêtue d'une draperie rouge comme le sang des héros, l'autre d'une draperie verte comme la vague des mers [1].

Ce n'est pas pour une nécessité d'arrondir la phrase que nous évoquons ici le souvenir de cette noble peinture et de ce grand maître. Ingres a le premier compris, chez nous, l'antiquité homérique. Il en a rendu la beauté naturelle, naïve et forte, un peu farouche même. La meilleure traduction de l'*Iliade* est certes la *Thétis suppliant Jupiter*, étonnant tableau qu'on n'a pas assez admiré, selon nous, à l'exposition du quai Malaquais [2]. Nous avons dit Jupiter, par une vieille habitude de terminologie latine, car c'est bien le Zeus hellénien, le maître du tonnerre, le dieu à la chevelure ambrosienne [3], dont le noir sourcil entraîne d'un froncement l'Olympe et la terre, le Zeus assemble-nuages qui rêve le coude sur une nuée et semble ne pas s'apercevoir que Thétis, la déesse aux pieds d'argent, lève vers lui son bras blanc comme l'écume de la mer et lui caresse la barbe de sa main que ne colore pas le sang grossier de la vie terrestre.

On se demande comment Ingres, qui ne connaissait Homère que par Mme Dacier ou Bitaubé [4], a pu arriver

---

1. Commandée à Ingres par Charles X pour un des plafonds du Louvre (aile Sully, 1er étage), *L'Apothéose d'Homère* est une vaste peinture sur toile de 1827.

2. *Jupiter et Thétis*, tableau peint par Ingres en 1811, dernière année de son séjour à la Villa Médicis, figura au Salon de 1812, puis, après la mort du peintre (1867), à l'exposition organisée à son domicile.

3. Ambrosien ou ambroisien : qui a le parfum de l'ambroisie, nourriture des dieux.

4. Traducteur déjà cité (voir p. 158, note 3). Anne Dacier (1647-1720), traductrice de l'*Iliade* (1699) et de l'*Odyssée* (1708), avait tenté de restituer le texte grec avec plus de fidélité classique que son rival Houdar de La Motte, à qui elle s'opposa dans la seconde Querelle des Anciens et des Modernes.

à cette profonde intuition du génie grec. Il est vrai qu'il avait Phidias et les métopes du Parthénon pour commenter la plate version du divin texte. Ce que retranchaient les anciens traducteurs, comme contraire au goût français, c'était précisément le côté plastique, le dessin, la couleur, la forme, ces épithètes qualificatives, en un mot toute la poésie visible. Au fond, Homère leur paraissait choquant et barbare, et ils lui faisaient un bout de toilette avant de le présenter dans le monde.

L'*Iliade* de Leconte de Lisle nous produit le même effet que la peinture d'Ingres ; toutes les fausses élégances sont dépouillées ; les héros n'ont plus ni perruques ni tonnelets[1] à la Louis XIV, et ils apparaissent dans leur demi-nudité grandiose et la simplicité violente de leurs mœurs primitives.

Le temps des belles infidèles, comme on appelait les traductions de Perrot d'Ablancourt[2], est passé. On les trouverait fort laides aujourd'hui avec leurs grâces factices ou leur fard qui fait disparaître la vraie couleur du modèle. Les portraits flattés déplaisent, on veut la nature telle quelle. La traduction est une chose moderne en France : elle remonte un peu plus haut en Allemagne, où le vieux Voss[3] traduisait Homère en hexamètres que Henri Heine comparait à des blocs de marbre versifiés, mais qui du moins reproduisaient la mâle vigueur et la robuste santé antique du Mélésigène[4].

Personne n'était plus capable de traduire l'*Iliade* en vers que Leconte de Lisle. Il est lui-même un poète de premier ordre, de race homérique, pour ainsi dire, un fils

---

1. Jupon de théâtre garni de lamelles métalliques, porté par les hommes au XVIIe siècle et censé représenter l'armure antique ; le jeune Louis XIV était costumé ainsi pour danser Apollon.

2. Voir p. 205 et note 4.

3. Johann Heinrich Voss (1751-1825), poète et érudit allemand ; sa traduction d'Homère date de 1793.

4. « Né au bord du Mélès » (fleuve d'Ionie, région natale supposée d'Homère).

de l'Hellade né trop tard et forcé de s'exprimer, pour être compris, dans un de ces idiomes qui sont nés sur le sol de la barbarie de la décomposition des belles langues qu'aux jours de jeunesse du monde parlaient les dieux et les héros. Il a l'horreur de la vulgarité moderne et l'amour de l'idéal antique. Ses rêves sont des rêves de paros [1] et d'azur, et il manie comme un aède la grande lyre à quatre cordes. Il a chanté Hélène pour son compte [2], et le vieil aveugle en entendant les vers du jeune poète ferait un signe d'assentiment. Mais Leconte de Lisle a résisté sagement à cette tentation qui a dû lui venir de placer l'alexandrin français sous l'hexamètre, et il a traduit l'*Iliade* en prose. Quelle que fût son habileté, il n'eût pu obtenir du vers cette exactitude soutenue, cette vigueur de détail, cette reproduction des mouvements de la phrase et du rythme qu'on exige aujourd'hui avec raison. Dans une version d'Homère le sacrifice d'une épithète caractéristique à la mesure est chose grave. Une épithète peint un héros, une déesse, et les rend d'une beauté éternellement reconnaissable.

C'est bien à juste titre que Leconte de Lisle imprime sur la couverture de sa traduction le mot « nouvelle ». Rien de plus neuf en effet, et ceux que la lecture du texte ou tout au moins du mot à mot latin interlinéaire n'a pas familiarisés d'avance avec l'œuvre magnifique si étrangement défigurée par les interprètes de bon goût, restent frappés de stupeur comme si l'on découvrait brusquement devant eux un monde inconnu. D'abord les noms si divinement harmonieux à l'oreille résonnent d'une manière qui semble barbare, car on n'en a pas l'habitude. Le Péléide Akhilleus et le Laertiade [3] Odysseus ont un air plus farouche qu'Achille et qu'Ulysse, avec leurs longs cheveux, leurs armures de peaux, d'étain et de cuivre,

1. Voir p. 286, note 3.
2. « Hélène » est la pièce XI des *Poèmes antiques.*
3. Du nom du père de ces deux héros (Pélée et Laërte).

leurs lances à pointes d'airain et leurs épées de même métal. Partout le traducteur a restitué les noms grecs des villes, des dieux, des héros, des guerriers et des femmes, latinisés d'abord et francisés ensuite. Cette innovation change la physionomie du poème, lui rend sa couleur nationale et le remet à son plan d'antiquité.

Quand on ne l'a vu qu'à travers les imitations pseudo-classiques si pâles, si éteintes, on ne saurait s'imaginer combien tout ce monde homérique est lumineux, éclatant, diapré de vives couleurs, abondant en détails de mœurs, de costume et de paysage. Tout est dessiné d'un trait ferme, caractéristique, et se détache comme les figures d'un bas-relief sur le fond bleu ou rouge d'une frise. Les combattants, harmonieux et beaux comme les guerriers archaïques du fronton d'Égine [1], ont dans leurs mouvements les plus violents une sorte de sérénité primitive et souriante que n'altère pas même la mort. En hommes qui vivent plus de la vie des muscles que de la vie des nerfs, ils ne semblent pas souffrir de leurs blessures ; le poète ne s'en préoccupe pas davantage, et il peint avec délice comme une chose charmante à l'œil le sang couleur de pourpre qui coule sur la cuisse d'ivoire de Menalaos [2].

Cependant la bataille s'anime, et parfois Homère dépasse en violence les plus farouches réalistes. Voici un tableau qui pour la férocité et l'acharnement égale les grandes tueries des Nibelungen [3]... « Et la Moire [4] saisit Diorès Amarynkéide, et il fut frappé à la cheville d'une pierre anguleuse. Et ce fut l'Imbraside Peiros, prince des

1. Le fronton du temple d'Aphaïa (480 av. J.-C.). Égine : voir p. 84, note 1.

2. Ménélas, roi de Sparte et frère d'Agamemnon.

3. Épopée germanique du XIIIe siècle, remise au goût du jour par la *Tétralogie* de Wagner (1853-1874), dont les trois premiers volets sont déjà composés à l'époque de ce feuilleton.

4. Le destin, en grec, d'où la mort. Le passage reproduit se trouve au chant IV de l'*Iliade* (v. 517-538).

Thrakiens et qui était venu d'Ainos, qui le frappa, et la pierre rude fracassa les deux tendons et les os. Et Diorès tomba à la renverse dans la poussière, étendant les mains vers ses compagnons et respirant à peine. Et Peiros accourut et enfonça sa pique près du nombril, et les intestins se répandirent à terre, et l'obscurité couvrit ses yeux, et comme Peiros s'élançait, l'Aitolien Thoas le frappa de sa pique dans la poitrine, au-dessus de la mamelle, et l'airain traversa le poumon. Puis il accourut, arracha de la poitrine la pique terrible, et, tirant son épée aiguë, il ouvrit le ventre de l'homme et le tua, mais ne le dépouilla pas de ses armes, car les Thrakiens aux cheveux ras et aux longues lances entourèrent leur chef et repoussèrent Thoas, tout robuste, hardi et grand qu'il était, et il recula loin d'eux. Ainsi les deux chefs, l'un des Thrakiens, l'autre des Épéiens aux tuniques d'airain, étaient couchés côte à côte dans la poussière, et les cadavres s'amassaient autour d'eux. »

Comme on le voit, le traducteur n'a rien atténué, et sa phrase robuste se moule sur le vers homérique comme une cuirasse d'airain sur un corps vigoureux en épousant tous les contours et en faisant ressortir les saillies.

Regardez encore ce tableau d'une tout autre couleur... « Elle posa devant eux une belle table aux pieds de métal azuré, et, sur cette table, un bassin d'airain poli avec des oignons pour exciter à boire, et du miel vierge et de la farine sacrée : puis une très belle coupe enrichie de clous d'or que le vieillard avait apportée de ses demeures, et cette coupe avait quatre anses et deux fonds, et sur chaque anse deux colombes d'or semblaient manger ; tout autre homme l'eût soulevée avec peine quand elle était remplie, mais le vieux Nestor la soulevait facilement.

« Et la jeune femme, semblable aux déesses, prépara une boisson de vin de Pramneios, et sur ce vin elle râpa avec de l'airain du fromage de chèvre, qu'elle aspergea de blanche farine, et après ces préparatifs elle invita les deux rois à boire [1]... »

On ne s'attendait guère à ces oignons et à ce parmesan épique que supprimaient comme d'une bassesse trop familière les traductions élégantes ; et cependant que de grâce, que de charme, quelle beauté de dessin dans cette scène qui nous fait vivre un instant de la vie antique ! Qui se doutait que l'*Iliade* contient une râpe à fromage ? Rien de nouveau sous le soleil.

Après l'absence totale de couleur à laquelle nous avons longtemps été réduits, l'*Iliade* ainsi traduite prend, nous le savons bien, un air sauvage et tatoué qui contrarie nos idées classiques. Chamarré de la sorte, le Laertiade Odysseus ressemble quelque peu à Chioghakok, et le divin Akhilleus aux pieds rapides, à Uncas du *Dernier des Mohicans* [2]. Mais les héros d'Homère et de Fenimore Cooper se rencontreraient sans trop de surprise.

Leconte de Lisle a rendu par sa traduction un très grand service à l'*Iliade* déshabillée, hélas ! pendant si longtemps de ses épithètes, de ses noms patronymiques, de ses généalogies, de ses métaphores, de ses comparaisons, de ses descriptions d'armures, de trépieds, de chars de guerre et de vaisseaux, et de tout ce qui en faisait l'admirable poème glorifié par tout le monde depuis trois mille ans, un peu sur parole, il est vrai, pendant les derniers siècles. La traduction de Leconte de Lisle est un livre que les peintres et les sculpteurs, les élèves de l'école doivent feuilleter d'une main diurne et nocturne comme les exemplaires grecs dont parle Horace [3], car elle contient toute la véritable antiquité.

---

1. Extrait, cette fois, du chant XI (v. 628-641).

2. Uncas est précisément le dernier des Mohicans dans le célèbre roman de Cooper, mais Gautier déforme nettement, dans la même œuvre, le nom d'un autre Indien, Chingachgook.

3. « *Exemplaria graeca / Nocturna versate manu, versate diurna* » (*Art poétique*, v. 268-269).

Réouverture des concerts Pasdeloup

Le vacarme exotique qui bourdonnait depuis six mois dans les divers locaux de l'Exposition universelle a cessé aujourd'hui même. Tandis que Tunisiens, Arabes, Hongrois et Chinois emballent leurs tarboukas, leurs rebebs [1], leurs flûtes et leurs gongs, Pasdeloup reprenait au cirque Napoléon [2] la série de ses concerts populaires de musique classique. Son fidèle orchestre et son public fidèle se sont retrouvés exacts au rendez-vous, heureux de se revoir. Ce premier concert s'inaugurait sous les auspices de Richard Wagner, dont l'ouverture de *Rienzi* figurait en tête du programme. Cette œuvre, antérieure au *Tannhaüser* et au *Lohengrin* [3], ne le cède en rien à ses sœurs puînées ; elle est d'une énergie soutenue, d'une solidité et d'une puissance qui vous domptent : aussi a-t-elle été accueillie par des applaudissements unanimes, auxquels ne s'est mêlée aucune protestation. Cette attitude du public montre que nous sommes déjà loin de la tumultueuse et regrettable première représentation du *Tannhaüser* [4]. On assure que Pasdeloup compte cette année varier le plus possible son répertoire et puiser fréquemment dans l'œuvre de Schubert et dans celle de Schumann, dont la gloire si haute en Allemagne n'est encore que médiocrement établie en France.

---

1. Tarbouka ou tarbouch : coiffure tronconique des pays ottomans. Rebeb, rebab ou rabab : vièle à une ou deux cordes, arabe ou asiatique.

2. Premier nom du Cirque d'Hiver, inauguré en 1852. Pasdeloup : voir p. 339, note 1.

3. Ces trois opéras ont été créés respectivement en 1842, 1845 et 1850.

4. Gautier pense à la houleuse création parisienne de 1861.

Le Moniteur universel,
11 mai 1868

SALON DE 1868

(4e article)

MM. Courbet, Manet, Monet, de Los Rios, Vollon, Régamey, Smits

Des sept peintres dont il est question dans cet article, ce sont les trois premiers qui nous intéressent le plus : nous avions constaté les réticences de Gautier devant Courbet (article p. 182), elles ne se sont pas apaisées. Quant aux deux valeurs montantes que sont Manet (trente-six ans) et Monet (vingt-huit ans), le moins que l'on puisse dire est qu'il les rejette; dans les trois cas, c'est au nom de l'idée qu'il se fait de la beauté.

Il fut un temps où il se faisait un grand bruit autour de M. Courbet, le maître peintre d'Ornans, comme il s'intitulait lui-même. *L'Enterrement au village* [1], *Les Casseurs de pierre*, *Les Demoiselles de campagne* [2] soulevaient des tempêtes ; on dénigrait, on exaltait l'artiste avec une violence extrême. Selon les uns, ses tableaux ressemblaient à des enseignes à bière ; selon les autres, ils égalaient, s'ils ne les dépassaient, les chefs-d'œuvre des plus grands maîtres. Il allait régénérer l'École, lui infuser un sang jeune et généreux, la débarrasser de la routine, de la tradition, et la ramener au vrai. On eût dit que Courbet avait découvert la nature inconnue avant lui. Bien qu'il soit dénué de toute esthétique, on fit de lui l'apôtre du *Réalisme*, un grand mot vide de sens, comme bien des

---

1. En fait *Un enterrement à Ornans.*
2. *Les Demoiselles du village* (1851).

grands mots. Quelques jeunes peintres, à sa suite, parurent croire que le réel était le hideux, comme si un bouquet de roses n'était pas aussi vrai qu'un cochon dans sa bauge, et un frais visage de quinze ans qu'une trogne bourgeonnée de sacristain. Les idéalistes, à l'aspect de ces brutales horreurs, regrettaient presque Girodet et Lancrenon [1], et demandaient pardon aux Grâces de ces barbaries. Au reste, la question n'était pas nouvelle, et il y a longtemps que la querelle dure. Mais les réalistes d'autrefois, venus à une époque où le Vinci, Raphaël, Michel-Ange, le Corrège avaient en quelque sorte donné la lassitude et la satiété du beau, se nommaient Guerchin, Caravage, Rembrandt, Ribera, Vélasquez, Valentin [2], et s'ils copiaient la nature sans l'idéaliser, au moins ils ne l'enlaidissaient pas ; ils reproduisaient leur modèle avec une science, une force, une vérité et un coloris admirables, même lorsque leur modèle était beau.

Nos réalistes modernes n'ont point ce talent, et leurs informes ébauches, après une réputation éphémère, tomberont dans un profond oubli. Déjà le silence se fait devant les tableaux de M. Courbet. Il est dépassé, débordé et regardé comme un classique parmi la bande des prétendus novateurs. Autrefois, à travers des extravagances voulues et concertées pour attirer l'attention, M. Courbet laissait voir un vrai tempérament de peintre. De certains morceaux, surtout dans les accessoires, étaient exécutés en pleine pâte, d'une brosse solide et vigoureuse et d'une couleur juste qui rappelait l'école espagnole. Il faisait assez bien les chevreuils, les rochers et les paysages verts ; mais aujourd'hui il semble troublé, incertain et semble faire, un peu au hasard, des efforts pour retrouver sa popularité perdue ou du moins fort

1. Joseph Lancrenon (1791-1874), élève de Girodet, peintre de scènes mythologiques.

2. Valentin de Boulogne, peintre français (1590-1632).

diminuée. Il est évident que dans l'*Aumône d'un mendiant à Ornans*, il a voulu frapper un grand coup et, comme on dit, tirer un coup de pistolet au milieu du Salon ; mais l'arme a fait long feu et sa détonation assourdie n'a fait retourner personne.

Ce mendiant de grandeur naturelle, qui occupe le centre d'une toile assez vaste, malgré sa misère profonde, fait l'aumône à plus pauvre que lui. Il vient de donner un sou et peut-être le dernier qu'il possédât à un petit garçon lamentablement déguenillé, dont la culotte laisse échapper par le fond un lambeau de chemise. L'enfant le remercie par un baiser envoyé du bout de ses doigts sales. Dans le coin à gauche, accroupie comme une bête fauve, la mère, un nourrisson au sein, qui doit, le pauvre petit, faire bien maigre chère, regarde avec le regard inquiet, furtif et farouche des misérables le généreux mendiant dont l'action l'étonne plus qu'elle ne l'émeut. Un chien hérissé, noir, avec un poil qui ressemble à de l'herbe sèche, complète la scène.

Il y avait là un sujet de tableau, une idée même, et, dans la donnée du talent de M. Courbet, un succès possible. Mais quelle exécution, grands dieux ! quel dessin ou plutôt quelle absence de dessin ! quelle couleur blafarde et plâtreuse ! – La tête du mendiant n'est pas dans ses plans, l'orbite n'est pas creusée à sa place, la pommette est chassée vers l'oreille. Rien ne se tient dans cette figure qui rappelle un masque de carton à demi écrasé. Nous concevons toutes les souillures, toutes les fatigues, toutes les laideurs, toutes les dégradations de la misère ; mais les plus pauvres gardent au moins leur squelette : c'est la seule chose qu'on ne peut leur retirer, et ce squelette reste soumis aux lois ostéologiques. La faim peut le sculpter, l'accuser, le dépouiller de chairs, le mettre presque à jour, mais non le déformer. Le squelette d'un mendiant est pareil à celui d'un millionnaire et c'est ce qu'un réaliste devrait savoir. Quand on se pique de mépriser l'idéal, d'être vrai et positif, il faudrait ne pas commettre de telles fautes.

Un pareil sujet aurait dû être traité avec une énergie sombre, une vigueur farouche, en remplaçant la forme par le sentiment et la beauté par la lumière. On pouvait encore le prendre d'une autre façon et faire contraster la splendeur indifférente de la nature avec cette misère navrante, ou même, d'après l'idée cordiale de Béranger, « vivent les gueux ! ils s'aiment entre eux [1] ! », représenter une scène de fraternité touchante. M. Courbet n'a rien fait de tout cela. Il a rempli de terre glaise des silhouettes dégingandées, effilochées, bavocheuses, où les haillons se fondent avec les chairs et le sol avec le ciel. Un jour crayeux blanchit toutes ces pauvretés maculées çà et là d'ombre couleur de suie. Rien de plus faux, de plus criard et de plus rebutant d'aspect que cette toile si prétentieusement mauvaise. On pourrait croire que M. Courbet a perdu tout son talent, et l'on s'attendrirait sur ce malheur, le plus grand qui puisse arriver à un artiste, s'il n'avait à côté de l'*Aumône d'un mendiant à Ornans* un tableau rassurant intitulé *Chevreuil chassé aux écoutes (printemps)*.

Le chevreuil, après avoir traversé un ruisseau pour faire perdre la piste aux chiens, dresse l'oreille et reste quelques instants aux aguets, épiant les aboiements lointains sous les branches que verdit le feuillage nouveau. C'est de la bonne et franche peinture, un peu lourde, mais saine, et l'on sent que le peintre s'est promené bien souvent dans les bois. Voilà du réalisme dans le bon sens du mot ; Jacques, le rêveur mélancolique, que Shakespeare fait errer dans la forêt des Ardennes [2], philosopherait sur le sort de ce pauvre chevreuil que poursuit la méchanceté des hommes, insensibles à ses grosses larmes.

1. Refrain d'une des plus célèbres chansons de Béranger.
2. Dans *As you like it* (*Comme il vous plaira*, 1600).

Le chef, le héros du réalisme, est maintenant M. Manet[1]. Il a des partisans frénétiques et des détracteurs timides. En face de ce paradoxe en peinture, il semble qu'on ait peur, si on ne l'admet pas, de passer pour un philistin, un bourgeois, un Joseph Prudhomme[2], un goitreux aimant les miniatures et les copies sur porcelaine, ou pis encore, un retardataire trouvant du mérite à l'*Enlèvement des Sabines*[3] de David. On se tâte avec une sorte d'effroi, on promène sa main sur son ventre et sur son crâne pour savoir si l'on n'est pas devenu obèse ou chauve, incapable de comprendre les audaces de la jeunesse. Car les *jeunes*, bien que beaucoup d'entre eux aient dépassé depuis longtemps la quarantaine, sont terribles à l'endroit de ceux qui les précèdent dans la vie d'un ou deux lustres. Chacun se dit : « Suis-je vraiment une ganache, une perruque, un être momifié, un fossile antédiluvien ne comprenant plus rien à son siècle et qui ne saurait mieux faire que de se plonger, jusqu'à ce qu'il y soit disparu, dans ce tiède bain de boue liquide dont Michelet fait une si jolie description[4] », et l'on pense à l'antipathie, à l'horreur qu'inspiraient, il y a une trentaine d'années, à des gens qui ne manquaient ni d'esprit, ni de talent, ni de goût, ni de largeur d'idées, les premières peintures de Delacroix, de Decamps, de Boulanger, de Scheffer, de Corot, de Rousseau, si longtemps exilés du Salon. Ingres lui-même eut bien de la peine à

1. Édouard Manet, qui a exposé *Le Déjeuner sur l'herbe* en 1863 et *Olympia* en 1865, a été, comme Courbet, exclu de l'Exposition universelle de 1867, ce qui a renforcé sa renommée.

2. Voir l'article p. 31. Traiter les bourgeois de « Philistins » (ennemis d'Israël dans l'Ancien Testament) était une des injures favorites en cours dans le monde artistique et littéraire.

3. Ou *Les Sabines* (1799), grand tableau pris ici comme modèle de la peinture néoclassique.

4. Gautier pense-t-il à un des livres récents de Michelet, *La Mer* (1861), dont plusieurs passages pourraient correspondre à ce qu'il écrit ici ?

se faire accepter. On l'accusait de faire remonter l'art à la barbarie gothique du XVIe siècle ! Phrase textuelle d'un article critique de *L'Époque*[1]. Et pourtant ces artistes si honnis, si conspués, si persécutés sont devenus des maîtres illustres, reconnus de tous, et ils avaient alors autant de talent qu'ils en eurent jamais, peut-être même davantage, car ils donnaient la fleur de leur génie. Les scrupuleux se demandent, en face de ces exemples frappants et encore tout voisins de nous, si vraiment l'on ne peut comprendre autre chose en art que les œuvres de la génération dont on est contemporain, c'est-à-dire avec laquelle on a eu vingt ans. Il est probable que les tableaux de Courbet, Manet, Monet et *tutti quanti* renferment des beautés qui nous échappent à nous autres anciennes chevelures romantiques déjà mêlées de fils d'argent, et qui sont particulièrement sensibles aux jeunes gens à vestons courts et à chapeaux écimés. Pour notre part, nous avons fait en conscience tous nos efforts pour nous accoutumer à cette peinture, et quand nous avons eu l'honneur de faire partie du jury, nous ne l'avons pas repoussée. Nous avons tâché d'être juste envers ce qui nous répugnait, et ce sentiment a dû être partagé par beaucoup de personnes à qui leurs études, leurs doctrines, leurs travaux et leurs goûts doivent rendre assurément de telles œuvres insupportables.

Est-ce à dire qu'il n'y ait absolument rien dans la peinture de M. Manet ? Il a une qualité qui donne à sa moindre toile un cachet reconnaissable : l'unité absolue du ton local[2], mérite, il est vrai, obtenu par le sacrifice du modelé, du clair-obscur, des nuances intermédiaires et des détails. Ce parti pris prête de loin un certain air

---

1. Nous n'avons pas retrouvé de « phrase textuelle », mais Gautier restitue bien le sentiment dominant d'un article de James Mackensie, « Exposition de 1836. Étude sur le Salon », dans ce mensuel intéressant qu'était *L'Époque ou les Soirées européennes* (avril 1836, p. 312-323).

2. Voir p. 190, note 3.

magistral aux figures peintes ou plutôt ébauchées par l'artiste. Ce procédé ne lui appartient pas ; il vient de Vélasquez et surtout de Goya, auquel M. Manet emprunte ses lumières plâtreuses et ses ombres couleur de cirage. Mais ce qu'il n'a pas pris au fougueux peintre espagnol, si dangereux modèle d'ailleurs, c'est la verve, l'esprit, l'invention inépuisable et la puissance fantastique qu'il déploie dans *Les Caprices*, *Les Malheurs de la guerre* [1] et *La Tauromachie.*

M. Manet a exposé une *Jeune Femme* et le *Portrait de M. Émile Zola*. La jeune femme, vêtue d'un long peignoir rose, est debout et respire un petit bouquet de violettes. Près d'elle sur un perchoir est juché un perroquet gris ; au bas du perchoir on voit une orange entamée autour de laquelle se déroule en spirale le zeste de l'écorce. Le fond vague et d'une teinte neutre doit être emprunté à la muraille de l'atelier enduite d'un ton olive ; – rien de plus, et ce serait assez pour faire un beau tableau. Le motif le plus simple suffit à la peinture, et les maîtres ont produit des chefs-d'œuvre dont le sujet n'était pas plus compliqué. Mais quand il n'y a dans une toile ni composition, ni drame, ni poésie, il faut que l'exécution en soit parfaite. Et ici ce n'est pas le cas. Cette jeune femme a, dit-on, été peinte d'après un modèle dont la tête est fine, jolie et spirituelle et ornée de la plus riche chevelure vénitienne qu'un coloriste puisse souhaiter. Sans faire un portrait, l'artiste pouvait profiter de la nature qu'il avait devant lui. C'était même son devoir de réaliste que ne tourmente pas l'idéal, et qui ne cherche pas à peindre, comme Raphaël, d'après un certain type du beau qu'il a en lui. La tête qu'il nous montre est à coup sûr flattée en laid. Sur des traits communs et mal dessinés s'étend une couleur terreuse qui ne représente pas la carnation d'une

1. Nous disons plutôt *Les Désastres de la guerre* (1810-1814), série d'eaux-fortes magistrales, de même que les célèbres *Caprices* (1799) et *La Tauromaquia* (1815-1816).

femme jeune et blonde. La lumière qui devrait pétiller en étincelles d'or dans les cheveux s'y éteint tristement. D'un rose faux et louche, la robe ne laisse pas deviner le corps qu'elle recouvre. Les plis s'y déduisent mal et sont négligemment creusés d'un coup de brosse ; les bâtons du perchoir manquent de perspective, et le perroquet s'y soutient à peine. Nous ne savons pas si une certaine vérité qui nous est inconnue se trouve dans ce cadre qu'admirent les partisans de M. Manet, mais bien certainement le charme n'y est pas. Et cependant une jeune femme en rose respirant un bouquet de violettes est un sujet gracieux et sur lequel le regard devrait s'arrêter avec plaisir.

Nous préférons à la *Jeune Femme* le portrait de M. Émile Zola, l'auteur de *Thérèse Raquin*, admirable étude réaliste du remords, et d'une apologie très spécieuse des doctrines et du talent de M. Manet [1]. M. Zola est assis sur un fauteuil de tapisserie devant une table chargée de papiers, de journaux, de brochures, de plumes aux barbes hérissées trempant leur bec dans l'encrier comme les colombes familières de la critique. L'article de [2] Manet doit se trouver parmi ces volumes entrouverts. Un peu en arrière de la table sont placés dans un passe-partout des dessins que nous croyons cacher une signification mystérieuse et symbolique : d'abord une gravure de la *Doña Olympia* nue sur son lit avec son chat noir et sa négresse qui cache à moitié une autre gravure représentant *Los Borrachos* [3] de Vélasquez, dont l'original est au musée de Madrid ; puis, à côté de la *Doña Olympia*, une gravure sur bois coloriée du Japon, un

1. En 1868, Zola n'a pas commencé à publier les *Rougon-Macquart* (le premier volume, *La Fortune des Rougon*, paraîtra en 1871). *Thérèse Raquin* et l'étude sur *Édouard Manet* datent de 1867.

2. *Sic*. On attendrait « sur ».

3. « Les ivrognes » (tableau de 1629 que nous appelons habituellement *Le Triomphe de Bacchus*).

guerrier ou un seigneur en grand costume. Faut-il voir là la triplicité phénoménale [1] du réalisme : le Japon, Vélasquez et la femme au chat noir présentés, comme source d'inspiration et modèles à suivre ? Nous n'osons pas l'affirmer, mais cette interprétation nous semble assez probable. Quoi qu'il en soit, le portrait de M. Émile Zola, malgré de trop brusques oppositions de blanc et de noir, est peint d'une façon assez large et rentre dans la sphère de l'art d'où les autres productions de l'artiste sortent violemment.

Par un jeu du hasard, M. Manet a un quasi-homonyme dans M. Monet. Cette ressemblance du nom se continue pour le talent, car M. Monet est réaliste comme M. Manet, s'il faut en croire certaine jupe verte rayée de noir exposée à un des derniers Salons [2]. Cette année, M. Monet nous montre des *Navires sortant des jetées du Havre* qui sont tout à fait dans les principes du maître. Si M. Manet peignait des marines, il ne s'y prendrait pas autrement que M. Monet. Jadis une telle œuvre eût passé à peine pour une ébauche, une préparation sur laquelle il eût fallu revenir dix fois avant de la livrer aux yeux du public. Mais nos jeunes artistes ont changé tout cela et mis le cœur à droite. L'art en fonctionne-t-il mieux ? c'est ce qu'on verra plus tard. Cette façon volontairement lourde et brutale ne va pas du tout à la représentation des vaisseaux si fins de coupe, si élégants de proportions, si nets et si précis de détails. Nous n'aimons pas beaucoup à voir des noirs de cirage appliqués aux coques des navires ; ces taches bleues ou vertes destinées à reproduire le clapotement de la mer, ce ciel d'un gris opaque

1. Sous la plume de Gautier (on l'y trouve plusieurs fois), cette expression empruntée à Victor Cousin, adaptant lui-même Kant, est franchement péjorative et moqueuse.

2. *Camille à la robe verte*, au Salon de 1866, a été le premier franc succès de Claude Monet. Mais l'année suivante, ses *Femmes au jardin* ont été critiquées.

si grossièrement brossé, nous déplaisent, et dût-on nous trouver un critique arriéré, nous déclarons préférer à cette peinture d'enseigne les marines si spirituelles et si fines de ton d'Eugène Isabey [1]. La tache et l'impression, grands mots très employés aujourd'hui [2] et qui doivent fermer le bec à toute critique, ne nous suffisent pas. Nous ne voulons pas de la peinture léchée, mais il nous faut de la peinture faite. En art, le difficile est de finir et de substituer à la liberté chercheuse de l'ébauche la forme arrêtée et la signification dernière.

Après le duel, de M. Ricardo de Los Rios, est une vigoureuse peinture qui sent son Vélasquez et fait penser à l'homme mort de l'ancienne galerie Pourtalès [3]. Le vaincu, habillé d'un riche costume espagnol du commencement du XVIIe siècle, est tombé sur le sol où il se tord dans les convulsions de l'agonie, pressant sa blessure dont le sang rejaillit entre les doigts en filets vermeils. Le vainqueur, craignant les alguazils [4], a pris la fuite, laissant sa victime se débattre dans les affres de la mort solitaire, avec l'insouciance d'un duelliste de profession blasé sur ces sortes de scènes. L'impression causée par cette

1. Cet aquarelliste, cité par Gautier dès 1836 parmi les paysagistes selon son goût (voir p. 43-44), s'est en effet rendu célèbre par ses marines, mais les plus tardives d'entre elles – il ne mourut qu'en 1886 – sont proches de la facture impressionniste et démentent donc la préférence passéiste affichée ici.

2. C'est six ans plus tard que le titre d'un tableau de Monet, *Impression, soleil levant*, exposé chez Nadar en 1874, donna naissance par moquerie au mot « impressionnisme » promis à une telle fortune.

3. Célèbre collection privée du banquier James de Pourtalès (1776-1855), récemment dispersée. L'*homme mort* évoqué ici est un tableau désigné par le catalogue de la vente comme un *Orlando muerto* attribué à Vélasquez, mais que Gautier, dans un article du *Moniteur universel* (28 janvier 1865), estimait être plutôt de Juan de Valdés Léal (1622-1690), dont il avait fait l'éloge dans son *Voyage en Espagne*. Ricardo de Los Rios, peintre espagnol (1846-1929), fut plus tard auteur, entre autres, d'un portrait de Sarah Bernhardt et de gravures d'après Goya.

4. Les gendarmes.

figure est sinistre et terrible. Dans le portrait de Mlle A. de ***, M. de Los Rios que nous venons de voir tout à l'heure employer la palette riche et sombre des coloristes de son pays, se maintient cette fois dans la gamme claire et rappelle la *femme en blanc* de Whistler, si remarquée au Salon des refusés [1]. La jeune fille, très pâle de teint, avec des sourcils noirs qui tranchent sur sa blancheur, est coiffée d'une mantille de dentelles blanches qui retombe à longs plis sur son corsage blanc. C'est une espèce de *symphonie en blanc majeur* [2] chantée par la peinture. Dans ce portrait aux teintes plates non rompues, on sent comme une influence de Manet à laquelle M. de Los Rios fera bien de prendre garde.

M. Vollon, qui peignait d'une façon admirable des chaudrons, des casseroles, des fontaines en cuivre que Chardin n'aurait pas dédaignés, et même des cuisinières qui auraient pu acheter du poisson chez Snyders ou des volailles chez Hondekoster [3], a représenté sous le titre de *Curiosités* un trophée d'armes et d'armures d'un caractère superbe et d'un coloris admirable. Les heaumes, les cuirasses, les rondaches, les épées, les masses d'armes, tout ce que peut renfermer de beau le cabinet d'un riche et intelligent amateur se groupe, brille, reluit, se reflète de manière à faire illusion, sous le pinceau de l'habile artiste qui a pris le réalisme du bon côté : sincérité et fidélité absolue à la nature. Outre ces *curiosités*,

---

1. Le peintre américain James Whistler (1834-1903) était l'ami de Courbet et Manet. Son tableau *La Jeune Fille en blanc* figura en effet en 1863 au « Salon des refusés », ouvert à côté de l'exposition officielle, et où Manet exposa son *Déjeuner sur l'herbe*.

2. Renvoi souriant et complaisant à la fois au poème d'*Émaux et camées* auquel Gautier a donné ce titre. Whistler lui-même rebaptisa plus tard son propre tableau *Symphonie en blanc*.

3. L'Anversois Frans Snyders (1579-1657) et le Néerlandais Melchior d'Hondecoeter (1636-1695) étaient spécialisés dans l'art animalier et la nature morte, comme Antoine Vollon (1833-1900), lui-même peintre de natures mortes et de scènes de pêche.

M. Vollon a exposé un très bon et très vigoureux portrait de *Pierre Plachat*, pêcheur à Mers, près du Tréport.

Les Sapeurs, tête de colonne du 2e cuirassiers de la garde, de M. Régamey [1], n'ont pas beau temps ; ils s'avancent, fouettés de la pluie et du vent qui s'engouffre sous leurs manteaux rouges, par un chemin défoncé, creusé de profondes ornières où leurs chevaux pataugent péniblement dans l'eau et la boue. Tout n'est pas rose à la guerre, et entre les jours de combat et de victoire, il y a bien des marches fatigantes par des temps abominables. Cependant ils vont résignés et stoïques, assurant leur casque, et la colonne se présentant de front et venant vers le spectateur montre que M. Régamey sait faire plusieurs rangs de chevaux en raccourci – ce qui n'est pas facile. On doit louer dans cette peinture militaire la force, l'énergie et le mouvement de la composition que rehausse une couleur vigoureuse.

N'est-ce pas M. Smits qui, à l'un des derniers Salons, avait exposé une grande toile où se trouvaient réunis les types modernes de la Rome de nos jours [2] ? Il y avait du mérite dans ce tableau d'une trop vaste dimension peut-être pour un sujet qui, en somme, n'était que du genre élevé à la proportion historique. Cette fois M. Smits nous envoie une *Marche des saisons* disposée d'une façon assez originale et dont les figures sont aussi de grandeur naturelle. Le printemps paraît le premier sous la forme d'une jeune femme blonde, toute parés de fleurs ; l'été vient ensuite avec ses gerbes et ses fruits, l'automne avec ses grappes, et l'hiver, pauvre vieille, ne portant rien, presque aveugle et conduite par un enfant. Chaque saison, et c'est là l'idée neuve, correspond à un âge de la femme et fournit au peintre un type différent : la fillette, la femme, la matrone et la grand'mère qui termine, en s'appuyant sur

1. Guillaume Régamey (1837-1875), peintre de batailles.

2. Gautier a loué ce tableau du peintre belge Eugène Smits (1826-1912) dans *Le Moniteur universel* du 18 juin 1865.

sa béquille, cette procession commencée d'un pied alerte et tout prêt à la danse. Des groupes d'enfants et d'attributs complètent la composition et lui donnent un riche aspect décoratif. Ce tableau inspiré par des souvenirs d'Otto Venius [1] et de Rubens se traduirait admirablement en tapisserie. On dirait qu'il a été fait pour cela.

Journal officiel, 22 mars 1869

Revue des théâtres

Voisinage inattendu, dans ce feuilleton, de la dernière œuvre du maître de l'opéra italien, récemment disparu, et du plus grand triomphe, à cette date, d'un dramaturge en pleine ascension.

L'importance aujourd'hui reconnue de la Messe *de Rossini, longtemps considérée comme une œuvre mineure, est bien devinée par Gautier. Quant au succès de* Patrie !*, il se prolongea si longtemps que Victorien Sardou en tira avec Louis Gallet le livret d'un opéra, dont Émile Paladhile composa la musique ; la création à l'Opéra, le 20 décembre 1886, fut saluée non seulement comme un événement musical mais comme une expression indirecte du sentiment revanchard antiprussien.*

---

1. Ou Van Veen (voir p. 58, note 3).

ITALIENS

Petite Messe solennelle de Rossini

Si nous n'avons pas encore parlé de la *Petite Messe solennelle* de Rossini, c'est que des hommages funèbres, qu'il fallait rendre d'abord à Lamartine, ensuite à Hector Berlioz, à une gloire éclatante et à une renommée moins populaire, mais aussi pure, ont depuis deux semaines occupé nos colonnes [1]. Hélas ! Que de fois déjà, en ces dernières années, la mort s'est chargée de remplir ce feuilleton et de l'encadrer de noir. Nous n'osons nommer tous les illustres, tous les amis dont nous avons fait la nécrologie et à qui nous avons jeté la dernière couronne tantôt sur la dalle de marbre blanc, tantôt sur une humble pierre. Comme le siècle se dépeuple ! et combien de ceux qui se sont mis en marche avec lui sont restés sur le bord du chemin.

Rossini lui-même a cessé de vivre [2] ; mais depuis bien longtemps il était rentré volontairement dans l'ombre, si l'ombre peut atteindre un front si rayonnant ; il avait donné sa démission de l'art, trouvant avec raison que son immortalité était désormais assurée, et qu'après un chef-d'œuvre comme *Guillaume Tell* [3], il ne pouvait plus grandir. Ironique et railleur, il assistait à sa postérité et saluait poliment sa statue sous le péristyle de l'Opéra avec un sourire indéfinissable, se moquant *in petto* de ce dieu qui portait des sous-pieds de marbre : il semblait tout à fait désintéressé de sa musique et n'avoir conservé aucun souvenir de son passé. À l'entendre, il n'était occupé que de macaroni aux pommes d'amour, de polenta avec de petits

1. Lamartine est mort le 28 février, Berlioz le 8 mars ; leur éloge occupe les feuilletons des 8 et 16 mars. La *Petite Messe* de Rossini, composée en 1863, a été créée le 28 février 1869.
2. Le 13 novembre 1868.
3. Créé à l'Opéra le 3 août 1829 ; Rossini avait trente-huit ans.

oiseaux, de zampette [1] de Modène, de mortadelle et autres charcuteries italiennes. Mais croyez que sous cette apparence de paresse sensuelle et sceptique, il y avait une blessure inguérissable qui a saigné jusqu'au dernier jour : cet insouciant ne s'est pas consolé du froid accueil fait à *Guillaume Tell* dans l'origine. Ce long silence, si obstinément gardé, n'est que la noble rancune du génie méconnu après son plus glorieux effort.

Voyant que son plus pur chef-d'œuvre n'était pas compris, Rossini a mis le sceau pour jamais sur ses lèvres harmonieuses ; ni les admirations tardives, ni les louanges après coup, ni les panégyriques et les adorations du lendemain n'ont pu les lui faire rouvrir. Il a eu le courage de s'arrêter au plus beau moment de la vie dans la plénitude de la force, dans tout le jet de l'inspiration, et de renvoyer la Muse qui descendait sur lui, les ailes palpitantes, effleurant de ses beaux pieds le clavier sonore d'où se sont élancées tant de belles mélodies que le monde répète. Heureux l'artiste qui peut briser sa lyre au milieu de sa carrière, sûr d'avoir fait assez pour sa gloire ! Heureux le maître assez riche pour ne chanter qu'à lui seul, avec la voix muette de la pensée, tant d'opéras inédits qui eussent fait la fortune de vingt théâtres s'il avait voulu leur laisser prendre leur vol.

Ce n'est que pour les compositions religieuses que Rossini a rompu ce mutisme désespérant, et on sait avec quel succès ! Le *Stabat* [2] est une page magnifique où la douleur humaine vibre parmi les voix du ciel ; c'est à la fois l'hymne et le drame du Calvaire. Le compositeur, tout en conservant la gravité de la musique d'église, en a renouvelé les formules antiques, et il n'a pas craint de substituer le chant au plain-chant. À l'austérité sacerdotale se

---

1. Littéralement « petites pattes » ou « petits pieds » (pieds de porc, d'agneau ou de veau cuisinés).

2. Le *Stabat mater* de Rossini a été créé au Théâtre-Italien en janvier 1842 (compte rendu de Gautier dans le feuilleton du 17 janvier).

mêle la beauté idéale de l'art ; on dirait une *Pietà* sculptée par un statuaire grec.

La *Petite Messe solennelle*, déjà si admirée à une exécution chez M. Pillet-Will [1], a produit un grand effet. Le *Kyrie*, chanté par des basses, a une expression de terreur et de souffrance qui cherchent à se rassurer et à se consoler par l'effusion de la prière dont l'âme de l'auditeur est troublée profondément ; on sent s'évanouir comme une fumée les vanités du monde et l'on croit entendre les portes du ciel s'ouvrir. Le *Deo gratias agimus* pour contralto, ténor et basse, est plein de reconnaissance et d'onction. Rien de plus suave et de plus séraphique que le *Qui tollis peccata mundi*. Quant à la fugue sur le *Cum Spiritu sancto*, sa réputation était faite d'avance ; Sébastien Bach pourrait en être jaloux. Les symétries de la fugue avec son sujet et son contre-sujet semblent donner par leurs gênes de nouvelles forces à l'inspiration du maître. La mélodie se joue parmi ces entraves, passant du *crescendo* au *descrescendo* avec un art et une aisance incomparables. C'est là de la grande et superbe musique que les maîtres les plus sévères approuveraient. Le *Crucifixus etiam pro nobis*, chanté par Mlle Krauss avec une passion, une ardeur de foi et un sentiment pathétique qui la placent au rang des plus illustres cantatrices, a soulevé dans la salle des transports d'enthousiasme pour la sublimité du morceau et l'incomparable beauté de l'exécution [2]. Jamais on ne comprendra ni on ne rendra mieux cette musique, si douloureuse et si éplorée dans sa lamentation, sur la mort d'un Dieu.

Mme Alboni, qui, pour rendre hommage à la mémoire du maître dont elle était aimée et appréciée, a bien voulu

---

1. Alexis Pillet-Will (1805-1871), banquier né à Lausanne, régent de la Banque de France, avait demandé à Rossini d'écrire cette messe en hommage à sa femme Louise, pour leurs trente ans de mariage ; la création avait eu lieu dans la chapelle privée de leur hôtel particulier le 14 mars 1864.

2. Gabrielle Krauss (1842-1906), cantatrice viennoise, menait une brillante carrière internationale.

sortir un instant du demi-jour de la vie privée, a dit l'*O salutaris* et l'*Agnus Dei* avec cette voix merveilleuse dont le timbre, comme l'airain de Corinthe, contient de l'argent et de l'or, et vibre avec une douceur puissante, une grâce profonde et un charme étrange. Cette rentrée temporaire aux Italiens a fait regretter la retraite prématurée de l'admirable contralto, la dernière et la plus exquise interprète du pur chant rossinien [1].

Agnesi et Nicolini se sont fait justement applaudir, et Mme Ilma de Murska, avec une déférence respectueuse pour le génie, se contentait modestement de chanter dans les *ensembles* [2]. Mais dire une phrase de Rossini, fût-elle unique, c'est là une occasion qu'une vraie artiste ne manque pas.

1. Marietta Alboni (1826-1894), grande interprète de Rossini et Donizetti, avait pris une demi-retraite après son veuvage en 1866.

2. Louis Agniez (1833-1875), basse belge, et Ernest Nicolas (1834-?), ténor français, avaient pris des noms de scène italiens ; Ema Pukšec, dite Ilma de Murska (1834-1889), est une soprano croate.

THÉÂTRE DE LA PORTE SAINT-MARTIN

Patrie!, drame en cinq actes et huit tableaux, de M. Victorien Sardou

Patrie!, le drame de M. Victorien Sardou, est l'événement de la semaine, le sujet de toutes les conversations [1] ; quand deux personnes se rencontrent, au lieu de se demander vulgairement des nouvelles de leur santé, elles se disent : « Étiez-vous à la première représentation de la Porte Saint-Martin ? » En effet, cette soirée a été une surprise des plus agréables. Certes, l'on savait que M. Victorien Sardou était un homme d'infiniment d'esprit, d'une incomparable adresse, connaissant toutes les habiletés du théâtre et en inventant de nouvelles. On se plaisait à cette ingéniosité charmante qui créait des difficultés pour les résoudre avec un bonheur rare ; on aimait cette hardiesse s'enfermant dans une situation impossible et se ménageant, pour en sortir, une porte de derrière invisible au spectateur ; on admirait cette observation fine et piquante des travers du jour qui peut-être en créait l'imitation chez ceux qu'elle aurait dû corriger, tant la peinture en était amusante ; mais on ne soupçonnait pas sous cette grâce, cette aisance et cette dextérité de prestidigitateur de la scène, les hautes qualités dramatiques que la soirée de jeudi vient de relever d'une manière si éclatante.

Cependant on pouvait pressentir chez Victorien Sardou, dès sa première œuvre, une volonté précise de ne rien remettre au hasard de l'inspiration et de l'exécution. Il semblait avoir les doctrines d'Edgar Poe sur la composition littéraire [2] que le poète doit concerter d'un bout à

1. La première a eu lieu le jeudi 18 mars.

2. Cet essai, *Philosophy of Composition* (1845), avait été traduit par Baudelaire en 1859 sous le titre *La Genèse d'un poème.*

l'autre, sachant dès le premier mot qu'il écrit celui par lequel il finira et combinant tout pour un effet déterminé d'avance. Il démontrait dès lors une science de structure particulière et presque mathématique, nous dirions mathématique tout à fait si un mot si rigoureux pouvait s'appliquer aux productions intellectuelles. Nous savons que cette netteté de calcul et cette parfaite possession de soi-même dans un genre de travail qu'on est habitué à regarder comme une sorte d'effervescence cérébrale, contrarient les idées reçues ; mais M. Victorien Sardou est incontestablement un de ces esprits qui ont la conduite d'eux-mêmes. Ainsi, ayant la volonté de faire un drame, l'auteur des *Pattes de mouche* et de *La Famille Benoiton* [1] a dû, par une préparation particulière et scientifique, pour ainsi dire, s'assimiler tous les éléments du genre, se rendre compte des effets, essayer théoriquement la force des ressorts, calculer le nombre des situations possibles, en étudier le *sujet* et le *contre-sujet*, les renversements et les parallélismes comme pour une fugue, juger d'avance les déformations, les raccourcis et les fuites de la perspective théâtrale : car c'est le propre de cet esprit, qu'on a souvent et à tort comparé à celui de Scribe, qui ne procédait que par instinct et empirisme, de dominer absolument son œuvre et de la maintenir rigoureusement dans un dessin longtemps médité et raisonné. Cela peut n'être pas conforme aux idées qu'on se fait de l'inspiration, mais croyez bien qu'aucune œuvre, surtout au théâtre, où la pensée prend une forme matérielle, ne peut se tenir debout sans cette statique.

Donc la pièce de M. Victorien Sardou, *Patrie !*, a été un des plus francs et des plus unanimes succès auxquels il nous ait été donné d'assister dans notre carrière déjà bien longue de feuilletoniste, depuis les grandes campagnes romantiques de 1830 et les victoires à jamais

1. Comédies créées au Gymnase (15 mai 1860) et au Vaudeville (4 novembre 1865).

célèbres de Victor Hugo et d'Alexandre Dumas. La Porte Saint-Martin a repris jeudi dernier son rang de premier théâtre du drame ; elle est redevenue la scène de *La Tour de Nesle*, d'*Antony*, de *Richard Darlington*, de *Lucrèce Borgia* et de *Marie Tudor* [1], après avoir si longtemps donné asile aux décors, aux trucs et aux maillots de la féerie. Cette noble forme de l'esprit humain, qui semblait tombée en désuétude comme la tragédie et délaissée pour les cascades et les insanités de la farce convulsive, a été restaurée de la façon la plus splendide. Ce succès est comparable à l'éclosion de la fleur d'aloès, qui s'ouvre au bout d'une tige haute comme une lance, poussée en une nuit avec une détonation qu'on prendrait pour un coup de pistolet.

Patrie!, tel est le titre un peu universel choisi par M. Victorien Sardou pour sa pièce. Certes le drame répond à l'idée du titre, mais il contient aussi autre chose, car une abstraction, quelque généreuse qu'elle soit, ne pourrait suffire à une action scénique. Une polémique courtoise s'était élevée à propos de ce sujet, traité simultanément par trois auteurs ; mais rien ne se ressemble moins que les deux pièces dont l'une a pour dénouement l'eau, et l'autre le feu, une inondation et un bûcher [2].

La scène se passe à Bruxelles sous la domination espagnole. Quand la toile se lève, le décor représente la halle des boucheries. L'hiver est rude, et sous les larges auvents

1. Ces cinq pièces de Hugo et de Dumas ont été créées dans un laps de temps très court (d'*Antony*, 3 mai 1831, à *Marie Tudor*, 6 novembre 1833) qui correspond à la fois à la période la plus active du théâtre, alors dirigé par Harel, et au premier pic de production du drame romantique. Depuis 1840, date de la ruine d'Harel, la Porte Saint-Martin avait plutôt survécu que bien vécu, d'où cette impression d'une renaissance.

2. Les auteurs auxquels pense Gautier sont Jules Claretie et Petruccelli della Gattina : il a rendu compte dans son feuilleton précédent (*Journal officiel*, 1er mars) de leur drame en cinq actes *La Famille des gueux*, créé à l'Ambigu le 26 février et dont le sujet est en effet le même.

flambe un feu sinistre qui jette un reflet d'autodafé. Les vainqueurs procèdent à l'examen des rapports de police et à l'interrogatoire des prévenus. Ils sont nombreux : toute la ville est suspecte à bon droit.

Tout noble, tout bourgeois, tout homme du peuple hait d'une haine égale, irréconciliable et profonde Philippe II et le duc d'Albe, l'exécuteur de la pensée du sombre monarque[1]. La patrie rejette de son sein ces étrangers qui ne pourraient s'y établir que par une extermination complète ; ce n'est qu'à ce prix que la tranquillité pourrait être établie dans les Flandres ; selon la phrase lugubre de Tacite : *Ubi solitudinem faciunt, pacem appellant*[2]. Entre les Espagnols et les Flamands, il ne peut exister d'autre soumission que celle du tombeau et d'autre paix que celle du cimetière. Une femme est amenée qui a mis le feu à sa maison où des soldats espagnols ivres venaient de violer sa fille ; elle est livrée à la soldatesque, qui l'écharpe. Mais que lui importe de mourir, elle s'est vengée par avance. À un pauvre sonneur qui fait chanter à ses carillons patriotiques les anciens airs nationaux flamands, on enjoint, sous peine du dernier supplice, d'adapter à ses cloches des airs espagnols. Chose plus grave, un espion vient dénoncer le comte de Rysoor, qui, sans permission, s'est absenté de Bruxelles pour aller sans doute conférer avec le prince d'Orange, Guillaume le Taciturne ; mais, dans l'enquête, un capitaine espagnol logé chez le comte dit qu'étant rentré la nuit fort échauffé de boisson, il s'est rencontré dans l'escalier avec un seigneur qui, après avoir prononcé ces mots : « Rentrez chez vous, madame la comtesse », a tiré

1. Fernando, duc d'Albe (1507-1582), gouverneur des Pays-Bas de 1567 à 1573, s'y fit haïr pour sa cruauté.

2. « Où ils font un désert, ils disent qu'ils ont donné la paix » (Tacite, *Vie d'Agricola*, 30) ; ces mots du héros Galgacus flétrissent la façon dont les Romains détruisent son pays, la Calédonie [l'Écosse], en prétendant le civiliser.

l'épée contre lui et doit même avoir été blessé dans cette courte lutte. Mais le capitaine n'en sait pas davantage, parce que l'ivresse l'a fait trébucher et rester endormi sur le palier. Ce témoignage qui n'est pas suspect, car il est d'un ennemi, fait provisoirement relaxer le comte, qui ne comprend rien à cette déposition si favorable, qu'il attribue à la reconnaissance du capitaine pour son hôte. Il est parfaitement vrai qu'il a quitté son logis, et que pendant cette absence nocturne, il a concerté avec le prince d'Orange un plan de conjuration et de soulèvement. Cependant il est troublé ; si le capitaine n'a pas fait un mensonge officieux, que signifie donc ce cavalier sortant la nuit de l'appartement de la comtesse et lui disant : « Rentrez, madame » ?

Revenu chez lui, le comte de Rysoor interroge sa femme, dont il faut vous faire l'histoire en deux mots. C'est une Espagnole nommée Dolorès, dont le comte s'est épris, et qu'il a ramassée dans une misère obscure, au chevet d'une vieille mère mourante. Cette fille, qu'il a épousée, comblée d'honneurs, faite riche, entourée d'amour, a conservé, malgré cette transformation, une vraie nature de gitana et les indomptables passions méridionales. Les profondes antipathies de race vivent en elle : Espagnole, elle hait ce Flamand ; catholique, ce calviniste, ou ce luthérien ; femme de passion, cet homme pour qui le devoir est tout. Bien que comtesse de Rysoor, elle s'intéresse fort peu aux Flandres et trouve après tout que le duc d'Albe n'a pas grand tort de faire brûler plus ou moins ces rebelles et ces hérétiques. L'amour si tendre et si délicat du comte lui semble insupportable, car il ne lui plaît pas de partager un cœur avec tout un pays. La patrie, l'honneur, le dévouement, sont lettres mortes pour elle ; une seule chose existe à ses yeux, son amour ou plutôt son amant. Tout le reste disparaît dans un vague nuage.

Aux questions du comte, elle répond avec une franchise étrange – car la dissimulation de l'adultère lui pèse

– qu'en effet, un homme est sorti de sa chambre cette nuit-là, et qu'elle aime éperdument cet homme. Le bon comte de Rysoor reste atterré devant un tel aveu, et vraiment il y a de quoi. Il s'imaginait être aimé de cette femme qu'il avait tirée de la fange et qu'il aurait bien dû y laisser. Il ne savait pas, cet honnête patriote belge, que le cœur féminin a de bizarres mystères, et que certaines natures, perverses, si vous voulez, mais d'une perversité fière, n'aiment pas devoir tout à un homme. En amour, il est plus doux de donner que de recevoir, et le comte a trop comblé Dolorès pour qu'elle ne le haïsse pas. Cette supériorité de grandeur, de richesse et de bonté l'humilie ; et puis le comte de Rysoor est sur cette limite où l'âge mûr confine à la vieillesse, ses tempes sont blanches, bien des mèches grises se mêlent à sa barbe, et Dolorès a pris pour galant Karloo van der Noot, un jeune ami du comte, beau cavalier à la moustache blonde, à la taille svelte, qu'avec ses séductions de sirène et ses grâces vipérines elle a entraîné dans ce fatal amour qui répugne à la loyauté du jeune homme, grand admirateur du comte de Rysoor. Il n'est pas besoin de vous dire que l'homme qui descendait l'escalier du comte quand le capitaine espagnol le montait n'est autre que Karloo : seulement Dolorès ignorait que Karloo eût été atteint d'une blessure délatrice. À cette idée que le comte le reconnaîtra et le tuera, une inspiration diabolique passe par la cervelle de cette enragée, qui mettrait le monde en capilotade pour sauver un cheveu de son amant : elle sait que le comte de Rysoor conspire, qu'il a des rendez-vous mystérieux et nocturnes, à la porte de Louvain, avec le prince d'Orange ; elle le dénoncera au duc d'Albe, sauvera ainsi Karloo et conquerra sa liberté, car cet amour timide qui se cache dans les ténèbres répugne à la fougue et à la violence de sa passion.

À cette scène du drame intime succède un tableau curieux. Il fait nuit : une blafarde réverbération de neige éclaire le décor, qui représente les fossés gelés de la porte de Louvain. De larges trous sont pratiqués dans la glace ; c'est là que les Espagnols jettent, pour ne pas avoir la peine de les enterrer, les victimes du jour. Des fantômes, cherchant l'ombre, enveloppés de manteaux couleur de muraille, arrivent un à un, silencieusement, sans même faire craquer la neige. Une patrouille passe. Les fantômes se couchent à terre, lancent des cordes à nœuds coulants, et les soldats, garrottés, étouffés, avant d'avoir eu le temps de pousser un cri, sont précipités dans la trappe de glace qui se referme sur eux. Le prince d'Orange, le comte de Rysoor, dont les malheurs domestiques ne dérangent pas le patriotisme, Karloo, le sonneur Jonas, qui doit donner le signal du haut de son beffroi, conviennent des mesures à prendre pour la révolte qui doit éclater cette nuit même.

Dolorès, de son côté, est allée prévenir le duc d'Albe de ce qui doit se passer ; elle a dénoncé son mari, mais elle ignore que Karloo fait partie de la conspiration. La répression se prépare dans l'ombre et laisse la révolte se concentrer à l'hôtel de ville, d'où elle doit rayonner sur Bruxelles, appelant les citoyens aux armes pendant que Guillaume le Taciturne entrera par la porte de Louvain avec ses six mille soldats.

Ici a lieu une scène vraiment superbe et d'une beauté toute cornélienne. Le comte de Rysoor s'aperçoit que Karloo est blessé à la main. Plus de doute, c'est lui qui est sorti de l'appartement de la comtesse. Karloo ne le nie pas et offre sa poitrine au fer de l'ami et du mari outragé. Mais le comte, domptant sa colère, ne veut pas enlever à la révolte ce chef ardent et jeune, plus capable que lui de la conduire, et il immole son ressentiment sur l'autel de la patrie ; il pardonne à l'amant, à cause du héros. Cette scène, d'une nouveauté si hardie et d'une simplicité si grandiose, a soulevé dans la salle des transports d'enthousiasme, et chaque spectateur a senti passer sur lui ce souffle du sublime qui fait frissonner. Quand les conjurés, l'épée à la main, veulent se mettre en marche, ils se heurtent aux pertuisanes et aux arquebuses des Espagnols. Des coups de feu éclatent de toutes parts, de triples rangs de cuirasses barrent toutes les portes, et le duc d'Albe paraît, flamboyant et terrible comme l'archange du despotisme, pour mettre le pied sur la tête de la rébellion. Il ordonne à Jonas de sonner le signal sur lequel le prince d'Orange doit entrer dans la ville. Les conjurés supplient le pauvre diable de n'en rien faire : mais il est pauvre, il a femme et enfants, et il monte au clocher. Ô surprise ! Le glas des morts retentit et apprend au Taciturne, qui l'écoute de loin, que tout est perdu. À la joie des Flamands, les Espagnols comprennent que Jonas les a trompés ; un coup de feu le punit de son dévouement, et bientôt le corps du héros obscur est emporté sur une civière, devant laquelle on se découvre comme devant la châsse d'un martyr.

Le comte de Rysoor, fait prisonnier, ne répond rien au duc d'Albe, qui veut le faire questionner par la torture ; de peur que sa chair ne sache pas résister à de trop savants supplices, le comte se tue avec un poignard qu'on lui a fait parvenir et qu'il lègue à Karloo pour le plonger dans le cœur du traître qui les a vendus. Karloo jure sur tout ce qu'il a de plus sacré qu'il accomplira cette vengeance, et qu'il y consacrera cette vie qu'on lui laisse pour une raison qu'il ne soupçonne pas.

La révolte comprimée, les potences se dressent, les échafauds et les bûchers se préparent. Un splendide et lugubre cortège, où la puissance déploie tout l'appareil qui peut frapper l'imagination d'effroi, parcourt lentement les rues de la ville en menant les condamnés au supplice. Karloo rencontre ses frères d'armes, les bras au dos, la corde au cou, qui lui crachent au passage leurs malédictions suprêmes : « Lâche ! apostat ! traître ! Judas ! » À ces insultes, qu'il ne mérite pas, Karloo devient rouge comme le feu, puis pâle comme la mort ; mais il a un serment sacré à tenir et il le tiendra.

Un mot du comte de La Trémouille [1], prisonnier de guerre, qu'on respecte à cause de la rançon qu'il doit payer, a mis Karloo sur la voie, il sait que la délatrice est une femme ; mais comment connaître son nom, où la trouver ? Karloo va chez Dolorès, qui, folle d'amour, veut l'emmener, fuir avec lui, pour vivre heureux à l'étranger : chose facile, car elle a un sauf-conduit. Pendant cette scène d'une passion délirante, un reflet rouge illumine la muraille de la chambre et y jette les ombres des hallebardes, des potences et des bourreaux. C'est le bûcher qui flambe sur la place, où l'on pend, décapite et brûle. À ce mot « sauf-conduit », Karloo recule comme s'il avait marché sur une vipère. La femme dont parlait La Trémouille en avait précisément obtenu un du duc d'Albe, avec la grâce d'un conjuré pour prix de sa trahison. Plus de doute, c'est Dolorès qui a dénoncé la conjuration. Elle ne le nie pas du reste, car elle a au moins la franchise de ses crimes. Alors Karloo saisit le poignard que lui a légué le comte pour la vengeance, et l'enfonce jusqu'au manche dans le sein de la coupable ; puis, brisant le vitrage de la fenêtre, il saute dans la place et se jette au bûcher où tombent en cendres les corps calcinés de ses amis, qui ne le croyaient pas digne de partager leur supplice.

Tel est le drame qui se joue sur un fond de couleur historique bien locale et bien observée, avec un intérêt qui ne languit pas un instant, et où les plus nobles sentiments d'honneur, de patriotisme et de liberté sont exprimés avec emphase, dans un style ferme et simple dont chaque mot porte. La passion y est représentée par cette étrange figure de Dolorès avec sa grâce démoniaque, ses séductions perfides et son absence de sens moral, desti-

---

1. Ou La Trémoille, célèbre famille noble du Poitou. Toute la base de la pièce de Sardou est exacte. Le duc d'Albe, à la suite de ce soulèvement mené par Guillaume d'Orange, demanda à être rappelé en Espagne.

née à faire valoir les lumineuses têtes de ces héros amoureux de la patrie. C'est là une œuvre de maître et qui ouvre à M. Victorien Sardou un immense avenir. Il vient d'entrer dans ce burg[1] du drame qui depuis tant d'années semblait imprenable, tambour battant, clairons sonnant, enseignes déployées, et il a planté sa bannière sur la plus haute tour.

L'interprétation de cette remarquable pièce est excellente. Dumaine, dans le comte de Rysoor, a l'ampleur d'un héros cornélien. Mlle Fargueil joue comme personne n'a joué depuis Mme Dorval, avec une passion, une énergie et une puissance qui la mettent au rang des plus grandes actrices[2]. Berton est élégant et noble dans le personnage de Karloo ; le sonneur Jonas a trouvé dans Laurent un interprète d'une rondeur sympathique. Charly, en duc d'Albe, semble un portrait détaché des murs de l'Escurial, et Mlle Léonide Leblanc donne une grâce adorable et un charme des plus touchants à la figure épisodique de Rafaëla, une fille du duc d'Albe que le contrecoup des cruautés de son père, qui l'adore, fait mourir ; chaque supplice abrège sa vie d'un jour, aussi meurt-elle bien jeune[3].

---

1. Mot évidemment choisi pour faire écho aux *Burgraves* de Hugo, dernier drame romantique de la grande époque (1843).

2. Hommage de taille, quand on connaît l'admiration de Gautier pour Marie Dorval, mais il a toujours estimé le talent d'Anaïs Fargueil (1819-1896), qui a surtout fait carrière au Vaudeville. Louis Person dit Dumaine (1831-1893) est un des grands acteurs de mélodrame du Second Empire.

3. Francisque Berton (1820-1874) est ici au terme prématuré d'une carrière brillante en Russie (1845-1854) mais terne en France ; il devint fou peu après ce dernier rôle. Joseph Laurent (1822-1894) est un des piliers de l'Ambigu, spécialisé dans le mélodrame comme Goudé, dit Charly (v. 1828-apr. 1876). Enfin la jolie Léonide Leblanc (1842-1894), actrice des théâtres de vaudeville, est plus connue comme brillante demi-mondaine que comme grande actrice.

Journal officiel, 19 juillet 1869

REVUE DES THÉÂTRES

Ce dernier exemple de feuilleton de théâtre permet d'apprécier une nouvelle fois la variété des techniques d'allongement utilisées par Gautier quand il n'a pas assez à dire. La promenade au Bois tenant lieu d'analyse d'une tragédie de Voltaire vient après bien d'autres dérobades du même genre, et de même pour l'amusante anecdote sur l'acteur Talma.

COMÉDIE-FRANÇAISE

Mérope

L'Été a retardé tant qu'il a pu son entrée sur le théâtre des saisons. En vain l'avertisseur faisant tinter sa sonnette, l'Été ne se décidait pas à sortir de sa loge ; il a enfin pris sa résolution, et on dirait qu'il a hâte de rattraper le temps perdu. La chaleur est versée à grosses doses, et l'on est passé subitement de la Sibérie au Sénégal ; tous ceux qui se plaignaient d'être gelés se plaignent de cuire, car les mortels ne sont jamais contents. Les hommes en vestons blancs ouvrent leurs parasols doublés de bleu sans crainte de paraître efféminés. Les femmes revêtent leurs plus aériennes toilettes, robes de mousseline, chapeaux de paille, casaques en gaze rayée algérienne [1], et tous ceux qui le peuvent se réfugient dans quelque villa ombreuse, pour jouir du *frigus opacum* dont parle

1. En ce sens (étoffe rayée multicolore), « algérienne » est plutôt substantif.

Virgile [1] ; la journée se passe sous quelque véranda aux stores en nacre de Chine, à causer, à fumer, à rêver, à parcourir un journal qui bientôt échappe à la main ; car l'après-midi, par cette température tropicale, conseille volontiers la sieste, et les fauteuils américains vous bercent comme des hamacs. Quand le soir fait s'allonger sur le lac l'ombre des grands arbres, il faudrait une vertu stoïque pour retourner à Paris et se plonger dans la fournaise d'un spectacle. Une légère brise balance contre son poteau d'amarre le canot ou l'yole ; il est si simple de délier la corde et de s'en aller à la dérive le long des îles, suivi par des cygnes qui semblent demander à remorquer votre barque comme le cygne du *Lohengrin* [2].

Le reflet submergé des peupliers, des frênes et des saules du rivage ferait croire qu'on nage sur la cime d'une forêt, si le saut de quelque carpe ne vous avertissait que les poissons, ordinairement, n'habitent pas les branches. L'on rentre pour dîner, et le sifflet du train qui passe éveille vos remords, mais ne vous détermine pas à aller voir *Mérope* à la Comédie-Française. Ce bon tyran Polyphonte a pourtant bien du charme, et cette tragédie est, à coup sûr, une des meilleures de Voltaire. Mais il fait si chaud : d'ailleurs, un critique de plus ou de moins ne changera rien à la chose.

L'excellente troupe dirigée par Édouard Thierry [3] s'acquittera consciencieusement de sa tâche. Les vers auront le nombre de pieds voulu ; on s'arrêtera le temps qu'il faut à l'hémistiche ; et si l'on fait sonner un peu fortement la rime, il n'y aura pas grand mal, car ce grelot de l'alexandrin n'a pas le timbre bien fort chez le poète

1. Dans la première des *Bucoliques* (v. 52).

2. Gautier pense à la légende médiévale dans laquelle le chevalier Lohengrin apparaît dans une nacelle tirée par un cygne. Il en va de même dans l'opéra qu'en a tiré Wagner en 1850, mais que Gautier ne connaît pas (la création française eut lieu seulement en 1877).

3. Critique de théâtre et littérateur, Édouard Thierry (1813-1894) administra la Comédie-Française de 1859 à 1871.

de *La Henriade.* Ensuite, qui de nous, dans sa carrière de feuilletoniste ou de *lundiste*, comme on dit maintenant, n'a pas fait huit ou dix analyses de *Mérope* [1] ? Est-il bien nécessaire au bonheur du genre humain de reprendre un de ces clichés couverts depuis longtemps de poussière et de toiles d'araignée ? Nous ne le pensons pas.

De loin en loin l'on reprend une tragédie de Voltaire, ne fût-ce que pour justifier la présence au foyer de la Comédie-Française de cette admirable statue du patriarche de Ferney, par Houdon, d'une décrépitude si pleine de vie et d'immortalité.

THÉÂTRE DE L'AMBIGU-COMIQUE

Richelieu à Fontainebleau, drame en cinq actes de MM. Jules Dornay et Maurice Coste

Malgré la température de four à plâtre qui règne depuis quelques jours, l'Ambigu-Comique n'a pas craint de donner une première représentation : *Richelieu à Fontainebleau* [2]. Cela n'était peut-être pas bien urgent. Comme le public d'été se compose presque entièrement d'étrangers et de provinciaux, il vaudrait mieux, ce nous semble, lui jouer les bonnes pièces d'hiver, qu'il ne connaît pas et qu'il désire connaître, que de représenter devant lui des ouvrages nouveaux, toujours sacrifiés d'avance.

---

1. Pas Gautier lui-même en tout cas, même si la boutade renvoie au fait, réel, que cette tragédie voltairienne de 1743 n'a pas cessé d'être jouée à la Comédie-Française au XIXe siècle, surtout sous la Restauration (près de quatre-vingts représentations) mais aussi après (treize fois depuis 1863).

2. Création le 10 juillet 1869.

Certes, l'écrivain est libre de choisir son sujet et les personnages qu'il veut mettre en scène. Richelieu n'est interdit à personne. Mais cependant on pourrait laisser reposer, pour quelque temps du moins, cette figure tant de fois peinte, et ne pas décrocher du vestiaire historique sa pourpre un peu défraîchie. Le *Cinq-Mars* de M. Alfred de Vigny contient un portrait du cardinal-ministre qui n'est pas oublié, et si dans la *Marion de Lorme* de Victor Hugo l'homme rouge ne fait que passer en soulevant le rideau de sa litière pour crier : « Pas de grâce[1] ! » il n'en est pas moins présent dans tout le drame par la terreur qu'il inspire et les passions qu'il soulève. Chaque personnage de la pièce donne sa touche à ce portrait, qui se trouve achevé sans que l'original ait posé devant le spectateur. Plus récemment, M. Émile Augier a fait une *Diane* que jouait Mme Rachel, et qui montrait un Richelieu en pied copié, d'après la toile de Philippe de Champaigne, par l'excellent artiste et comédien Geffroy, de manière à produire une illusion complète[2].

Les acteurs qui se mêlent aux drames de cette époque ont fourni le sujet de nombreuses compositions et donné lieu à de savantes recherches. Il n'y a plus rien à dire ni à trouver sur leur compte. Chalais[3], la duchesse de Chevreuse, Gaston d'Orléans, sont connus comme s'ils vivaient de nos jours, et l'on est tenté de chercher leurs biographies dans le *Dictionnaire des contemporains*, de Vapereau[4]. Nous savons bien que les

1. C'est la dernière réplique du drame de Hugo.

2. Ce drame en vers a été créé le 19 février 1852 à la Comédie-Française, dont Edmond Geffroy (1804-1895) est sociétaire depuis 1835. Philippe de Champagne ou Champaigne (1602-1674) a peint le portrait de Richelieu vers 1639 (musée du Louvre).

3. Henri de Chalais (1599-1626) conspira contre Richelieu à l'instigation de sa maîtresse Marie de Chevreuse (1600-1679), et fut exécuté.

4. Gustave Vapereau (1819-1906) publia en 1858 la première édition de son *Dictionnaire universel des contemporains*, et ne cessa de le modifier au fil des rééditions et compléments jusqu'en 1895.

trois grands tragiques grecs, Eschyle, Sophocle, Euripide, s'inquiétaient peu de la nouveauté du sujet, et ils traitaient l'un après l'autre le même thème. Mais, dans le théâtre moderne, la curiosité est un élément indispensable, et MM. Jules Dornay et Maurice Coste [1], pour donner à leur pièce un peu d'inconnu, ont ajouté aux personnages historiques un personnage, sinon tout à fait d'invention, du moins accomplissant des faits imaginaires : un fils du maréchal d'Ancre, qu'ils appellent le comte de Pène, veut venger sur Louis XIII la mort de Concini [2] assassiné. Le fils, il est vrai, mourut en Italie à treize ans, et ne put tenter cette vendetta. Nous n'en faisons pas un reproche aux auteurs. Le droit du poète et du dramaturge est d'imaginer à côté de l'histoire, d'aller chercher dans l'ombre une tête à peine indiquée, de l'amener au premier plan et de lui donner un plein relief. Ce n'est même qu'à ce prix que le drame historique peut exister. Absolument exact, il ne causerait plus aucune surprise, et le dénouement serait prévu dès le premier mot. Seulement, le comte de Pène rappelle un peu trop Mordaunt des *Trois Mousquetaires* [3], avec son opiniâtre rage de vengeance. Les moyens qu'il emploie sont peut-être trop subtils, et les ficelles du drame arrivent parfois à n'être plus que des fils d'araignée.

Richelieu à Fontainebleau n'est pas une œuvre sans mérite et, jouée dans des conditions plus favorables, elle eût obtenu un succès productif. On y sent l'intelligence

1. Jules Dornay (1835-ap. 1900) écrivit en collaboration de nombreux drames populaires, dont la fameuse *Porteuse de pain* avec Xavier de Montépin (1889). Maurice Coste (?-1876) n'est connu que comme acolyte de Dornay pour quelques pièces.

2. Concino Concini (1579-1617) avait été fait maréchal d'Ancre sous la régence de Marie de Médicis.

3. Mordaunt, fils de Milady et âme damnée de Cromwell, apparaît en fait dans *Vingt ans après*, la suite des *Trois Mousquetaires*.

du théâtre et une honnête ambition littéraire qu'il faut encourager.

En feuilletant les journaux pour y chercher quelque nouvelle, nous sommes tombé sur un spirituel article de Monselet dans *Le Monde illustré*, où il est dit, d'après l'opinion d'un vieux prote, que lorsqu'un feuilleton est trop court, il se trouve toujours bien une anecdote sur Talma pour combler le vide et éviter que la colonne commencée ne fasse *pantalon*, c'est-à-dire n'atteigne pas le bas de la page [1]. Comme c'était notre cas aujourd'hui, et que nous ne trouvions rien à dire sur Talma, nous allions taxer d'inexact l'axiome du vieux prote [2], quand de l'arrière-fond de notre mémoire, secouant la poussière de bien des années, un souvenir a jailli.

C'était à une Saint-Charlemagne, et notre collège avait demandé aux Français [3] pour le soir de congé qui suit l'agape traditionnelle une représentation d'*Andromaque*, où Talma jouait Oreste. Pour ces jeunes têtes échauffées par une abondance d'une pourpre un peu moins claire que d'habitude, c'était une joie tournant au délire que d'avoir obtenu cet acteur illustre ; et dès l'ouverture des bureaux, nous étions tous assis au parterre, sous la garde de nos pions. Nous devons avouer qu'*Andromaque* ne nous amusa pas beaucoup. Sans doute, quoique nous ne fussions encore qu'en sixième, la nature avait déposé en nous de funestes

---

1. L'image peut surprendre aujourd'hui, sauf si l'on songe que le pantalon est ici le vêtement de dessous féminin, qui s'arrêtait aux environs du genou ou juste dessous. Charles Monselet (1825-1888), chroniqueur infatigable, tenait à l'époque la rubrique théâtrale de l'hebdomadaire *Le Monde illustré* (fondé en 1857 pour concurrencer *L'Illustration*) ; le mot : « Bah ! vous avez bien une anecdote sur Talma » figure dans le numéro du samedi précédent (17 juillet 1869)... en conclusion d'une anecdote sur Talma, justement.

2. Chef d'une équipe d'ouvriers d'imprimerie, ici par métonymie au sens de « journaliste ».

3. Aux comédiens-français.

germes romantiques ; mais ce qui nous ravit, ce fut le cothurne de Talma, fait de bandelettes rouges entrecroisées, qui passaient entre l'orteil et le premier doigt du pied. Son maillot de soie couleur de chair avait des doigts comme un gant, et cela nous émerveillait bien plus que la manière sublime dont il faisait vibrer les *s* lorsqu'il croit voir les Furies. Hélas ! déjà chez nous éclatait la passion de la couleur locale !

L'Illustration, 8 juin 1872

Salon de 1872

Ceux qui seront connus

Gautier a publié quatre articles sur le Salon de 1872 dans le quotidien Le Bien public*; celui-ci, paru dans* L'Illustration*, devait servir d'introduction à une autre série, que la maladie l'empêcha de poursuivre – il mourut le 23 octobre. Cette particularité accentue évidemment l'aspect testamentaire du titre choisi par Gautier.*

On se représente difficilement le temps, le soin, l'étude, la pratique des hommes et des choses, le voyage incessant aux ateliers, aux expositions, aux ventes publiques, aux vitrines des marchands, qu'il faut pour connaître le personnel de l'art en France : seulement, pour ce qui regarde la sculpture et la peinture, c'est une science qui exige la vie d'un critique. La mémoire, pour se tenir au courant, a besoin d'écrire sur ses tablettes des dénombrements plus longs que ceux d'Homère, car c'est une véritable armée, dont les cadres se remplissent, se vident et se renouvellent, mais selon certaines lois curieuses à étudier.

Chaque période, qu'il serait difficile de délimiter rigoureusement, car elle se rattache au passé et à l'avenir dont le présent n'est que l'intermédiaire, a son mode de formation et d'existence, et au bout d'un certain temps prend une physionomie générale aisément discernable, malgré la différence des individualités, selon les systèmes, les idées et les goûts qui prédominaient alors. Un ou deux maîtres de tempérament souvent opposés, l'un idéaliste, l'autre réaliste, répondant au double besoin des natures, se partagent l'école et le public. Des noms tels que ceux d'Ingres, de Delacroix remplissent toute une époque de leur retentissement. Les premiers ils se présentent à l'esprit et aux lèvres quand on veut citer quelques exemples ; ils reviennent à chaque ligne exaltés ou dénigrés dans les discussions esthétiques. On dirait qu'ils sont à eux seuls toute la peinture. L'humanité est synthétique et elle aime à résumer tout un art dans un petit nombre de personnalités : Béranger, Lamartine, Victor Hugo, Alfred de Musset ont suffi à nommer, pendant plus d'un demi-siècle, la poésie en France, qui pourtant fourmille de poètes et de poètes remarquables.

Autour de ces chefs se groupent des états-majors sur qui tombe parfois une paillette de lumière, qui accrochent un regard, qui font s'accouder et rêver un critique, et sont cités à l'ordre du jour. Puis vient la foule obscure, l'armée anonyme que le livret désigne en vain et dont on ne lit pas la signature rouge en lettres voyantes au coin du tableau. Il faut quelquefois toute la vie pour faire épeler à la foule ces deux brèves syllabes si faciles à retenir pourtant. D'autres fois le hasard heureux d'un sujet, d'une place sur la cimaise, d'un voisinage favorable y suffit. Nous parlons ici du public non des amateurs, non des critiques, non des virtuoses, non de ceux qui cherchent à flairer l'avenir et à débrouiller le talent dans les limbes. Ils ont dans leur tête le catalogue complet. Ils savent, comme ces imperturbables nomenclateurs des patriciens romains, les noms de tous les clients de l'art, même ceux qui se tiennent derrière les autres, collés contre le mur, tout honteux de leur manteau effrangé par le bord, mais dont les yeux caves sont pleins de feu et de génie. Ils se disent : « En voilà un qui a besoin encore d'un an ou deux de pauvreté pour mûrir, comme ces fruits acides qui ne viennent à bien que par l'âpre gelée d'automne. En voilà un autre à qui bientôt il serait temps de jeter quelques pièces d'or, quelques morceaux d'étoiles rayées de couleurs éclatantes pour faire glisser sur la hanche d'une belle fille, et de poser sur une console quelques vases pleins de larges fleurs, car la tristesse des choses et la misère des aspects découragent sa jeunesse, et son talent se perdrait dans la mélancolie. Achetons-lui ce tableau ; cette petite somme, le quart de sa valeur, lui causerait une joie folle, un orgueil à doubler son énergie ; ce serait une bonne action et une bonne affaire ; il n'est pas désagréable d'avoir deviné un grand peintre dans son grenier de vingt ans et d'être un Mécène avant la lettre. » À la trentaine de noms connus, Ingres, Delacroix, Decamps, Flandrin, Delaroche, Meissonier, Gérôme, Fromentin, Corot, Cabanel, Baudry, G. Boulanger, Hébert [1], chaque année s'ajoute un nom ou deux ; mais cette agrégation est extrêmement lente. La mémoire humaine est déjà si chargée ! le temps fait des places

1. Cinq noms de cette liste ne sont pas apparus dans notre anthologie : Jean-Louis Meissonier (1815-1891), spécialiste minutieux de la vie militaire ; Jean-Léon Gérôme (1824-1904), peintre de genre proche des « pompiers » ; Eugène Fromentin (1820-1876), peintre orientaliste et critique d'art, auteur du roman *Dominique* ; Gustave Boulanger (1824-1888), prix de Rome 1849 ; Ernest Hébert (1817-1908), directeur de la Villa Médicis à la date de cet article. Hormis Fromentin, ces peintres ont tous à voir avec l'académisme.

vides. Des maîtres que nous venons de citer et qui remplissent les conversations et les journaux, combien sont déjà disparus et passés à l'état historique ! À leur cycle s'en est substitué un autre. Des simples soldats confondus dans le gros de l'armée sont montés en grade ; des paladins, vêtus d'or de la tête au talon, piaffent aux premiers rangs, tenant haut leur pennon [1] qui était relégué aux bagages.

Il est certain que les maîtres célèbres le sont à juste titre, qu'ils doivent leur réputation à des qualités exceptionnelles, à des travaux opiniâtres, à leur génie, et à ce qu'on appelait autrefois le *don*, ce talisman déposé dans le berceau par les fées. Celui qui rayonnera jusqu'au fond de la postérité peut rester longtemps obscur pendant sa jeunesse – Ingres n'est arrivé au public que vers cinquante ans, et s'il n'avait vécu presque les jours de Titien [2], il aurait ignoré sa gloire et serait mort doutant de son génie. C'est pourquoi l'on devrait bien ne pas se contenter de ramener toujours les mêmes noms, d'encenser les réputations toutes faites, d'analyser et de décrire les variantes du tableau typique où se résume le talent d'un peintre qui depuis longtemps ne se renouvelle plus, et aller curieusement chercher parmi des œuvres que le regard néglige, des tentatives, des essais, des commencements de talent, des germes d'originalité, des manières de voir et de rendre la nature, de comprendre les maîtres anciens et modernes ; ce serait un travail intéressant, par exemple, de voir comment un jeune homme se détache peu à peu des formules de l'école et substitue sa propre individualité à l'imitation de son professeur ; comment tel autre découvre un aspect inattendu de la nature que personne n'avait remarqué et se l'approprie, trouvant pour le rendre des moyens nouveaux. Sans doute il y a

1. Petit étendard du gentilhomme médiéval partant en guerre.
2. Titien, qui passa longtemps pour avoir vécu centenaire, est mort à quatre-vingt-six ans environ, Ingres à quatre-vingt-sept.

dans tout cela beaucoup de tâtonnements, d'imperfections, d'extravagances même, de choses en dehors de la syntaxe et de la grammaire de l'art, qui justifient amplement au dos de la toile l'application de la redoutable lettre R [1]. Mais il y a aussi des lueurs de génie, des choses bien venues, des nuances heureuses, des promesses qui n'auraient besoin que d'être encouragées. On sent que l'avenir bouillonne dans cette marmite aux ingrédients divers, cuisinés selon des recettes hasardeuses. Il peut en sortir des ragoûts infects ou des mets délicieux.

Ces tableaux d'inconnus cherchant à se frayer une voie, développent en général les théories en vogue et les dernières idées en les poussant à l'excès, car la jeunesse ne doute de rien, et c'est là une de ses qualités. Elle ne craint pas la critique ; elle se plaît même à la provoquer. Choquer paraît être un plaisir pour les jeunes gens et ils ont raison. La platitude est ce qu'il y a de plus redoutable en art, et pour ne pas être en deçà il faut être au-delà. Puis tout s'apaise, tout s'harmonise, tout prend sa proportion. Qui n'a pas été un peu tapageur et n'a pas cassé quelque lanterne à vingt ans court le risque d'être trop tranquille à trente !

La quantité de talent répandue est vraiment surprenante, l'exécution matérielle est poussée aussi loin que possible et qui ferait un peu mieux que les autres ferait admirablement bien. Le même phénomène se reproduit parmi les poètes : il faudrait beaucoup chercher pour en trouver un qui ne versifierait pas en perfection. Aussi l'on s'étonne de voir aujourd'hui rester dans l'ombre des poètes et des peintres qu'un de leurs sonnets ou de leurs tableaux aurait autrefois mis en lumière. Quelques artistes, pour se distinguer des autres, s'exercent à être maladroits, brutaux et volontairement grossiers dans leur exécution, ce n'est pas un mauvais calcul ; la laideur ne nuit pas, – l'horrible est beau, – le beau est horrible ! La

---

1. « Refusé ».

théorie des sorcières de Macbeth est mise en action par des gaillards habiles. Regardons leurs ébauches informes, il y a parfois des effets singuliers, de fortes valeurs de ton, une rusticité puissante, une laideur énergique et vraie qui repose de la convention académique et qui plus tard, un peu épurée, pourra devenir de l'art sérieux.

Depuis longtemps nous rêvons de faire quelques promenades au Salon en évitant les tableaux où court la foule et devant lesquels stationnent des groupes compacts attirés par des réputations déjà faites et retenus par des talents constatés et certifiés, que leurs adversaires même acceptent. Ces noms célèbres, que répètent à tous les coins de l'horizon les clairons de la publicité, ne perdraient pas à l'absence de quelques fanfares, et le volume de bruit qui se fait autour d'eux avec justice n'en serait pas beaucoup diminué ; mais peut-être ferait-on descendre, comme une de ces gouttes de soleil qui glissent de feuille en feuille à travers l'épaisseur sombre des bois et illuminent une fleur ignorée, un rayon de clarté sur quelque œuvre charmante perdue dans l'ombre.

Au fond des salles sacrifiées, loin des cadres notoires, près des corniches redoutées [1], il est souvent des toiles vers lesquelles les yeux ne se lèvent jamais et qui se demandent pourquoi, car elles valent leurs sœurs médaillées. Il serait d'une belle âme de se planter sur ses jambes et de les scruter à l'heure favorable avec une bonne lorgnette d'Opéra, pour en avoir le cœur net, et de ne rendre compte que d'elles, et de ne peupler ses colonnes que de noms que personne ne sait ou que peu de personnes savent, de noms nageant encore dans les limbes et s'avançant péniblement vers le jour, à travers

1. Parce qu'un tableau accroché près de la corniche, c'est-à-dire du plafond, devient pratiquement invisible et pâtit d'une perspective déformée.

des pénombres plus ou moins épaisses. Il serait pour une fois intéressant de faire asseoir à la place de ceux qui sont connus, ceux qui seront connus.

CHRONOLOGIE

	VIE ET ŒUVRE DE THÉOPHILE GAUTIER	CONTEXTE HISTORIQUE ET LITTÉRAIRE
1811	30 août : naissance de Théophile Gautier à Tarbes.	
1812		12 octobre : « décret de Moscou » réorganisant la Comédie-Française.
1813		22 mai : naissance de Wagner.
1814	Pierre Gautier ayant été muté à l'octroi de Paris, installation de la famille dans la capitale.	6 avril : première abdication de Napoléon. Première Restauration. 20 avril : « Adieux de Fontainebleau ».
1815		20 mars-22 juin : les Cent-Jours. 22 juin : seconde abdication de Napoléon. Seconde Restauration.
1817	14 janvier : naissance d'Émilie Gautier.	
1818		5 mai : naissance de Karl Marx. 22 octobre : naissance de Leconte de Lisle.
1819		10 juin : naissance de Courbet. Août : Géricault, *Le Radeau de la Méduse* ; Chénier, *Poésies.*
1820	12 mars : naissance de Zoé Gautier.	13 février : assassinat du duc de Berry. Mars : Lamartine, *Méditations.*
1821		Mars : début de la guerre d'indépendance grecque. 9 avril : naissance de Baudelaire. 5 mai : Napoléon meurt à Sainte-Hélène. 13 décembre : naissance de Flaubert.

1822	Octobre : Gautier entre au collège Charlemagne où il fait la connaissance de Gérard Labrunie (Nerval), son aîné de trois ans.	Avril : Delacroix, *La Barque du Dante.* Juin : Hugo, *Odes.* 25 juin : mort de E.T.A. Hoffmann. 31 juillet : les acteurs anglais hués à la Porte Saint-Martin.
1823		Mars : Stendhal, *Racine et Shakespeare.*
1824		19 avril : mort de Byron à Missolonghi. 24 avril : Vigny, *Éloa.* 16 septembre : mort de Louis XVIII. Lui succède son frère Charles X.
1825		Mars : Stendhal, *Racine et Shakespeare (II).* Fin mai : [Mérimée], *Théâtre de Clara Gazul.* 9 juillet : le baron Taylor, favorable aux romantiques, est nommé commissaire royal à la Comédie-Française.
1826		15 janvier : n° 1 du premier *Figaro.* 19 octobre : mort de Talma.
1827	Gautier commence à fréquenter l'atelier du peintre Rioult ; il dessine et peint beaucoup à cette époque.	Septembre : les comédiens anglais jouent Shakespeare à l'Odéon. Novembre : Nerval, traduction du premier *Faust* de Goethe. Décembre : Hugo, préface de *Cromwell.* Ingres, *L'Apothéose d'Homère.*

	VIE ET ŒUVRE DE THÉOPHILE GAUTIER	CONTEXTE HISTORIQUE ET LITTÉRAIRE
1828		Suite des représentations des comédiens anglais, dont Kean. Février : Delacroix, *La Mort de Sardanapale.* 29 février : à l'Opéra, *La Muette de Portici* d'Auber.
1829	27 juin : Gautier est présenté à Victor Hugo par Nerval.	Janvier : Hugo, *Les Orientales.* 11 février : Dumas, *Henri III et sa cour.* 5 avril : n° 1 de la *Revue de Paris.* 1er juillet : n° 1 de la *Revue des Deux Mondes.*
1830	25 février : Gautier figure parmi les meneurs du soutien à Hugo lors de la première d'*Hernani*. 28 juillet : publication, sans succès à cause des barricades, des *Poésies.* Gautier et Nerval fréquentent jusqu'au début de 1833 l'atelier de Jehan Duseigneur, sculpteur, qui anime le « Petit Cénacle » où Gautier se lie avec Petrus Borel.	Janvier : Musset, *Contes d'Espagne et d'Italie.* Avril : Balzac, *Scènes de la vie privée.* Mai : Monnier, *Scènes populaires.* 25 juillet : ordonnances supprimant la liberté de la presse. 27-29 juillet : les « Trois Glorieuses » acculent Charles X à l'abdication. 9 août : Louis-Philippe d'Orléans est proclamé roi des Français. 4 novembre : n° 1 de *La Caricature.* 5 décembre : Berlioz, *Symphonie fantastique.*
1831	4 mai : premier conte fantastique, dans *Le Cabinet de lecture* (*La Cafetière*). 8 octobre : premier article de critique d'art, dans *Le Mercure du XIXe siècle* (éloge d'un buste de Hugo par Jehan Duseigneur).	1er février : reprise de la *Revue des Deux Mondes* par Buloz. 6 février : n° 1 de *L'Artiste.* Mars : Hugo, *Notre-Dame de Paris.* Mai : Delacroix, *La Liberté guidant le peuple.* 3 mai : Dumas, *Antony.*

1831		Août : Balzac, *La Peau de chagrin*. 21 novembre : à l'Opéra, *Robert le Diable* de Meyerbeer.
1832	Fin octobre : *Albertus ou l'Âme et le péché, légende théologique*, recueil complété par la réédition des *Poésies*.	22 mars : mort de Goethe. Mars-avril : épidémie de choléra à Paris. 29 mai : Dumas, *La Tour de Nesle*. Décembre : Musset, *Un spectacle dans un fauteuil* (vers).
1833	Mars : premier Salon, dans *La France littéraire* (Gautier commente désormais tous les Salons, sauf en 1835 et 1843). 17 août : *Les Jeunes-France, romans goguenards*, chez Renduel.	2 février : Hugo, *Lucrèce Borgia*. 15 mai : Musset, *Les Caprices de Marianne*. 15 août : Musset, *Rolla*. Décembre : Balzac, *Eugénie Grandet*.
1834	Janvier : début de la publication des *Grotesques* dans la revue *La France littéraire* (jusqu'en mars 1835). 7 février : *Omphale ou la Tapisserie amoureuse* dans le *Journal des gens du monde*. Octobre : Gautier s'installe impasse du Doyenné, se rapprochant ainsi de Nerval et de ses amis romantiques Arsène Houssaye et Camille Rogier.	14 avril : insurrection ; massacre de la rue Transnonain. Août : Musset, *Un spectacle dans un fauteuil* (prose). Septembre : Balzac, *La Recherche de l'Absolu*. Novembre 1834-février 1835 : Balzac, *Le Père Goriot* dans la *Revue de Paris* (en volume en mars 1835).
1835	23 mai : premier article de critique de théâtre, dans *Le Monde dramatique* de son ami Nerval (« La comédie à l'hôtel Castellane »). 28 novembre : *Mademoiselle de Maupin*, roman précédé d'une violente préface, notamment contre la presse.	12 février : Vigny, *Chatterton*. 23 février : Halévy, *La Juive*. 28 juillet : attentat de Fieschi contre Louis-Philippe. 9 septembre : lois répressives contre la presse.

	VIE ET ŒUVRE DE THÉOPHILE GAUTIER	CONTEXTE HISTORIQUE ET LITTÉRAIRE
1836	Février : début de la liaison de Gautier avec Eugénie Fort, qu'il connaît depuis 1830 et qui restera une amie fidèle. 2 mars : n° 1 d'*Ariel, journal du monde élégant*, dirigé par Charles Lassailly et Gautier. 23-26 juin : *La Morte amoureuse*, dans la *Chronique de Paris* de Balzac. Juillet-août : voyage en Belgique avec Nerval. Octobre : Gautier emménage rue de Navarin avec sa maîtresse Victorine. 29 novembre : naissance de Théophile Gautier fils, enfant naturel de Gautier et Eugénie Fort.	Fin janvier : Musset, *La Confession d'un enfant du siècle.* 29 février : Meyerbeer, *Les Huguenots.* 1er juillet : Émile de Girardin fonde *La Presse* et Louis Dutacq *Le Siècle*, tous deux à moitié prix grâce à la publicité. La diffusion de la presse quotidienne s'en trouve profondément modifiée. 23 septembre : mort accidentelle de la Malibran, âgée de vingt-huit ans. 23 octobre : *La Presse* commence à publier *La Vieille Fille* de Balzac, premier « feuilleton-roman ». Peinture : débuts de l'école de Barbizon.
1837	Mai-juin : *La Chaîne d'or*, dans la *Chronique de Paris.* Mai-juillet : *L'Eldorado* [*Fortunio*], dans *Figaro.* 11 juillet : premier feuilleton de théâtre de Gautier dans *La Presse* (il y publiera jusqu'en 1855). Collaboration, en général non signée, à *Figaro*, dirigé par Alphonse Karr.	20 juin : avènement de la reine Victoria. 26 août : ouverture de la ligne de chemin de fer Paris-Le Pecq [Saint-Germain-en-Laye]. 12 décembre : Donizetti, *Lucia di Lammermoor.*
1838	10 février : *La Comédie de la Mort*, poèmes, chez Desessart. Novembre-décembre : *Une nuit de Cléopâtre*, dans *La Presse.*	12 juin : débuts de l'actrice Rachel à la Comédie-Française. 4 novembre : débuts d'Ernesta Grisi. 8 novembre : Hugo, *Ruy Blas.*

1839	Janvier : Gautier devient directeur de *La Presse* pour la partie littéraire. 26 janvier : *Une larme du diable, mystère* [théâtre], chez Desessart. Juin : Balzac, *Un grand homme de province à Paris* [*Illusions perdues*, II]. Gautier y a composé le sonnet de Lucien de Rubempré, « La tulipe ». Août : *La Toison d'or*, dans *La Presse*. Novembre : Gautier séjourne à la prison de la Garde nationale pour avoir refusé de prendre son tour de faction.	Avril : Stendhal, *La Chartreuse de Parme*. Juillet : Daumier, *Les Cent et Un Robert Macaire*, lithographies. 1er septembre : Sainte-Beuve, « De la littérature industrielle », dans la *Revue des Deux Mondes*. 7 octobre : débuts de Pauline García, sœur de la Malibran. 16 novembre : n° 1 des *Guêpes*, revue satirique d'Alphonse Karr. 24 novembre : Berlioz, *Roméo et Juliette* (compte rendu enthousiaste de Gautier, *La Presse*, 11 décembre).
1840	Mai-octobre : voyage en Espagne en compagnie d'Eugène Piot. Nerval remplace Gautier au feuilleton dramatique de *La Presse*.	Janvier : Musset, *Poésies complètes* et *Comédies et proverbes*. 1er mars : Sainte-Beuve, « Dix ans après en littérature » (*Revue des Deux Mondes*). 14 mars : Balzac, *Vautrin*, drame. 15 décembre : les cendres de Napoléon aux Invalides.
1841	28 juin : la danseuse Carlotta Grisi, dont Gautier s'est épris, crée son ballet *Giselle ou les Wilis*.	27 mars : Mlle Mars se retire de la Comédie-Française à soixante-deux ans.
1842	17 janvier : Gautier chevalier de la Légion d'honneur. 12 mars : première londonienne, triomphale, de *Giselle*, en présence de Gautier.	23 mars : mort de Stendhal. Avril : Balzac, début de la publication de *La Comédie humaine*.

	VIE ET ŒUVRE DE THÉOPHILE GAUTIER	CONTEXTE HISTORIQUE ET LITTÉRAIRE
		19 juin : début de la publication des *Mystères de Paris* de Sue dans le *Journal des débats*, date décisive dans l'histoire de la presse et du roman-feuilleton. 13 juillet : mort accidentelle du duc d'Orléans, héritier du trône.
1843	18 février : mise en vente de *Tra los montes* [*Voyage en Espagne*], dont les chapitres successifs ont paru depuis 1840 dans *La Presse*, puis la *Revue de Paris* et la *Revue des Deux Mondes.* 17 juillet : succès de Carlotta Grisi dans le ballet *La Péri* (livret de Gautier). 21 septembre : première aux Variétés d'*Un voyage en Espagne*, vaudeville parodique de Gautier et Siraudin. Novembre : début de la liaison avec la contralto Ernesta Grisi, sœur de Carlotta.	7 mars : Hugo, *Les Burgraves* (deux feuilletons enthousiastes de Gautier les 13 et 14). 21 mai : Balzac, début de la publication en feuilleton de *Splendeurs et misères des courtisanes.* Fin juillet : Balzac, mise en vente des trois parties d'*Illusions perdues* réunies en un seul roman. 15 octobre : Sue, dernier feuilleton des *Mystères de Paris.*
1844	Juin-novembre : série *Les Beautés de l'Opéra.* 12 octobre : publication des *Grotesques* en volume, chez Desessart.	14 mars-14 juillet : Dumas, *Les Trois Mousquetaires* en feuilleton dans *Le Siècle.* 25 juin : Sue, premier feuilleton du *Juif errant* dans *Le Constitutionnel.* 28 juin : Dumas, premier feuilleton du *Comte de Monte-Cristo* dans le *Journal des débats.*

1845	8 avril : première aux Variétés du *Tricorne enchanté*, « bastonnade » en vers de Gautier et Siraudin. Juillet-septembre : voyage en Algérie avec Noël Parfait. Juillet-août : publication dans *La Presse* de *La Croix de Berny*, roman écrit à quatre par Gautier, Méry, Sandeau et Delphine de Girardin. 6 juillet : *Poésies complètes* (contenant la première édition d'*España*). 25 août : naissance de Judith Gautier, fille d'Ernesta.	21 janvier : Dumas, premier feuilleton de *Vingt ans après* dans *Le Siècle*. 9 avril : Baudelaire, *Salon de 1845*.
1846	Mai : *Les Roués innocents*, roman, dans *La Presse*. Juin-juillet : voyage en Allemagne, Pays-Bas, Angleterre. Septembre-octobre : deuxième voyage en Espagne, pour le mariage du duc de Montpensier, fils de Louis-Philippe. 12 novembre : à la Porte Saint-Martin, *La Juive de Constantine*, mélodrame de Gautier et Noël Parfait.	Mai : Baudelaire, *Salon de 1846*. 8 octobre : Balzac, premier feuilleton de *La Cousine Bette* dans *Le Constitutionnel*. 6 décembre : Berlioz, *La Damnation de Faust* à l'Opéra-Comique (éloge de Gautier dans le feuilleton du lendemain).
1847	Janvier : *Militona*, roman, dans *La Presse* (en librairie en juin). 4 octobre : première au Vaudeville de *Pierrot posthume*, « arlequinade » de Gautier et Siraudin. 28 novembre : naissance d'Estelle, seconde fille de Gautier et Ernesta.	20 février : inauguration du Théâtre-Historique de Dumas. Mars-juin : Lamartine, *Histoire des Girondins*. 18 mars : Balzac, premier feuilleton du *Cousin Pons* dans *Le Constitutionnel*. 27 novembre : *Un caprice* de Musset à la Comédie-Française.

	VIE ET ŒUVRE DE THÉOPHILE GAUTIER	CONTEXTE HISTORIQUE ET LITTÉRAIRE
1848	Février : grands embarras d'argent pour Gautier à la suite de la chute de la monarchie de Juillet. 26 mars : mort de la mère de Gautier. Septembre-octobre : *Les Deux Étoiles* [*Partie carrée* puis *La Belle Jenny*], roman, dans *La Presse*.	22-24 février : renversement de la monarchie de Juillet. Lamartine devient chef du gouvernement provisoire de la IIe République. 21 octobre : dans *La Presse*, début de la publication des *Mémoires d'outre-tombe* de Chateaubriand. 10 décembre : Louis-Napoléon Bonaparte est élu président de la République.
1849	Mai-juin : voyage en Angleterre, Hollande, Allemagne. Août-septembre : troisième voyage en Espagne (Pays basque).	20 mars : mort de Marie Dorval, l'actrice romantique préférée de Gautier. 1er octobre : premier des « Lundis » de Sainte-Beuve, dans *Le Constitutionnel*.
1850	5 avril : création au Théâtre-Italien du *Sélam*, « scènes d'Orient » d'Ernest Reyer sur un poème de Gautier. Août-novembre : voyage en Italie.	18 août : mort de Balzac.
1851	15 janvier : à l'Opéra, Fanny Cerrito crée *Pâquerette*, ballet de Benoist sur un livret de Gautier et Saint-Léon. Août : voyage à Londres pour une exposition sur l'Orient. 15 septembre : Gautier copropriétaire de la nouvelle *Revue de Paris* avec Houssaye, Du Camp et Cormenin.	Février : Courbet, *Un enterrement à Ornans.* 2 décembre : coup d'État de Louis-Napoléon Bonaparte.

1852	1er mars : *Arria Marcella*, dans la *Revue de Paris.* 15 mai : publication du voyage en Italie (sous le titre *Italia*) et de *Caprices et zigzags*, recueil d'articles. Juin-octobre : voyage en Orient. 17 juillet : *Émaux et camées.* Octobre : *La Peau de tigre*, recueil d'articles.	9 janvier : décret de bannissement expulsant hors de France soixante-six représentants du peuple dont Hugo. 7 novembre : sénatus-consulte soumettant au plébiscite le retour à l'Empire. 2 décembre : rétablissement officiel de l'Empire.
1853	5 février : deuxième édition d'*Émaux et camées.* Avril et septembre-novembre : dans *La Presse*, *Constantinople*, regroupement des feuilletons de Gautier sur le voyage en Orient (en librairie fin décembre).	21 novembre : Hugo, les *Châtiments* sont publiés à Bruxelles.
1854	31 mai : première à l'Opéra de *Gemma*, ballet de Gabrielli sur un livret de Gautier pour Fanny Cerrito. Juillet-août : voyage en Allemagne.	Jusqu'à la fin de 1855 : la France participe à la guerre de Crimée contre les Russes. 20 octobre : naissance de Rimbaud.
1855	Mars-décembre : longue série de feuilletons d'art sur l'Exposition universelle. 4 avril : dernier article de Gautier dans *La Presse* qu'il quitte pour *Le Moniteur universel*, où il publie son feuilleton de théâtre à partir du 9.	26 janvier : suicide de Nerval, le plus ancien ami de Gautier. 1er mai : inauguration de l'Exposition universelle. Juin : Courbet, refusé à l'Exposition, expose pour son propre compte *L'Atelier du peintre.*
1856	Février : *Les Beaux-Arts en Europe* [Salon de 1855]. Février-avril : *Avatar*, roman fantastique, dans *Le Moniteur universel.*	Mars : Poe, *Histoires extraordinaires*, traduites par Baudelaire. Fin avril : Hugo, *Les Contemplations.*

	VIE ET ŒUVRE DE THÉOPHILE GAUTIER	CONTEXTE HISTORIQUE ET LITTÉRAIRE
	Fin mars : « Étude sur Henri Heine ». Juin-juillet : *Paul d'Aspremont* [*Jettatura*] dans *Le Moniteur universel.* 14 décembre : Gautier prend (jusqu'en janvier 1859) la direction de la revue *L'Artiste.*	Mars : Poe, *Histoires extraordinaires*, traduites par Baudelaire. Fin avril : Hugo, *Les Contemplations.* 1er octobre-15 décembre : Flaubert, *Madame Bovary* dans la *Revue de Paris.*
1857	Mars-mai : *Le Roman de la momie* en feuilleton dans *Le Moniteur* (en volume l'année suivante). Avril : Gautier quitte Paris pour Neuilly. Septembre : voyage en Allemagne. 29 septembre : article sur *Tannhaüser* de Wagner dans *Le Moniteur.*	2 mai : mort de Musset. Fin juin : première édition des *Fleurs du Mal* de Baudelaire, précédées d'une dédicace élogieuse à Gautier. 3 août : mort d'Eugène Sue.
1858	Mars-mai : *Honoré de Balzac*, dans *L'Artiste* et dans *Le Moniteur* (en librairie l'année suivante). Mai-juin : voyage en Alsace, Suisse, Allemagne, Hollande, Belgique. 14 juillet : première à l'Opéra du ballet *Sacountala* de Reyer, livret de Gautier, chorégraphie de Lucien Petipa. 15 septembre : départ pour le premier voyage en Russie (jusqu'en mars 1859).	3 janvier : mort de Rachel (article de Gautier dans *Le Moniteur* du 11). 14 janvier : attentat d'Orsini contre Napoléon III.
1859	1er janvier : troisième édition d'*Émaux et camées.*	13 mars : Baudelaire, « Théophile Gautier », dans *L'Artiste.* Mai-juin : la France participe à la guerre du Piémont contre l'Autriche. Juin-juillet : Baudelaire, *Salon de 1859*. Fin septembre : Hugo, *La Légende des siècles.*

1861	Août-octobre : second voyage en Russie. Décembre : début de la publication du *Capitaine Fracasse*, dont Gautier a le projet depuis avant 1840, dans la *Revue nationale et étrangère* ; elle se poursuit jusqu'en juin 1863.	Février : Baudelaire, deuxième édition des *Fleurs du Mal*. 20 février : mort de Scribe. 13 mars : Wagner, création parisienne de *Tannhaü-ser* (lourd échec). 13 mars : instauration du royaume d'Italie unifié.
1862	Mai : voyage à Londres. Août : voyage en Algérie.	Avril-juin : Hugo, *Les Misérables*.
1863	27 avril : premier des « dîners Magny » auxquels Gautier participera fidèlement. 7 novembre : publication du *Capitaine Fracasse* en librairie. 19 décembre : *Dieux et demi-dieux de la peinture*, recueil d'études critiques. Gautier fréquente assidûment la famille impériale.	17 janvier : Verne, *Cinq semaines en ballon*. Avril : *Le Déjeuner sur l'herbe* de Manet est refusé au Salon, ce qui entraîne la création du « Salon des refusés » en mai. 13 août : mort de Delacroix (nécrologie de Gautier dans *Le Moniteur universel* du lendemain).
1864	Juin : Gautier prend la direction du journal de théâtre *L'Entracte*. Août : quatrième voyage en Espagne. Septembre-octobre : séjour à Genève chez Carlotta Grisi.	12 mars : première livraison du *Grand Dictionnaire universel* de Larousse. 25 mai : reconnaissance du droit de grève. 17 décembre : Offenbach, *La Belle Hélène*.
1865	18 février : *Loin de Paris*, recueil d'articles. Novembre-décembre : *Spirite*, roman, dans *Le Moniteur universel* (en librairie l'année suivante).	1er mai : Manet, *Olympia*. 5 décembre : à la Comédie-Française, *Henriette Maréchal* des Goncourt (Gautier a rédigé un prologue pour cette pièce tirée de leur roman).

	VIE ET ŒUVRE DE THÉOPHILE GAUTIER	CONTEXTE HISTORIQUE ET LITTÉRAIRE
1866	17 avril : Judith Gautier épouse Catulle Mendès en l'absence de son père, qui désapprouve cette union. Juin : cinquième édition d'*Émaux et camées*. 3 novembre : publication du *Voyage en Russie* en librairie.	17 février : Ponson du Terrail, *Les Exploits de Rocambole*, I. 3 mars : première livraison du *Parnasse contemporain*. Avril-mai : dans *L'Événement*, articles de Zola en faveur de Manet à nouveau refusé au Salon. 18 août : Daudet, première des *Lettres de mon moulin* (même journal).
1867	2 mai : échec à l'Académie française contre le P. Gratry. 21 juin : feuilleton enthousiaste sur la reprise remarquée d'*Hernani*. Novembre-décembre : *Gérard de Nerval*, dans *L'Univers illustré*.	11 et 14 janvier : morts de l'actrice Mlle George et d'Ingres (nécrologies de Gautier les 14 et 23). Janvier-mars : les Goncourt, *Manette Salomon*, en feuilleton dans *Le Temps*. 31 août : mort de Baudelaire (nécrologie de Gautier le 9 septembre).
1868	Mars-avril : *Charles Baudelaire*, dans *L'Univers illustré*. Avril : « Rapport sur les progrès de la poésie ». 7 mai : nouvel échec à l'Académie contre Joseph Autran. 24 octobre : Gautier bibliothécaire de la princesse Mathilde.	Fin mars : Daudet, *Le Petit Chose*. 30 mai : n° 1 de *La Lanterne* de Rochefort. 13 novembre : mort de Rossini.
1869	29 avril : échec à l'Académie contre Auguste Barbier. Septembre : depuis Genève où il séjourne chez Carlotta, dernier voyage de Gautier en Italie.	4 janvier : *Le Moniteur universel* devient le *Journal officiel*, Gautier continue d'y publier son feuilleton. 14 janvier : débuts de Sarah Bernhardt à l'Odéon. 28 février : mort de Lamartine.

Année	Vie et œuvre de Gautier	Contexte
	Octobre-décembre : voyage en Égypte pour l'inauguration du canal de Suez. C'est le dernier déplacement lointain de Gautier, dont la santé est mauvaise depuis plusieurs années.	8 mars : mort de Berlioz (nécrologie de Gautier le 16). Fin avril : Hugo, *L'Homme qui rit*. 13 octobre : mort de Sainte-Beuve.
1870	30 août : en raison de la guerre, Gautier quitte momentanément Neuilly pour la Suisse. mi-septembre : retour en France. 17 septembre : dans le *Journal officiel*, premier feuilleton des *Tableaux de siège*, publiés jusqu'en octobre 1871 dans ce journal, dans *L'Illustration* et dans la *Gazette de Paris*.	2 février : reprise de *Lucrèce Borgia* (vibrant feuilleton de Gautier le 7). 7 avril : Jules Janin élu à l'Académie au fauteuil de Sainte-Beuve. 20 juin : mort de Jules de Goncourt (nécrologie de Gautier le 25). Juin : début de la publication en feuilleton dans *Le Siècle* de *La Fortune des Rougon* de Zola, premier roman de la série des *Rougon-Macquart*. 4 septembre : après la défaite de Sedan, fin du Second Empire et proclamation de la IIIe République. 18 septembre : début du siège de Paris. 23 septembre : mort de Mérimée. 5 décembre : mort de Dumas père.
1871	Gautier souffre de l'hiver et du siège. 18 mars : il se réinstalle avec ses sœurs dans la maison de Neuilly, mais doit la quitter pour Versailles à cause des événements ; il y rentre le 12 juin.	28 janvier : armistice. 18 mars-28 mai : la Commune de Paris. 10 mai : traité de Francfort consacrant la défaite française.

	VIE ET ŒUVRE DE THÉOPHILE GAUTIER	CONTEXTE HISTORIQUE ET LITTÉRAIRE
	Novembre : publication des *Tableaux de siège* en librairie.	15 mai : Rimbaud, « Lettre du voyant ». 31 mai : loi Rivet (Thiers président de la République de fait).
1872	28 février : dernier article de critique dramatique de Gautier (sur la reprise de *Ruy Blas*). 3 mars : Gautier commence à publier dans *Le Bien public* une *Histoire du romantisme* que sa mort laisse inachevée (publ. 1874). 1er juin : sixième édition d'*Émaux et camées*, à nouveau augmentée comme toutes les précédentes rééditions. 23 octobre : mort de Théophile Gautier à Neuilly. 6 novembre : dans *Le Bien public*, dernier article, interrompu par la mort, de l'*Histoire du romantisme* inachevée.	Fin janvier : Zola, *La Curée* (*Les Rougon-Macquart*, II). 19 février : reprise de *Ruy Blas* à l'Odéon, avec Sarah Bernhardt dans le rôle de la reine. 20 avril : Hugo, *L'Année terrible*. 2 novembre : Hugo écrit le poème « À Théophile Gautier », qui sera publié dans le *Tombeau de Théophile Gautier*, recueil collectif, en 1873.

BIBLIOGRAPHIE

Œuvres de Gautier

Correspondance générale, éd. Claudine Lacoste-Veysseyre sous la direction de Pierre Laubriet, Genève, Droz, 12 vol., 1985-2000.

Critique théâtrale, éd. dirigée par Patrick Berthier, Champion, t. I (1835-1838), 2007 ; t. II (1839-1840), 2008 ; t. III (1841-1842), 2010.

Écrits sur la danse, anthologie d'Ivor Guest, Actes Sud, 1995.

Histoire de l'art dramatique en France depuis vingt-cinq ans, Hetzel, 6 vol., 1858-1859, et Genève, Slatkine Reprints, 1968. [Publication partielle et fautive des feuilletons de théâtre de Gautier de 1837 à 1855.]

Histoire du romantisme. Notices romantiques, Charpentier, 1874.

Mademoiselle de Maupin, éd. Anne Geisler-Szmulowicz, Champion, 2004.

Œuvres poétiques complètes, éd. Michel Brix, Kimé, 2004.

Œuvres romanesques, éd. dirigée par Pierre Laubriet, Gallimard, « Bibliothèque de la Pléiade », 2 vol., 2003.

Poésies complètes, éd. René Jasinski, 3 vol., Firmin-Didot, 1932.

Portraits contemporains, Charpentier, 1874.

Théâtre et ballets, éd. Claudine Lacoste-Veysseyre et Hélène Laplace-Claverie, Champion, 2003.

Victor Hugo, choix de textes et édition de Françoise Court-Pérez, Champion, 2000.

Ouvrages documentaires et biographiques

Auguste Préault sculpteur romantique, 1809-1879, catalogue de l'exposition du musée d'Orsay, Gallimard/Réunion des musées nationaux, 1997.

BAILBÉ (Joseph-Marc) [dir.], *La Musique en France à l'époque romantique. 1830-1870*, Flammarion, 1991.

BARA (Olivier) [dir.], *Boulevard du Crime : le temps des spectacles oculaires, Orages*, n° 4, mars 2005.

BÉNÉZIT (E.), *Dictionnaire critique et documentaire des peintres, sculpteurs, dessinateurs et graveurs de tous les temps et de tous les pays* [1911-1923] ; nouv. éd. dirigée par Jacques Busse, Gründ, 1999, 10 vol.

BRUNET (François), *Théophile Gautier et la musique*, Champion, 2006.

Chassériau, un autre romantisme, catalogue de l'exposition du musée d'Orsay, Réunion des musées nationaux, 2002.

FAUQUET (Joël-Marie) [dir.], *Dictionnaire de la musique au XIXe siècle*, Fayard, 2003.

GIDEL (Henry) [dir.], *Le Vaudeville*, numéro spécial d'*Europe*, n° 786, octobre 1994.

HILLAIRET (Jacques), *Dictionnaire historique des rues de Paris*, Minuit, 1960, 2 vol., suppl., 1972 ; 10e éd., 1997.

LOBIES (J.-P.) [éd.], *Index bio-bibliographicus notorum hominum*, Osnabrück, Biblio-Verlag, 1973-.

JOANNIDÈS (A.), *La Comédie-Française de 1680 à 1900*, Plon, 1901, et Genève, Slatkine Reprints, 1970.

LACOSTE-VEYSSEYRE (Claudine) [éd.], « Théophile Gautier et la musique », *Bulletin de la Société Théophile Gautier*, n° 8, 1986. [Actes du colloque de Montpellier, juillet 1986.]

LACOSTE-VEYSSEYRE (Claudine) [éd.], « Théophile Gautier et le théâtre », *ibid.*, n° 26, 2004. [Actes du colloque de Montpellier, juin 2004.]

LAROUSSE (Pierre) [réd. et dir.], *Grand Dictionnaire universel du XIXe siècle*, 15 vol. et deux suppl., 1866-1890.

LEBLANC (Henri), *Catalogue complet de l'œuvre de Gustave Doré*, C. Bosse, 1931.

LYONNET (Henri), *Dictionnaire des comédiens français (ceux d'autrefois)*, Librairie de l'art du théâtre, 1904, 2 vol.

MAHÉRAULT (Joseph), *L'Œuvre de Gavarni* [1873], L'Échelle de Jacob, 2002.

MOINDROT (Isabelle) et GOETZ (Olivier) [dir.], *Le Spectaculaire dans les arts de la scène du romantisme à la Belle Époque*, Éd. du CNRS, 2006.

SENNINGER (Claude-Marie), *Théophile Gautier. Une vie, une œuvre*, SEDES, 1994.

SPOELBERCH DE LOVENJOUL (vicomte Charles), *Histoire des œuvres de Théophile Gautier*, 2 vol., Charpentier, 1887, et Genève, Slatkine Reprints, 1968.

THOMASSEAU (Jean-Marie), *Le Mélodrame*, PUF, 1984.

UBERSFELD (Anne), *Théophile Gautier*, Flammarion, 1992.

VAILLANT (Alain) et THÉRENTY (Marie-Ève) [dir.], *1836, l'an I de l'ère médiatique. Étude littéraire et historique du journal « La Presse »*, Nouveau Monde, 2001.

VAILLANT (Alain) et THÉRENTY (Marie-Ève) [dir.], *Presse et plumes. Journalisme et littérature au XIXe siècle*, Nouveau Monde, 2004.

WICKS (Charles Beaumont) *et al.*, *The Parisian Stage*, Birmingham, University of Alabama Press, 5 vol., 1950-1969. [Ce répertoire recense tous les ouvrages dramatiques créés à Paris entre 1800 et 1900, à l'exception notable du Théâtre-Italien et avec de fortes lacunes pour les très petits théâtres.]

WILD (Nicole), *Dictionnaire des théâtres parisiens au XIXe siècle (1804-1867)*, Aux Amateurs de livres, 1989.

YON (Jean-Claude), *Eugène Scribe, la fortune et la liberté*, Nizet, 2000.

YON (Jean-Claude) [dir.], *Les Spectacles sous le Second Empire*, Armand Colin, 2010.

Articles

BERTHIER (Patrick), « Gautier journaliste », in Freeman G. Henry [éd.], *Relire Théophile Gautier. Le plaisir du texte*, Amsterdam et Atlanta, Rodopi, 1998, p. 49-71.

BERTHIER (Patrick), « Publier le feuilleton dramatique de Gautier », *Bulletin de la Société Théophile Gautier*, n° 26, 2004, p. 3-11.

EDWARDS (Peter), « Les petits théâtres de Paris dans les feuilletons dramatiques de Gautier », *ibid.*, p. 12-23.

FILIPPI (Florence), « Descriptions d'acteurs : le musée théâtral de Théophile Gautier », *ibid.*, p. 237-247.

FIZAINE (Jean-Claude), « Modernité et tradition dans la définition d'une théâtralité idéale : Théophile Gautier critique de Victor Hugo », *ibid.*, p. 109-123.

HEMPEL-LIPSCHUTZ (Ilse), « Gautier et la danse espagnole », *ibid.*, n° 8, 1986, p. 153-178.

LAVAUD (Martine), « Gautier et le théâtre du XVIIIe siècle », *ibid.*, n° 26, 2004, p. 265-281.

LAVAUD (Martine), « Chiffres et colonnes : réflexions sur le morcellement de l'œuvre de Gautier dans la presse de son temps », *ibid.*, n° 30, 2008, p. 19-40.

LICHA-ZINCK (Alexandra), « Théophile Gautier et Jules Janin, critiques dramatiques sous la monarchie de Juillet », *ibid.*, n° 26, 2004, p. 25-44.

PICARD (Timothée), « Gautier critique d'opéra », *ibid.*, p. 191-209.

TORTONESE (Paolo), « Gautier critique de la tragédie : contrainte et liberté », *ibid.*, n° 27, 2005, p. 139-150.

VIELLEDENT (Sylvie), « Gautier critique de Rachel », *ibid.*, n° 26, 2004, p. 213-226.

YON (Jean-Claude), « Gautier feuilletoniste : le regard d'un écrivain romantique sur le théâtre », in Stéphane Guégan et Jean-Claude Yon (éd.), *Théophile Gautier, la critique en liberté*, Musée d'Orsay et Seuil, 1997, p. 114-129.

INDEX DES NOMS

Cet index regroupe les noms de personnages historiques, bibliques et mythologiques (en petites capitales) et les noms des théâtres évoqués dans ce volume (en minuscules).

INDEX DES TITRES

Cet index regroupe les titres d'œuvres d'art, les titres d'ouvrages et les titres de périodiques ; ces derniers sont précédés d'un astérisque.

TABLE

GAUTIER JOURNALISTE
Articles et chroniques

Mise en page par Meta-systems
59100 Roubaix

N° d'édition : L.01EHPNFG1279.N001
Dépôt légal : janvier 2011
Imprimé en Espagne par Novoprint (Barcelone)